# 大学生国防教育与军事课教程

主　审　强伟纲
主　编　花树洋　徐　悦　于建军
副主编　罗启宝　胡礼垚　任重威
参　编　周勋勋　郑月圆　王丽梅
　　　　徐　瑾　薛红波　何青松
　　　　祁　曼　丁正荣　刘　雄

电子科技大学出版社
University of Electronic Science and Technology of China Press
·成都·

**图书在版编目(CIP)数据**

大学生国防教育与军事课教程 / 花树洋主编. —成
都：电子科技大学出版社, 2019.12（2024.5重印）

ISBN 978 – 7 – 5647 – 7459 – 2

Ⅰ.①大… Ⅱ.①花… Ⅲ.①国防教育 – 高等学校 –
教材②军事理论 – 高等学校 – 教材 Ⅳ.①G641.8②E0

中国版本图书馆 CIP 数据核字(2019)第 238817 号

**大学生国防教育与军事课教程**

DAXUESHENG GUOFANG JIAOYU YU JUNSHIKE JIAOCHENG

花树洋　主编

策划编辑　陈松明

责任编辑　辜守义

出版发行　电子科技大学出版社
　　　　　成都市一环路东一段 159 号电子信息产业大厦九楼　邮编 610051
主　　页　www. uestcp. com. cn
服务电话　028 – 83203399
邮购电话　028 – 83201495

印　　刷　天津市蓟县宏图印务有限公司
成品尺寸　185mm×260mm
印　　张　18.25
字　　数　462 千字
版　　次　2019 年 12 月第 1 版
印　　次　2024 年 5 月第 2 次印刷
书　　号　ISBN 978 – 7 – 5647 – 7459 – 2
定　　价　49.80 元

# 前言

## PREFACE

孙子曰:"兵者,国之大事,死生之地,存亡之道,不可不察也。"国无防不立,青年强则国强。普通高等学校通过军事课教学,让大学生了解和掌握军事基础知识和基本军事技能,增强国防观念、国家安全意识和忧患危机意识,弘扬爱国主义精神,传承红色基因,提高学生综合国防素质。

党的二十大报告强调,要贯彻新时代党的强军思想,贯彻新时代军事战略方针,坚持党对人民军队的绝对领导,召开古田全军政治工作会议,以整风精神推进政治整训,牢固树立战斗力这个唯一的根本的标准,坚决把全军工作重心归正到备战打仗上来,统筹加强各方向各领域军事斗争,大抓实战化军事训练,大刀阔斧深化国防和军队改革,重构人民军队领导指挥体制、现代军事力量体系、军事政策制度,加快国防和军队现代化建设。

为贯彻落实党的二十大精神和《中华人民共和国国防法》《中华人民共和国兵役法》《中华人民共和国国防教育法》有关要求,促进高校国防教育教学深入开展,推动素质教育,培养复合型建设人才,我们依据教育部、中央军委国防动员部最新印发的《普通高等学校军事课教学大纲》,结合多年来国防教育工作经历和军事理论教学实践编写了本书,供高校大学生国防教育和军事课使用。本书共九章,分别为中国国防、国家安全、军事思想、现代战争、信息化装备、共同条令教育与训练、射击与战术训练、防卫技能与战时防护训练以及战备基础与应用训练。本书在编写过程中,紧密结合普通高等学校国防教育的实际情况和培养目标,着眼于素质教育和军事技能训练规律,力求更具系统性、针对性和指导性。

本书由无锡职业技术学院军事理论教研室组织编写,由花树洋、徐悦、于建军担任主编,罗启宝、胡礼垚、任重威担任副主编,周勋勋、郑月圆、王丽梅、徐瑾、薛红波、何青松、祁曼、丁正荣、刘雄参与编写,主审工作由强伟纲承担。本书基金赞助项目:国家社科基金非军事学项目《军事互信机制的理论构建与实现路径》、江苏省学生军事训练专项课题《高校"CEPA"国防教育改革创新与路径研究》、江苏省高校哲学社会科学研究基金项目《大学生国防教育中的辅导员角色担当研究》、江苏省社科应用研究精品工程课题《江苏推进新时代国防教育思想全覆盖的路径研究》(19SYB - 137)、无锡市职业院校学生职业素养提升项目《国防教育全覆盖校园文化育红心》、校党建思政课题《退伍复学大学生在思政工作中发挥作用的机制研究》、2023 年度无锡市哲学社会科学精品课题《无锡推进新时代国防教育全覆盖的路径研究》(WXSK23 - C - 47)等阶段性成果,研究成果丰富了本书的内容。

本书在编写过程中得到了许多专家、学者的支持和帮助,参考、引用了许多研究成果和文献,在此致以真诚的谢意! 由于时间仓促以及编者水平有限,本书在编写过程中难免有错误和不当之处,恳请广大读者提出宝贵意见,以便我们进一步修订和完善。

编 者

# 目录
## CONTENTS

微课学习总码

# 第一章 中国国防

📖 军事讲坛

实现中华民族伟大复兴,是中华民族近代以来最伟大的梦想。可以说,这个梦想是强国梦,对军队来说,也是强军梦。我们要实现中华民族伟大复兴,必须坚持富国和强军相统一,努力建设巩固国防和强大军队。

——习近平

✈️ 教学目标

了解国防内涵和国防历史,树立正确的国防观;了解我国国防体制、国防战略、国防政策以及国防成就,激发学生的爱国热情;熟悉国防法规、武装力量、国防动员的主要内容,增强学生国防意识。

📢 导语

中国近百年来屡遭列强欺侮的历史表明,一个国家和民族要想避免亡国灭种,实现繁荣富强,真正自立于世界民族之林,就不能没有强大的国防。国泰方能民安。建设与中国国际地位相称、与国家安全和发展利益相适应的坚固国防和强大军队,是中国现代化建设的战略任务,也是中国实现和平发展,实现中华民族伟大复兴的中国梦的坚强保障。国防并非仅仅是国家和军队的事,而是关系着每个普通人的生存发展,国防建设更是与每个普通人息息相关。当代青年大学生作为国家之栋梁,更应该关注国防,参与国防建设,尽国防之义务。

# 第一节　国防概述

"国无防不立,民无兵不安。"自古以来,有国就有防。国防是国家生存与发展的安全保障。一个国家如果没有巩固的国防和强大的军队,就无法抵御外来的侵略和颠覆,就会在政治上、经济上受制于人。本节着重阐述国防的含义和基本类型,现代国防的基本特征以及中国国防历史和启示。

## 一、国防的含义和基本类型

### (一) 国防的含义

国防是指国家为防备和抵抗侵略,制止武装颠覆,保卫国家的主权、统一、领土完整和安全所进行的军事及与军事有关的政治、经济、外交、科技、文化、教育等方面的活动。国防是国家生存与发展的安全保障。

《中国人民解放军军语》对国防的定义包含以下四个要素。

#### 1. 主体要素

国防的主体是国家。国防是国家的事业,是国家机构的基本职能、社会公民的神圣职责。任何一个国家,从她诞生之日起,就要固疆强边,防备和抵御各种外来侵略,以保障国家安全,维系国家生存。国防的主体要素具体体现在下面几个方面:国家机构应按照法律、法规的要求,履行国防职责;每个公民必须履行国防义务;国防行为应当受到法律的特殊保护。

#### 2. 对象要素

国防的对象是侵略与武装颠覆。国防要防备和抵抗的是侵略,包括武装侵略和各种非武装侵略。武装侵略是指战争状态的侵略行为,非武装侵略是指运用经济、文化、外交等手段的侵略行为。防止武装侵略和非武装侵略都离不开国防行为,对付武装侵略运用战争手段进行制止;对付非武装侵略使用非战争手段进行制止。防止武装侵略是国防的首要任务,把武装颠覆作为制止的对象,由国家法律强制执行。《中华人民共和国宪法》(以下简称《宪法》)第1条规定:"社会主义制度是中华人民共和国的根本制度。禁止任何组织或者个人破坏社会主义制度。"这表明,国防活动不仅包括防备和抵抗侵略,也应当包括制止企图分裂国家、颠覆国家政权、推翻社会主义制度的武装叛乱或武装暴乱。因为这些武装叛乱与武装暴乱是违反国家宪法的行为,对社会制度都构成严重威胁。

#### 3. 目的要素

国防的目的是保卫国家的主权、统一、领土完整和安全。主权、统一、领土完整和安全,在本质属性上是一致的,是独立国家的主要标志和最高原则。没有主权的国家,很难是领土完整的国家;领土不完整的国家,也很难是安全的国家。一个国家,只有拥有一定的领土,行使自己的主权,维护自己的统一,并有一个安全的内外环境,才能保证其正常生存和发展。因此,捍卫国家的主权、维护国家的统一、保卫国家的领土、确保国家的安全、保障国家的发展,是国防的根本目的,也是国防的价值所在。

#### 4. 手段要素

国防的手段,是为达到国防目的而采取的方法和措施,包括军事及与军事有关的政治、经济、外交、科技、文化、教育等手段。军事手段是国防的主要手段,但不是唯一的手段,它不能离开与军事手段相关的其他手段而孤立发挥作用。保卫国家安全,必须综合运用包括军事手段在内的各种国防手段,使其有机结合,形成整体合力。

国防是伴随着国家的产生而产生的,是为国家利益服务的。古往今来,国防虽因国家的性质、制度、国力及其推行的政策不同具有不同的特征,但其实质具有共性,即都以捍卫和扩大国家利益为核心。建设巩固的国防和强大的军队,是维护国家主权、安全和发展利益的根本保障。和平与发展仍然是当今时代主题,但由于霸权主义、强权政治和新干涉主义已呈现出新的发展趋势,各种国际力量围绕权力和权益斗争趋于激烈,恐怖主义活动日益活跃,民族宗教矛盾、边界领土争端等热点复杂多变,小战不断、冲突不止、危机频发仍是国际安全形势的常态,世界依然面临现实和潜在的局部战争威胁。只有居安思危,坚持总体国家安全观,加强国防建设,才能应对复杂多变的国际形势,有效维护国家安全与发展利益,保障中华民族的伟大复兴。

### (二)国防的基本类型

国防的性质是由国家的社会制度和国家政策所决定的。国家的社会制度不同,奉行的国防政策和追求的国防目标、国防的类型也就各不相同。按照不同的分类方式,国防可分为若干类型。

#### 1. 按军事战略和国防建设的目标分类

可分为防御型国防和扩张型国防。

（1）防御型国防

防御型国防在国防建设上以防止外敌入侵为主要目的。

（2）扩张型国防

扩张型国防则以国家安全和防务需要为幌子,将其他国家和地区纳入自己的势力范围,对其进行侵略、颠覆或渗透。

#### 2. 按国防力量的构成方式分类

可分为联盟型国防、独立自主型国防和中立型国防。

（1）联盟型国防

联盟型国防最大的特征就是通过结盟的形式,以弥补自身防卫力量的不足,实现国家的安全稳定。根据联盟体内各成员的关系,联盟型国防又可分为一元体联盟和多元体联盟。一元体联盟以某大国为盟主,其余国家处于从属地位;多元体联盟各联盟国则是伙伴关系,通过共同协商确定防卫政策。

（2）独立自主型国防

独立自主型国防,强调主要依靠本国自身的防卫力量,坚持不结盟政策,但并不排斥防务合作。

（3）中立型国防

中立型国防的最大特征是在国际冲突或战争面前,严格恪守和平中立的政策。奉行中立型国防的国家并非不需要进行国防建设,有的国家采取全民防卫式的武装中立,有的则采取完全不设防的中立方式。

中国是社会主义国家,绝不走"国强必霸"的道路,但中国也绝不可能重复鸦片战争以后在列强坚船利炮下被奴役被殖民的历史悲剧。我们必须有足以自卫防御的国防力量。中国的社会主义制度和国防政策,以及防御性的军事战略,决定了中国的国防是防御型国防、独立自主型国防和自卫型国防。

## 二、现代国防的基本特征

现代国防是对传统国防的继承和发展,是一种全新的国防观念和国防实践活动。现代国防不再是单纯的武力较量,而是在综合国力的基础上,以军事手段配合政治、经济、科技、外交等手段进行的总体较量,是对传统国防的继承和发展,是一种全新的国防观念和国防实践活动,它具有不同于传统国防的基本特征。其基本特征主要表现在以下几个方面。

### (一)现代国防是国家综合国力的体现

现代国防已成为综合国力的对抗。综合国力主要由人力、自然实力、政治实力、经济实力、科技实力、精神实力和国防实力等组成。其中,经济实力、国防实力和民族凝聚力是综合国力的基本要素,经济实力是基础,国防实力是支柱,民族凝聚力是灵魂。

### (二)现代国防是国家行为的国际表现

现代国际政治经济的发展,把世界各国和地区的安全与发展利益同国际社会的整体利益日趋紧密地联系在一起,世界的和平与稳定已成为整个人类的共同奋斗目标。国家的安全与发展不但与其本国利益相关,而且与国际的安全、发展和稳定息息相联。国家的发展离不开安全有利的国际环境,国际政治、经济的有序发展也有赖于各国国防的巩固。现代国防已不再仅仅是国家行为,而且日益成为一种国际行为。

### (三)现代国防是国家战争能力转化的重要标志

现代国防虽然是以军事力量为主体的,但还需要靠国家潜力转化为作战的实力。国家潜力包含国土面积、地理位置、自然资源、人口的数量和质量、地形气候、生产能力、科技和文化水平、交通运输、通信状况、社会制度、国家政策、管理能力、国际关系和国际地位等诸多方面。科索沃战争中后期,以美国为首的北约从打击军事目标到向民用基础设施开火,以主要力量轰炸南联盟的制造工厂、炼油厂、发电厂、道路和桥梁等,其目的就是摧毁南联盟的抵抗意志和最后达成逼近南联盟签下"城下之盟"。

### (四)现代国防是保证国家安全的多层次目标体系

随着政治、经济对现代国防影响程度的不断加深,现代国防呈现出多层次的目标体系。从范围上,可分为自卫目标、区域目标和全球目标。从内涵上,也可分为不同的层次目标:在国家面临严重威胁时,国防目标要首先解决生存问题;在和平时期,要致力于保障国家的安全利益和发展利益,同时还应努力营造有利于本国发展的国际环境。

## 三、中国国防历史和启示

中国国防具有悠久的历史。早在公元前21世纪,我国古代社会就过渡到奴隶社会,建立了国家,从此国防便产生了,用以抵御外来入侵和讨伐他国。随着社会的不断演变和发展,我国先后经历了奴隶社会、封建社会、半殖民地半封建社会而进入社会主义社会。国防历史伴随着国家的屈辱和荣耀、衰败和昌盛,给我们留下了丰富的国防遗产,积累了宝贵的历史经验及教训。新中国成立后,开启了中国国防的新纪元,中国国防日益强大。

**（一）中国国防历史**

**1. 中国古代的国防**

中国古代的国防是指公元前21世纪夏王朝的建立到公元1840年鸦片战争之前，大约经历了4 000年的时间。在国防历史的漫长发展过程中，中华民族经历了无数次血与火的洗礼，培育了民族的凝聚力和自强不息、卫国御侮的尚武精神，最终形成了多民族、大疆域的国家。

（1）古代的国防政策和国防理论

我国古代形成了许多卓有成效的国防政策和国防理论：一是"以民为体""居安思危"的国防指导思想；二是"富国强兵""寓兵于农"的国防建设思想；三是"爱国教战""崇尚武德"的国防教育思想；四是"不战而胜""安国全军"的国防斗争策略等。这些思想策略，对于指导战争和加强国防起到了重要作用。

（2）古代的兵制建设

兵制建设是中国古代国防建设的一个重要方面。所谓兵制，就是军事制度，现在一般称为军制。它包括武装力量体制、军事领导体制、兵役制度等方面的内容，是国防的主要组成部分。在武装力量体制上，我国古代一般区分为中央军、地方军和边防军。在军事领导体制上，各朝代的做法虽然不一致，但均信奉皇权至上，军队的调拨使用大权始终掌握在皇帝手中。在兵役制度上，主要有民军制、征兵制、府兵制、募兵制等形式，并随着各个历史时期的政治、经济人口状况和军事需要而发展变化。

（3）古代的国防工程建设

我国古代为强化国家系统、抵御外敌的侵犯、巩固边海防，修筑了数量众多、规模庞大的民用及国防工程，如长城、京杭运河、海防要塞、城池等。

（4）古代国防的兴衰

国防的兴衰是与各朝代的政治经济、军事状况密切相关的。纵观我国古代几千年的国防史，我们不难发现：当统治阶级处于上升时期，政治昌明、经济发展、军事强大、民族团结、国家统一的时候，国防就强盛；当统治阶级走下坡路，政治腐败、经济衰落、军事孱弱、民族分裂、国内混乱的时候，国防就削弱，甚至崩溃。

**2. 中国近代的国防**

中国近代国防是一段孱弱、衰败和屈辱的历史。1840年，英国人用炮舰打开了清朝紧锁的国门，列强纷至沓来。在西方列强的侵略面前，腐朽的统治者思想僵化、抱残守缺，奉行消极防御的指导思想，大片国土被迫割让，人民惨遭践踏和屠杀。

（1）清朝后期的国防

自"康乾盛世"之后，清朝的政治日趋腐败，国防日渐虚弱。尤其是鸦片战争后，西方列强大举入侵，从此清朝一蹶不振，每况愈下，结果有国无防、内乱外患交织，逐步沦为半殖民地半封建社会。

①清朝的武备。清朝的武备包括军事领导体制、武装力量体制、兵役制度等方面。八旗制度是清代特有的一种组织形式和军事制度。清军入关后将汉族士兵编入部队。汉人部队则以绿旗为标志，被称为绿营。

②清朝的疆域和边海防建设。清朝初期重视边海防建设。从道光年间开始，朝政日益腐败，防务日渐废弛。19世纪中叶以后，中国的领土香港、澳门、台湾和澎湖岛为英葡日侵占；东北乌苏里江以东、黑龙江以北的土地为沙俄所占；西部帕米尔地区被俄英瓜分。

③对外反侵略战争。由于清朝政治腐败,武器装备与西方强国产生了"代差",面对列强的坚船利炮,在对外反侵略战争中一次次失败,签订了一个个不平等条约。

从 1840 年鸦片战争到 1911 年辛亥革命的 70 多年间,清政府与外国列强签订了上百个不平等条约,割让领土近 160 万平方千米,当时中国 1.8 万多千米的大陆海岸线上,竟找不到一个中国自己享有主权的港口,中华民族美丽富饶的国土被西方列强撕扯得支离破碎。这一时期的中国国防史,是一部落后挨打的屈辱史,同时也是一部中国人民反帝爱国的斗争史,义和团反帝爱国运动、三元里人民抗击英军的壮举、山东及辽东半岛人民抗击日本侵略的斗争等,都彰显了中华民族不畏强暴、抗御外侮的伟大爱国主义精神。中国人民抗击侵略者的斗争,成为中国近代国防的重要组成部分。

(2)民国时期的国防。辛亥革命虽然推翻了清朝的统治,建立了中华民国,但并没有改变中国任人宰割的状况。列强为维护其在华利益,纷纷扶植各派军阀为自己的代理人,加紧对中国的掠夺。由于各派军阀争权夺利,混战不已,中国依然是处于有边不固、有海无防的状态。之后,长期觊觎中国的日本帝国主义,从逐步蚕食到全面入侵中国。中国人民在中国共产党的领导下,建立抗日统一战线,展开了艰苦卓绝的民族解放战争。

(3)解放战争及新中国的成立。抗日战争胜利后,中国人民迫切需要一个和平安定的建设环境。但国民党当局背信弃义,妄图消灭中国共产党及其所领导的军队。经过 4 年的解放战争,中国共产党领导人民,终于推翻了国民党的反动统治,建立了中华人民共和国,从此结束了 100 多年来中华民族有国无防的屈辱历史。

### 3.中国当代的国防

中华人民共和国成立以来,我国国防建设大体经历了以下四个阶段。

(1)恢复阶段(1949—1953 年)

这一阶段我国处在外御帝国主义侵略、内疗战争创伤和恢复经济时期。这时期的国防建设主要完成了三个方面的任务:一是解放了全国大陆和除台、澎、金、马之外的全部沿海岛屿,肃清了大陆上国民党的残余武装,平息了匪患,建立了边防和守备部队,加强了海上边防的守卫。二是取得了抗美援朝战争的胜利。三是建立、健全了统一的军事领导机构和军事制度;建立了全军的领导机关和各级军事领导机构,加强了对全国武装力量的领导;建立了初具规模的海军、空军等各兵种部队,开始从单一陆军向诸军兵种全面建设过渡;建立了 100 余所军事院校,为国防建设培养了大批现代化军事人才,统一了军队编制体制;建立了各项规章制度。

(2)全面建设阶段(1954—1965 年)

这一阶段是我国国防现代化建设突飞猛进的重大时期。1953 年 12 月召开的"全国军事系统党的高级干部会议"是军队建设和国防建设的一个里程碑,这次会议确定了我国国防建设的主要任务是防御帝国主义侵略,保卫社会主义建设、保卫亚洲与世界和平,制定了"积极防御"的战略方针,提出了实现国防现代化的重大战略措施。这些措施包括精简军队,压缩国防开支,加速发展工业;为国防现代化打基础,加强国防工程建设,在沿海、边防和纵深要地建设防御工程体系;实行义务兵、军官薪金、军衔三大制度;大办军事院校,重新划分战区,完善战略、战役指挥体系;加强动员准备,建立各级动员机构和动员制度。这些重大措施有力地促进了我国国防现代化建设的全面发展,初步形成了具有中国特色的国防体系。经过 10 多年的艰苦努力,我国国防体系基本完成配套,一些领域已接近当时的世界先进水平,并成功地爆炸了第一颗原子弹。

（3）曲折发展阶段（1966—1976 年）

这一时期尽管有林彪、"四人帮"的干扰和破坏，毛泽东、周恩来等党和国家主要领导人仍然警觉地注意维护我国的安全，保持了军队的稳定，顶住了霸权主义的压力。同时对发展国防尖端技术始终没有放松，因而保证了我国氢弹试验和人造卫星发射成功。

（4）现代化建设阶段（从党的十一届三中全会至今）

在具有伟大历史意义的十一届三中全会上，邓小平同志提出了"和平与发展"是当今世界主题的观点，确定全党工作的着重点和国防建设指导思想实行战略性转变。军队从临战状态转向和平时期的正常建设，在服从和服务于国家建设大局的前提下，有计划、有步骤地推进以现代化为中心的军队建设。按照精兵、合成、高效的原则进行重大调整改革，减少数量、提高质量，增强军队在现代战争条件下的自卫能力。

20 世纪 90 年代，以江泽民同志为核心的党的第三代领导集体科学地回答和解决了国防和军队建设的一系列重大理论和实践问题。抓紧做好军事斗争准备，按照政治合格、军事过硬、作风优良、纪律严明、保障有力的总要求，全面加强军队的革命化、现代化、正规化建设，把推进中国特色军事变革作为军队现代化发展的必由之路，实施科技强军战略，逐步实现由数量规模型向质量效能型、人力密集型向科技密集型转变。

以胡锦涛同志为总书记的党中央，坚持把科学发展观作为国防和军队建设的重要指导方针，主动适应世界军事发展的新趋势，适应打赢信息化条件下局部战争的要求，在更高起点上推进国防和军队的现代化建设；加强新型作战力量建设，加强以信息化为主导的机械化、信息化复合发展，提高基于信息系统的体系作战能力，实现火力机动力、防护力、保障力和信息力整体提高。

当前，以习近平为核心的党中央，强调要着眼实现强军目标，要求军队做到听党指挥、能打胜仗、作风优良，正确把握深化国防和军队改革的指导原则；要牢牢把握坚持改革正确方向这个根本。深化国防和军队改革是中国特色社会主义军事制度自我完善和发展，是为了更好发挥中国特色社会主义军事制度的优势。改革是要更好坚持党对军队的绝对领导，更好坚持人民军队的性质和宗旨，更好坚持我军的光荣传统和优良作风。

国防对于国家的重要性

**（二）中国国防历史的启示**

中国数千年的国防历史，有过声威远播、天下归附的武功，有过引而不发、强虏驻足的宁静，有过通体创伤、不堪回首的屈辱，也有过抗敌卫国、坚守气节的壮举。在全面推进中国特色社会主义事业，实现"两个一百年"奋斗目标、实现中华民族伟大复兴的中国梦的征途中，重温漫长的国防历史可以得到以下有益的启示。

**1.经济发展是国防强大的基础**

经济是国防的物质基础，国防强大依赖经济发展，这是历史给予我们的深刻启示。早在春秋战国时期，统治者就认识到国富才能兵强、自强方可自立，无不把发展经济作为巩固国防、争夺霸权的重要措施。

春秋时期，晋国国贫兵弱。晋文公执政后通过整顿内政、发展经济、扩充军队、轻赋薄税、减免债务、鼓励商业、繁荣社会等一系列综合治理，使晋国实力急剧增强，先后兼并 20 余国，一跃成为中原霸主。唐朝由"贞观之治"达到封建社会的鼎盛时期，更是当时统治者注重发展经济的结果。

与此相反，各朝代的衰落、灭亡，多是由于经济落后，国贫兵弱，遭受外敌的入侵而不能自保或内部社会骚乱动荡失序引起的,结果动摇了国家的根基。"兵马未动,粮草先行。"经济发展是国防强大的基础,只有国家经济实力增强了,把国防建设搞上去,才能为国家提供坚强的安全保障。

### 2. 政治昌明是国防巩固的根本

国家政策的正确与否,直接关系到国防的兴衰、国家的存亡。"上下同欲者胜",只有政治昌明,才能有巩固的国防,才能为国家发展提供保障。这是国防历史给我们提供的又一深刻启示。

秦国由于进行商鞅变法,修政治、明法度、发展生产,国力日渐强大,因此为吞并六国奠定了坚实的基础;大唐初建之时,百废待兴,由于制定并实施了一系列行之有效的政治制度,文武并重,使国家很快从隋末的战争废墟中恢复过来,因此成为国力强盛、空前统一的大唐帝国。

与此相反,凡是衰落的时期和朝代,无不因为政治腐败、重文轻武,导致国防虚弱。唐朝中期、两宋,乃至晚清都是如此。古代中国国防的兴衰、王朝的更替,近代中国的百年国耻,都深刻地告诉我们:政治的昌明,是国防巩固的根本,是国家得以长治久安的根本保证。

### 3. 国家统一和民族团结是国防力量的保证

凡是国家统一、民族团结的时期,国防就强大;凡是国家分裂、民族矛盾尖锐的时期,国防就虚弱。

晚清时期,清政府在列强的进攻面前不仅不敢发动反侵略战争,不依靠、不支持人民群众进行抗争,反而认为"患不在外而在内""防民甚于防火",对人民群众自发组织的反侵略斗争实行残酷的镇压,最终造成对外作战屡战屡败,割地赔款,逐步沦为半殖民地半封建社会。

相反,在抗日战争时期,中国共产党主张全国军民团结建立广泛的抗日民族统一战线,共同抵抗日寇的侵略。同时,在敌强我弱的情况下,中国共产党领导的八路军、新四军、东北抗日联军、华南抗日游击队,坚持人民战争的战略战术,充分动员和组织人民,团结一切抗日力量共同抗击侵略者,最终成为取得抗日战争全面胜利的中流砥柱。

### 4. 正确领导是国防强大的关键

国防领导力量的不同,决定了国防是否强大,中国共产党是中国国防的领导力量,正确的领导保证了我国国防始终坚如磐石。

# 第二节　国防法规

国防法规是调整国防和武装力量建设领域各种社会关系的法律规范的总和,是国家法律体系的重要组成部分,是加强国防和武装力量建设的基本依据。在继续推进全面依法治国、更好发展中国特色社会主义事业的新时代,国防法规对于保障国防和军队建设的顺利进行、做好军事斗争准备具有十分重要的意义。

## 一、国防法规的特性

国防法规具有法律的一般特性,即鲜明的阶级性、高度的权威性、严格的强制性、普遍的适用性和相对的稳定性。同时,国防法规还具有区别于其他法规的特殊性,主要表现在以下三个方面。

### (一)调整对象的军事性

法律是调整社会关系的行为规范,不同的法律规范用来调整不同领域的社会关系。国防法规所调整的是国防和武装力量建设领域的各种社会关系,包括军队内部的社会关系、武装力量内部的社会关系、武装力量与外部的社会关系等。这些带有军事性的社会关系是国防法规特有的调整对象,是其他任何法律规范所不能代替的,这是国防法规特性的基本表现。

调整对象的军事性并不意味着国防法规只适用于军队。国防是国家行为。国防和武装力量建设领域的社会关系具有军事性,但这些社会关系所涉及的行为主体并不都是军队和军人,政治、经济、外交、科技、文化、教育等各个部门和社会各阶层人士都与国防有关。因此,一切社会团体和个人都必须按照国防法规的要求履行国防义务。

### (二)司法适用的优先性

国防法规优先适用是指在解决与国防利益、军事利益有关的法律问题时,如果国防法规和普通法都有相关的规定,要以国防法规的规定作为评判是非的标准和采取行动的准则。优先适用指的不是先后顺序,而是一种排他性的单项选择。在涉及国防利益、军事利益的案件中,只适用国防法规不适用普通法。国防法规属于特别法,特别法是对特定人、特定领域、特定事项在特定时间内有效的法律。"特别法优先于普通法"是国际公认的法律适用原则。

### (三)处罚措施的严厉性

国防法规所保护的国防利益,是关系国家安危的重大利益,因而对危害国防利益的犯罪实行比较严厉的处罚。同一类型的犯罪,危害国防利益的从重处罚。例如,《中华人民共和国刑法》(以下简称《刑法》)规定,抢劫罪处 3 年以上 10 年以下有期徒刑;而冒充军警人员抢劫的、抢劫军用物资的,处 10 年以上有期徒刑、无期徒刑或者死刑。战时从重处罚。所谓战时,是指国家宣布进入战争状态、部队受领作战任务或者遭敌袭击时(部队执行戒严任务或者处置突发性暴力事件也以战时论)。《中华人民共和国兵役法》(以下简称《兵役法》)《刑法》的许多条款都申明战时从重处罚。例如,《兵役法》规定,平时应征,公民拒绝、逃避征集拒不改正的,在两年内不得被录用为国家公务员或者参照《公务员法》管理的工作人员,不得出国或者升学,还可同时处以罚款;而战时要依法追究刑事责任。

## 二、国防法规体系

国防法规体系是指由各个层次、不同门类的国防法律规范构成的相互联系、相互制约和协调的有机整体。各个层次表征着国防法律规范之间的纵向关系,不同门类表征着国防法律规范之间的横向关系。

在纵向关系上,依据宪法规定和立法权力及立法原则,我国现行的国防法规体系区分为四个层次:第一是法律,即由全国人民代表大会及其常务委员会制定的关于国防和武装力量建设的法律,如《中华人民共和国国防法》《中华人民共和国兵役法》《中华人民共和国国防动员法》《中华人民共和国国防教育法》《中华大民共和国国防交通法》《中华人民共和国人民防空法》《中华人民共和国军事设施保护法》《中华人民共和国现役军官法》《中华人民共和国预备役军官法》等;第二是法规,即由中央军事委员会制定的为军事法规,由国务院制定或国务院与中央军事委员会联合制定的为军事行政法规,有关国防建设的行政法规可以由国务院总理、中央军事委员会主席共同签署,国务院、中央军事委员会主席令公布;第三是规章,即由中央军事委员会机关部门(原各总部)、战区、军兵种、中国人民武装警察部队制定的为军事行政规章,由国务院有关部委与中央军事委员会有关机关部门(原有关总部)联合制定的为军事行政规章;第四是地方性法规,即由各省、自治区、直辖市人民代表大会及其常务委员会制定的贯彻执行国家国防法规的实施办法、实施细则、补充规定等。

在横向关系上,依据国防活动的领域,可以将国防法律规范划分为十六个门类:一是国防基本法类;二是国防组织法类;三是兵役法类;四是军事管理法类;五是军事刑法类;六是军事诉讼法类;七是国防经济法类;八是国防科技工业法类;九是国防动员法类;十是国防教育法类;十一是军人权益保护法类;十二是军事设施保护法类;十三是特别行政区驻军法类;十四是紧急状态法类;十五是战争法类;十六是对外军事关系法类。不同门类的国防法规调整规范国防和军事活动的领域不同。

### (一) 中华人民共和国国防法

国防法是国家在国防方面的基本法律,是指导规范国防和军队建设的基本依据。新中国的第一部国防法自1997年公布施行以来,对建设和巩固国防、推进国防和军队现代化发挥了重要作用。随着世情、国情、军情发展变化,上一代国防法亟待修订完善,适应新时代国防和军队建设的新任务新要求。

中华人民共和国国防法

2020年12月26日,第十三届全国人大常委会第二十四次会议审议通过了新修订的《中华人民共和国国防法》(以下简称《国防法》)。国家主席习近平签署第六十七号主席令予以公布,自2021年1月1日起施行。这次修订工作坚持以习近平新时代中国特色社会主义思想为指导,深入贯彻习近平强军思想,坚持总体国家安全观,贯彻新时代军事战略方针,主要把握4条原则。一是始终坚持党的领导。坚持以党中央、中央军委有关决策部署和习主席系列重要讲话精神引领修法工作,把党的集中统一领导贯穿于修法全过程、体现在章节条文中,把党和国家机构改革、国防和军队改革成果固化在法律中。二是精准把握基本定位。坚持把国防法作为国防和军队建设领域的基本法、"龙头法",对国防活动的重大方针原则、目标任务、基本制度等作出原则性规范。三是突出加强体系设计。坚持着眼构建系统配套的中国特色军事法规制度体系,科学设计框架结构和主体内容,保持与相关法律相衔接。四是坚决贯彻问题导向。坚持把解决国防和军队建设中的突出矛盾问题作为修法的基本指向,填补新时代迫切需要的顶层制度。

### (二) 中华人民共和国兵役法

兵役法是国家关于公民参加军事组织或在军事组织之外承担军事任务,接受军事训练的法律。《中华人民共和国兵役法》(以下简称《兵役法》)是规范中华人民共和国公民履行兵役义务的基本法律依据。

中华人民共和国兵役法

中国共产党和中国政府历来重视兵役法制建设。早在新民主主义革命时期,中国共产党领导的各革命根据地、抗日根据地、解放区政府曾颁布有兵役内容的法律、法令和条例,对参加人民军队者的年龄、身体条件、出身成分和军人的优抚等均有明确规定,但没有制定专门的兵役法。中华人民共和国成立后,于1955年7月30日经第一届全国人民代表大会第二次会议通过,颁布了我国历史上第一部社会主义类型的《中华人民共和国兵役法》。2011年10月29日,第十一届全国人大常委会第二十三次会议对《兵役法》进行了第三次修订。2021年8

征兵工作条例

月20日,十三届全国人大常委会第三十次会议审议通过修订的《中华人民共和国兵役法》,国家主席习近平签署第九十五号主席令予以公布,自2021年10月1日起施行。

新修订的《兵役法》共 11 章 65 条。主要从法律上强化党对兵役工作统一领导,保证兵役工作的正确方向;优化兵役基本制度,突出志愿兵役的主体地位;完善兵役登记和平时征集制度,对兵役登记对象范围、程序办法、查验核验等进行系统规范,健全高校兵役工作机构,放宽高素质兵员征集年龄限制;优化服役待遇保障和退役安置制度,明确公民入伍时保留户籍、优秀义务兵可以提前选改为军士,调整义务兵家庭优待金等政策,规范退役军人的安置方式和适用条件;创新兵役工作方式方法,推进兵役信息化建设,建立考核激励和责任追究机制,进一步明确单位和个人应当承担的法律责任。新修订的兵役法,坚持以习近平新时代中国特色社会主义思想为指导,全面贯彻习近平强军思想,贯彻新时代军事战略方针,着眼与国家经济社会发展相协调、与国防和军队建设相适应,遵循服务国防需要、聚焦备战打仗、彰显服役光荣、体现权利和义务一致的原则,聚焦吸引入役、激励在役、保障退役,对兵役政策制度进行了创新设计和调整完善。

### (三)中华人民共和国国防动员法

国防动员法是国家为组织实施国防动员而制定的法律,是规范中华人民共和国国防动员活动的基本法律依据。

《中华人民共和国国防动员法》(以下简称《国防动员法》)于 2010 年 2 月 26 日由第十一届全国人大常委会第十三次会议通过并予以公布,2010 年 7 月 1 日起施行。《国防动员法》是全面规范和指导我国国防动员活动的重要法律。该法以宪法为依据,系统总结了我国国防动员建设的实践经验,参考借鉴了国外动员工作的有益做法,广泛吸收了社会各界的意见建议,对国防动员的方针原则、组织机构、基本内容、基本制度等做了全面规范。

《国防动员法》共 14 章 72 条,主要内容有:总则;组织领导机构及其职权;国防动员计划、实施预案与潜力统计调查;与国防密切相关的建设项目和重要产品;预备役人员的储备与征召;战略物资储备与调用;军品科研、生产与维修保障;战争灾害的预防与救助;国防勤务、民用资源征用与补偿;宣传教育;特别措施;法律责任及附则等。

### (四)中华人民共和国国防教育法

国防教育法是国家关于在社会组织和公民中普及和加强国防教育的法律。国防教育法在一国国防法体系中占有重要地位,是国防法体系中的基本法和部门法。

《中华人民共和国国防教育法》(以下简称《国防教育法》)于 2001 年 4 月 28 日由第九届全国人大常委会第二十一次会议通过。该法共 6 章 38 条。《全国人民代表大会常务委员会关于设立全民国防教育日的决定》是对《国防教育法》的补充,2001 年 8 月 31 日由第九届全国人大常委会第二十三次会议通过,确定每年 9 月第 3 个星期六为全民国防教育日。

2018 年 4 月 27 日,第十三届全国人民代表大会常务委员会第二次会议通过对《中华人民共和国国防教育法》作出修改将第八条第一款中的"民政"修改为"退役军人事务"。

《国防教育法》是我国第一部全面调整和规范国防教育的重要法律。根据立法的指导思想,《国防教育法》明确了国防教育是建设和巩固国防的基础,是增强民族凝聚力、提高全民素质的重要途径;明确了国防教育贯彻全民参与、长期坚持、讲求实效的方针,实行经常教育与集中教育相结合、普及教育与重点教育相结合、理论教育与行为教育相结合的原则;要求针对不同对象确定相应的教育内容,分类组织实施;明确了国防教育的领导体制和各级国防教育工作机构的职责;确定国家设立全民国防教育日。同时,《国防教育法》还对学校国防教育、社会国防教育、国防教育的保障以及法律责任都作了明确规定。这部法律的制定,集中反映了各方面的意见和建议,充分体现了广大人民群众的意愿,为全民国防教育健康、持久、深入地开展下去提

**大学生国防教育与军事课教程**

供了可靠的法律保障。

《国防教育法》专门设置了学校国防教育一章,并根据现行学校教育制度和不同年龄段学生身心发展的特点,区别不同情况对学校的国防教育做了具体要求。就高等学校而言,该法规定了高等学校应设置适当的国防教育课程,实行课堂教学与军事训练相结合的制度。同时,该法对其他各类学校及各类教育机构的国防教育都做出了明确而具体的规定。上述规定着重体现了学校是国防教育主阵地的立法意图,并通过在学生中开展形式多样的国防教育活动,保证学校的国防教育常抓不懈,收到实效。

### (五)中华人民共和国国防交通法

国防交通法是专门规范国防交通活动的基本法律,适用于道路、水路、航空、管道、邮政等领域的建设管理和资源使用活动。《中华人民共和国国防交通法》(以下简称《国防交通法》)于2016年9月3日由第十二届全国人大常委会第二十二次会议通过,2017年1月1日起施行。

《国防交通法》共9章60条,主要内容包括:一是建立国防交通管理体制机制,明确军队、政府和企事业单位在国防交通活动中的地位和职责,以及公民在国防交通中的权利义务。二是规范了国防交通规划、交通工程设施、民用运载工具、国防运输、国防交通保障、国防交通物资储备等方面的内容。三是明确国防交通活动的主要保障条件,规定交通企业事业单位在本级财务预算中列支国防交通日常工作的事业经费;国防交通建设纳入国民经济和社会发展规划以及行业部门规划,军事需求纳入交通设施设备的技术标准和规范;国家对参与国防交通建设给予政策支持,加强边防、海防地区交通基础设施建设,扶持边防海防地区运输服务业发展等。

《国防交通法》是党的十八大以后,全国人大常委会审议通过的第一部国防军事方面的法律,也是党和国家将军民融合发展上升为国家战略后,第一部深入贯彻军民融合发展战略的重要法律。它的诞生,为加强国防交通建设、提升战略投送能力、促进交通领域军民融合、保障国防活动顺利进行提供了强有力的法律支撑。

### (六)中华人民共和国人民防空法

人民防空法是国家关于动员和组织人民群众平时开展防空准备和战时实施防空保护的法律。《中华人民共和国人民防空法》(以下简称《人民防空法》)于1996年10月29日由第八届全国人大常委会第二十二次会议通过,1997年1月1日起施行。

2009年8月27日,第十一届全国人民代表大会常务委员会第十次会议通过《全国人民代表大会常务委员会关于修改部分法律的决定》,将《中华人民共和国人民防空法》第五十条中引用的"治安管理处罚条例"修改为"治安管理处罚法"。

《人民防空法》共9章53条,主要内容包括:人民防空的方针和原则;人民防空实行的优惠政策;人民防空工作的领导和管理体制;人民防空工程建设要求及维护管理;人民防空通信和警报建设与管理;疏散组织方法;群众防空组织;人民防空教育;破坏、危害人民防空工程、设施的各类违法犯罪行为的法律责任。

《人民防空法》的颁布施行,对于维护国家和民族的安全利益、保护人民生命和财产安全、加强国防法制建设、防范和减轻战争空袭危害、保障社会主义现代化建设顺利进行,都具有十分重要的意义。

## 三、公民的国防义务和权利

公民的国防义务是指由宪法和法律规定的公民在国防活动中必须履行的责任,由国家强制力保证其落实。公民的国防权利是指宪法、法律赋予公民在国防活动中享有的权利或利益,国家从法律和物质上保障公民享有这种权利的可能性。国防是国家生存和发展必不可少的条件,每一个公民都享有相应的国防权利。公民在享有相应的国防权利的同时,也必须承担相应的国防义务。

### (一)公民国防义务

根据《国防法》的规定,公民负有下面五个方面的国防义务。

#### 1.兵役义务

兵役是指参加武装组织或在武装组织之外承担军事任务的形式。兵役义务是公民最重要的一项国防义务。《国防法》第50条规定:"依照法律服兵役和参加民兵组织是中华人民共和国公民的光荣义务。"《兵役法》第3条规定:"中华人民共和国公民不分民族、种族、职业、家庭出身、宗教信仰和教育程度,都有义务依照本法的规定服兵役。"根据《兵役法》规定,公民履行兵役义务主要有三种形式:服现役、服预备役和参加军事训练。

#### 2.接受国防教育的义务

《国防法》第51条规定:"公民应当接受国防教育。"这就是说,接受国防教育是公民的一项义务,每一个公民都要按照国家的规定通过一定的形式接受国防教育、增强国防观念,并把它当作自己的光荣职责。对不履行受教育义务的主体,要进行批评教育;批评教育不改的要强制其接受教育,或给予行政处分。

#### 3.保护国防设施的义务

国防设施是国家直接用于国防目的的建筑、场地和设备。在战时,它是打击敌人、抵抗侵略的重要依托;在平时,它具有制约敌对力量的威慑作用。因此,加强国防设施建设和保护国防设施,确保国防设施效能的实现,是巩固国防、维护国家安全利益的具体体现,也是落实国防法的必然要求。根据国防设施的性质、作用、安全保密的需要和使用效能的特殊要求,可将国防设施分为三类:一是需要划定军事禁区予以保护的国防设施;二是需要划定军事管理区予以保护的国防设施;三是不便于划定保护区域,但同样需要采取有效措施加以保护的国防设施。对此,我国公民和组织对这三类国防设施要履行相应的保护义务,包括不擅自闯入和拍照等行为。不履行国防设施保护义务的将受到法律的追究。

#### 4.保守国防秘密的义务

国防秘密是指关系到国家防卫安全和利益,依照法定程序确定,在一定时间内或只限一定范围的人员知悉的军事或与军事有关的政治、经济、外交、科技、文化等方面的事项。《保守国家秘密法》第3条规定:"一切国家机关、武装力量、政党、社会团体、企事业单位和公民都有保守国家秘密的义务。"《国防法》第52条规定:"公民和组织应当遵守保密规定,不得泄露国防方面的国家秘密,不得非法持有国防方面的秘密文件、资料和其他秘密物品。"对于泄露国防秘密,危害国防安全与利益者,必须承担相应的法律责任。

#### 5.协助国防活动的义务

《国防法》第53条规定:"公民和组织应当支持国防建设,为武装力量的军事训练、战备勤务、防卫作战等活动提供便利条件或其他协助。"根据这一规定,我国公民和组织协助国防活动的主要义务有:一是开展经常性的拥军优属工作,特别是对现役军人及其家属的优待。二是为武装力量活动提供便利条件的义务。比如,为武装力量执行任务的人员提供必需的饮食、住宿保障及医疗、卫生保健等;为民兵、预备役人员、高等学校和高级中学学生的军事训练提供必需的时间、场地和物资的保证;等等。三是支前参战的义务。

### (二)公民国防权利

根据《国防法》的规定,公民享有以下三个方面的国防权利。

#### 1.对国防建设提出建议的权利

《国防法》第54条规定:"公民和组织有对国防建设提出建议的权利。"这一规定,是公民依照《宪法》享有对国家事务的建议权在国防建设方面的体现,是群策群力建国防的需要。

#### 2.制止、检举危害国防行为的权利

《国防法》第54条规定:"公民和组织有对危害国防的行为进行制止或者检举的权利。"这一规定,是《宪法》关于公民有维护国家安全、荣誉和利益的义务和在国防方面享有检举权的体现,是发动群众强国防的需要。

#### 3.国防活动中经济损失补偿的权利

《国防法》第55条规定:"公民和组织因国防建设和军事活动在经济上受到直接损失的,可以依照国家有关规定取得补偿。"这一规定,体现了我国一切为了人民利益的社会主义本质,既保护了公民和组织的经济权利,又有利于调动公民和组织依法积极参加国防建设和军事活动。公民和组织在国防活动中享有的经济损失补偿,与其在民事活动中享有的损害赔偿是不同的。国防活动中经济损失的补偿,仅限于直接的经济损失,而不包括间接的经济损失和非经济的损失,且对直接经济损失的偿付,视情况可以是全部的也可以是部分的;而民事活动中的损害赔偿,是以实际造成的损失为限,既包括直接经济损失,也包括间接经济损失,且对损失应当全部偿付。

### (三)国防义务与国防权利的关系

国防义务与国防权利是对立统一的关系。所谓对立,是指两者各有不同的含义,各有其质的规定性。权利是主动的,义务是被动的;权利可以放弃,义务必须履行。所谓统一,是指两者同时产生、密切联系、互为条件、相辅相成,具有一致性。

#### 1.国防义务与国防权利的一致性

国防义务与国防权利的一致性主要表现在三个方面:一是对等性。从权利和义务之间的关系来考察,公民所承担的国防义务和享有的国防权利相对立而存在,两者在总量上是对等的。《国防法》第9章规定,公民的国防义务有五项,国防权利有三项,在数量上不完全对应。但《宪法》第29条规定国家武装力量的任务之一是"保卫人民的和平劳动",表明公民还享有和平劳动被保护的权利,这是一项很重要的国防权利。公民履行各种国防义务,同时享受和平劳动以及正常的生活和学习被保护的权利,这是权利义务总量对等的表现。二是平等性。从人与人之间的关系上来考察,公民在享受权利和承担义务方面是平等的。《宪法》第33条规定:"中华人民共和国公民在法律面前一律平等。""任何公民都享有宪法和法律规定的权利,同时必须履行宪法和法律规定的义务。"依照宪法和法律,我国公民平等地享有法定的国防权利,也平等地承担国防义务。没有只享受权利而不履行义务的公民,也没有只履行义务而不享受权利的公民。三是同一性。有些国防权利和国防义务是同一的,如《国防教育法》第5条规定:"中华人民共和国公民都有接受国防教育的权利和义务。"表明接受国防教育既是国防权利,又是国防义务。公民依法服兵役的权利和义务也是同一的。《兵役法》规定,依照法律被剥夺政治权利的人,不得服兵役,这是从权利角度规定的,被剥夺政治权利的人,同时也被剥夺了服兵役的权利。《兵役法》还规定,身体残疾不适合服兵役的人,免服兵役,这是从义务角度规定的。免除残疾人服兵役的义务,是国家对残疾人的照顾。

### 2.权利和义务的一致性在国防方面有特殊的表现

在其他社会活动中,权利和义务的一致性通常是直观的。在国防活动中,权利和义务的一致性表现得并不直观,甚至在一定范围、一定层次上表现为不对等、不平等。一是和平时期公民的劳动生活没有受到战争的现实威胁,感受不到国防活动所带来的直接利益,但也必须承担国防义务。如果要求权利义务在任何时候都绝对一致,国防建设则无法进行。二是不同地区的公民享受的国防权利和承担的国防义务是不平等的。平时,边海防地区的公民承担较多国防义务,却享受与内地同样的国防权利;在发生局部战争的情况下,战区和邻近战区的公民就要承担较多的国防义务,而其他地区的公民承担的国防义务则较少。三是公民在参与国防活动时,所享受的权利和所承担的义务也往往是不对等的。在战争期间,国家可以根据军事需要征用公民的物资、车辆、船只等。服从征用,是公民应尽的国防义务,而履行这一义务必然要承受一定的经济损失。国防法虽然规定对直接经济损失给予补偿,但不能适用民法中的等价补偿原则。在有些情况下,国防义务的付出是难以补偿的。公民为协助军事活动可能会流血牺牲,抚恤有定额,而生命是无价的。另外,由于国防的组织、领导权集中掌握在国家手中,一般公民在国防活动中往往更多的是履行义务,而非行使权利。

### (四)大学生公民履行国防义务和权利的基本要求

大学生公民与普通公民一样需要履行国防义务和权利,鉴于大学生公民在校学习期间的情况,对其的基本要求应当更有针对性:一是在对他们进行军事理论和国防教育的基础上,有必要使他们懂得履行国防义务和权利的重要性,二是使他们明确履行国防义务和权利的具体内容,三是使他们懂得不履行国防义务的具体处罚法律条款,努力使他们自觉履行国防义务和权利。

# 第三节 国防建设

国防建设是指国家为构建和完善国防体系,提高国防能力而进行的一系列活动的统称,包括武装力量建设,边防、海防、空防、人防及战场建设,国防科技与国防工业建设,国防动员建设,国防交通建设,国防法规建设,国防教育以及与国防相关的信息通信、医疗卫生、能源、水利、气象、航天等方面的建设等。中华人民共和国成立后,国家把国防建设摆在十分重要的位置,取得了举世瞩目的成就,捍卫了国家的主权和尊严。

## 一、国防体制

国防体制是国家的国防组织形式、机构设置、领导隶属关系和管理权限划分等方面制度的总称,是国家体制的重要组成部分。它通常受国家政治、经济、军事、外交等方面制度和政策的制约。

### (一)国防领导体制

#### 1.中共中央的国防领导职权

《国防法》第19条规定:"中华人民共和国的武装力量受中国共产党领导。"《中国人民解放军政治工作条例》规定:"中国人民解放军必须置于中国共产党的绝对领导之下,其最高领导权和指挥权属于中国共产党中央委员会和中央军事委员会。"有关国防建设、武装力量建设和国防动员的重大问题,都由中共中央、中央军事委员会、中央政治局及其常务委员会做出决策,并通过法定程序,作为党和国家的统一决策贯彻执行。

### 2. 全国人民代表大会及其常务委员会的国防职权

中华人民共和国全国人民代表大会是国家最高的权力机关,其国防职权有:制定国防建设、武装力量建设和国防动员的基本法律;选举中华人民共和国中央军事委员会主席,根据军委主席的提名,决定中央军事委员会其他组成人员;决定战争与和平的问题;审查和批准包括国防建设计划在内的国民经济和社会发展计划及计划执行情况的报告;审查和批准包括国防经费预算在内的国家预算和预算执行情况的报告;改变或者撤销全国人民代表大会常务委员会在国防方面的不适当的决定;应当由全国人民代表大会行使的国防方面的其他职权。

全国人民代表大会常务委员会的国防职权有:制定国防建设、武装力量建设和国防动员的基本法律;在全国人民代表大会闭会期间,根据军委主席的提名,决定中央军事委员会其他组成人员,任免军事法院院长和军事检察院检察长;在全国人民代表大会闭会期间,审查和批准包括国防建设计划在内的国民经济和社会发展计划,包括国防经费预算在内的国家预算在执行过程中所必须做的部分调整方案;监督中央军事委员会的工作;决定同外国缔结的有关国防方面的条约和重要协定的批准和废除;规定和决定授予在国防方面国家的勋章和荣誉称号;决定战争状态的宣布,决定全国总动员或局部总动员;全国人民代表大会授予的国防方面的其他职权。

### 3. 国家主席的国防职权

国家主席的国防职权有:根据全国人民代表大会的决定和全国人民代表大会常务委员会的决定,公布国防建设、武装力量建设和国防动员法律;根据全国人民代表大会的决定和全国人民代表大会常务委员会的决定,宣布战争状态,发布动员令;《宪法》规定的国防方面的其他职权。

### 4. 国务院的国防职权

国务院的国防职权有:编制国防建设发展规划和计划;制定国防建设方面的方针、政策和行政法规;领导和管理国防科研生产;管理国防经费和国防资产;领导和管理国民经济动员工作和人民武装动员、人民防空、国防交通等方面的有关工作;领导和管理拥军优属工作和退出现役的军人的安置工作;领导国防教育工作;与中央军事委员会共同领导中国人民武装警察部队、民兵的建设和征兵、预备役工作;与中央军事委员会共同领导边防、海防和空防的管理工作;法律规定的国防建设事业方面的其他职权。国务院下设国防部,作为国务院的军事部门,管理国防建设事业。

### 5. 中央军事委员会的国防职权

中华人民共和国中央军事委员会是国家军事最高领导机关,负责领导全国武装力量。其国防职权主要有:统一指挥全国武装力量;决定军事战略和武装力量的作战方针;领导和管理中国人民解放军的建设,制订规划、计划并组织实施;向全国人民代表大会或者全国人民代表大会常务委员会提出议案;根据《宪法》和法律,制定军事发布决定和命令;决定中国人民解放军的体制和编制,规定总部以及军区、军兵种和其他军区级单位的任务和职责;依照法律、军事法规的规定,任免、培训、考核和奖惩武装力量成员;批准武装力量的武器装备体制和武器装备发展规划、计划,协同国务院领导和管理国防科研生产;会同国务院管理国防经费和国防资产;法律规定的国防方面的其他职权。

中央军事委员会由军委主席一人、副主席若干人、委员若干人组成,实行军委主席负责制。

地方各级人民代表大会和县级以上地方各级人民代表大会常务委员会在本行政区域内,保证有关国防事务的法律、法规的遵守和执行。地方各级人民政府的国防职权主要是:依照法律规定的权限,管理本行政区域内的征兵、民兵、预备役、国防教育、国民经济动员、人民防空、国防交通、国防设施保护、退出现役的军人的安置和拥军优属等工作。

**(二)国防动员体制**

建立和完善国防动员体制,对于加强民兵和预备役部队建设,发展高技术条件下人民战争的战略战术,打赢战争,具有十分重大的意义。

**1.国务院和中央军事委员会共同领导国防动员工作**

由于国防动员涉及军地两个方面,因此需要政府和军队共同协调、相互配合。国防动员体制应当体现"平战结合、军民结合、寓兵于民"的方针。国务院有关部门要在经济建设中考虑国防需求,增加国防功能;军队有关部门负责提出年度的和中长时期内的军事需求计划,提供落实军事需求的有关技术支持和军事标准。考虑到国防动员的这些内在要求,《国防法》规定,国务院和中央军事委员会共同领导国防动员准备和国防动员实施工作,它们可以根据情况召开协调会议,解决国防事务的有关问题。国家在和平时期进行国防动员准备,将国防教育、人民武装动员、国民经济动员、人民防空、国防交通等方面的动员准备纳入国家总体发展规划和计划,逐步完善动员体制,建立战略物资储备制度。国家重视开展国防教育,并将国防教育纳入国民经济和社会发展计划。

**2.国防动员委员会**

国防动员委员会是国务院和中央军委的议事协调机构,在党中央、国务院、中央军委领导下负责全国国防动员工作。军区和省(自治区、直辖市)、地区、县(市、区)人民政府,设立相应的国防动员委员会,负责主管本区域的动员工作。县级以上各级国防动员委员会,设有综合办公室、国防教育办公室、人民武装动员办公室、经济动员办公室、人民防空办公室、交通战备办公室,负责承办相关国防动员工作。国家国防动员委员会的主要职责是贯彻党中央、国务院、中央军事委员会有关国防动员工作的方针、政策和指示;组织拟订国防动员工作的法律、法规和措施;组织编制国防动员规划、计划;检查监督国防动员法律法规的实施和国防动员计划的执行;协调军事、经济、社会等方面的重大国防动员工作;组织领导全国的人民武装动员、国民经济动员、人民防空和国防交通工作;行使党中央、国务院、中央军事委员会赋予的国防方面的其他职权。

**(三)国防科研生产体制**

**1.国家对国防科研生产实行统一领导和计划调控**

国务院负责领导和管理国防科研生产,管理国防经费和国防资产;中央军事委员会批准武装力量的武器装备体制和武器装备发展规划、计划,协同国务院领导和管理国防科研生产,会同国务院管理国防经费和国防资产;国家实行军事订货制度,保障武器装备和其他军用物资的采购供应;国家对国防经费实行财政拨款制度,并根据国防建设和经济建设的需要,确定国防资产的规模、结构和布局,调整和处分国防资产。

**2.国家国防科技工业局**

国家国防科技工业局是国务院管理国防工业的办事机构。其主要职责体现在下面几个方面。

(1)研究拟定国防科技工业和军转民的发展方针、政策和法律、法规。

(2)制定国防科技工业及行业管理规章,组织研究和实施国防科技工业体制改革。

(3)组织军工企事业单位实施战略性重组。

(4)组织国防科技工业的结构、布局、能力调整,企业集团发展和企业改革工作。

(5)研究制定国防科技工业的发展规划、结构布局、总体目标。

(6)组织编制国防科技工业建设、军转民规划和行业发展规划。

(7)组织管理国防科技工业质量、安全、计量、标准、统计、档案、重大科研及其推广。

(8)拟定核、航天、航空、船舶、兵器工业的产业和技术政策、发展规划,实施行业管理。

(9)指导军工电子的行业管理,负责国家核电建设、同位素生产和民用爆破器材生产流通的行政管理。

(10)负责组织管理国防科技工业的对外交流与国际合作。

(11)代表中国政府参加有关国际组织及其有关活动。

(12)负责军工企事业单位的军品出口管理。

## 二、国防战略

国防战略是对国防建设和运用综合国力维护国家安全,实现国防目标的总体构想,取决于国家战略和国家政策,最终体现国家利益。国防战略的优劣直接关系国防建设的发展,乃至战争胜负、国家存亡、民族兴衰。

1956 年,在彭德怀代表中共中央、中央军委所作的《关于保卫祖国的战略方针和国防建设问题》的报告中,提出了"积极防御"的战略方针。1977 年,在叶剑英代表中央军委所作的《抓纲治军、准备打仗》的报告中,重申了"积极防御"的战略方针。1980 年,在军委召开的一次研讨会上,邓小平再次提出:"我们未来的反侵略战争,究竟采取什么方针? 我赞成就用'积极防御'四个字。"

关于积极防御战略方针的内涵,毛泽东在《中国革命战争的战略问题》一文中做过精辟的阐述,即"攻势防御""决战防御""为了反攻和进攻的防御"。邓小平根据新的现实环境下军事斗争的实际需要,发展了"积极防御"战略方针的精神。他在 1978 年的一次谈话中指出:"我们的战略始终是防御,二十年后也是战略防御……就是将来现代化了,也还是战略防御。"在 1980 年军委召开的一次会议上,他明确地指出:"积极防御本身就不只是一个防御,防御中有进攻。"这是用马克思主义的辩证观点,揭示了积极防御的本质。

在中国革命战争和建国后巩固国防的长期斗争实践中,积极防御的战略方针始终贯穿着自卫战争、后发制人;对待强敌,持久作战;依靠人民战争,以劣势装备战胜优势装备之敌;立足于复杂困难情况下作战等重要思想。在新形势下,我国的社会制度和基本政策以及军事斗争的现实,需要我们仍然坚持积极防御的国防战略。根据和平时期的特点,进一步发展和丰富积极防御战略,实行遏制战争与打赢战争的辩证统一,着重准备对付可能发生的局部战争和突发事件,以国家利益为最高准则处理军事战略问题,是新时期我国国防战略的基本目标和基本任务。

### (一)中国确立国防战略的根本出发点和基本依据

#### 1. 确立国防战略的根本出发点

中国国防战略的基本出发点,是国家的根本利益,而国家的根本利益就在于国家的主权、安全和领土完整,就在于实现建设一个富强、民主、文明、和谐、美丽的社会主义国家的发展目标。因此,中国的军事斗争准备和军事行动,始终立足于维护我国周边和平与世界和平,赢得和慑止针对中国的侵略战争,为实现国家发展目标提供可靠的安全保障。从这一立足点出发,中国的国防战略坚持了以下重要原则。

（1）服务于反对霸权主义和强权政治的国家对外基本政策。

（2）着眼于创造相对持久的国际和平环境。

（3）推动国际战略格局向有利于世界和平的方向发展。

### 2. 确立国防战略的基本依据

对战争与和平的认识和判断，是确立中国国防战略的一个基本依据。依据对战争与和平形势的发展所做出的认识和判断，我国曾几次进行战略调整。新中国成立伊始，根据解放战争已经取得决定性胜利，全国将迎来经济、文化建设的高潮的形势，开始大规模裁减军队，并提出了建设一支强大的、诸军兵种兼有的现代化军队的奋斗目标。由于朝鲜战争的爆发，我军建设由战时向平时的转变受到影响。抗美援朝战争结束后，我国赢得了一个相对稳定的和平环境。我军从调整体制编制、改革军事制度、改善武器装备、加强正规化训练等方面入手，全面展开了现代化、正规化建设。进入 20 世纪 60 年代后，鉴于国际形势和周边局势趋于紧张，国家面临来自多方面的侵略威胁、战争挑衅和军事压力，我国对战争危险做出了严峻估计，全面加强战备工作。随之，军队建设也逐步转到立足于准备"早打、大打、打核战争"的临战状态。党的十一届三中全会以后，全党、全国的工作着重点转移到经济建设上来，军队工作的重心也转移到以现代化为中心的全面建设上来，提出了建设强大的现代化、正规化革命军队的总目标。1985 年，中央军委扩大会议做出了军队建设指导思想实际战略性转变的重大决策，决定军队建设从临战准备状态转变到和平时期建设轨道上来，即充分利用较长时间内大仗打不起来的和平环境，在服从国家经济建设大局的前提下，抓紧时间，有计划、有步骤地加强以现代化为中心的军队建设，提高军队现代战争条件下的防卫作战能力，为赢得未来反侵略战争的胜利做好长期准备。这是我军历史上又一次重大的战略调整，对我军建设产生了深远的影响。

进入新时代，世界进入百年未有之大变局，尤其是以美国为首的一些国家疯狂打击遏制中国和平发展。我军在坚持积极防御的形势下，提出强军目标，加快推进建成世界一流军队的战略部署，为国家发展和安全提供了强大动力。

战略调整是一种关乎全局的指导方针的调整。新中国国防战略走过的历程表明，适时地进行符合实际情况的战略调整，对于军队的建设和发展具有根本的推动作用；而违背客观实际情况的战略调整，则会对军队的建设和发展带来消极影响。这里的关键问题，是对战争与和平的认识问题，是对战争危险的判断问题。科学认识战争与和平问题，恰当判断战争危险，是实施正确战略调整的必要前提条件。在未来的国防建设中，我们仍然应该把握这一关键，以赢得克敌制胜的战略制高点。

### （二）人民战争思想的战略指导与有效制敌的"撒手锏"

人民战争思想是毛泽东军事思想的实质和核心。在长期的革命战争中，人民战争思想是我党、我军赖以战胜国内外敌人的强大思想武器，它不但规定了我们党和军队的基本军事路线，而且规定了我们党和军队的基本战略、战术原则。中国的国防战略始终是以人民战争思想为依据的。1958 年，毛泽东指出："帝国主义如果竟敢发动对我国的侵略战争，那时我们就将实现全民皆兵，民兵就将配合人民解放军，并且随时补充人民解放军，彻底打败侵略者。"在新的历史时期，邓小平强调："继承毛泽东军事思想，研究现代条件下人民战争，发展我国军事科学"。他还说："我们现在还是坚持人民战争。我们不会去侵略人家。敌人要打进来，中国的'三结合'就会叫敌人处于人民战争的汪洋大海之中。"江泽民也强调指出："要保卫我们的国家安全，我们应始终坚持人民战争这个克敌制胜的法宝。"胡锦涛强调："要充分调动一切积极因素，努力开创国防和军队建设的新局面。要坚持人民战争的战略思想,紧紧依靠人民办国防,不断增强国防实力。"习近平指出:"我们的军队是人民的军队,我们的国防是全民的国防。"习近平反复强调:"军队打胜仗,人民是靠山。"毛泽东、邓小平、江泽民、胡锦涛和习近平的这些阐述,申明了中国国防战略所奉行的总体性原则:用人民战争赢得反侵略战争的胜利,用人民战争震慑企图对我国发动战争的侵略者。

新中国的军事战略指导从来都把争取胜利的立足点放在依靠广大人民群众的支持上。同时,我们也深知武器装备的优势是赢得战争和遏制战争的重要因素。新中国成立15年后,中国人民克服了常人难以想象的困难,于1964年成功地爆炸了第一颗原子弹,又很快研制成功了中远程导弹、氢弹和人造地球卫星。实践证明,掌握了核导弹技术,不但大大提高了新中国慑止战争的能力,而且大大提高了新中国的国际地位。邓小平在总结这个经验时指出:"过去也好,今天也好,将来也好,中国必须发展自己的高科技,在世界高科技领域占有一席之地。如果60年代以来中国没有原子弹、氢弹,没有发射卫星,中国就不能叫有重要影响的大国,就没有现在这样的国际地位。这些东西反映了一个民族的能力,也是一个民族、一个国家兴旺发达的标志。"中国不仅仅满足于经济和科技发展取得长远发展,为了国家主权和安全,我们必须在高科技领域占有一席之地,必须掌握一定数量的具有世界先进水平的武器装备,有一批能有效制敌的"撒手锏"。像中国这样一个奉行积极防御政策的社会主义大国,有效地维护自己的安全应立足于独立自主。

### (三)坚持自卫立场,后发制人把握军事斗争的主动权

社会主义的中国永远不会欺负别人,永远不会称霸,永远不会向全球伸出干涉之手。同时,我们决不允许任何人损害我们的主权和领土完整,不惧怕任何强加在我们头上的战争,即:人不犯我,我不犯人,人若犯我,我必犯人。在军事战略指导上,坚持自卫立场,实行后发制人。当然,战略上的防御决不意味着我们在战役战斗上也是防御的。我们的自卫还击作战,是防御与进攻相统一、威慑与制胜相统一。这一原则的意义,不仅在于军事方面要掌握军事行动的主动权,更在政治方面保证了我们始终处于主动地位,赢得广泛的同情和支持。

国防现代化有着丰富的内容,其中国防科学技术的现代化是关键,武装力量特别是军队的现代化是重点。只有武装力量特别是军队实现了现代化,才能使我国的国防力量走在世界的前列,打赢各种类型的战争,有效地保卫国家的主权、安全和领土完整;只有实现了国防科学技术的现代化,才能不断提高武器装备的现代化水平,为武装力量的现代化奠定先进的物质技术基础。

● 知识窗 ●

#### 《中国的和平发展》白皮书明确界定中国六大核心利益

2011年9月6日,国务院新闻办公室发表《中国的和平发展》白皮书。白皮书全文约1.3万字,分为5个部分,全面诠释了中国和平发展道路的开辟、中国和平发展的总体目标、中国和平发展的对外方针政策、中国和平发展是历史的必然选择以及中国和平发展的世界意义等内容。

《中国的和平发展》白皮书明确界定了中国核心利益的范围。白皮书指出,中国的核心利益包括:国家主权、国家安全、领土完整、国家统一、中国宪法确立的国家政治制度和社会大局稳定、经济社会可持续发展的基本保障。白皮书强调,中国坚决维护国家核心利益。

### 三、国防政策

国防政策是国家在一定时期所制定的关于国防建设和斗争的基本行动准则,是国家政策的组成部分,由国家依据其军事和政治、经济、科技、文化、地理以及国际环境等条件制定。国家的一切国防活动以及与国防有关的其他活动都必须以国防政策为依据。

国防政策通常可分为总政策和具体政策,是国防建设和国家安全的政治和制度保证。国防政策有其鲜明的阶级性,不同的国家有不同的国防政策。中国的国防政策是由中国的发展道路、根本任务、对外政策和历史文化传统等因素决定的。中国奉行防御性的国防政策。现阶段中国国防政策的基本内容包括以下几个方面。

#### (一)维护国家主权、安全、领土完整,保障国家和平发展

这是我国加强国防建设的基本目标,也是《宪法》和法律赋予我国武装力量的神圣职责。主权是一个国家的生命和象征,安全是一个国家赖以生存发展的前提和保障,领土完整是一个国家整个领土范围的完整性和不可侵犯性。国家武装力量始终把维护主权和安全、保护人民利益放在高于一切的位置,防备和抵抗侵略,遏制分裂势力,保卫边防、海防、空防安全,维护国家海洋权益和在太空、网络空间的安全利益;坚持用和平方式解决国际争端;反对动辄使用武力或以武力相威胁;在事关国家主权和领土完整的根本问题上决不退让和妥协。国防政策的防御性与保卫国家利益的坚决性是统一的,如果有谁敢于危害我国的核心利益,我们有权采取包括军事手段在内的一切必要措施给予坚决回击。

#### (二)统筹经济建设和国防建设

经济建设和国防建设的关系是社会主义现代化建设必须正确认识和处理的重大课题。经济建设是国防建设的基本依托,只有国家经济实力增强了,国防建设才有更大发展。国防建设是我国现代化建设的战略任务,只有把国防建设搞上去了,经济建设才会有更加坚强的安全保障。坚持经济建设与国防建设协调发展的方针,走中国特色军民融合式发展的路子,逐步形成基础设施和重要领域军民深度融合的发展格局,努力实现富国和强军的统一。坚持需求牵引、国家主导,发挥市场在资源配置中的基础性作用,既充分利用经济社会发展成果推进国防建设,又积极发挥国防建设对经济社会发展的重要拉动作用,使经济建设和国防建设相互促进、协调发展。

#### (三)加快推进国防和军队现代化

我军现代化水平与国家安全需求和世界军事强国相比还存在较大差距,要求国防和军队现代化建设有一个大的发展。按照国防和军队现代化建设"三步走"战略构想,加紧完成机械化和信息化建设双重历史任务,基本实现机械化、信息化建设取得重大进展。坚定不移把信息化作为军队现代化建设发展方向,加快新型作战力量建设,发展高新技术武器装备,全面建设现代后勤,培养高素质新型军事人才,开展信息化条件下的军事训练,增强基于网络信息体系的联合作战能力、全域作战能力,深化国防和军队改革,提高国防科技工业自主创新能力,推进军队组织形态现代化,构建中国特色现代军事力量体系。

#### (四)贯彻积极防御的军事战略方针

坚持军事服从政治、战略服从政略,适应国家安全和发展战略新要求、战争形态演进新趋势,与时俱进加强军事战略指导,为国家和平发展营造有利战略态势。立足打赢信息化局部战争,统筹推进各方向、各领域军事斗争准备,突出海上军事斗争和军事斗争准备,加快联合作战指挥体制改革,加强诸军兵种力量联合准备和联合运用,提高日常战备水平。着眼全面履行新时代军队使

命任务,积极运筹和平时期军事力量运用,形成预防危机、遏制战争、打赢战争的有机统一,有效应对多种安全威胁,完成多样化军事任务,坚持和发展人民战争的战略思想,把握新的时代条件下人民战争的新特点、新要求,创新内容和方式方法,充分发挥人民战争的整体威力。

### (五)坚持自卫防御的核战略

我国拥有少量核武器完全是出于自卫的需要,根本目标是遏制他国对我国使用或威胁使用核武器。中国始终奉行在任何情况下都不首先使用核武器的政策,不对无核武器国家和无核武器区使用或威胁使用核武器,主张全面禁止和彻底销毁核武器,不参加核军备竞赛。我国坚持自卫反击和有限发展的原则,着眼于建设一支满足国家安全需要的精干有效的核力量。核导弹部队和战略导弹核潜艇部队直接由中央军委指挥,在国家遭受核威胁时根据中央军委命令,提升戒备状态,做好核反击准备,慑止敌人对我国使用核武器;在国家遭受核袭击时,使用核武器对敌实施坚决反击。

### (六)维护世界和地区和平稳定

中国的安全和发展与世界的和平繁荣息息相关,中国军队始终是维护世界和平和地区稳定的坚定力量。中国倡导互信、互利、平等、协作的新安全观,反对各种形式的霸权主义和强权政治,寻求实现综合安全、共同安全、合作安全。按照和平共处五项原则开展对外军事交往,发展不结盟、不对抗、不针对第三方的军事合作关系,推动建立公平有效的集体安全机制和军事互信机制。深化国际安全合作,参加联合国维和行动、国际反恐合作、国际护航和救灾行动,举行中外联演联训,积极承担相应的国际军事安全责任和义务,为国际安全提供更多的公共产品。支持按照公正、合理、全面、均衡的原则,实现有效裁军和军备控制,维护全球战略稳定。

加强国防建设

## 四、国防成就

伴随着中华人民共和国发展壮大的脚步,我国国防建设取得了举世瞩目的巨大成就,逐步建立起了有中国特色的现代化国防体系。

### (一)铸造了一支现代化人民军队

新中国成立以来,人民军队在毛泽东军事思想、邓小平新时期军队建设思想、江泽民国防和军队建设思想、胡锦涛国防和军队建设思想、习近平强军思想的指引下,不断向现代化、正规化和革命化迈进。特别是改革开放以来,我国国防实力得到进一步加强,国防现代化建设,尤其是军队的建设,有了突破性的进展,取得了一系列重大成就。

1949年10月1日,当毛泽东主席在天安门上向全世界庄严宣告中华人民共和国成立时,经过长期考验的人民军队,也迈开了建设诸军兵种合成军队的坚实步伐。当时的人民军队基本是一支单一的以普通步兵为主的陆军,而陆军中的炮兵、装甲兵等技术兵种所占比例非常小,而海军、空军仅具雏形。经过几十年的艰苦努力,人民军队已经由过去单军种的军队发展成为诸军兵种联合的强大军队,由过去"小米加步枪"武装起来的军队发展成为基本实现机械化、加快迈向信息化的强大军队。

陆军在步兵的基础上,相继建立了装甲兵、炮兵、防空兵、航空兵、工程兵、通信兵、防化兵、电子对抗兵等兵种,及各种专业勤务部队,发展成为诸兵种合成的现代陆军,成为既能独立执行作战任务又能与海军、空军、火箭军实施联合作战的强大军种。

海军由航母编队、潜艇部队、水面舰艇部队、航空兵、陆战队、岸防兵等兵种组成,成为一支多兵种合成、具有核常双重作战手段的现代海上作战力量。

空军由航空兵、地面防空兵、空降兵、通信兵、雷达兵、电子对抗兵、技术侦察兵、防化兵等兵种组成,成为一个多兵种组成的战略性军种,具备了较强的防空和空中进攻作战能力以及一定的远程精确打击和战略投送能力。

火箭军由核导弹部队、常规导弹部队等组成,成为一支精干有效、核常兼备的战略力量,具备陆基战略核反击能力和常规导弹精确打击能力,可随时按党中央和中央军委的命令给敌方以摧毁性的打击。

武装警察部队主要承担执勤、处突、反恐怖、抢险救援、防卫作战等任务,在维护国家安全和社会稳定、保障人民美好生活中具有重要作用。

目前,人民军队建设正站在新的历史起点上,面对国家安全环境的深刻变化,面对强国强军的时代要求,紧紧围绕党在新时代的强军目标,把人民军队建设成为世界一流军队,全面贯彻新时代党的强军思想,贯彻新形势下军事战略方针,以只争朝夕的精神全面推进国防和军队现代化,坚决有效维护国家主权、安全发展利益。为实现"两个百年"奋斗目标和中华民族伟大复兴的中国梦提供坚强安全保证,担当起党和人民赋予的新时代使命任务。

### (二)建立了完善的国防动员体制

新中国成立以前,中国共产党就开始探索建立国防动员体制。尽管这个时期的国防动员体制并不完善,但为建国后逐步探索建立相对规范的国防动员体制提供了有益的经验。

新中国成立后,经过几十年的建设,国防动员体制得到进一步发展和完善。1994年11月29日成立国家国防动员委员会,2010年2月26日颁布《中华人民共和国国防动员法》,2016年1月11日成立中央军委国防动员部,组建军委国防动员部,履行组织指导国防动员和后备力量建设职能,领导管理省军区,有利于从战略层面加强对国防动员和后备力量建设的组织领导,是构建中国特色国防动员体系的一个重要举措。尤其是《国防动员法》的颁布施行,对健全适应经济社会发展的国防动员体制机制,科学规范各级政府、军事机关、公民和组织在国防动员活动中的责任、权利和义务,依法加强和保障国防动员建设,都起到积极的推动作用。《国防动员法》明确规定全国人民代表大会常务委员会依照宪法和有关法律的规定,决定全国总动员或者局部动员。

国家主席根据全国人民代表大会常务委员会的决定,发布动员令。国务院中央军事委员会共同领导全国的国防动员工作,根据全国人民代表大会常务委员会的决定和国家主席发布的动员令,组织国防动员的实施;规定在国家主权统一、领土完整和安全遭受直接威胁的紧急情况下,国务院中央军事委员会可以根据应急处置的需要,采取该法规定的必要的国防动员措施,同时向全国人民代表大会常务委员会报告;规定国家国防动员委员会在国务院中央军事委员会的领导下,负责组织、指导、协调全国的国防动员工作,省军区国防动员委员会、县级以上地方各级国防动员委员会负责组织、指导协调本区域的国防动员工作;规定国防动员委员会的办事机构承担本级国防动员委员会的日常工作,依法履行有关的国防动员职责;等等。这些规定对加强国防动员工作的集中统一领导,为有关各方履职尽责、协调一致地抓好国防动员工作提供了法律依据。

### (三)创建了国防科技工业体系

国防科技是衡量一个国家综合国力的重要标志之一,也是国防现代化建设的一个重要方面。经过几十年的建设和发展,我的国防科技工业经历了从无到有、从小到大、从落后到先进的过程,建立起电子、船舶、兵器、航空、航天和核能等门类齐全、综合配套的科研实验生产体系,取得了巨大成就。

军事电子科技已成为具有相当规模、门类齐全的新兴工业部门,特别是在指挥自动化、情报侦察、预警探测、电子对抗和通信等方面,为我军提供了各种新式装备和产品,进一步增强了部队侦察通信、指挥和作战能力。在船舶工业方面先后自行研制建造了核动力潜艇、常规潜艇、导弹驱逐舰、导弹护卫舰、导弹快艇、航空母舰等作战舰艇,以及各种辅助船舶和新型鱼雷、水雷、反水雷等新装备。在兵器工业方面,研制生产了一大批具有先进性能的坦克、装甲车辆、火炮弹药、轻武器、军用光电器材和综合火控、指挥系统等新型武器装备。在航空工业方面,已能够生产歼击机、轰炸机、直升机、运输机、教练机等,基本满足了陆、海、空军作战和飞机训练的需要。2016 年 11 月 1 日,我国新一代隐身战斗机歼 -20 双机编队在第 11 届中国国际航空航天博览会开幕仪式上首次公开露面,从歼 -20 横空出世到运 -20 载荷起飞,我国航空武器装备取得了跨越式发展。在航天科技工业方面,已拥有地地、地空、海空和空空导弹武器系统,运载火箭、各种应用卫星的研制和实验能力以及各种应用卫星的发射能力,在世界高技术领域占有一席之地;2015 年 3 月 30 日,首颗新一代北斗导航卫星成功发射,标志着我国北斗卫星导航系统由区域运行向全球拓展的启动实施;2016 年 11 月 3 日,我国最大推力新一代运载火箭长征五号首飞成功,则是我国由航天大国迈向航天强国的重要标志,为我国新一代运载火箭系列化、型谱化发展奠定了坚实技术基础。2016 年 11 月 18 日,天宫二号和神舟十一号载人飞行任务圆满成功,首次实现了我国航天员中期在轨驻留,并开展一批空间科学与应用任务,我国空间实验室阶段任务取得重要成果。2021 年 6 月 17 日 15 时 54 分,神舟十二号载人飞船与天和核心舱完成自主快速交会对接。6 月 17 日 18 时 48 分,航天员聂海胜、刘伯明、汤洪波先后进入天和核心舱。7 月 4 日,神舟十二号航天员进行中国空间站首次出舱活动。2022 年 5 月 10 日 8 时 54 分,天舟四号货运飞船与空间站组合体完成自主快速交会对接。2022 年 10 月 31 日 15 时 37 分,搭载空间站梦天实验舱的长征五号 B 遥四运载火箭在我国文昌航天发射场点火发射。在核工业方面,我国不仅可以生产制造原子弹、氢弹,还掌握了核潜艇技术,形成了我国的核威慑力量;在和平利用核能方面,我国也取得了突破性进展,已先后与巴西、阿根廷、英国、美国、韩国、俄罗斯、法国等 30 个国家签订双边核能合作协定,开展各项合作与交流,并为发展中国家提供力所能及的帮助。

### (四)走出了一条军民融合式发展路子

富国和强军都是我国现代化建设的战略任务,是发展中国特色社会主义、实现民族伟大复兴的两大基石,坚持富国和强军的统一,必须统筹经济建设和国防建设,走出一条军民融合式发展路子,这是我们党深刻总结长期探索军民结合、寓军于民的历史经验所得出的科学结论。

新中国成立以来,我们党在领导国防和军队建设实践中,始终致力于探索军民结合、寓军于民的路子。1956 年,毛泽东在最高国务会议上第一次提出了"军民两用"问题,强调国防工业生产要有两套设备,平时为民用生产,一旦有事,就可以把民用生产转化为军用生产。1982 年,邓小平针对我国军工自成体系、军民分割状况,进一步提出国防工业要贯彻"军民结合、平战结合、军品优先、以民养军"的方针,强调军工体制必须"结束另一个天地的时代"。进入 20 世纪 90 年代,江泽民提出了"寓军于民"思想,并把寓军于民作为创建国防科技工业新体制的核心内容。新世纪、新阶段,当代科技革命、产业革命和新军事变革迅猛发展,国防经济与国民经济、军用技术与民用技术的结合面越来越广、融合度越来越深、融合条件越来越充分,军队信息化建设和信息化作战对经济、科技和社会发展的依赖性也空前增强。为适应这一新形势、新要求，胡锦涛明确提出"走出一条中国特色军民融合式发展路子"重大战略思想，把"军民结合、寓军于民"提升到国家战略层面，拓展到经济、科技、教育、人才、社会服务等各个领域，从而在更广范围、更高层次、更深程度上把国防和军队现代化建设融入经济社会发展体系之中，谱写了强军与富国并举的辉煌篇章。

2017年1月22日，中共中央政治局召开会议，决定设立中央军民融合发展委员会，由习近平任主任。中央军民融合发展委员会，是中央层面军民融合发展重大问题的决策和议事协调机构，统一领导军民融合深度发展，向中央政治局、中央政治局常务委员会负责。习近平指出，要坚定实施"军民融合发展战略""形成军民融合深度发展格局，构建一体化的国家战略体系和能力"。这为新时代深入实施军民融合发展战略指明了方向。

军民融合发展，就是要加快形成全要素、多领域、高效益的军民融合深度发展格局，丰富融合形式，拓展融合范围，提升融合层次，在更广范围、更高层次、更深程度上推进军民融合。要强化思想和战略引领，推动军民融合发展战略在各地区、各部门落地生根，在重点领域、重点区域、重点行业取得实效。要实现关键性改革，突破加快国防科技工业体制、装备采购制度、军品价格和税收等关键性改革，加快破除"民参军""军转民"壁垒。要聚焦重点、精准发力，培育一批典型，强化示范引领，以点带面推动军民融合发展整体水平提升。要加大法治建设力度，推动军民融合发展综合性立法和重点领域立法进程。我们要增强使命感和责任感，不断开创新时代军民融合深度发展新局面。

### （五）维护了国家统一和安全

新中国成立以来，中国军队为保卫和平、反对侵略，捍卫国家领土、主权的完整和统一取得了多次边境自卫反击作战的胜利，维护了国家统一和安全。

新中国成立之初，以美国为首的帝国主义国家企图把新生的共和国扼杀在摇篮之中。1950年，美国进一步扩大朝鲜战争。中国人民志愿军于1950年10月出兵朝鲜，历经3年浴血奋战，终于取得了抗美援朝战争的伟大胜利。20世纪60年代初，中国坚决顶住了美帝国主义和苏联霸权主义的巨大压力，并且在1962年取得了中印边界自卫反击作战的胜利，进一步稳定了我国安全环境。20世纪70年代以后，随着中美关系的改善，中国东南沿海地区的安全环境得到改善。与此同时，苏联在中国北方陈兵百万，对中国国家安全构成了严重威胁，中国坚决顶住了苏联霸权主义的压力，并且在1979年取得了中越边境自卫反击作战的胜利。1997年7月1日香港回归，以及1999年12月20日澳门回归以后，中国军队又组建了驻港部队和驻澳部队，展示了中国军队威武之师、文明之师的形象。2008年12月26日，根据联合国安理会有关决议，中国海军舰艇编队赴亚丁湾、索马里海域实施护航。截至2023年12月，中国海军已连续派出45批护航编队、150余艘次舰艇、3.5万余名官兵执行亚丁湾、索马里海域护航任务，为1600多批7200余艘中外船舶安全护航，解救、接护各类船舶近百艘，其中外国船舶占50%以上。2011年2月，利比亚局势急剧动荡，中国政府组织了新中国成立以来最大规模的撤离海外公民行动，共撤出35 860人。中国军队派出舰艇、飞机协助在利比亚人员回国。2015年3月，也门紧张局势持续升级，在也门的中国公民面临重大安全威胁。中国海军舰艇编队赴也门执行撤离中国公民任务，最大限度地保护中国在也门人员的生命和财产安全。2023年4月15日，苏丹爆发激烈武装冲突，在苏丹的中国公民的安全牵动人心。4月29日，首架接返自苏丹撤离中国公民的临时航班抵达北京。5月2日，第二架接返自苏丹撤离中国公民的临时航班抵达北京。中国是苏丹内部冲突爆发以来有组织撤离人员最多的国家。

中国军队在反对和遏制"台独"分裂势力,打击以"东突"为代表的恐怖主义、分裂主义、极端主义"三股势力",维护国家主权和领土完整,维护社会政治稳定和民族宗教团结等方面做出了十分突出的贡献。与此同时,中国军队积极参加社会主义建设并且在抗洪抢险、抗震救灾、抗雪救灾以及应对重大突发性事件等方面都发挥了重要作用。

党的二十大强调,人民军队始终是党和人民完全可以信赖的英雄军队,有信心、有能力维护国家主权、统一和领土完整,有信心、有能力为实现中华民族伟大复兴提供战略支撑,有信心、有能力为世界和平与发展作出更大贡献!

### (六) 为维护世界和平做出了积极贡献

中国作为一个负责任大国,支持并积极参加联合国维和行动,为维护世界和平做出了积极贡献。

自 1990 年参加联合国维和行动以来,中国军队积极践行《联合国宪章》精神、宗旨和原则,在国际维和、国际救援、海外撤侨、远洋护航等行动中,发挥的作用越来越重要,已成为维护世界和平的一支重要力量。这些年来,中国军队实现了派遣维和人员从无到有、兵力规模从小到大、部队类型从单一到多样的历史性跨越。1990 年,中国军队向联合国中东维和任务区派遣 5 名军事观察员,首次参加联合国维和行动。1992 年,向联合国柬埔寨维和任务区派出 400 人的工程兵大队,首次派遣成建制部队。2001 年,成立国防部维和事务办公室。2002 年,加入联合国一级维和待命安排机制。2009 年,组建国防部维和中心。2013 年,首次派遣成建制的安全部队赴马里维和,首次在实战状态下派军舰为叙利亚化学武器的运送提供护航。2014 年先后派出军舰执行马航失联客机搜救以及为马尔代夫紧急运送淡水等行动。2014 年,西非爆发大规模埃博拉出血热疫情后,中国军医上演国际版"最美逆行",先后派遣 560 多名官兵,组成 6 支医疗队赴塞拉利昂和利比里亚抗击埃博拉,创造了在国际救援队伍中日均收治病人最多、日均住院病人最多等纪录。中国维和军人大多战斗在自然条件艰苦和安全形势紧张的地区,2016 年驻马里和南苏丹维和分队 3 名军人壮烈牺牲,为维护世界和平献出宝贵生命。2019 年有约 2600 名中国维和军人在 8 个任务区执行任务。

2020 年 12 月,联非达团结束任务。随后,中国第 3 批赴苏丹达尔富尔维和直升机分队抽组部分官兵,组建中国首批赴阿卜耶伊维和直升机分队,在新的任务区继续执行维和任务。

截至 2023 年年底,中国军队先后参加了 25 项联合国维和行动,累计派出维和军事人员 5 万余人次,是联合国安理会常任理事国中派遣维和人员最多的国家,被国际社会誉为"维和行动的关键因素和关键力量",也被许多地区人民称为"最可爱的东方朋友"。

## 五、军民融合

"军爱民,民拥军""军民鱼水一家亲",中国军队自人民中来,为人民而生,为人民而存。军民始终亲如一家,是军民融合应有之意。

军民融合就是把国防和军队现代化建设深深融入经济社会发展体系之中,全面推进经济、科技、教育、人才等各个领域的军民融合,在更广范围、更高层次、更深程度上把国防和军队现代化建设与经济社会发展结合起来,为实现国防和军队现代化提供丰厚的资源和可持续发展的后劲。

2015 年,习近平首次提出把军民融合发展上升为国家战略。"十三五"规划明确提出,"实施军民融合发展战略,形成全要素、多领域、高效益的军民深度融合发展格局"。

### (一)形成新格局

习近平同志从国内国际发展变化的两个大局出发,从战略高度提出军民深度融合的时代命题,"十三五"规划建议又将其上升为国家战略,是我们长期探索经济建设和国防建设协调发展规律的重大成果,是从国家安全和发展战略全局出发做出的重大决策,开辟了军民融合式发展新境界,形成了全领域、全方位深度融合新格局。

2013年3月11日,习近平在十二届全国人大一次会议的解放军代表团全体会议上指出,"要统筹经济建设和国防建设,努力实现富国和强军的统一。进一步做好军民融合式发展这篇大文章,坚持需求牵引、国家主导,努力形成基础设施和重要领域军民深度融合的发展格局"。

长期以来,军地各级按照党中央部署要求,在军民融合发展上积极探索实践,取得了丰硕成果,促进了经济实力和国防实力的同步增长。同时,我国军民融合发展刚进入由初步融合向深度融合的过渡阶段,还存在思想观念跟不上、顶层统筹统管体制缺乏、政策法规和运行机制滞后、工作执行力度不够等问题。要坚持问题牵引,拿出思路举措,以强烈的责任担当推动问题的解决,正确把握和处理经济建设和国防建设的关系,使两者协调发展、平衡发展、兼容发展。

习近平指出:"今后一个时期军民融合发展,总的是要加快形成全要素、多领域、高效益的军民融合深度发展格局,丰富融合形式,拓展融合范围,提升融合层次。"

### (二)抓好两统一

军民融合深度发展是军民双方在更广范围、更高层次、更多形式、更深程度上实现全要素整合、多领域统筹、全局性规划、高效益发展,最大限度地实现国家发展与安全的高度统一。习近平要求,实施军民融合发展战略,关键要抓好两统一,"要统筹经济建设和国防建设,努力实现富国和强军的统一"。

目前,我国加速转变经济发展方式,经济建设正在由工业化半工业化向信息化转型;我军加速转变战斗力生成模式,国防建设正在由机械化半机械化向信息化转型,两者都处在快速发展的关键时期。

习近平强调:"军队要遵循国防经济规律和信息化条件下战斗力建设规律,自觉将国防和军队建设融入经济社会发展体系。地方要注重在经济建设中贯彻国防需求,自觉把经济布局调整同国防布局完善有机结合起来。"

统筹经济建设与国防建设,就是要在更大范围、更高层次、更深程度上将国防和军队建设融入国家经济社会发展体系之中,使二者资源共享、协调发展、平衡发展、兼容发展,实现资源的最佳配置和充分利用,达到经济建设国防效益最大化和国防建设经济效益最大化,形成全要素、多领域、高效益的军民融合深度发展格局。

实施军民融合发展战略,加快军民融合进程,必须转变思想观念,强化大局意识,全面深化改革,加强协调创新,做好战略规划,完善法治保障,发挥国家主导作用和市场机制作用。只有市场体制不断完善、法治体系不断健全、治理能力不断提升、科学技术不断进步,才能实现从初步融合到深度融合的跨越。

### (三)用好两只手

实施军民融合发展战略,是一项十分复杂的系统工程。作为国家战略,必须坚持国家主导,实现深度发展,又必须充分发挥市场机制作用,建立开放、竞争、公平的市场体系。在中央政治局第十五次集体学习时,习近平指出,"使市场在资源配置中起决定性作用、更好发挥政府作用",并把这两个作用形象地用"看不见的手"和"看得见的手"来比喻。2014年3月11日,习近平在十二届全国人大二次会议的解放军代表团全体会议上指出:"既要发挥国家主导作用,又要发挥市场的作用,努力形成全要素、多领域、高效益的军民融合深度发展格局。"

军民融合实质上是资源整合,整合的本质是利益调整,归根结底要靠"两只手"同时作用。用好"看得见的手",需要在国家层面建立统一领导、军地协调、需求对接、资源共享机制,制订发展规划,完善政策法规,把重大融合建设项目统筹好、设计好、落实好;用好"看不见的手",需要引入竞争、激发活力,打破军工垄断体制,降低民企准入门槛,强化安全保密监管,确保资源投入有质量、有效益。

军民融合深度发展的两大主体是军与民,融合过程应是由国家、政府主导的,以市场经济为基础的军民系统的融合运行过程,没有军队参与的军民融合是没有根基的,没有全民参与的军民融合是没有生命力的,没有政府、国家主导的军民融合是没有保障的,没有市场参与的军民融合是没有活力的。

### (四)强化三方面

军民融合既是战略工程,又是创新工程;既要有战略思维,又要有创新思维和法治思维。为实施好军民融合战略,习近平提出要在三个方面进行强化,他指出,"要强化改革创新,着力解决制约军民融合发展的体制性障碍、结构性矛盾、政策性问题,努力形成统一领导、军地协调、顺畅高效的组织管理体系""要强化战略规划,拿出可行办法推动规划落实,加强督导检查、建立问责机制,强化规划刚性约束和执行力""要强化法治保障,善于运用法治思维和法治方式推动军民融合发展,充分发挥法律法规的规范、引导、保障作用,提高军民融合发展法治化水平"。坚持这三个强化是实现军民融合深度发展的重要保障。

强化改革创新,首先要打破落后、保守甚至狭隘的思想观念和思维方式。目前,推动军民融合的时代背景、环境条件等都发生了深刻变化,只有解放思想、更新观念,跟上时代步伐和变革节奏,才能加快形成深度融合的新格局。

强化战略规划,首要问题是抓顶层设计,把国防和军队建设规划的宏观需求纳入经济社会发展规划,并上升到国家战略层次。

强化法治保障,完善配套政策法规制度,是助推军民融合深度发展的基本保障。近年来,从国家到地方都相继颁布出台了一系列促进军民融合式发展的政策规定。

必须加大法规建设力度,把军民融合式发展纳入法制化轨道,加快出台保障军民融合深度发展的综合性法规,对统筹经济建设和国防建设中的重大问题做出具体规范,促进军民融合深度发展工作科学化、法治化、规范化。

### (五)做到三到位

习近平指出:"要强化大局意识,军地双方要树立一盘棋思想,站在党和国家事业发展全局的高度思考问题、推动工作,做到责任到位、措施到位、落实到位。"

#### 1. 要做到责任到位

军民双方原来是两大体系,平时的责任落实都是分开各表的。所以,要搞好军民深度融合,必须分清责任,既共同负责,又各负其责,避免扯皮、踢皮球现象发生。列好责任清单的同时,还要做好统筹协调工作。

#### 2. 要做到措施到位

军民两大体系以前融合程度不深,政策和措施方面空白之处较多,需要专门研究新措施,制定新制度,以保证措施到位。2014 年 7 月,习近平接见驻福州部队师以上领导干部时强调,"地方各级党委、政府和广大人民群众要把支持部队建设作为义不容辞的责任,为部队多办好事、实事。部队的同志要视人民为亲人、把驻地当故乡,积极支持和参加地方经济社会建设。军地双方要共同努力,把双拥工作抓得更加扎实有效,为实现中国梦、强军梦提供坚强保证"。

### 3. 要做到落实到位

习近平指出:"一分部署,九分落实。"军民融合战略和措施,关键在于落实。军民分属两个系统,加之平时在一般工作方面配合较少,所以落实的难度更大一些。习近平指出:"军政军民团结是我军特有的政治优势。军队要强化宗旨意识和群众观念,积极参加和支援地方经济社会建设,以实际行动为人民群众造福兴利。"

要做好军民融合式发展这篇大文章,形成军民融合新格局,就要抓好经济、国防建设两统一,强化创新、规划、法治三方面,做到责任、措施、落实三到位,军民共下一盘棋。

# 第四节　武装力量

武装力量是国家或政治集团所拥有的各种武装的总称。一般以军队为主体,由军队和其他正规的、非正规的武装组织结合构成,通常由国家或者政治集团的最高领导人统率。

武装力量最能体现国家意志,展现国防实力。我国《国防法》第十七条规定:"中华人民共和国的武装力量属于人民。它的任务是巩固国防,抵抗侵略,保卫祖国,保卫人民的和平劳动,参加国家建设事业,全心全意为人民服务。"这充分表明我国武装力量在国防建设乃至国家安全中担负着极其重要的任务。

武装力量建设是组建武装力量,维持和完善武装力量体系,提高武装力量执行军事任务能力的一系列活动的总称,包括武装力量组织体制建设、武器装备建设、教育训练及有关法规制度建设等。

一个国家的武装力量的组织结构受多种因素的制约,主要是国家的政治制度、经济条件、军事战略以及地理环境、人力资源、历史传统等。总的是由简单到复杂,由单一组织向多种组织结合的方向发展。目前世界各国武装力量的构成,大体可以概括为三种类型,即多种(三种以上)武装力量相结合的形式;两种(军队和武装警察)武装组织相结合的形式;单一(军队或警察或民兵)武装组织,一般均采取以军队为主体多种武装组织相结合的形式。

我国的武装力量构成,属于多种武装组织相结合的形式,由中国人民解放军、中国人民武装警察部队和民兵组成。这种"三结合"的武装力量体制符合我国的国情、军情,是历史发展的必然结果,是新时代完成国防使命的必然要求。党的十八大以来,我国武装力量进行调整改革,建立了军委管总、战区主战、军种主建的新格局,迈出了构建中国特色军事力量体系的历史性步伐。

## 一、中国人民解放军

中国人民解放军诞生于 1927 年 8 月 1 日,是中国武装力量的主体力量。

### (一)中国人民解放军的性质和宗旨

中国人民解放军是中国共产党缔造和领导,用马克思列宁主义、毛泽东思想和中国特色社会主义理论体系武装的人民军队,是中华人民共和国的武装力量,是人民民主专政的坚强柱石。

中国人民解放军必须始终不渝地保持人民军队的性质,忠于党、忠于社会主义、忠于祖国、忠于人民。首先,中国人民解放军是中国共产党绝对领导之下的军队。坚持"党指挥枪"是中国人民解放军的根本原则。其次,人民解放军是人民的军队。除了中国人民的根本利益,这支军队没有也不允许有超越于人民之上的特殊利益。最后,人民解放军是社会主义国家的军队和坚强柱石。

紧紧地和人民站在一起,全心全意地为人民服务,是人民解放军的唯一宗旨。在中国特色社会主义建设的新时代,全体官兵服从服务于国家经济建设大局,认真履行党和国家赋予军队的使命任务,不但成为保卫社会主义祖国的钢铁长城,而且是建设社会主义物质文明和精神文明的重要力量。

### (二) 中国人民解放军的使命和战略任务

中国人民解放军的使命:"中国军队有效履行新的历史时期军队使命。坚决维护中国共产党的领导和中国特色社会主义制度,坚决维护国家主权、安全、发展利益,坚决维护国家发展的重要战略机遇期,坚决维护地区与世界和平,为全面建成小康社会、实现中华民族伟大复兴提供坚强保障。"

中国人民解放军的战略任务是:"应对各种突发事件和军事威胁,有效维护国家领土、领空、领海主权和安全;坚决捍卫祖国统一;维护新型领域安全和利益;维护海外利益安全;保持战略威慑,组织核反击行动;参加地区和国际安全合作,维护地区和世界和平;加强反渗透、反分裂、反恐怖斗争。维护国家政治安全和社会稳定;担负抢险救灾、维护权益、安保警戒和支援国家经济社会建设等任务。"

### (三) 中国人民解放军各军兵种部队转型的战略要求

实现党在新时代的强军目标,建设强大的现代化中国人民解放军必须以国家核心安全需求为导向,着眼建设信息化军队、打赢信息化战争。全面深化军队改革,构建中国特色现代军事力量体系。2024年4月,中国人民解放军实施了一系列重要改革,其中最引人注目的是将原有的战略支援部队一分为三,并新成立了军事航天部队、网络空间部队、信息支援部队和提升联勤保障部队的地位,使其成为与陆军、海军、空军、火箭军并列的四大独立兵种。这一改革反映了中国军队现代化进程的重要一步,旨在通过优化组织结构、强化专业能力,提升整体作战效能,以适应未来高科技战争的需求。

陆军按照机动作战、立体攻防的战略要求,实现区域防卫型向全域机动型转变。加快小型化、多能化、模块化发展步伐,适应不同地区、不同任务需要,组织作战力量分类建设,构建适应联合作战要求的作战力量体系,提高精确作战、立体作战、全域作战、多能作战、持续作战能力。

海军按照近海防御、远海护卫的战略要求,逐步实现近海防御型向近海防御与远海护卫型结合转变,构建合成、多能、高效的海上作战力量体系,提高战略威慑与反击海上机动作战、海上联合作战、综合防御作战和综合保障能力。

空军按照空天一体、攻防兼备的战略要求,实现国土防空型向攻防兼备型转变,构建适应信息化作战需要的空天防御力量体系,提高战略预警、空中打击、防空反导、信息对抗、空降作战、战略投送和综合保障能力。

火箭军按照精干有效、核常兼备的战略要求,加快推进信息化转型,依靠科技进步推动武器装备自主创新,增强导弹武器的安全性、可靠性、有效性,完善核常兼备的力量体系,提高战略威慑与核反击和中远程精确打击能力。

军事航天部队是一支专注于太空作战和防御的兵种,负责开展太空监视、预警、导航以及通信等任务。它在维护国家安全和支撑军事行动方面发挥着至关重要的作用。

网络空间部队这个兵种主要聚焦于网络战和信息安全领域,保护国家免受网络攻击和电子战的威胁,同时也可以发起反击以保卫国家利益。

信息支援部队作为全新打造的战略性兵种,是统筹网络信息体系建设运用的关键力量。它在推动军队高质量发展和打赢现代战争中占据着重要地位。

联勤保障部队这个兵种的主要职责是确保军队的后勤供应和装备维护,提供全方位的物资和技术保障,以支持其他军种和兵种的行动。

### (四)中国人民解放军的编成及武器装备情况

#### 1. 现役部队

现役部队是国家的常备军,我军现役部队总体形成中央军委领导指挥下的陆军、海军、空军、火箭军等军种,军事航天部队、网络空间部队、信息支援部队、联勤保障部队等兵种的新型军兵种结构布局。

(1)陆军。陆军是中国共产党最早建立和领导的武装力量,是人民解放军的基础,主要负担陆地作战任务。陆军机动作战部队包括13个集团军和部分独立作战师(旅),现有85万人,13个集团军由师、旅编成,分别隶属于东部、南部、西部、北部、中部5个战区。

陆军装备主要有96式、99式主战坦克,04式步兵战车,05式自行加榴炮,03式远程多管火箭炮,武直-10、武直-19武装直升飞机等新型武器装备,形成了快速机动、立体突击的陆上作战装备体系,空地一体、远程机动、快速突击和特种能力不断提升。

下面介绍步兵、装甲兵、炮兵、防空兵、陆军航空兵等战斗兵种的武器装备情况。

①步兵。与过去相比,现代步兵作战已发生了质的改变。我国自行研制和生产的步兵战斗车辆不但实现了防护能力较强的装甲化,而且配载了较强的火器,车载火炮增大了步兵武器的有效射程,各种反装甲武器也配载在战车上,战车的越野能力和机动能力进一步增强。

②装甲兵。装甲兵是以坦克为基本装备并主要执行地面突击任务的兵种。

较强的火力和快速的机动能力以及较好的装甲防护能力,是陆军的主要突击力量。我军装甲兵装备的各种坦克,不但完全实现国产化,而且在各种技战术性能上可与世界先进水平的坦克相媲美,如我军最新型的主战坦克,不仅装备先进的火控武器系统,还具备优异的防护能力以及高效可靠的通信系统,可在陆战场发挥重要的突击作用。

③炮兵。炮兵是以火炮、火箭炮、地地战役战术导弹和反坦克导弹为基本装备并主要执行地面力突击任务的战斗兵种。火炮是以火药为能源发射弹丸,口径在20毫米以上的身管射击武器,按弹道特性分为加农炮、榴弹炮、加农榴弹炮和迫击炮。我国最新型的155毫米自行榴弹炮,其整体性能与美国"M109A6"、德国"PZH2000"、英国"AS90"相当,火炮性能优于"M109A6"和"AS90"。火箭炮是可发射较大口径火箭弹的多发联装的火炮,具有发射速度快、火力猛、威力大、机动性能好的特点,主要用于对面状目标射击。我炮兵装备的各种火箭炮在射程上、火力反应时间上、机动作战能力上和自动化指挥系统上均已不同程度地接近或达到世界先进水平。地地战役战术导弹是从陆地上发射,用以压制和破坏敌人地地战役战术导弹阵地、机场、防空阵地、指挥机关和通信枢纽等战役战术纵深目标的导弹,是陆军重要的远战兵器,也是陆军进入现代化的重要标志。

我陆军装备的地地战役战术导弹已经形成一定打击能力。反坦克导弹是用以击毁敌坦克和其他装甲目标的导弹,可以从地面、车上和直升机上发射。我陆军反坦克导弹已经达到世界先进水平,并形成作战能力,如"红箭-9""红箭-10"反坦克导弹武器系统,是我国自行研制的新装备,既可以单兵携带,也可以安装在各种车辆和直升机上,具有射程远、威力大、命中精度高、抗干扰能力强等特点,可以在行进中自动装填导弹,发射并控制导弹飞行,全天候对坦克或其他装甲目标准确实施毁灭性打击。

④防空兵。防空兵是以地空导弹和高射炮为基本装备,在地面拦截和消灭各种空中目标的战斗兵种。防空兵是在高射炮兵基础上发展起来的。进入21世纪,防空兵现代化装备得到长足的发展,一批具有世界先进水平的防空武器装备陆续形成作战能力,大大提高了反空袭作战效能。我国不但拥有拦截敌各种巡航导弹的防空兵器,而且有能力拦截敌战略弹道导弹,同时我国也掌握了地对空反辐射导弹技术。

⑤陆军航空兵。陆军航空兵是以各种直升机为基本装备,具有空中突击、空中机动和空中保障能力,主要执行航空火力支援和保障机降作战任务的陆军兵种。我国陆军航空兵一诞生,就以其高技术现代化装备向世人展现出应有的风姿,成为陆军战斗力量的重要组成部分。随着我军现代化建设的不断发展,具有世界先进水平的直升机已经装备部队并迅速形成作战能力。

(2)海军。海军是人民解放军的战略军种,是海上作战行动的主体力量,担负着保卫国家海上方向安全、领海主权和维护海洋权益的任务。海军主要由航母编队、潜艇部队、水面舰艇部队、海军航空兵、海军陆战队、海军岸防兵等兵种和各种专业兵组成。海军下辖北海、东海和南海3个舰队,舰队下辖舰队航空兵、基地、支队、水警区、航空兵师和陆战旅等部队。海军装备了一系列核潜艇和常规潜艇、驱逐舰、护卫舰,以及"飞豹"歼击轰炸机等新型武器装备,形成了海空一体、适应近海防卫作战的海上作战装备体系,战略威慑与反击、远海机动作战、远海合作与应对非传统安全能力得到有效提高。

①航母编队。航母是大国重器,承载着中华民族的百年梦想。我国航母编队包括三艘航母,分别是辽宁舰、山东舰和福建舰。辽宁舰是我国第一艘航空母舰,正式交付海军的时间是2012年9月25日,它标志着我国航母时代的启航。山东舰是我国第二艘航空母舰,于2019年12月17日交付海军,是我国首艘国产航母,它的入列使我国人民海军进入了双航母时代。福建舰是我国第三艘航空母舰,也是我国完全自主设计建造的首艘弹射型航空母舰,于2022年6月下水,满载排水量8万余吨,采用平直通长飞行甲板,配置电磁弹射和阻拦装置。这三艘航母的入列,使我国人民海军的战斗力得到了显著提升,同时也体现了我国海军建设的快速发展和巨大成就。

②潜艇部队。潜艇部队是海军中以潜艇为基本装备,主要在水下执行作战任务的兵种。按作战任务的不同,潜艇部队可分为战略导弹潜艇部队和攻击潜艇部队;按动力的不同,潜艇部队可分为核动力潜艇部队和常规动力潜艇部队。潜艇通常用于攻击敌方大、中型舰船和突袭陆上战略目标,袭击和封锁港口、基地,破坏海上交通线,也可进行侦察、布雷、巡逻和输送人员等。潜艇上的武器装备有鱼雷、水雷、飞航式导弹、弹道导弹等。

③水面舰艇部队。水面舰艇部队是海军中在水面执行作战任务的兵种,是海军的基本作战兵力,包括水面战斗舰艇部队、登陆作战舰艇部队和勤务舰船部队,用于攻击敌方海上和陆上一定纵深内的目标,参加争夺制海权,进行海上封锁、反封锁作战,参加登陆、抗登陆作战,保护或破坏海上交通线等。

战斗舰艇分为航空母舰驱逐舰、护卫舰艇、布雷舰艇、扫雷舰艇、登陆舰艇、猎潜舰艇、导弹艇、鱼雷艇等。

登陆作战舰艇亦称两栖作战舰艇,主要包括登陆舰艇、登陆运输舰、船坞运输舰、综合登陆运输舰、登陆指挥舰、两栖火力支援舰等。

勤务舰船分为侦察船、通信船、海道测量船、海洋调查船、拖船、工程船、防险救生船、破冰船、医院船、训练舰船、修理舰船、补给舰船、运输舰船等,如"海红旗"系列舰空导弹主要装备于国产新型导弹驱逐舰、护卫舰等大中型水面舰艇,可担负舰艇编队的中远程区域防空任务。这种新型导弹武器系统进行了模块化设计,采用了先进的垂直发射技术,配备有先进的多功能相控阵雷达,可以全天候、全方位、多批次、多方向拦截来袭的空中目标,特别是具有较强的拦截多目标和超低空、掠海飞行导弹的能力,且反应时间短、抗干扰能力强、毁伤概率高,可根据舰艇的实际情况灵活配置火力。新型防空导弹的入列,全面提升了海军舰艇的防空作战能力。

④海军航空兵。海军是以飞机、直升机为基本装备,主要在海洋和濒海上空执行作战任务的兵种,包括海军岸基航空兵和舰载航空兵,用于攻击敌方海上、地面和空中目标,袭击敌方和保护己方的海军基地港口、沿海机场和海上交通线,参加争夺海洋战区和濒海战区的控制权,从空中掩护、支援己方舰艇的战斗行动等。海军航空兵主要由轰炸机部队、强击机部队、歼击机部队、反潜机部队、侦察机部队和各种保障分队组成。机载武器有航炮、航空火箭弹、航空炸弹、空空导弹、空舰导弹、鱼雷和深水炸弹等,如被誉为"海空飞豹"的海军航空兵歼击轰炸机,这是人民海军的新一代多用途全天候超声速歼击轰炸机。这种新型"飞豹"战机装备了先进的综合航电火控系统,武器挂载能力和精确打击能力大幅提高,可以挂载空舰、空地、空空、反辐射导弹及激光制导炸弹、火箭弹、航空炸弹和电子干扰吊舱等武器设备,具有较强的对海、对地突击能力和空中自卫能力。

⑤海军陆战队。海军陆战队是海军中以两栖作战武器为基本装备,主要执行渡海登陆作战任务的兵种,由步兵、炮兵、装甲兵、工程兵、通信兵、侦察兵等部队分队组成。其武器装备有自动化的步兵武器、反坦克导弹、防空导弹,各种火炮、火箭炮,还配有舟桥、冲锋舟、气垫船、水陆两用坦克、装甲输送车及其他特种装备和作战器材。例如,05式两栖步战车,是海军陆战队新一代主战装备。这种步战车信息化程度较高,安装了先进的火控系统、卫星定位系统、夜视系统、一体化通信系统等,车内作战人员能通过安装在车内的信息终端互通互联。同时,新型两栖步战车火力系统得到全面提升,装备了反坦克导弹、速射炮和高射机枪,能有效应对来自坦克和直升机的威胁。新型两栖步战车装备部队后,标志着我海军陆战队主战装备进入世界先进行列。

⑥海军岸防兵。海军岸防兵是海军中以岸舰导弹、地空导弹、岸炮和高炮为基本装备,主要执行海岸防御作战任务的兵种,包括岸舰导弹部队、海岸炮兵部队、高射炮兵部队和地空导弹部队;用于突击敌方舰船,保卫基地、港口和沿海重要地段,扼守海峡、水道,掩护近岸海上交通线和己方舰船,支援岛岸和要塞守备部队作战等。海岸导弹部队装备有"海鹰"和"鹰击"系列多种型号的岸舰导弹。

(3)空军。空军是空中作战行动的主体力量,担负着保卫国家领空安全、保持全国空防稳定的任务。空军主要由航空兵、地面防空兵、空降兵、雷达兵、电子对抗兵等兵种组成。按照攻防兼备的战略要求,空军加强以侦察预警、空中进攻、防空反导战略投送为重点的作战力量体系建设。空军下辖东部战区空军、南部战区空军、西部战区空军、北部战区空军、中部战区空军。空军装备有空警-200、空警-2000等多型预警机,歼-10、歼-11、歼-16、歼-20、运-20、轰-6K和苏-35等多型战机,红旗-9、红旗-12型地空导弹等新型武器装备,形成了地空一体、攻防兼备的制空作战装备体系,战略预警、威慑和打击能力稳步增强。

①歼击航空兵。歼击航空兵是以歼击机为基本装备,主要执行空中格斗作战任务的航空兵。歼击机是以航炮、航空火箭、空空导弹为基本武器,主要歼灭敌各种空中目标的作战飞机。歼击机是我空军目前装备数量最多的作战飞机,对歼击机的研制与生产,早已形成系列化,多项战术技术指标达到了世界先进水平。歼击机是我空军作战的防御性武器,主要用于空中巡逻、空中截击、空中掩护和争夺制空权作战,必要时可以支援我陆海军作战,突击地面或水面目标。我空军现装备的歼-20战斗机,是由我国自主研发的新一代隐身战机,不但隐身能力达到世界先进水平,而且航程远、作战半径大,可挂载防区外精确制导武器,其机载雷达、前视红外系统对地探测功能完善,在空中进攻作战中也是急先锋。

②强击航空兵。强击航空兵是以强击机为基本装备,主要从低空、超低空执行抵近攻击地面、水面目标任务的航空兵;通常用于攻击敌方浅近战役、战术纵深内的小型目标,直接支援陆军、海军部队作战,参与争夺制空权等。

③歼击轰炸航空兵。歼击轰炸航空兵是以歼击轰炸机为基本装备,主要执行突击地面、水面和空战任务的航空兵,通常用于突击敌战役、战术纵深目标,参与争夺制空权等。歼击轰炸机是我空军重点发展的作战飞机,除引进的第三代歼击轰炸机已经形成作战能力外,自行研制和生产的歼击轰炸机也已经陆续装备部队并形成作战能力。空军现装备的歼击轰炸机作战半径大,能实施远海作战。我军主要歼击轰炸机为飞豹(编号歼轰-7)和歼-16。

④轰炸航空兵。轰炸航空兵是以轰炸机为基本装备,主要执行突击地面、水面或水下目标任务的航空兵。通常用于摧毁与破坏敌战略、战役纵深目标,参与争夺制空权,支援陆军、海军部队作战等。轰炸机是以航空炸弹、鱼雷、空地导弹为基本武器,对地、对海攻击能力强的作战飞机。我空军轰炸航空兵装备的轰炸机是由我国自行研制的中远程轰炸机,具有作战航程远、载弹量大、机载自卫航炮多、能携带精确制导武器和核武器等特点。轰炸机是我空军的进攻性武器,主要用于支援我陆海军作战或反击作战中突击敌深远纵深内重要的地面、水面和水下军事目标。作为我空军远程精确打击力量的代表轰-6K,是我国自主研制的新一代远程战略轰炸机,标志着我空军具备了可靠的空基战略打击力量。

(4)火箭军。火箭军是中国人民解放军陆基战略导弹部队的代称,是中央军委直接掌握使用的战略部队,是中国实施战略威慑的核心力量,主要担负遏制他国对中国使用核武器、执行核反击和常规导弹精确打击任务。火箭军由核导弹部队、常规导弹部队及作战保障部队等组成。装备有东风-4、东风-5、东风-10、东风-11、东风-15、东风-21、东风-26、东风-31型号系列的弹道导弹和长剑-10型巡航导弹等新型武器装备,形成了核常一体、射程衔接的地地导弹装备体系,快速反应、有效突防、精确打击、综合毁伤和生成防护能力逐步提升。

目前,我国现代化的洲际弹道导弹具有与发达国家同等类型导弹相等的射程和命中精度。火箭军对于提高人民解放军的战斗力和威慑力,提高我国的国际地位具有重大意义。火箭军在遏制核战争、保卫祖国现代化建设和维护世界和平,正发挥着重要的作用。

(5)军事航天部队:军事航天部队专注于太空领域的军事活动,包括但不限于卫星发射与管理、太空监视、导航定位支持(如北斗系统)、空间态势感知以及可能的反卫星能力等。随着太空日益成为国际竞争的新领域,该部队的成立凸显了中国对于太空安全与战略利益的重视,确保在太空拥有自主权和优势。

(6)网络空间部队:网络空间部队负责在网络领域执行防御和进攻性任务,保护国家的网络基础设施免受攻击,同时在必要时对敌方网络进行渗透和攻击。这支部队的工作涉及网络安全防护、信息作战、电子战以及网络情报收集等,是现代信息化战争中的关键力量,体现了数字化时代军队建设的方向。

（7）信息支援部队:信息支援部队的成立旨在整合和优化解放军的信息资源与能力,为各军种提供高效的信息保障和服务。其职责可能涵盖情报分析、信息作战指挥控制、电子战支持、信息心理战及战场信息系统维护等,旨在提高部队的整体作战效能和快速反应能力,确保在复杂多变的战场环境中信息优势。

（8）联勤保障部队:联勤保障部队负责全军的后勤保障工作,包括物资供应、医疗卫生、交通运输、装备维修等领域,确保部队在作战和日常训练中的各种需求得到满足。作为独立兵种,其地位的提升意味着更加专业化和集中的后勤保障体系,有助于提高后勤保障效率和适应现代化战争的需求,确保军队持续作战能力和战备状态。

### 2. 预备役部队

预备役部队是以现役军人为骨干、预备役官兵为基础,按照军队统一的体制编制组成的武装力量,实行军队与地方党委、政府双重领导制度。

1986 年 8 月,预备役部队正式列入人民解放军建制序列。1995 年 5 月,全国人大常委会审议通过《中华人民共和国预备役军官法》。1996 年 4 月中央军委为预备役军官评授军衔。《中华人民共和国国防法》,从法律上明确规定中国的武装力量由中国人民解放军现役部队和预备役部队、中国人民武装警察部队、民兵组成。

预备役部队主要由陆军、海军、空军和火箭军预备役部队组成。陆军预备役部队,主要由步兵、炮兵、高射炮兵、反坦克炮兵、坦克兵、工程兵、防化兵、通信兵、海防兵等兵种、专业兵组成。海军预备役部队,主要由侦察、扫雷、布雷、雷达观通等专业兵组成。空军预备役部队,主要由地空导弹兵、雷达兵等专业兵组成。火箭军预备役部队,主要由导弹专用保障和特种装备维修专业兵组成。

预备役部队根据军队建制实行统一的编制,编有预备役师、旅、团,并建有相应的领导机关;主要按地域进行编组,以省建师、以地（州、市）建旅（团）或跨地（州、市）建师（旅）、跨县（市、区）建团。

预备役部队各级军政主官、部门主要领导、部分机关人员和专业技术骨干,由现役军人担任。预备役军官主要从符合条件的退役军人、地方干部、人民武装干部、民兵干部、地方与军事专业对口的技术人员中选配,预备役士兵主要从符合条件的退役士兵、经过训练的基干民兵和地方与军事专业对口的人员中选编。

近年来,预备役部队各项建设和改革不断取得新的进展。完善地域编组形式,探索依托高新技术行业成系统、成建制对口编组,以及人员与装备结合编组、联片编组和跨地域抽组等多种编组形式。根据战时可能承担的任务,修订完善预备役部队军事训练与考核大纲,加强与现役部队挂钩训练、联合训练,开展基地化、模拟化网络化训练。预备役官兵每年一般进行 240 小时的军政训练。预备役部队建设围绕平时能应急、战时能应战的目标,加快推进由数量规模型向质量效能型转变,由直接参与作战向支援保障作战为主转变,由补充一般兵员向补充技术兵员为主转变,努力成为现役部队的得力助手和国防后备力量的拳头。

## 二、中国人民武装察部队

中国人民武装警察部队,诞生于人民军队的摇篮,传承着红军的血脉,是在新中国成立后逐步发展起来的。

　　1950 年,为保证武装力量更好地履行对内职能,统一组建中国人民公安部队。公安部队的建制和隶属关系,先后经过多次变动。1975 年,中央军委召开会议,邓小平发表了军队要整顿的著名讲话,提出军队要精简整编。这次会议后经中央同意,将原来由县市公安部队改编的解放军地方部队交给公安部门,并改称人民警察。后来,又通过 1980 年、1982 年的军队精简整编和体制改革,将人民解放军看押劳改犯、守护地方重要目标和警卫省、市、自治区党政机关以及外国使馆的任务和担任这些任务的部队移交公安部门,同公安部门原来实行义务兵役制的武装、边防消防警察统一组建"中国人民武装警察部队"。1983 年 4 月,武警总部成立。1984 年 5 月通过的《兵役法》,正式确立了中国人民解放军、中国人民武装警察部队和民兵组成的武装力量新体制。2017 年 12 月 27 日,为贯彻落实党的十八届三中全会全面深化改革的决定,中共中央印发《中共中央关于调整中国人民武装警察部队领导指挥体制的决定》(以下简称《决定》),自 2018 年 1 月 1 日零时起,武警部队由党中央、中央军委集中统一领导,实行中央军委——武警部队——部队领导指挥体制。《决定》明确,武警部队归中央军委建制,不再列国务院序列。

　　武警部队建设,按照中央军委规定的建制关系组织领导。中央和国家机关有关部门、地方各级党委和政府与武警部队各级相应建立任务需求和工作协调机制。《决定》要求,各地区各部门、人民解放军和武警部队,要坚决贯彻党中央决策部署,强化"四个意识",积极主动协调配合,做细、做实相关工作,确保武警部队领导指挥体制有序转换、稳定运行。

　　人民武装警察部队是中国武装力量的重要组成部分,肩负着维护国家安全和社会稳定,保卫人民美好生活的神圣使命。人民武装警察部队根据人民解放军的建军思想、宗旨、原则,按照人民解放军的条令条例和有关规章制度,结合武警部队特点进行建设。人民武装警察部队的根本职能是:第一,维护国家安全。人民武装警察部队主要是通过执行边境武装警卫勤务、边防检查勤务、安全检查勤务来履行这一职能的。第二,维护社会稳定。人民武装警察部队担负着用公开武装的形式预防和镇压敌对势力的破坏,打击恐怖活动,应对各种紧急突发情况,维护社会治安的任务。第三,保卫人民美好生活。其主要通过执行警卫勤务、守卫勤务、反恐怖等活动来实现。第四,战时配合人民解放军进行防卫作战。

　　人民武装警察部队的主要任务是:平时主要担负执勤、处置突发事件、反恐怖、抢险救灾、参加和支援国家经济建设等任务,战时配合人民解放军进行防卫作战。

　　人民武装警察部队的编成是:武警部队设总部、总队(师)、支队(团)三级领导机关。各级机关设司令部、政治部、后勤部。武警总部是武警部队的领导指挥机关,领导管理武警部队的军事、政治和后勤工作,对列入武警部队序列的其他部队的军事、政治、后勤工作进行指导。武警总部直辖若干师和大专院校。各省、自治区、直辖市设武警总队,各总队分设初级指挥学校;总队以下根据行政区划分和任务需要,设若干个支队;支队下辖大队、中队。根据中共中央印发《深化党和国家机构改革方案》关于深化跨军地改革第 58 条精神:"海警队伍转隶武警部队。按照先移交、后整编的方式,将国家海洋局(中国海警局)领导管理的海警队伍及相关职能全部划归武警部队。"

　　目前,人民武装警察部队按照多能一体、有效维稳的战略要求,加快融入全军联合作战体系,加快构建军地协调联动新格局,发展执勤安保、处突维稳、反恐突击、抢险救援、应急保障、空中支援力量,完善以执勤处突和反恐维稳为主体的力量体系,提高以信息化条件下执勤处突能力为核心的完成多样化任务能力,努力建设一支强大的现代化武装警察部队。

## 三、民兵

民兵是不脱离生产的群众武装组织,是中国武装力量的重要组成部分,是人民解放军的助手和后备力量。中国共产党领导下的民兵,在历次革命战争中都发挥了重大作用。

民兵担负参加社会主义现代化建设、执行战备勤务、参加防卫作战、协助维护社会秩序和参加抢险救灾等任务。我国实行在国务院、中央军委领导下的民兵组织领导体制。全国的民兵工作由中央军委国防动员部主管;省军区、军分区和县(市)人民武装部是本地区的民兵领导指挥机关;乡、镇、部分街道和企事业单位设有人民武装部,负责民兵和兵役工作。地方各级人民政府,对民兵工作实施原则领导,对民兵工作实施组织和监督。

中国民兵的作用主要体现在以下几个方面:一是积极参加社会主义现代化建设,带头完成生产任务;二是担负战备勤务,保卫边疆,维护社会治安;三是随时准备参军作战,抵抗侵略,保卫祖国。

民兵组织分为基干民兵组织和普通民兵组织。基干民兵组织编有应急队伍,联合防空、情报侦察、通信保障、工程抢修、交通运输、装备维修等支援队伍,以及作战保障、后勤保障、装备保障等储备队伍。

近年来,民兵在完成多样化军事任务中发挥了独特作用。常年有民兵参加守护边境、桥梁隧道和铁路线等任务。

## 四、人民军队的发展历程

中国人民解放军自诞生至今,从一支弱小的以步兵为主体的农民军队逐渐建设发展成为当前由陆军、海军、空军、火箭军及诸兵种合成的高度集中统一的现代化军队。回顾我军建设的发展历程,可以说是一部不断寻求自我超越的历史。

### (一)革命战争时期

中国共产党从人民军队创建伊始就关心其建设发展。1927年8月1日南昌起义打响了武装反抗国民党反动派的第一枪,标志着中国共产党独立地领导武装斗争的开始。在当时的条件下,在起义过程中并没有公开打出中国共产党的旗帜,起义部队仍沿用国民革命军第二方面军的番号,仍称为国民革命军。同年9月,毛泽东领导湘赣边界秋收起义,参加起义的主力部队编成"中国工农革命军第一军第一师",这是我党第一次公开打出"工农革命军"的旗帜。随后毛泽东对起义部队进行"三湾改编",开始了对革命军队的政治建设,强调党对军队的领导,规定部队民主制度,实行官兵待遇平等,并把支部建在连上。这些原则至今仍是我军坚持的政治传统。1928年4月下旬,朱德、陈毅等率领南昌起义的余部转战到井冈山,同毛泽东同志领导的工农革命军会师,合编为"中国工农革命军第四军",朱德任军长、毛泽东任党代表(后改称政治委员)。1928年5月25日,中共中央发出第51号通报,规定各地工农革命军一律改称"中国工农红军"(简称红军)。从1928年6月起,各革命根据地的工农革命军及其他工农武装开始陆续改称红军。

1929年12月,古田会议顺利召开,正式规定了人民军队的性质、宗旨和任务,确立了思想建党、政治建军的根本原则,为把我军建设成为新型人民军队初步奠定了基础。1930年8月至1936年7月,红军又先后编成了红一、红四、红二方面军。1933年5月,中华苏维埃共和国临时中央政府决定,组织中国工农红军总部,任命朱德为中国工农红军总司令,周恩来为中国工农红军总政治委员。

1937 年 7 月 7 日,日本全面侵华战争爆发。中国共产党从大局出发,毅然同意把主力红军和南方八省游击队分别改编为国民革命军第八路军和国民革命军新编第四军,坚决贯彻统一领导、"精兵简政"、整顿三风以及发展生产、拥政爱民等各项任务,实行官兵一致、军民一致、瓦解敌军和宽待俘虏等原则,构建起了主力军、地方武装和民兵自卫队三结合的武装力量体制,通过在抗日斗争中边打边建,力量迅速发展壮大。

抗战胜利后,八路军和新四军改称中国人民解放军,逐步理顺编制,建立了集中统一的指挥机构,初步建立起了一支能在较大范围实施机动作战的正规兵团与地方部队、民兵游击队相结合的武装力量,在此期间,长期以来一直指导人民军队建设的毛泽东建军思想也得到了进一步丰富和发展。

### (二) 和平建设时期

1950 年 10 月至 1951 年 1 月,中国人民解放军以东北边防军为主改编成中国人民志愿军,完成了"抗美援朝保家卫国"的任务,人民军队迅速从革命战争转向和平建设,开始向革命化、现代化和正规化迈进,包括整顿军队编制体制,调整各战略区域部署,并以精简整编为主要内容进行了多达 13 次的改革,奠定了军队领导管理指挥体制的基础和现代化军队的基本框架,初步实现了由单一军种向诸军兵种合成军队的转变,完成了由革命战争时期向和平建设时期的全面转型。

1953 年 12 月,中央召开全国军事系统党的高级干部会议,确定了把人民解放军建设成为一支优良的现代化革命军队的总方针和总任务。1978 年 12 月,党的十一届三中全会召开,坚持把军事训练摆到战略地位,贯彻军队建设要面向现代化、面向世界、面向未来的方针,有效地提高了部队在现代条件下诸军兵种协同作战、快速反应、电子对抗、后勤保障以及野战生存的能力。

从整体上来看,人民军队在和平建设期间所取得的成果有目共睹、硕果累累,在整体军力建设上缩短了与世界先进国家军队的距离,有效提高了中国的国际地位。

### (三) 全面转型时期

20 世纪 80 年代末,随着冷战的结束和苏联的解体,国际形势发生重大变化,科学技术迅猛发展并在军事领域广泛应用。我军开始对军队建设指导思想实施战略性转变,力图通过深化改革、完善体制,从根本上推动人民军队从数量型军队向质量型军队转变,迈开了中国特色精兵之路的坚实步伐。

进入 21 世纪以来,争夺信息优势成为各国军队建设的焦点,人民军队迎来了迈向信息化的重要机遇期。针对现代战争出现的新特点和新要求,我军坚定不移地把信息化作为发展方向,不断提高武器装备的信息技术含量,积极推进机械化条件下的军事训练向信息化条件下的军事训练转变,坚持国防建设与经济建设协调发展,已经基本构建起了一个以打赢信息化战争为目标的立体化军事体系。

### (四) 建设世界一流军队时期

党的二十大强调,如期实现建军一百年奋斗目标,加快把人民军队建成世界一流军队,是全面建设社会主义现代化国家的战略要求。必须贯彻新时代党的强军思想,贯彻新时代军事战略方针,坚持党对人民军队的绝对领导,坚持政治建军、改革强军、科技强军、人才强军、依法治军,坚持边斗争、边备战、边建设,坚持机械化信息化智能化融合发展,加快军事理论现代化、军队组织形态现代化、军事人员现代化、武器装备现代化,提高捍卫国家主权、安全、发展利益战略能力,有效履行新时代人民军队使命任务。

在新时代,充分认清国际战略形势和国家安全环境带来的机遇挑战,紧盯世界百年未有之大变局和新一轮科技革命和产业变革深入发展,中央军委加强战略运筹,提出了强军目标,改革调整了军委机关编成,落实军委主席负责制,形成了军委管总、战区主战、军种主建新格局,调整了陆、海、空、火箭军编成和集团军数量,搭建了军事航天部队、网络空间部队、信息支援部队、联勤保障部队,采取一系列战略举措,进行了新中国成立以来最为广泛最为深刻最贴近实战的国防和军队改革,重构了领导指挥体系、现代军事力量体系、军事政策制度体系,国防和军队建设迈上新台阶,加快推进建设了世界一流军队。

# 第五节　国防动员

国防动员是指国家为应对战争或其他安全威胁,使社会诸领域的全部或部分由平时状态转入战时状态或紧急状态的活动。国防动员是国防的重要组成部分,适用情况包括国家主权、领土完整、统一和安全遭到战争或其他军事威胁,以及需要采取国防动员手段应付的其他安全威胁时。国防动员对于正确处理国家安全与发展的关系,增强国家应对战争状态或紧急状态的能力、维护国家安全具有重要意义。

## 一、国防动员概述

### (一)国防动员的产生与发展

作为战争活动的重要组成部分和前提条件,国防动员与战争紧密相连,因此起初被称为"战争动员"。

战争动员产生于奴隶制社会时期,发展于封建社会和资本主义社会时期。自工业革命后,战争动员进入全面发展时期,尤其是规模空前的两次世界大战的发生,为战争动员进入成熟阶段提供了客观条件,使战争动员的规模空前扩大。例如,在第二次世界大战中,各参战国动员的总兵力达到 11 亿余人。战争动员的体制和制度不断完善。到第二次世界大战前夕,为了对战争动员实施统一领导,各参战国纷纷建立或改组了战争动员的领导机构,如美国设立了战时资源委员会,法、德等国也分别设立了类似的专门机构。与此同时,各国的战争动员法规日臻完善,比如到第二次世界大战前夕及二战期间,各主要参战国已形成由动员基本法和专项动员法构成的战争动员法规体系。

在中国现代革命史上,中国共产党人成功地领导了多次战争动员活动。在历次革命战争中,在毛泽东关于动员和武装群众进行人民战争的战略思想指导下,中国共产党实行全党动员、全民动员的方针,成功地实施了军事、政治、经济、文化等方面的动员,为壮大人民军队、夺取革命战争的胜利发挥了巨大作用。抗日战争期间,为了夺取抗日战争的胜利,中国共产党进行了广泛深入的政治、军事、经济等方面的动员。1937 年 8 月,中国共产党发表了《抗日救国十大纲领》,号召全国各族人民和社会各阶层、各民主党派团结起来,积极参加抗日战争,形成了全国的抗日民族统一战线,出现了全面抗战的总动员局面。各抗日根据地广泛动员人民群众参军、参战,灵活开展游击战争,在敌后战场给日寇以沉重的打击。中华人民共和国成立后,在历次局部的作战中,我们都进行了不同规模的战争动员。在抗美援朝战争中,在全国各地深入进行了抗美援朝、保家卫国的宣传教育,激发了广大军民的爱国热情,在全国迅速动员了 200 多万民兵、青年参加中国人民志愿军,还动员了大批汽车司机、铁路员工和医务、通信人员担负战争勤务。与此同时;在全国开展的轰轰烈烈的捐献运动,共捐献人民币5.56亿元,可购买3710架战斗机。这些动员活动为保障抗美援朝战争的胜利做出了重要贡献。

### (二)国防动员的地位与作用

国防动员是国防活动与国防建设的重要内容之一,是实施战略目标的重要手段,是准备和实施战争的重要措施。无论是古代战争还是现代战争,全面战争还是局部战争,常规战争还是非常规战争,都离不开国防动员。因此,国防动员在保障赢得战争胜利、应对重大突发事件等方面,都具有十分重要的地位与作用。

#### 1. 国防动员是打赢战争的基础环节

为遏制战争爆发并夺取战争的胜利积聚强大的战争力量,是国防动员的基本功能与任务。战争动员不仅通过平时的准备,为战争实施积聚强大的战争潜力,而且通过建立一套平战转换机制,使这种潜力在战争爆发后迅速转化为实力,为保障战争的胜利奠定必要而坚实的物质基础。现代战争的巨大破坏性,使人们不得不重视制止战争的爆发。而实践证明,通过战争动员积聚和调动战争潜力,可以有效地制止战争和打赢战争。

#### 2. 国防动员是应对紧急突发事件的有效措施

国防动员的最初功能是用来应对战争的。随着各种灾难事故和突发事件的频繁发生,人们将国防动员的功能予以拓展。当国家或地区遇到各类突发事件时,国防动员可以凭借自身特有的机制,使国家或地区进入应急状态,动员国家、军队和社会的多方力量抗御自然灾害、处置各种自然和人为的事故与灾难,使国家和社会处于正常运转状态,保护人民群众的生命财产安全。

#### 3. 国防动员是实现军民融合发展的重要途径

一个国家的安全需要建立和保持足以应对各种威胁的常备国防力量,而一个国家的发展又不允许将过多的国家资源用于常备国防力量建设,为解决安全与发展的矛盾,各国普遍的做法是实行寓军于民模式,将国家安全需要的大部分国防力量以国防潜力的形式寓于经济、社会和民众之中,走军民融合式的国防建设之路。国防动员建设的主要任务是使国防潜力得到有效的开发和积蓄,并为国防潜力转化为国防实力做好各项准备,既确保安全又不耽误发展,有效解决安全与发展这一主要矛盾。但凡实行寓军于民的国家,无不视国防动员为国家安全支柱,并大力加强国防动员建设。国防动员建设成为实现军民融合发展的重要途径。

现代国防动员的要求

## 二、国防动员的主要内容

### (一)政治动员

政治动员是指国家从政治上、组织上、思想上发动人民和军队参加战争所采取的措施。它旨在激发全体军民的爱国热情,动员军队英勇作战,动员人民踊跃参军参战,努力增加生产、厉行节约,全力支援战争。政治动员可分为国内政治动员和国际政治动员。

### (二)武装力量动员

武装力量动员是指国家将军队及其他武装组织由平时体制转为战时体制所采取的措施。它通常包括解放军现役部队、武装警察部队、预备役部队、民兵和预备役人员以及相应的武器装备和物资等动员。它是战争动员的核心,对战争的进程和结局,特别是对战争初期军队的迅速扩编和战略展开,掩护国家转入战时体制,争取战略主动具有重要意义。

### （三）国民经济动员

国民经济动员是指国家将经济部门、经济活动和相应的体制从平时状态转入战时状态所采取的措施。国民经济动员是战争动员的基础，目的是充分调动国家的经济能力，保障战争的需要，通常包括工业、农业、交通运输、财政金融、邮电通信、医疗卫生力量等方面的动员。

### （四）科学技术动员

科学技术动员是指战时由国家统一组织、调整科学研究部门，组织专家和工程技术人员从事战争所需要的科学技术的开发研究所采取的措施，是战争动员的重要组成部分。

科学技术动员的主要任务是：开发应用新兴科学技术，利用科研设施和成果，研制先进的武器设备，为军队培养、输送专业技术人才，使军队在战争中保持科学技术和武器装备方面的优势。

科学技术动员的具体措施是：战时，科学技术动员通常根据国家发布的动员令组织实施，按照科学技术动员计划，有组织、有步骤地将全国科技力量转入战时轨道，强化国家对科技领域人力、物力、财力的投入，将科学技术转化为军事实力和战斗力，充分运用先进的科技成果和各种先进的科技手段，迅速改进和更新现有武器装备专业技术人才，保证战时扩编需要，保持参战人员与武器装备的有机结合，使之发挥最大效能；及时总结战争的经验教训，分析敌我双方的战时态势，针对战争的发展趋向，研究提出新的对策，开拓新的研究领域，充分发挥科学技术在战争中的作用。

### （五）人民防空动员

人民防空动员是指国家战时发动和组织人民群众防备敌人空袭所采取的措施，也可简称为"人防动员"或"民防动员"。其主要任务是：依据国家有关法律、法令，动员社会力量进行防空设施建设，组建防空专业队伍，普及防空知识教育，组织隐蔽疏散，配合防空作战，消除空袭后果，以保护居民、经济设施及其他重要目标的安全，减少国家及人民群众生命财产的损失，保存战争潜力。随着现代科学技术的飞速发展，各种新式空袭兵器不断出现，空袭与反空袭已成为现代战争的主要作战形式，在现代战争中占有极为重要的地位。因此，搞好人民防空动员，对增强国家的总体防御能力具有重要的战略意义。

### （六）国防交通动员

国防交通动员是指在全国或部分地区调集交通力量，全力保障战争需要的紧急行动。它通常是在国家动员领导机构的统一领导下，由国防交通主管机构组织，协同政府、军队有关部门共同实施。

国防交通动员准备包括：在平时制定完备的国防交通动员的法规和计划、健全国防交通机构和机制，建立国防交通保障队伍，储备必要的国防交通物资和器材等。

国防交通动员的主要任务是：根据战争规模和作战需要，有计划地将平时国防交通领导机构迅速按方案扩编为战时交通运输指挥机构，政府交通运输部门随即转入战时体制；根据作战保障需要，动员、征用社会运输力量，必要时对交通运输系统实行不同范围、不同形式的军事化管理；动员、组织各交通保障队伍和交通保障物资器材迅速到位，执行运输、抢修、防护任务；根据统帅部的规定，做好对弃守地区的交通遮断准备，保障及时遮断。

## 三、国防动员的意义

### （一）国防动员有利于提高国防整体实力

国防实力是指国家防御外来侵略的力量，是国家军事、政治、经济、科学技术等力量的总和。

在和平时期,国家把国防动员纳入经济建设和社会发展的总体规划,贯彻"军民结合、平战结合"的方针,以增强战争潜力。同时,通过动员准备,激发全国人民的强烈的爱国热情和牢固的国防观念,从而确保国家政局稳定、经济发达、科技进步、综合国力迅速增强。

如果平时注重动员、牢固树立国防观念,一旦战争爆发,通过战时动员,就能迅速地把战争潜力转变为战争实力。例如,就武装力量建设而言,为了对付敌人的突然袭击和入侵,保持一定数量的常备军是必要的;然而,要在平时保持一支满足战争需要的庞大军队,任何国家,即使是经济发达国家也都无法做到。这是因为巨额的军费开支必然加重国家的经济负担,影响国民经济的发展,同时也影响部队武器装备的研制和更新。因此,要解决"平时养兵少、战时用兵多"的矛盾,采用常备军和后备力量相结合的原则,平时保持精干的常备军作为战时动员扩建部队的骨干力量,同时积极训练、储备后备力量,以便战时根据需要组编参战,这样既可以保障国民经济的发展,又可以增强国防实力。

### (二)国防动员有利于增强国防威慑力

一个国家的国防威慑力,不仅取决于常备军的数量和质量,还取决于军队后备力量和其他动员潜力,取决于常备军与后备力量动员准备的有机结合,以及动员机制的完善程度和运行效率,平时充分做好战时动员的准备工作,建立强大的后备力量和健全的动员体制,可以使敌人望而生畏,不敢贸然发动进攻,以达到"不战而屈人之兵"的战略目的。特别是处于防御地位、反对侵略的国家,应该采取积极的对策,以充分有效地动员,显示应对战争的能力和拼死抵抗的决心,迫使敌人延缓或放弃侵略战争。

### (三)国防动员有利于夺取战争主动权

决定战争胜负的因素是多方面的,其中后备力量的强弱、兵员质量的优劣以及战时动员准备和实施的好坏,是一个重要的因素。

随着现代科学技术的飞速发展及其在军事领域的广泛应用,现代战争的突发性和速决性更加突出明显,发动战争的一方往往先发制人,迫使对方在无戒备或准备不充分的情况下仓促应战,从而取得速战速决的效果。第二次世界大战以来,突然袭击、不宣而战,已成为首先发动战争一方的惯用手法。处于防御地位的国家,如果战时动员工作的准备和实施做得不好,在战争初期往往会处于被动地位,甚至还来不及实施动员和完成战略展开,其武装力量和经济命脉可能已陷入瘫痪。

在现代战争中,谁能保持强大的后备力量,并能以最快的速度动员起来投入战争,谁就能取得战争的主动权。

### ● 我思我行 ●

1. 中国国防历史对我们有什么启示?
2. 大学生应承担哪些国防义务?
3. 我国国防建设取得了哪些成就?
4. 我国现行的国防政策是什么?
5. 我国武装力量由哪几部分组成?

# 第二章　国家安全

## 军事讲坛

国虽大，好战必亡；天下虽安，忘战必危。

——司马穰苴

## 教学目标

正确把握和认识国家安全的内涵，理解我国总体国家安全观，提升学生防间保密意识；深刻认识当前我国面临的安全形势；了解世界主要国家军事力量及战略动向，增强学生忧患意识。

## 导语

国家安全，是保证一个国家的安全不仅不受外国侵略，而且国内也要稳定，要反对颠覆，维护国家的政治制度，这一概念是由邓小平提出的。随着国家安全的提出，我国有了一个概念性的转折，即由毛泽东时代的"战争与革命"转变为了"和平与发展"。2001年江泽民提出，要头脑清醒，居安思危，深刻认识新形势，认识维护国家政治安全、经济安全、国防安全的极端重要性、紧迫性，确保信息安全，金融安全和粮食、石油等战略物资安全。胡锦涛根据新世纪、新阶段国际国内的形势发展，沿着上述国家安全发展的思想道路，明确提出了要确保国家政治安全、经济安全、文化安全、信息安全、国防安全的要求。新时代，习近平提出了总体安全观，即用系统思维，来思考政治、经济、文化、社会、军事、国土以及科技、生态、资源一系列安全问题，通过科学统筹，运用多种手段实现国家安全。

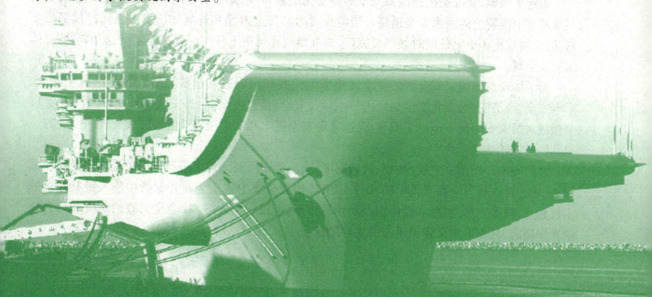

# 第一节　国家安全概述

## 一、国家安全的内涵

《中华人民共和国国家安全法》第一章第二条规定：国家安全是指国家政权、主权、统一和领土完整、人民福祉、经济社会可持续发展和国家其他重大利益相对处于没有危险和不受内外威胁的状态，以及保障持续安全状态的能力。

传统国家安全指的是在政治上国家政权及社会制度如何防止内外敌对势力和敌对分子的政治干预、压力、颠覆、渗透和破坏；在军事上，主权国如何应对外来的威胁和军事入侵。其焦点主要集中于政治、军事内涵方面。在冷战时期，主要是意识形态和社会制度的冲突和对峙，所以意识形态成为国家划分国家利益的主要依据。随着国家政治经济形势的发展、社会结构的变动，国家利益的实现与维护，日益成为国家安全的实质内容。国家利益和意识形态关系问题的根本思维方式和政策范式的转变使国家安全概念和政策指向，从过去主要对付外部威胁而延伸到关注国内的经济增长、政治发展、社会生活、文化价值体系调整、现代化过程中的一些"不稳定因素"和应对可能出现的各种形式的国内动乱。因此，在新的国家安全观念中，不仅仅是国家层面的政治安全、军事安全，还包括经济安全、国土安全、文化安全、社会安全、网络安全、生态安全等。

党的二十大强调，要推进国家安全体系和能力现代化，坚决维护国家安全和社会稳定。国家安全是民族复兴的根基，社会稳定是国家强盛的前提。必须坚定不移贯彻总体国家安全观，把维护国家安全贯穿党和国家工作各方面全过程，确保国家安全和社会稳定。要坚持以人民安全为宗旨、以政治安全为根本、以经济安全为基础、以军事科技文化社会安全为保障、以促进国际安全为依托，统筹外部安全和内部安全、国土安全和国民安全、传统安全和非传统安全、自身安全和共同安全，统筹维护和塑造国家安全，夯实国家安全和社会稳定基层基础，完善参与全球安全治理机制，建设更高水平的平安中国，以新安全格局保障新发展格局。

习近平强调，要准确把握国家安全形势变化的新特点、新趋势，坚持总体国家安全观，走出一条具有中国特色的国家安全道路。当前我国国家安全内涵和外延比历史上任何时候都要丰富，时空领域比历史上任何时候都要宽广，内外因素比历史上任何时候都要复杂，必须坚持总体国家安全观。

为了体现总体国家安全观的要求，《中华人民共和国国家安全法》从政治安全、国土安全、军事安全、经济安全、文化安全、社会安全、科技安全、信息安全、生态安全、资源安全、核安全11个领域对国家安全任务进行了明确，且国家的安全需求和安全观都是随着时代发展而发展的。

### （一）政治安全

政治安全是指国家主权、政权、政治制度、政治秩序以及意识形态等方面免受威胁、侵犯、颠覆、破坏的客观状态。在当代中国，维护国家政治安全集中表现为对外保持中华人民共和国的主权独立、领土完整，对内坚持中国共产党的领导、人民民主专政、社会主义政治制度和社会政治秩序稳定、马克思主义意识形态的主导地位。

### 1.最基础的是维护主权独立和领土完整

维护国家政治安全最基础的就是维护国家主权独立与领土完整,确保中华人民共和国主权和领土不受侵犯、国家不被分裂。《中华人民共和国宪法》规定,中国公民负有维护国家统一和各民族团结的义务,负有保卫祖国、抵抗侵略的神圣职责。维护国家主权独立与领土完整既是宪法赋予每位公民的神圣职责,也是国家武装力量建立存在的基本任务。

### 2.最核心的是政权安全和制度安全

政权是指掌握国家主权的政治组织及其所掌握的政治权力,以维护对社会的统治和管理。当代中国国家政权体现为中国共产党在国家政治生活中的组织领导和执政地位。政治制度是国家权力的性质、组织、分配、运作等方面的规范法度。中国共产党在中华人民共和国的领导地位和社会主义政治制度的确立,是中国社会发展的历史选择和人民的选择,中国的历史发展和现实国情决定了必须坚持中国共产党的领导,坚持社会主义制度,这是维护国家政治安全的核心。

### 3.最现实的是维护国家政治秩序稳定和主流意识形态巩固

国家政治秩序是保证国家政权运行和政治活动开展的社会基础,维护国家政治秩序就是确保国家政权正常运转、政治制度不受干扰破坏,保持基本的安全状态,为政权运转和政治制度稳固提供安定有序的社会环境。维护我国政治秩序稳定就必须始终坚持中国共产党在各项工作中的领导地位,始终坚持马克思主义在意识形态领域的主导地位,坚持人民民主专政,坚持社会主义道路,为中国共产党执政活动和社会主义政治制度依法落实创造和谐有序、安全稳定的社会环境。维护国家政治秩序稳定应以人民群众的支持和拥护为根本,如果失去了群众基础,国家政治秩序稳定就会受到严重危害,进而影响到国家政治安全。

### (二)国土安全

国土是指国家陆地、海洋和空间领土,国家享有管辖权的海洋、太空和网络空间也常用"领土"一词来指称。随着人类社会的发展,国家生存空间领域不断向外拓展,国土概念也不断发生演变,其外延包括海上专属经济区、网络空间、太空和经济海域等空间。所有主权国家要生存和发展,都需要维护国土安全。尽管我国总体上保持了较长时间的和平环境,但我国的国土安全形势仍然存在很多值得关注的问题。

中国国土争端,目前主要还存在以下几个方面:一是中印边界问题。中印自古相邻,习惯边界是喜马拉雅山南麓。自从英国占领印度后,英印政府试图将西藏从中国领土中分裂出去。1914年,由英国政府代表亨利·麦克马洪与西藏地方代表在印度新德里以秘密换文的方式制定了"麦克马洪线"。1962年,中印两国因边界争端爆发了一场边界战争。二是东海、黄海的海洋主权争端。中国海域存在中韩黄海大陆架、岛礁之争、中日东海大陆架和钓鱼岛争端等问题。三是南海岛礁和海洋权益之争。南海争议与被侵占的岛礁主权问题有关,也与南海"九段线"的主权定性和法律定位密不可分。

处理好国土争端将是一个长期的探索过程,既要尊重历史,又要照顾现实,更要维护国家利益。维护国土安全是捍卫国家主权的根本要求,是保障国家生存与发展空间的基本要求,是处理主权矛盾营造和平环境的前提。要加强军事实力以确保国土安全,加强与周边国家合作建立相互信任的关系,还要完善我国国土安全法律制度,防止国土权益受损。

### (三)军事安全

军事手段应该始终是我们维护领土、主权、国家核心利益的保底手段。党的十八大以后,我们在国防和军队建设方面取得了很重要的进展。

作为伴随国家及国家安全出现而出现的国家安全伴生要素，军事和军事安全曾经被传统国家安全置于头等重要地位，甚至被传统国家安全观认定为整个国家安全的核心。无论是在把军事安全置于头等重要地位的历史上，还是在军事安全被认定为国家安全的保障手段的今天，军事安全都不是国家安全的最终目的。军事安全是保障国家安全的重要手段、重要工具、重要条件，而不是国家安全的目的和目标。战争是政治的继续，军事安全要服从服务于国家的政治战略。

军事安全有非常广泛的内容，主要包括军队安全、军人安全、军纪安全、军备安全、军事设施安全、军事秘密安全、军事信息安全、军事工业安全、军事活动安全等。

### （四）经济安全

国家经济安全是指经济全球化时代一国保持其经济存在和发展所需资源有效供给、经济体系独立稳定运行、整体经济福利不受恶意侵害和非可抗力损害的状态和能力，是指一国的国民经济发展和经济实力处于不受根本威胁的状态。

全民国家安全教育日

国家经济安全的内涵，主要包括金融安全、资源（如石油、粮食和人才）安全、产业安全、财政安全、信息安全等。经济全球化提高了国家经济安全的地位，扩展了其内涵与外延，并使得经济安全环境、经济安全态势更加复杂多变。经济全球化尽管一定程度上有助于发展中国家发展经济和维护国家经济安全，但也加大了外部冲击因素的影响力，加剧了国家经济、金融体系的脆弱性。因此，要保证国家经济安全，必须按照科学发展观的要求，坚持把发展作为第一要务，正确处理好对外开放、发展国际经济合作与维护国家利益和经济安全的关系，必须采取适合本国实际情况，符合国际经贸规则、惯例的保护措施，保护本国的产业、市场和国家的经济利益。

### （五）文化安全

文化安全是指国家文化的生存和发展不受威胁的客观状态。经济全球化，不仅深刻影响着世界各国的经济，还深刻地影响着世界各国的文化走向，影响着各国文化秩序的变动和文化力量格局的重组。由经济全球化带来的信息传播的自由交流，使传统意义上的文化继承在全球化的语言环境下正在失去原有的空间边界，国家和文化边界正在消除，国家文化主权易受到威胁和挑战。以美国为首的西方强势文化利用其资本、技术和市场优势，对其他国家的文化渗透、控制和强行推入，使国家文化安全成为主权国家的艰难选择。文化生存是国家和民族生存的具体体现。文化不仅积淀着一个国家和民族的全部文化创造和文化成果，还蕴含着过去向未来的发展基因，一旦文化遭遇破坏，则必然要给民族和国家带来文化危机和民族危机，同样会带来亡国灭种的危险。

### （六）社会安全

社会安全是指防范、消除、控制直接威胁社会公共秩序，保证人民生命财产安全的状态。社会安全在国家安全中具有重要位置，和老百姓的生活更加密切。国家安全要以人民安全为宗旨。可以说，社会安全是贯彻落实以人民安全为中心思想的国家安全最直接的体现。

维护社会安全之所以如此重要，与我们今天所处的这个特殊发展阶段紧密相关。当前，改革进入深水区，人民内部矛盾和社会矛盾集中出现。这些矛盾很多都是因为利益问题而出现的。其中一个重要阶段性特征——现阶段我国社会呈现人口大规模流动、利益多样化、社会信息化、思想文化多元化，这给我们维护社会安全带来很多新的挑战。

一个好的社会，既要充满活力，又要和谐有序。今天中国的社会，通过改革开放，充满了活力。但如何在这个基础上使充满活力的社会变得和谐有序,是今天要下大力气解决的问题。解决这个问题,不仅仅需要依靠政府和行政手段,还要更多地依靠法治建设,通过依法治国,创新社会治理体制,实现社会有序和谐发展。

### (七)科技安全

狭义科技安全概念可以表述为:科技安全表示国家科学技术发展的一种安全态势,这种态势体现了国家通过政治、军事、外交、经济、科技等手段,使国家科学技术系统既通过与国际环境和系统内部的协调运行达到功能优化,又保证该系统不招致来自内部和外部的威胁,并以此维护国家利益。这个定义是将科学技术作为一个特定的系统,以该系统自身的安全状态来确定科技安全内涵的。在这个意义上,考察科技安全状态应主要侧重于四点:一是国家的科学技术实力的强弱;二是国家的科技法规、政策完善程度;三是科技工作的运行机制是否有效;四是国家对科技系统的保护力度。

从广义上讲,科技安全是在一定的社会环境条件下,特别是国际大环境中,以国家价值准则为依据对科技系统与相关系统相互作用所决定的国家安全态势的描述。一个国家的科技安全态势体现了该国国家能力的四个方面:一是国家利益免受国外科技优势威胁和敌对势力、破坏势力以技术手段相威胁的能力;二是国家利益免受科技发展自身的负面影响的能力;三是国家以科技手段维护国家安全的能力;四是国家在所面临的国际国内环境中保障科学技术健康发展以及依靠科学技术提高综合国力的能力。

### (八)信息安全

信息安全是指事关国家与人民利益的信息安全状态及保护成果。切实保障国家数据安全;要加强关键信息基础设施安全保护,强化国家关键数据资源保护能力,增强数据安全预警和溯源能力;加强政策、监管、法律的统筹协调,加快法规制度建设;制定数据资源确权、开放、流通、交易相关制度,完善数据产权保护制度;加大对技术专利、数字版权、数字内容产品及个人隐私等的保护力度,维护广大人民群众利益、社会稳定、国家安全;加强国际数据治理政策储备和治理规则研究,提出中国方案。

### (九)生态安全

狭义的生态安全概念是指自然和半自然生态系统的安全,即生态系统的完整性和健康的整体水平反映。若将生态安全与保障程度相联系,生态安全可以理解为人类在生产、生活和健康等方面不受生态破坏与环境污染等影响的保障程度,包括饮用水与食物安全、空气质量与绿色环境等基本要素。

广义的生态安全:一是环境、生态保护上的含义,即防止由于生态环境的退化对经济发展的环境基础构成威胁,主要指环境质量状况低劣和自然资源的减少和退化,削弱了经济可持续发展的环境支撑能力;二是外交、军事上的范畴,即防止由于环境破坏和自然资源短缺引起经济的衰退,影响人们的生活条件,特别是环境难民的大量产生,从而导致国家的动荡。

### (十)资源安全

资源安全是一个国家或地区可以持续、稳定、及时、足量和经济地获取所需自然资源的状态。资源安全分为战略性资源安全和非战略性资源安全;又可分为水资源安全、能源资源安全(包括石油安全)、土地资源安全(包括耕地资源安全)、矿产资源安全(包括战略性矿产资源安全)、生物资源安全(包括基因资源安全)、海洋资源安全、环境资源安全等。

### （十一）核安全

广义的核安全是指对核设施、核活动、核材料和放射性物质采取必要和充分的监控、保护、预防和缓解等安全措施，防止由任何技术原因、人为原因或自然灾害造成事故，并最大限度减少事故情况下的放射性后果，从而保护工作人员、公众和环境免受不当辐射危害。

狭义的核安全是指在核设施的设计、建造、运行和退役期间，为保护人员、社会和环境免受可能的放射性危害所采取的技术和组织上的措施。该措施包括：确保核设施的正常运行，预防事故的发生，限制可能的事故后果。

● 知识窗 ●

2022年8月2日，美国国会众议长南希·佩洛西窜访中国台湾地区，中方对此强烈谴责、坚决反对；同时，全球多国政府及国际组织发表声明，表示坚持一个中国原则，反对美方侵害中国主权和领土完整的行径。

2022年8月2日晚开始，中国人民解放军东部战区陆续在台岛周边开展一系列联合军事行动，在台岛北部、西南、东南海空域进行联合海空演训，并在台湾海峡进行远程火力实弹射击，在台岛东部海域组织常导火力试射。8月4日12时至7日12时，解放军重要军事演训行动进行，并组织实弹射击。8月5日，外交部发言人宣布中方对美国国会众议长佩洛西实施制裁。8月24日，新华社发布《佩洛西窜台的若干事实》。

事实1：一个中国原则是中美关系的政治基础，其含义清晰、明确。世界上只有一个中国，台湾是中国的一部分，中华人民共和国政府是代表全中国的唯一合法政府。这是一个中国的本源本意，也是国际社会的普遍共识。美国口头上称坚持一个中国政策，实际上在不断"切香肠"，歪曲、篡改、虚化、掏空一个中国原则。

事实2：国会是美国政府的组成部分，国会议员窜台违背美国仅同台湾保持非官方关系的政治承诺，违反一个中国原则和中美三个联合公报。美国政府有责任确保其对中方作出的政治承诺得到政府各个组成部分的遵守和执行。

事实3：佩洛西窜台根本与民主无关，而是侵犯中国主权和领土完整、违背14亿多中国人民意志、挑战国际社会一个中国共识的政治作秀和严重挑衅。

事实4：改变台海现状、挑起危机的是美国和"台独"分裂势力。

事实5：佩洛西窜台是美国一手策划和挑起的，前因后果一清二楚，是非曲直一目了然。美台勾连挑衅在先，中方正当防卫在后。中方反制举措坚定、有力、适度，符合国内法、国际法和国际惯例。

事实6：中国军队在中国台湾岛附近海域开展军事演训活动，合理合法。美国"以台制华"行径才是破坏台海甚至全球和平稳定的祸乱根源。

事实7：坚持一个中国原则的国家是绝大多数，包括东盟国家在内的170多个国家表态坚持一个中国原则。在这个问题上，受到孤立的是美国和极少数国家。

事实8：台湾问题与乌克兰问题有着本质区别，台湾从来不是一个国家，而是中国的一部分，两者没有任何可比性。

事实9：中国针对佩洛西窜访台湾地区采取的制裁措施合理合法，是主权国家应有权利。

事实10：佩洛西窜台事件严重损害中美关系的政治基础，为双方交流与合作制造障碍，美方必须承担全部责任。

事实11：中美暂停气候变化商谈，责任在美方。在气候变化等全球环境治理问题上，中方将继续致力于国际合作，言必信、行必果。

## 二、总体国家安全观

总体国家安全观是以习近平同志为核心的党中央对国家安全理论的重大创新，旨在更好地统筹安全与发展两件大事，更好地解决国家安全面临的新问题和新挑战。

随着我国日益走进世界舞台的中央，我国面临的安全与发展环境更趋复杂，面临的安全挑战也更加复杂，内外因素的相互影响、相互作用突出。国内外安全环境的新变化呼唤总体国家安全观。2014年4月15日，习近平在国家安全委员会第一次会议上首次提出了"总体国家安全观"。他强调："我们党要巩固执政地位，要团结带领人民坚持和发展中国特色社会主义，保证国家安全是头等大事。""当前我国国家安全内涵和外延比历史上任何时候都要丰富，时空领域比历史上任何时候都要宽广，内外因素比历史上任何时候都要复杂，必须坚持总体国家安全观。"

总体国家安全观是新时代中国特色社会主义理论的基本方略之一。党的十九大报告强调："坚持总体国家安全观。统筹发展和安全，增强忧患意识，做到居安思危，是我们党治国理政的一个重大原则。必须坚持国家利益至上，以人民安全为宗旨，以政治安全为根本，统筹外部安全和内部安全、国土安全和国民安全、传统安全和非传统安全、自身安全和共同安全，完善国家安全制度体系，加强国家安全能力建设，坚决维护国家主权、安全、发展利益。"总体国家安全观明确了国家安全的战略方针和总体部署，是指导我国国家安全工作的重要指针。

总体国家安全观的内涵极其丰富。总体国家安全观要求必须坚持国家利益至上，以人民安全为宗旨，以政治安全为根本，以经济安全为基础，以军事、文化、社会安全为保障，以促进国际安全为依托，走出一条中国特色国家安全道路。坚持人民安全、政治安全和国家利益至上的有机统一，是走出一条中国特色国家安全道路的必然要求，是维护和塑造中国特色大国安全的根本保证。

人民安全是国家安全的宗旨，是党的性质和宗旨的重要体现，不断提高人民的安全感、获得感、幸福感是检验国家安全的根本标准。"以人民安全为宗旨"，强调"坚持以民为本、以人为本，坚持国家安全一切为了人民、一切依靠人民，真正夯实国家安全的群众基础"。

总体国家安全观突出政治安全，把政治安全作为中国总体安全的根本。中国是一个发展中的大国，正处于中华民族伟大复兴的关键阶段，处理好国内的政治问题是国家政权最重大的安全问题。如果我国不能保持政治秩序的正常运行和政治稳定，一切安全问题都将是空谈。我国把政治安全确定为总体安全的核心，反映了中国维护国家政治安定、有序发展、社会和谐的长期性和艰巨性。以政治安全为根本，国家安全的核心是政权安全和制度安全，最根本就是维护党的领导，维护中国特色社会主义制度，维护以习近平同志为核心的党中央权威。以政治安全为根本，坚持党的领导和中国特色社会主义制度不动摇，把制度安全、政权安全放在首要地位，坚决抵制西方反华势力的意识形态渗透，为国家安全提供根本的政治保证。

以经济安全为基础，就是要确保国家经济发展不受侵害，保持经济持续健康发展，提高国家的经济实力,为国家安全提供坚实的物质基础。以军事、文化、社会安全为保障,注意解决面临的大量新问题,为国家安全提供硬实力和软实力保障。

中国特色的国家安全道路,以促进国际安全为依托,不走西方安全扩张老路,不重复诸如"修昔底德陷阱"之类的历史安全悲剧。党的十九大报告强调:"树立共同、综合、合作、可持续的新安全观,谋求开放创新、包容互惠的发展前景,促进和而不同、兼收并蓄的文明交流,构筑尊崇自然、绿色发展的生态体系,始终做世界和平的建设者、全球发展的贡献者、国际秩序的维护者。"中国反对冷战思维和零和博弈,强调树立新安全观,强调以合作求安全。始终不渝地坚持走和平发展道路,在注重维护本国安全利益的同时,注重对外求和平、求合作、求共赢,推动建设持久和平、共同繁荣的和谐世界,打造人类命运共同体。

总体国家安全观体现的是辩证、全面、系统的安全理念,是对传统安全理念的超越,具有鲜明的时代特征。总体国家安全观统筹国内国际两个大局,统筹发展和安全两件大事。既重视外部安全,又重视内部安全;既重视国土安全,又重视国民安全;既重视传统安全,又重视非传统安全;既重视发展问题,又重视安全问题;既重视自身安全,又重视共同安全,打造命运共同体,推动各方朝着互利互惠、共同安全的目标相向而行。做到了实现国家安全各种因素之间的统筹协调,改变头痛医头、脚痛医脚、各自为政、彼此羁绊的局面,实现了全面系统的顶层设计。

总体国家安全观涉猎国家安全的各个领域,包括人民安全、政治安全、经济安全、军事安全、文化安全、社会安全、信息安全、生态安全、资源安全、核安全等,是系统、开放的中国国家安全体系,涵盖了安全的各个方面,把国家安全内涵和外延辩证地结合在一起。总体国家安全观既是一个完整的国家安全体系,也是一个开放的结构,涉及的各领域安全可以随着国家安全形势的变化以及国家安全内涵和外延的扩展而调整,比如海外利益安全、太空安全、极地安全等,不同领域安全的重要性和紧迫性也会随着国家安全形势和我国维护安全的能力变化而变化。

总体国家安全观是整体安全,要求我们必须从整体上综合研判国家安全形势并避免以偏概全;总体国家安全观是综合安全,要求我们必须厘清并准确把握安全的主要矛盾和矛盾的主要方面;总体国家安全观是系统安全,要求我们必须深刻认识并把握各安全领域间的相互关联;总体国家安全观是立体安全,不仅关注陆地、本土安全,还关注太空、深海、极地的安全,不仅关注具体的安全利益,还关注网络空间的文化利益,不仅关注现实安全,还关注长远安全;总体国家安全观要求我们必须积极主动塑造安全环境、应对安全威胁而避免被动应付。

总体国家安全观提出了一系列新思想、新观点、新论断,开拓了中国化马克思主义安全观的新境界。总体国家安全观大大扩展了国家安全的范畴,勾画出维护国家安全的整体布局,是系统、全面、可持续的国家安全理念。随着国际格局和国际形势的不断变化,国家安全的内涵和外延也会不断拓展。

### 三、国家安全的原则

党的十九大报告将坚持总体国家安全观纳入新时代坚持和发展中国特色社会主义的基本方略写入党章。

#### (一)深刻认识总体国家安全观的重大意义

总体国家安全观是以习近平同志为核心的党中央对新时代我国面临的各种安全问题和安全挑战的系统回应,充分体现了我们党维护国家安全的战略智慧和使命担当。贯彻落实总体国家安全观,是推进国家治理、实现国家长治久安以及中华民族伟大复兴中国梦的坚强保障。

### 1. 确保我们党维护新时代国家安全的基本方略

党的十九大报告把"坚持总体国家安全观"作为新时代坚持和发展中国特色社会主义的14条基本方略之一,并深刻阐明了新时代为什么要坚持总体国家安全观,总体国家安全观是什么,以及如何坚持总体国家安全观的重大问题。这就系统地凝练了党的十八大以来国家安全理论与实践创新,极大地升华了新中国成立以来我们党的国家安全战略思想。将总体国家安全观提升为坚持和发展中国特色社会主义的基本方略,对于新时代维护国家安全具有重要引领作用,意味着在各个领域维护国家安全、推进各项建设,都应体现总体国家安全观的要求,在其指引下向前推进。

### 2. 确保我们党是最高政治领导力量的战略考量

党是最高政治领导力量。坚持党的领导是当代中国的最高政治原则,是实现中华民族伟大复兴的关键所在。总体国家安全观,以政治安全为根本。面对长期而复杂的"四大考验"、尖锐而严峻的"四种危险",我们必须以总体国家安全观为引领,强化风险意识,抓住重大问题和关键问题,着力推动解决维护政治安全面临的各种突出矛盾问题。同时,其他领域的安全问题,也会以各种方式作用于政治安全,着眼全局整体系统地维护国家安全是应有之义。

### 3. 确保我们党担起新时代历史使命的底线运筹

国内环境和谐稳定,国际环境和平安宁,是实现中华民族伟大复兴的基本前提。在新时代,中国共产党担起中华民族伟大复兴的使命,不可能不遇到各种曲折和坎坷,必须能够有效应对各种风险考验和重大挑战。民族复兴涵盖的领域越全面,维护国家安全的需求就应越广泛;强国征程的进度越靠前,维护国家安全的力度就应越强大。总体国家安全观,在中国特色社会主义进入新时代的关键时期,科学统筹发展与安全,全面谋划国家的总体安全,为强国复兴的安全保障和底线支撑提供了强有力的引领。

### (二)牢牢把握总体国家安全观的科学体系

总体国家安全观内涵丰富、思想深刻、意蕴深远,是一个博大精深、系统完整的科学体系,涵盖国家安全的各个领域和全部层级,贯通国家安全工作的所有方面。

——关于国家安全的重要地位。国家安全是安邦定国的重要基石,维护国家安全是全国各族人民的根本利益所在。当前我国国家安全的内涵和外延比历史上任何时候都要丰富,时空领域比历史上任何时候都要宽广,内外因素比历史上任何时候都要复杂,维护国家安全的任务更加繁重艰巨,必须坚持总体国家安全观,走出一条中国特色国家安全道路。

——关于国家安全战略。认清国家安全形势,维护国家安全,要立足国际秩序大变局来把握规律,立足防范风险的大前提来统筹,立足我国发展重要战略机遇期大背景来谋划。不论国际形势如何变幻,我们要保持战略定力、战略自信、战略耐心,坚持以全球思维谋篇布局,坚持统筹发展和安全,坚持底线思维,坚持原则性和策略性相统一,把维护国家安全的战略主动权牢牢掌握在自己手中。

——关于国家安全体系。以人民安全为宗旨,以政治安全为根本,以经济安全为基础,以军事、文化、社会安全为保障,以促进国际安全为依托,构建集政治安全、国土安全、军事安全、经济安全、文化安全、社会安全、科技安全、信息安全、生态安全、资源安全、核安全等于一体的国家安全体系。

——关于统筹各种安全关系。必须坚持国家利益至上,既重视外部安全,又重视内部安全;既重视国土安全,又重视国民安全;既重视传统安全,又重视非传统安全;既重视发展问题,又重视安全问题;既重视自身安全,又重视共同安全。

——关于统筹推进各项安全工作。坚持党对国家安全工作的领导,是做好国家安全工作的根本原则。要遵循集中统一、科学谋划、统分结合、协调行动、精干高效的原则,聚焦重点,抓纲带目,紧紧围绕国家安全工作的统一部署狠抓落实。要突出抓好政治安全、经济安全、国土安全、社会安全、网络安全等各方面安全工作。

——关于增强国家安全意识。增强忧患意识,做到居安思危,是我们治党治国必须始终坚持的一个重大原则。全面实施国家安全法,深入开展国家安全教育,切实增强全党全国人民国家安全意识,推动全社会形成维护国家安全的强大合力。

——关于加强国家安全能力建设。要加大对维护国家安全所需的物质、技术、装备、人才、法律、机制等保障方面的能力建设。统筹推进传统安全领域和新型安全领域军事斗争准备,提高基于网络信息体系的联合作战能力、全域作战能力,有效塑造态势、管控危机、遏制战争、打赢战争。

总体国家安全观是一个相互联系、逻辑严密的有机整体。关于国家安全重要地位的论述,阐明总体国家安全观的理论基础,指明了维护国家安全的时代依据;关于国家安全战略的论述,阐明总体国家安全观的战略指导,做出了维护国家安全的顶层设计;关于国家安全体系的论述,阐明总体国家安全观的系统框架,构成了维护国家安全的主要内容;关于统筹各种安全关系的论述,阐明总体国家安全观的方法论,蕴含着维护国家安全的辩证思维;关于统筹推进各项安全工作的论述,阐明总体国家安全观的工作方法,规定了维护国家安全的实现路径;关于增强国家安全意识的论述,阐明总体国家安全观的忧患意识,凝聚起维护国家安全的精神力量;关于加强国家安全能力建设的论述,阐明总体国家安全的力量保障,提出了维护国家安全的能力要求。这些重要论述,都是围绕维护国家的根本利益、为强国复兴提供安全保障来展开和立论的,深刻揭示了新时代维护国家安全的基本规律,开拓了马克思主义安全观的新境界。

### (三)在总体国家安全观指引下开创国家安全工作新局面

新时代既对国家安全工作提出了新课题,也为做好国家安全工作提供了新机遇。我们必须准确把握国家安全形势,牢固树立和认真贯彻总体国家安全观,走中国特色国家安全道路,为决胜全面建成小康社会、夺取新时代中国特色社会主义伟大胜利提供强有力的安全保障。

#### 1. 树立与总体国家安全观相适应的新理念

理念决定行动。总体国家安全观既体现了新时代的宏观安全思路,也反映出强烈的忧患意识、清醒的底线思维、勇毅的担当精神。我们必须进一步解放思想、更新观念,打破传统思维定势,以思想认识新飞跃推动国家安全工作取得新业绩。要切实增强维护国家安全的责任感、使命感,把维护国家安全各项任务抓在手中、扛在肩上、落到实处。树立全局观念,加强国家安全各领域工作的关联性、系统性、可行性研究谋划,整体推进各领域国家安全工作良性互动。立足当前、着眼长远,不断提高工作的预见性和主动性,既注重解决当前突出的安全问题,又积极应对各类潜在的安全威胁,做到未雨绸缪,下好先手棋。

#### 2. 落实党中央维护新时代国家安全的新部署

党的十九大报告对新时代维护国家安全工作做了明确部署,包括完善国家安全战略和国家安全政策,坚决维护国家政治安全,统筹推进各项安全工作;健全国家安全体系,加强国家安全法治保障,提高防范和抵御安全风险能力;严密防范和坚决打击各种渗透颠覆破坏活动、暴力恐怖活动、民族分裂活动、宗教极端活动;加强国家安全教育,增强全党全国人民国家安全意识,推动全社会形成维护国家安全的强大合力;等等。我们必须把这些部署要求与本地区、本部门维护国家安全的具体情况相结合,创造性开展各领域的安全工作,采取有力措施防范各类风险,圆满完成维护国家安全的各项任务。

### 3.善于运用总体国家安全观蕴含的新方法

总体国家安全观是马克思主义中国化、时代化在安全领域的最新体现,标志着我们党对国家安全问题的理论认识提升到了新的高度,为做好新时代国家安全工作提供了行之有效的新方法。我们要全面把握国家安全工作的内涵和外延,坚持通盘考虑、多管齐下、综合施策,既要重视硬手段,也要重视软手段,最大限度整合多方力量,应对不同形式的安全威胁。要善于运用法治思维、法治方式维护国家安全。加强安全与科技的融合发展,推动国家安全领域科技创新,充分发挥科技在安全工作中的重要作用。

# 第二节　国家安全形势

## 一、我国地缘环境基本概况

国家周边安全环境是指在一定的时期内对国家安全产生影响的客观条件和因素,包括战略格局、外交关系、经济发展、政治形势、军事态势等。这些条件和因素都是多变的动态因素,其变化对国家安全环境的变化起到重要影响作用。

### (一)我国地缘环境的基本特点

国家的地缘环境是指影响国家安全的地理位置、地理特征以及与地理密切相关的国家关系等因素。国家的地缘环境是比较稳定少变的因素,是国家安全环境中具有持久影响的基本因素之一。因此,要正确把握我国周边安全环境的复杂性,就必须从研究我国的地缘环境入手。从古至今,中国特殊的地缘环境无时不在影响着我国的安全形势、安全观念、防务政策和军事战略。只有充分了解地缘环境对周边安全环境的影响,才能对周边安全情况做出客观的判断。

#### 1.我国疆域辽阔,边界线漫长,周边相邻国家众多

我国是一个疆域辽阔、陆海兼备的濒海大国,地处欧亚大陆的东南部,太平洋西岸,人口众多,幅员辽阔,陆地面积960多万平方千米,居世界第三位。

我国作为一个濒海大国,北起鸭绿江口,南到北仑河口,大陆海岸线长18 000多千米。另外,我国沿海还有7 100多个岛屿,这些岛屿形成的海岸线有14 000多千米,与中国相邻的3个边缘海的总面积为468万平方千米。漫长的海岸线,星罗棋布的岛屿,使我国拥有几十万平方千米的领海主权,300万平方千米的大陆架及专属经济区。

特殊的地理位置和辽阔的国土决定了我国漫长的边界线。其中,陆地边界线长22 800多千米,与14个国家有共同边界。具体情况如下:蒙古,4670千米;俄罗斯,4330千米;越南,约2000千米;缅甸,约2000千米;印度,约2000千米;哈萨克斯坦,1700千米;尼泊尔,约1400千米;朝鲜,1334千米;吉尔吉斯斯坦,1100千米;老挝,710千米;巴基斯坦,约600千米;不丹,约550千米;塔吉克斯坦,约400千米;阿富汗,92千米。此外,我国还与朝鲜、韩国、日本、菲律宾、

印度尼西亚、马来西亚、新加坡、文莱8个国家隔黄海、东海、南海相望。由于历史等方面的原因,有些国家与我国虽无共同边界或海疆,但与我国的关系素来比较密切,如柬埔寨、孟加拉国、泰国等。

正是由于我国特殊的地理位置和漫长的边界线,决定了我国周边安全的复杂性。在这些国家中,有的过去曾经侵略过中国,并且目前仍然是经济大国或军事大国,有着雄厚的综合国力和军事实力,具有对我国安全构成重大影响的能力。有的是邻国之间宿怨很深,严重对立,剑拔弩张,一旦它们之间爆发战争或武装冲突,必将影响到我国边境的安全。还有一些国家与我国之间存在着历史遗留下来的边界领土争议和海洋国土划界的争议,也存在着可能引发边界事件甚至武装冲突的隐患。有的国家内部不稳定因素很多,一旦发生大的内乱,必将给我国边境带来很大的压力。有的国家的居民与我国边境地区的居民同属一个民族,一方面有利于与邻国开展友好往来,改善国家关系;另一方面,一旦这些邻国国内狭隘民族主义泛起,则可能会引起中国国内的民族纠纷。有的国家的居民与我国某些地区的居民信奉同一宗教,一旦这些国家内的宗教派别斗争加剧或者某些极端教派掌权,就可能增加我国国内相关地区的不稳定因素。

**2. 战略地位重要,为众多大国利益的交汇点**

目前,世界可划分为两大地缘战略区,即海洋地缘战略区和欧亚大陆地缘战略区。美国属于海洋地缘战略区,而且是世界超级海洋强国,具有全球性影响。世界上其他强国大多集中在欧亚大陆地缘战略区,俄罗斯位于该战略区的心脏地带,中国则处于欧亚大陆地缘区,背靠欧亚大陆,面向浩瀚的太平洋,处于两大战略区的交接处,是连接东北亚、东南亚、南亚和中亚的核心枢纽。正是由于这种特殊的地缘关系,使得我国在历史上曾遭受过两大战略区强国的侵略和压迫,也使得今天的中国成为能够对两大战略区关系产生重要影响和作用的国家。

冷战时期,美国企图通过控制欧亚大陆边缘地带,构成遏制苏联的包围圈,以达到将苏联困死在欧亚大陆中心的目的;而苏联也企图控制大陆边缘地带,千方百计向海洋地缘战略区扩展自己的势力。所有处在边缘区的国家都无法摆脱美、苏两个超级大国争霸的影响,中国也不例外。那时,如何处理与两个超级大国的关系是我国国家安全政策的中心问题。我国根据这一形势的变化和自身安全的需要,多次调整安全政策,与美苏形成了著名的"大三角关系"。

冷战结束后,美国成为世界上唯一的超级大国。处于大陆心脏区的俄罗斯虽然暂时力量衰弱,但它仍然是世界第二军事强国。与我国同处在欧亚大陆东部边缘的日本,经济实力居世界第三位,近年来军费向政治大国迈进。我国处于这些大国利益交汇点,如何处理好与美、俄、日三国的关系,不仅关系到我国自身的安全,也关系到东亚、亚太地区乃至世界的安全与稳定。

**3. 区域内政治、经济差异巨大,民族、宗教矛盾交织,安全环境复杂**

我国周边的国家既有社会主义国家,也有资本主义国家;既有发达国家,也有发展中国家;既有富国,也有穷国;既有老牌的经济强国,也有崛起的新兴国家。因此,周边国家和地区所奉行的国家安全战略和外交政策各不相同。这种复杂的周边环境对我国的安全也造成了一定的影响。另外,我国周边国家民族分布和构成不同,宗教信仰和文化传统各异,存在着区域内和区域间的巨大差异和复杂矛盾。这些差异和矛盾所导致的冲突将不可避免地给我国的安全带来消极的影响。这种影响还由于我国周边地区各种极端的民族、宗教势力日益蔓延,向我国境内渗透而日益突出,对我国边境地区的安全与稳定带来直接的影响。

此外,与国际反华势力相勾结、相呼应的宗教极端主义、民族分裂主义和国际恐怖主义三股恶势力的破坏活动也是对我国社会稳定和民族团结构成严重威胁的一个主要因素。

**(二)我国周边安全环境的现状**

新中国成立 70 多年来,坚定奉行独立自主的和平外交政策,坚持推进周边睦邻友好,同周边国家政治互信不断加强、经济合作日益深入、人文交流更加密切。我国周边外交的基本方针,就是坚持与邻为善、以邻为伴,坚持睦邻、安邻、富邻,突出"亲、诚、惠、容"的理念。"亲、诚、惠、容"四字理念成为新形势下中国周边外交的标志性方针政策,在国内外产生广泛而积极的反响。

中国外交战略的核心议题是通过争取和平国际环境发展自己,又以自身发展维护和促进世界和平。从本质上来说,中国外交战略体现并契合了和平与发展这一时代主题,从周边外交战略的角度来说也是如此。就和平议题而言,中国与周边大国之间的关系是重点考察对象;就发展议题来说,中国所推进的"一带一路"倡议为打造周边利益共同体与命运共同体提供了重要路径。

随着中国自身的发展以及国际和地区形势的变化,周边安全环境对于维护我国安全和发展利益更加重要,无论从地理方位、自然环境还是相互关系看,周边对我国都具有极为重要的战略意义。因此,周边外交在我国外交全局中居于首要地位。当前,我国周边环境总体上是稳定的,睦邻友好、互利合作是周边国家对华关系的主流。我们要谋大势、讲战略、重运筹,把周边外交工作做得更好。

政治上,周边是我国维护主权权益、发挥国际作用的首要依托。我国周边多为发展中国家,在重大的国际和地区问题上与我国有较多共识。很多国家长期奉行对华友好政策,在国际舞台上一直与我国相互支持、相互配合。

经济上,周边是我国对外开放,开展互利合作的重要伙伴。我国与周边国家和地区的贸易额始终占外贸总额的 60% 以上,从周边国家和地区获得的投资多年来占外资总额 70% 以上。中国的发展首先给周边带来机遇;周边的繁荣,也使中国从中受益。我们与周边国家的相互依存日益加强,周边正成为我国实施"走出去"战略的重要地区。

安全上,周边是我国维护社会稳定、民族和睦的直接外部屏障,周边环境历来对我国国内形势以及发展战略有直接牵动作用。维护周边安全是我国外交工作的重要内容。一个和平、稳定的周边是我国社会主义现代化建设事业顺利进行的重要条件,如果周边动荡,不可避免会对我国经济建设和社会稳定造成干扰。

**1. 中俄关系保持高水平运行**

近年来,中俄全面战略协作伙伴关系在双方努力下保持高水平运行。一是双方政治互信不断增强,双方领导人保持频繁接触;二是两国经贸合作,特别是能源领域的合作发展迅速,两国民间交往日益密切;三是中俄在国际事务中的磋商和协作更加密切,在重大国际问题上的共识越来越广泛。中俄关系已经成为当今世界维护和平安宁、主持公平正义、倡导合作共赢的重要基石。2018 年 6 月 8 日,中华人民共和国国家主席习近平向俄罗斯总统普京授予首枚"友谊勋章"。俄乌军事冲突发生后,中国站在历史正确的一边独立自主处理俄乌军事冲突事件,加强对俄的战略支持,使中俄关系迈向前所未有的新高度。

**2. 中朝关系稳定运行**

中国与朝鲜半岛山水相连,中朝关系具有战略意义,加强中朝友好不仅符合两国人民的根本利益,也有利于亚洲和世界的和平与稳定。近年来,在"继承传统,面向未来,睦邻友好,加强合作"方针的指导下,中朝传统友谊获得巩固和发展。进入新世纪,中朝关系进一步发展,各领域交流合作不断扩大。2018 年 3 月、5 月和 6 月,朝鲜最高国务委员会委员长金正恩 3 次访问中国,在重大国际和地区问题上加强战略沟通和合作。中朝睦邻友好关系得到进一步的巩固和加强。

### 3. 中韩关系一波三折

中韩两国自 1992 年 8 月正式建交后,政治关系日趋密切,高层互访十分频繁,经贸关系快速发展。2015 年 6 月 1 日,两国正式签署《中韩自由贸易协定》。目前,中国已成为韩国最大贸易伙伴国和最大的海外投资对象国,韩国已成为中国的第三大贸易伙伴国和第五大海外投资来源地。中韩两国同意将中韩全面合作伙伴关系提升为战略合作伙伴关系,共同开创中韩关系更加美好的未来。一段时间以来,中韩关系因"萨德"问题遭遇寒流。2017 年 10 月底,中韩两国虽就阶段性处理"萨德"问题达成一致。中国愿同韩国一道增进相互了解信任,有效管控矛盾分歧,深化务实互利合作,推动中韩关系健康发展,共同致力于朝鲜半岛的和平稳定。2022 年 3 月以后,由于韩国领导人的更换,并且追随美国的遏华政策。韩国公然站在美国一边,带头促进所谓的"自由、开放、包容"的印太秩序,参加美日印澳四方安全对话,为美国部署萨德系统提供支持,甚至宣称"绝不允许单方面改变台湾海峡现状",严重损害了中韩关系。

### 4. 中日关系暗流涌动

中日两国是一衣带水的邻邦,都是世界上有重要影响的国家。发展中日关系不但符合两国人民利益,而且对亚洲及世界的和平与发展具有重要的促进作用。在当前复杂多变的国际形势下,在坚持 1972 年《中日两国关系恢复邦交正常化的联合声明》、1978 年《中日和平友好条约》、1998 年《中日联合声明》及 2008 年《关于推进战略互惠关系的联合声明》四个政治文件基础上,继续本着"以史为鉴、面向未来"的精神,推动中日两国的战略互惠关系,实现中日关系的健康稳定发展,对中日两国都具有重要意义。2018 年是《中日和平友好条约》缔结 40 周年。中国希望日本与中国相向而行,推动中日关系早日回到正常发展轨道,使中日友好重新成为两国交往的主流,但日本现任领导人想要改变和平稳定现状,不能正确对待钓鱼岛问题,明显站在美国遏制中国立场上,积极参与印太经济框架,升级了对中国的紧张局势。

### 5. 中国与东盟国家的关系处于历史上最好时期

中国与东盟国家的关系处于历史上最好时期。2003 年,中国与东盟建立"面向和平与繁荣的战略伙伴关系";2010 年,中国与东盟正式建立自由贸易区。中国经济的快速增长给东盟国家带来新的发展机遇,给双方经贸合作带来更加广阔的前景。中国—东盟自由贸易区的建立、中国加入东南亚友好合作条约、中国与东盟战略伙伴关系的确立,已成为中国和东盟关系深入发展的三大支柱。2013 年 10 月,习近平在印尼强调,携手建设更加紧密的中国—东盟命运共同体,共同建设 21 世纪"海上丝绸之路"。2021 年经过 8 年艰苦谈判,形成了 RCEP 的生效。

### 6. 中国与南亚国家的关系得到改善和加强

中印同为发展中大国,近年来,中国与印度关系稳步发展。中印两国在和平共处五项原则、相互尊重以及平等的基础上,发展面向和平与繁荣的战略合作伙伴关系,这符合中印两国人民的根本利益。近年来,中印两国在各个领域的交流与合作呈全面发展之势,两国关系发展已进入全面合作新阶段,进一步发展的前景非常广阔。在政治上,中印两国友好关系不断深化,双方领导人互访不断。在军事和安全领域,两国间的合作与交流有了突破性进展,两国正努力进一步推进在军事和安全领域的互信。在经贸方面,双边贸易和经济合作迅速增长。中印关系要稳定、要发展,基础是互信。2017 年 6 月至 8 月,因印方越界,导致中印在我洞朗地区发生严重对峙事件,对中印关系发展造成极大困扰。2018 年 4 月 27 日至 28 日,习近平同印度总理莫迪在武汉举行非正式会晤,强调从战略上把握中印关系的三个关键点:第一,中印应该是好邻居、好朋友,要将彼此视为世界力量对比变化中的积极因素,当作自身实现发展梦想的合作伙伴;第二,中印两国的发展壮大是大势所趋,对彼此是重要机遇;第三,中印都奉行独立自主的外交政策,要本着积极、开放、包容的心态,正确分析和看待彼此意图。

中国十分珍视与巴基斯坦之间的真诚友谊,中巴两国建立了全天候战略合作伙伴关系。中巴"经济走廊"以及瓜达尔港建设正在有序推进。中国与巴基斯坦有 600 千米共同边界,从地缘政治角度看,巴基斯坦对于中国维护新疆地区和平安宁,稳妥推进西部大开发战略,发展同中亚、南亚、海湾国家的友好关系有重要意义,是中国与阿拉伯国家加强联系的重要桥梁与纽带。

### 7. 中国与中亚各国政治互信不断增强,双方的安全和经济合作不断得到深化

1991 年中亚五国独立后,与中国的关系发展迅速。在政治领域,中国与中亚国家日益成为好邻居、好朋友、好伙伴;在安全领域,双方以反恐斗争为核心积极进行合作;在经贸领域,双方合作空间不断拓展。由中国、俄罗斯、哈萨克斯坦、吉尔吉斯斯坦、塔吉克斯坦和乌兹别克斯坦 6 国组成的上海合作组织成立以来,在维护地区安全,打击恐怖主义、极端主义和分裂主义"三股势力"方面开展了卓有成效的合作。随着上海合作组织影响力的不断扩大,巴基斯坦和印度被接纳为该组织的正式成员国。2018 年 6 月,上海合作组织成员国元首理事会第十八次会议在中国青岛举行。我国积极参与阿富汗和平进程和战后重建,恢复发展了中阿传统友谊。2013年 9 月,习近平主席在访问哈萨克斯坦时提出共同建设"新丝绸之路经济带",进一步加强区域经济合作的战略构想,得到各方的高度关注和积极响应。2017 年 5 月,"一带一路"国际合作高峰论坛在北京召开,"一带一路"的朋友圈不断扩大。

## 二、地缘安全

自改革开放以来,我国安全环境总体向好,总体安全态势由危急向平和方向转变;安全空间由单方位保障向多方位保障方向转变;安全领域由局部保障向综合保障方向发展;安全环境塑造由被动型向主动型方向发展。近年来,在中国特色大国外交的战略引领下,我们按照"亲、诚、惠、容"理念和与邻为善、以邻为伴周边外交方针,深化同周边国家关系,积极促进"一带一路"国际合作,我国周边安全环境总体上趋于向好。与此同时,面对中国的迅速崛起,西方鼓吹的所谓"中国威胁论"不绝于耳,中国周边一些国家也怀有十分复杂的心态并做出了不同反应,所以我国周边安全环境中仍然存在着各种现实挑战。当今世界正处在一个大变革的时代,国际关系结构深刻调整,中国的海外利益大幅增长,对外影响力显著攀升,与外部世界的互动明显加强。在此背景下,中国与外界的矛盾与摩擦必然增加,我国周边领土主权和海洋权益争端、大国地缘竞争、军事安全较量、恐怖主义威胁等问题更加凸显,特别是海上安全环境更趋复杂,对我国安全战略全局的影响更加突出,需要我们认真应对。

### (一)朝鲜半岛局势趋缓,朝核问题引人关注

2018 年初以来,朝鲜半岛局势峰回路转,出现了一些新的积极变化。

半岛南北互动积极主动,朝韩首脑会谈取得积极重大成果。此次半岛局势转圜的契机是在韩国平昌举行的冬奥会。在 2018 年元旦讲话中,朝鲜国务委员会委员长金正恩表示真诚希望冬奥会取得成功,并准备借此推动北南交流。对于北方发出的积极主动信号,韩国方面立即给予了积极的回应。北南双方先后派出了高级代表团互访,并就举行新的北南最高领导人会面达

成一致。4月27日，在板门店非军事区韩方一侧的"和平之家"举行了第三次朝鲜半岛北南双方领导人会面。双方发表了《板门店宣言》，确认通过完全弃核实现半岛无核化的共同目标；停止一切针对对方的敌对行为，争取年内宣布结束战争状态，实现停战和机制转换等。5月26日，在韩朝边境板门店朝方一侧的统一阁，朝韩领导人再次举行会晤，就具体落实《板门店宣言》以及成功举行朝美首脑会谈方案等深入交换意见。

美朝关系趋缓，双方展开良性互动。2018年3月8日，韩国向美方转达了朝鲜最高领导人金正恩希望尽快与美国总统特朗普会面的意愿。4月10日，美国总统特朗普宣布，将于6月12日在新加坡与朝鲜领导人金正恩举行会晤。经过一波三折，6月12日，朝鲜最高领导人金正恩与美国总统特朗普，在新加坡圣淘沙岛上的嘉佩乐酒店举行了历史性会晤，实现了"世纪握手"，并于会谈结束后共同签署了峰会联合公报，双方共同迈出了政治解决朝鲜半岛问题的重要一步，有望进一步开启半岛和平机遇之窗。

与此同时，中国在朝鲜半岛事务中的地位和作用以及中国与各方之间的互动尤为引人关注。2018年3月9日，美国总统特朗普在与习近平主席通电话时肯定了中国坚持美朝对话的主张，十分感谢并高度重视中国在朝鲜半岛问题上的重要作用，愿继续密切同中国的沟通协调。3月12日，习近平主席在北京会见了韩国政府的特使，韩国青瓦台国家安保室室长郑义溶。5月4日，习近平主席分别与日本首相安倍晋三和韩国总统文在寅通过对话对朝鲜半岛局势交换意见。

2018年3月25日至28日，朝鲜国务委员会委员长金正恩对中国进行了非正式访问，这是金正恩的首次出访，时机特殊、意义重大。金正恩强调，在新形势下传承并发展朝中友谊，是朝方的战略选择，任何情况下都不会改变。习近平强调，中国党和政府高度重视中朝友好合作关系，维护好、巩固好、发展好中朝关系始终是中国党和政府坚定不移的方针，强调积极推动中朝关系长期健康稳定发展：一是继续发挥高层交往的引领作用，二是充分用好战略沟通的传统法宝，三是积极促进和平发展，四是夯实中朝友好的民意基础。5月7日至8日，习近平与金正恩在大连举行会晤，就朝鲜半岛局势继续深入交换意见。6月19日至20日，金正恩再次访问中国，两国领导人就当前中朝关系发展和朝鲜半岛局势坦诚深入地交换了意见，一致表示要维护好、巩固好、发展好中朝关系，共同推动朝鲜半岛和平稳定面临的良好势头向前发展，为维护世界和地区和平稳定、繁荣发展做出积极贡献。

朝鲜半岛及东北亚局势和平稳定的一个重要前提是解决半岛核问题。朝鲜半岛核问题本质是安全问题，核心是朝美矛盾。在朝核问题上，长期以来美国一再对朝鲜施加压力，试图借机搞垮朝鲜现政权。因此，朝核问题的根源，在于美国对朝鲜的长期施压导致朝鲜方面采取强烈的反弹举措，是朝美对抗的产物。解决朝鲜核问题，实现半岛无核化的关键，在于朝美两个主要当事方是否有足够的诚意和耐心。2018年4月20日，金正恩在劳动党中央委员会第七届第三次全体会议上宣布，朝鲜将从21日开始，不再进行任何核试验和洲际弹道导弹发射，废弃朝鲜北部核试验场。5月24日，朝鲜按计划炸毁了丰溪里核试验场。

长期以来，中国始终是维护朝鲜半岛及东北亚和平发展的稳定器。在半岛问题上，中国坚持实现半岛无核化目标、维护半岛和平稳定、通过对话协商解决问题。在朝鲜半岛局势持续紧张之时，中国提出了"双轨并行"与"双暂停"倡议。"双轨并行"指的是解决半岛问题应该坚持半岛无核化与停和机制转换"双轨并行"。"双暂停"倡议是指朝鲜暂停核导活动，同时美国与韩国暂停大规模军演。中国认为，按照"双轨并行"思路同步推进半岛无核化与建立半岛和平机制，是彻底解决半岛问题的有效办法。

2022年3月以来,随着韩国对中国政策的变化,韩国领导人毫不掩饰支持美国的对华政策,推动萨德系统升级,对朝鲜构成直接威胁,挑动了朝鲜半岛局势的紧张升级,加剧了朝韩的对抗。

### (二)中日之间存在一系列的矛盾和斗争

近年来,中日之间在历史问题、东海问题以及台湾问题上存在一系列争端或分歧。

一是日本当局歪曲历史,美化侵略战争,拒绝承担战争责任。在对待侵华历史、参拜靖国神社等问题上,日本当局不顾中国政府和人民的反对,多次做出伤害中国人民感情的事,致使中日关系出现严重危机。2013年12月26日,日本首相安倍晋三再次以首相身份参拜靖国神社。这是对中国人民及亚洲各国人民的公然挑衅,充分说明日本政界一部分人仍不能正确认识和对待日本军国主义的侵略历史,不能以正确的历史观教育年轻一代,企图挑战二战后东京国际法庭审判的正当性。

二是中日之间在钓鱼岛、东海大陆架以及东海油气资源开发等方面存在严重争端。

中日钓鱼岛争端是日本侵犯中国领土所引发的争端。钓鱼岛及其附属岛屿自古以来就是我国的固有领土,我国对此拥有充分的历史和法律依据。日本方面无视大量历史事实,声称钓鱼岛为日本的"固有领土"。随着钓鱼岛战略地位被重视和资源被发现,日方通过"购岛"等闹剧,妄图窃取钓鱼岛主权。钓鱼岛问题始作俑者美国重返亚太战略的实施,以钓鱼岛问题牵制中国,致使问题越加复杂。

钓鱼岛自古以来就是中国领土不可分割的一部分。由于中国在甲午战争中战败,1895年4月17日,清政府被迫与日本签订了丧权辱国的《马关条约》,将台湾及其附近岛屿包括钓鱼岛等一并割让给了日本。1945年8月,日本战败投降,台湾归还中国。但1951年的《旧金山对日和约》却把日本所窃取的钓鱼岛等岛屿归在由美国托管的琉球管辖区内。中国总理周恩来当时严正声明,中国政府坚决不承认《旧金山对日和约》。中国政府在1958年9月发表的关于领海的声明中宣布,日本归还所窃取的中国领土的规定"适用于中华人民共和国的一切领土,包括台湾及其周围岛屿"。

1972年中日建交谈判以及1978年《中日和平友好条约》签署时,中日双方同意将此问题"搁置争议""先放一下,以后解决",但日本当局没有认真履行过自己的诺言,一直在有预谋、有步骤地实施对钓鱼岛的侵占和控制,企图造成既占事实。中国政府一再严正声明,钓鱼岛是中国的固有领土。1992年2月25日,中国政府公布《中华人民共和国领海及毗连区法》(简称《领海法》),写明钓鱼岛等岛屿是中国领土。2012年4月16日,日本前东京都知事石原慎太郎公然声称要购买钓鱼岛,9月10日,日本政府正式决定购岛,并于次日完成全部购岛手续。日本当局侵犯我领土主权的非法行径,激起广大中国人民的强烈愤慨,中国政府采取了一系列强有力的反制举措,宣示和强化了中国在钓鱼岛的主权和存在。目前,钓鱼岛的形势已经发生了根本性的变化,中国已实现在钓鱼岛及周边海域常态化存在。

关于东海大陆架划分与油气资源问题。依据1982年《联合国海洋法公约》有关规定,东海海底的地形和地貌结构决定了中国大陆领土的大陆架自然延伸至冲绳海槽,该海槽是中国大陆自然延伸的陆架和日本琉球群岛的岛架之间的天然分界线。中国主张根据东海大陆架自然延伸原则来划定两国的专属经济区界线,不接受日本所主张的采用等距离中间线来划分中日两国之间的东海大陆架,即以两国海岸基准线的中间线来确定专属经济区的界线。据勘探,东海区域油气储备的前景十分丰富,国际专家预测东海油气资源储量可达200多亿吨,甚至更多。从

20世纪70年代开始,中国就向日本提出共同开发东海石油资源的提议,但日本方面始终加以拒绝。中国目前在东海已经勘探出"春晓""断桥""天外天"和"冷泉"等油气田,全都在中国的大陆架范围之内。

三是日本当局在台湾问题上挑战中国的国家核心利益,伤害中国人的民族感情。1895—1945年,台湾省被日本殖民统治长达50年并留下了严重的后遗症。一方面,岛内的"台独"分裂势力具有浓厚的亲日情结,甚至公然要求日本承担更多"维护台海地区安全稳定的责任";另一方面,日本国内的右翼势力总想着重温昔日殖民台湾的旧梦,甚至想借台湾问题阻挠中国的崛起。近年来,日本右翼势力支持"台独"分裂势力更加明目张胆。2014年2月17日,日本自民党部分议员提议制定日本版"台湾关系法",以此作为强化日台关系的法律基础。

2018年1月11日,日本政府声明,有艘不明国籍潜艇进入钓鱼岛12海里毗连区,中国军舰很有可能进入了同一区域,日方已就此提出抗议。我国外交部回应,当日日本海上自卫队两艘舰艇先后进入赤尾屿东北侧毗连区活动,我国海军对日方活动实施了全程跟踪监控。尔后,日方舰艇离开有关毗连区。我国外交部强调,钓鱼岛及其附属岛屿是中国固有领土,中国对钓鱼岛的主权拥有充分的历史和法理依据;日方的有关做法丝毫改变不了钓鱼岛属于中国的客观事实,也丝毫动摇不了中方维护钓鱼岛领土主权的坚定决心。中方敦促日方停止在钓鱼岛问题上制造事端,按照双方2014年达成的四点共识,与中方相向而行,以实际行动为两国关系改善发展做出努力。钓鱼岛问题是目前中日关系中的核心问题之一,关系着中日关系的健康发展。

近年来,日本积极谋求摆脱战后体制,大幅调整军事安全政策,国家发展走向引起周边地区国家的高度关注。中日关系的病根就在于日本当政者对历史的反省方面及对华认知出了问题,日本需要先治好自己的"心病",要深刻反省历史错误,理性看待和接受中国不断发展振兴的事实。我们对中日关系要有清醒的认识,对日本军国主义再度复活的威胁要有足够的重视,要加紧做好东海方向各项斗争的准备,坚决维护我国领土主权和海洋权益。

日本妄议中国内政,不顾中国大陆与台湾两岸历史造成的原因,站在支持美国遏华政策一边,叫嚣要采取安保协防台湾,严重干涉中国完全统一的进程。

### (三)影响台海局势稳定的根源没有消除,反"台独"斗争依然严峻、复杂

台湾问题事关国家统一和长远发展。实现祖国完全统一是中华民族伟大复兴的必然要求。2008年以后,随着岛内国民党重新上台执政,中国政府制定并实施了新形势下推动两岸关系和平发展的方针政策,促进台海局势保持和平稳定,两岸关系取得了重大积极进展。2016年1月,岛内出现第三次"政权轮替",民进党再次上台执政,蔡英文"当局"在岛内全面清算国民党党产,并利用其所掌握的执政资源,处心积虑搞"去中国化",推动文化"台独"、教育"台独"、法理"台独"及公投"台独",对外则亲美、媚日,积极推动"新南向政策",在两岸关系上不承认"九二共识",拒绝接受"一中原则",从而给两岸关系发展和台海局势走向带来新的重大变数。后台"行政部门"负责人赖清德公然声称"我是一个务实的台独工作者"。2018年4月7日,台独组织"喜乐岛联盟"宣布成立,公然宣布将在2019年4月6日推动所谓"台独公投"。事实证明,影响台海局势稳定的根源并未消除,"台独"分裂势力及其分裂活动仍然是两岸关系和平发展的最大威胁。在反对"台独"、认同"九二共识"的基础上推动两岸关系和平发展,符合中华民族的整体利益,符合时代发展进步的潮流。2015年11月7日,两岸领导人习近平、马英九在新加坡会面,成为两岸关系发展进程中的重要里程碑。2016年11月1日,习近平总书记在会见第13任国民党主席洪秀柱时,就两岸关系发展提出了六点意见:第一,坚持体现一个中国原则

第二章
国家安全

的"九二共识";第二,坚决反对"台独"分裂势力及其活动;第三,推进两岸经济社会融合发展;第四,共同弘扬中华文化;第五,增进两岸同胞福祉;第六,共同致力于实现中华民族伟大复兴。我们坚决维护国家主权和领土完整,绝不容忍国家分裂的历史悲剧重演。一切分裂祖国的活动都必将遭到全体中国人坚决反对。我们有坚定的意志、充分的信心、足够的能力挫败任何形式的"台独"分裂图谋。我们绝不允许台湾从中国分裂出去!

我们必须牢牢把握推动两岸关系发展的战略主动权,进一步深化两岸经济社会融合发展。2018年2月28日,国务院台办、国家发展改革委经商中央组织部等29个部门,发布实施《关于促进两岸经济文化交流合作的若干措施》(以下简称《若干措施》),共出台31条具体措施。其中,12条涉及加快给予台资企业与大陆企业同等待遇,另有19条措施涉及逐步为台湾同胞在大陆学习、创业、就业、生活提供与大陆同胞同等待遇。出台《若干措施》,是深入贯彻落实中共十九大精神和习近平对台工作重要思想的体现。相关措施涵盖多领域,开放力度之大、范围之广、涉及部门之多,前所未有,将切实扩大台企、台胞特别是基层民众的受益面和获得感,体现了率先同台湾同胞分享大陆发展机遇的真诚意愿,彰显了"两岸一家亲"的重要理念。改善和发展两岸关系是人心所向、大势所趋。

两岸关系发展还面临不少复杂因素的制约。外国干涉势力加紧插手两岸事务,特别是反华势力不愿意看到中国的崛起和强大,经常利用台湾问题大做文章,干涉中国内政,阻挠中国发展。美国违反中美三个联合公报原则,继续向台湾出售武器。2017年6月29日,美国特朗普政府批准向台湾出售总价值14.2亿美元的武器装备和技术。2018年4月9日,美国政府批准向美国制造商核发对台湾出售潜艇制造技术的营销许可证。6月2日,美国国防部长马蒂斯在新加坡香格里拉对话会上声称,美国将按照"台湾关系法",帮助台湾建立适当的防御能力。美国是台湾问题的主要根源之一,也是阻挠解决台湾问题的最大障碍。美国的台海政策具有两面性,一直采取"模糊"战略,维持两岸所谓"不统不独,不战不和"的现状。在许多看似相互矛盾冲突的政策、表态背后,都隐藏着美国利用台湾问题制造麻烦,阻挠中国崛起的战略企图。

党的二十大强调,解决台湾问题、实现祖国完全统一,是党矢志不渝的历史任务,是全体中华儿女的共同愿望,是实现中华民族伟大复兴的必然要求。坚持贯彻新时代党解决台湾问题的总体方略,牢牢把握两岸关系主导权和主动权,坚定不移推进祖国统一大业。"和平统一、一国两制"方针是实现两岸统一的最佳方式,对两岸同胞和中华民族最有利。我们坚持一个中国原则和"九二共识",在此基础上,推进同台湾各党派、各界别、各阶层人士就两岸关系和国家统一开展广泛深入协商,共同推动两岸关系和平发展、推进祖国和平统一进程。我们坚持团结广大台湾同胞,坚定支持岛内爱国统一力量,共同把握历史大势,坚守民族大义,坚定反"独"促统。

现台湾当局坚决不承认"九二共识",倚美反对中国大陆,在台独的邪路上越走越远。2021年8月悍然邀请美前众议院议员佩洛西窜访台湾,受到世界各国的强烈谴责。同时,大陆对台进行了军事演习,缩小了台军活动空间,提升了对立反独斗争的成效。

### (四)地区恐怖主义日益猖獗,严重威胁我国安全

中国处于国际恐怖势力猖獗的高危弧形地带。北高加索、中东、中亚、南亚、东南亚是国际恐怖势力的主要盘踞地和威胁高发区。近几年来,在各种复杂因素的作用下,恐怖势力抬头,各国恐怖威胁有增无减,世界处于"越反越恐"的阴影中。中亚地区,以"基地"组织为代表的"三股势力"活动日益猖獗,其势力及活动范围逐步蔓延。如何有效打击恐怖主义,维护地区安全,对中亚各国都是严峻考验。国际恐怖势力在中国周边的频繁滋事,恶化了中国周边环境,直接

61

危害着中国国家安全。

中国作为一个人口众多的多民族国家,由于历史和现实的原因,在一定程度上也存在着民族问题导致的不稳定因素。以"藏独"和"东突"为代表的民族分裂势力、极端恐怖势力和宗教极端势力等三股恶势力,打着所谓"民族自决"和"宗教自由"的招牌,频繁活动,严重威胁我国安全与地区稳定。尤其值得关注的是,境内民族分裂活动的国际化现象。我国境内的民族分裂活动,有着深刻的国际背景。一些西方国家在我国打击恐怖主义的问题上采取双重标准,纵容、唆使或者暗中支持他们在我境内的恐怖活动,这就给我国的反恐斗争带来了更多困难。

### (五) 我国海洋主权和权益面临严峻复杂的挑战

中国是陆地与海洋兼备的大国,海洋是中国实现可持续发展的重要空间和资源保障,它关系着人民的福祉和国家的未来。

党的十八大报告明确提出"建设海洋强国"的目标。党的十九大报告进一步提出"坚持陆海统筹,加快建设海洋强国"。党的二十大强调,"发展海洋经济,保护海洋生态环境,加快建设海洋强国"。我国有着辽阔的海洋国土和丰富的海洋资源。辽阔的疆域,既为我们提供了广阔的生存空间,也带来维护国家主权的异常艰巨和繁重的任务。当前,我国与周边邻国在海洋主权和权益上的矛盾凸显,海上安全环境复杂,对我国安全战略全局的影响更加突出。一些海上邻国在涉及中国领土主权和海洋权益问题上采取挑衅举动,在非法占据的中方岛礁上加强军事存在。域外强国也极力插手南海事务,对我国保持高频度海空抵近侦察,海上维权斗争将长期存在。

南海是中国管辖面积最大的海,我国在南海有着重大利益。南海由西沙群岛、东沙群岛、中沙群岛以及南沙群岛等组成,战略地位十分重要。它地处太平洋和印度洋的咽喉,是扼守两洋海运的要冲。东北越台湾海峡与东海相通;隔巴士海峡与太平洋相连;南经巽他海峡出印度洋;西南接马六甲海峡,西出安达曼海,沟通印度洋。南海是我国同东南亚各国交往的重要纽带,也是我国能源及原材料进口的重要战略通道。

西沙群岛和南沙群岛自古以来就是中国的领土。从历史角度和国际法角度来看,中国对西沙群岛和南沙群岛都拥有无可置疑的领土主权。但自20世纪70年代以后,南海周边国家却开始陆续侵占瓜分南沙群岛各主要岛礁,分割海域、掠夺油气资源,严重侵犯了我国的领土主权和海洋权益。其中越南非法侵占了我国南沙群岛的29个岛礁;菲律宾则非法侵占了我国南沙群岛的8个岛礁;马来西亚也非法侵占了我国南沙群岛的5个岛礁;文莱非法侵占了我国南沙群岛的1个岛礁。2012年4月,菲律宾方面出动军事力量,试图对我在南海中沙群岛附近的黄岩岛海域正常捕鱼作业的12艘渔船和渔民进行非法扣留和抓捕,从而导致中菲双方在黄岩岛的对峙局面。2014年5月初至7月中旬,越南派出近百艘船只,对我"海洋石油981"号深海钻井平台在中国西沙群岛中建岛以南17海里处正常钻探作业持续骚扰破坏,并在国内掀起了大规模的反华游行和排华暴行。

中国一贯致力于维护南海地区和平稳定,坚定维护自身在南海的主权和相关权利,主张通过同直接当事国友好协商谈判,和平解决争议。2012年7月24日,海南省三沙市正式成立。2014年以来,中国积极推进南海岛礁建设。中国在南沙岛礁进行有关设施建设,目的是改善驻守人员的工作和生活条件,更好地维护主权并履行中国承担的国际责任和义务。中国在自己领土上部署必要的国土防御设施是主权范围内的事情,是主权国家享有的权利。

我国在有关南海问题上一贯坚持"主权属我、搁置争议、共同开发"原则,主张有关争议的当事方通过双边直接对话，协商解决问题，积极推动落实《南海各方行为宣言》，反对南海问题的多边化、地区化和国际化，反对不相干的第三方介入和干涉南海问题。2016年7月12日，南海仲裁案临时仲裁庭做出非法无效的所谓"最终裁决"。我国外交部于当天发表《关于应菲律宾共和国请求建立的南海仲裁案仲裁庭所作裁决的声明》，进一步明确了"不承认、不参与、不接受、不执行"的原则立场。在《中华人民共和国政府关于在南海的领土权益的声明》中，再次明确指出，中国在南海的领土主权和海洋权益包括：中国对南海诸岛，包括东沙群岛、西沙群岛、中沙群岛和南沙群岛拥有主权；中国南海诸岛拥有内水、领海和毗连区；中国南海诸岛拥有专属经济区和大陆架；中国在南海拥有历史性权利。

总之，我们要未雨绸缪，采取多种措施维护国家利益，时刻准备应对我国周边安全环境中各种可能出现的情况，同时坚持与邻为善、以邻为伴，在中国和平发展的同时，积极维护南海地区的安全与稳定，促进亚太地区的共同发展。

### 三、新形势下的国家安全

认清国家安全形势，维护国家安全，要立足国际秩序大变局来把握规律，立足防范风险的大前提来统筹，立足我国发展重要战略机遇期大背景来谋划。世界多极化、经济全球化、国际关系民主化的大方向没有改变，要引导国际社会共同塑造更加公正合理的国际新秩序。要切实加强国家安全工作，为维护重要战略机遇期提供保障。不论国际形势如何变幻，我们要保持战略定力、战略自信、战略耐心，坚持以全球思维谋篇布局，坚持统筹发展和安全，坚持底线思维，坚持原则性和策略性相统一，把维护国家安全的战略主动权牢牢掌握在自己手中。

当前和今后一个时期的国家安全工作，要突出抓好政治安全、经济安全、国土安全、社会安全、网络安全等各方面安全工作。要完善立体化社会治安防控体系，提高社会治理整体水平，注意从源头上排查化解矛盾纠纷。要加强交通运输、消防、危险化学品等重点领域安全生产治理，遏制重特大事故的发生。要筑牢网络安全防线，提高网络安全保障水平，强化关键信息基础设施防护，加大核心技术研发力度和市场化引导，加强网络安全预警监测，确保大数据安全，实现全天候、全方位感知和有效防护。要积极塑造外部安全环境，加强安全领域合作，引导国际社会共同维护国际安全。要加大对维护国家安全所需的物质、技术、装备、人才、法律、机制等保障方面的能力建设，更好适应国家安全工作需要。

#### （一）坚持统筹发展和安全

统筹发展和安全是治国理政的一个重大原则，也是推进国家安全工作的必然要求。安全和发展是一体之两翼、驱动之双轮。发展是安全的基础。建立在发展基础上的安全才更可靠、更可持续。要从国情出发，坚持发展是解决中国一切问题的关键，坚持在改革发展中促进国家安全，增强发展的全面性、协调性、可持续性，从源头上预防和减少安全问题的产生。安全是发展的保障。一个国家选择什么样的国家安全战略，决定了这个国家生存、发展与兴盛之路。实施发展和安全并重的国家安全战略，既要善于运用发展成果夯实国家安全的实力基础，又要善于塑造有利于经济社会发展的安全环境，做到坚持发展不停步、维护安全不懈怠。

#### （二）坚持人民安全、政治安全、国家利益至上的有机统一

人民安全是国家安全的宗旨，政治安全是国家安全的根本，国家利益至上是国家安全的准则。以人民安全为宗旨，就是要坚持以人民为中心，维护人民根本利益，保障人民当家做主各项权利，保障人民生命财产安全和其他合法权益，为人民创造良好生存发展条件和安定生产生活

环境。以政治安全为根本,就是要坚持党的领导和中国特色社会主义制度不动摇,把制度安全、政权安全放在首要位置,为国家安全提供根本政治保证。以国家利益至上为准则,就是要把国家利益作为制定国家安全战略的出发点,牢固树立捍卫国家利益的机遇意识,强化捍卫国家利益的底线思维,创新捍卫国家利益的方式方法,更坚决、更有效地维护好捍卫好国家利益尤其是核心利益。习近平总书记强调,要坚持人民安全、政治安全、国家利益至上的有机统一,实现人民安居乐业、党的长期执政、国家长治久安。

### (三)坚持维护和塑造国家安全

这是新时代国家安全的基本定位。塑造是更高层次、更具前瞻性的维护。当前我国正处于中华民族伟大复兴的关键阶段,也处于从发展中大国迈向社会主义现代化强国的关键时期。新时代国家安全,既要解决好大国发展进程中面临的安全共性问题,更要处理好中华民族伟大复兴关键阶段面临的特殊安全问题。要立足国际秩序大变局来把握规律,立足防范风险大前提来谋划思路,立足我国发展历史机遇期大背景来统筹工作,做到国家利益延伸到哪里、安全保障就跟进到哪里,为国家发展创造良好外部安全环境。

### (四)坚持科学统筹的根本方法

坚持总体国家安全观,要求始终把国家安全置于中国特色社会主义事业全局中来把握,充分调动各方面积极性,形成国家安全合力。要统筹外部安全和内部安全,对内求发展、求变革、求稳定,建设平安中国;对外求和平、求合作、求共赢,维护世界和平与发展。统筹国土安全和国民安全,坚持以民为本、以人为本,坚持国家安全一切为了人民、一切依靠人民,真正夯实国家安全的群众基础。统筹传统安全和非传统安全,构建集政治安全、国土安全、军事安全、经济安全、文化安全、社会安全、科技安全、信息安全、生态安全、资源安全、核安全等于一体的国家安全体系。统筹自身安全和共同安全,构建人类命运共同体,推动各方朝着互利互惠、共同安全的目标相向而行。

## 四、新兴领域的国家安全

当前,传统科技领域的技术不断进步,新兴科技领域的技术成果加速扩展,这些既改变着人类的生产生活方式,也深刻影响着世界军事的发展与走向。尤其是如今的"国家安全"已经超越了传统的领海、领土、领空安全范畴,扩展到全球经济利益安全,并向深远海、太空、网络、生物、新能源等渗透,使其成为世界各国军事科技力量争相抢占的领域。这些新兴领域的一大特征就是军事和经济高度的共通性、适用性,具备极大的军民共用、共享空间,不仅是战略性新兴产业的增长极,也构成未来战斗力生成的重要领域。

近年来,"蛟龙"号载人深潜器、"天宫二号"空间实验室、"天河二号"超级计算机、国产C919大型客机等一大批高端科技成果,为我国深海探测、深空探索、网络安全等提供了抢抓军事发展机遇的强大支撑。

习近平总书记强调指出,只有把核心技术掌握在自己手中,才能真正掌握竞争和发展的主动权,才能从根本上保障国家经济安全、国防安全和其他安全。当前,伴随着国家安全边界的拓展、内涵的丰富及较量的复杂,战略前沿技术与国家安全之间的关联越发紧密,必须主动应对才能抢占先机。

科学技术加速向社会各领域渗透,因此,网络安全、能源资源安全、科技安全、信息安全等形势严峻。国际范围内的经济战、贸易战等也不时出现,传统安全与非传统安全叠加,综合力量博弈非常激烈。纵览国家安全的大局，不难发现，伴随着科技的飞速发展，国家安全的边疆逐渐由自然空间、技术空间拓展到了认知空间。

国与国之间的博弈与角逐的战场已经向着新兴领域延伸。美国等发达国家为占踞新兴领域战略高地，进行了一轮又一轮的明争暗斗。美国一些专家提出了"全球公域"的概念，掀起了新一轮全球公域"圈地运动"，其霸权行径昭然若揭。美国把全球公共区域或空间，当作其21世纪安全战略的重中之重，悄然把军事力量部署在这一领域。英、法、日、俄、印等国也纷纷效仿美国，把占踞新兴领域战略高地，作为赢得未来战争主动权的关键。

**（一）太空作为赢得未来战争优势的战略高点，成为大国激烈博弈的新舞台**

在陆、海、空、天、电、网多个作战维度中，谁控制了太空，谁就能占据多维作战空间制高点，就可牢牢把握感知、认知、决策优势。美国等发达国家竭力为本国争夺太空创造条件，载人航天、卫星发射、反导、登月及火星探索层出不穷。研发太空"利器"、锻造太空"精兵"，构建军事航天力量体系，太空领域成为各国争夺全球优势的战略高点。

**1. 不断推出并完善太空战略**

2011年美国出台了《国家安全太空战略》，明确了国家安全太空战略目标任务；而2018年出台的《2018年国防战略摘要——加强美军的竞争优势》中明确了美国战略环境：面临一个日益复杂的全球安全环境，技术快速发展、战争性质不断改变。其核心要义就是展示在太空等新兴领域全面领跑世界的野心。俄罗斯2016年批准了《2016—2025年联邦航天计划》，对俄罗斯国家航天发展军事目标与任务进行了全新规划。

**2. 紧锣密鼓组织太空技术研发**

太空技术是与实现太空活动相关的技术，包括研究、生产和发展太空飞行器技术及其配套装置的技术。美国通过国防部航空航天局和太空探索技术公司开展研发，推出的卫星网络技术、可重复使用运载器技术、高超声速武器技术，以及动能反卫技术等均处于世界领先地位。印度返回式太空舱和火星轨道探测器发射成功，向世人表明积极发展太空技术的态势。

**3. 太空作战力量已成功运用到实战**

早在海湾战争中，美军就动用了预警卫星、雷达成像侦察卫星、海洋监视卫星等70多颗卫星，为多国部队提供侦察预警、指挥通信、导航定位等作战保障，极大提升了联合作战效能。之后，在美军主导的数场局部战争中，美太空部队都成功向作战部队提供"精准"信息保障，使作战"高效"而"精准"。俄军在叙利亚军事行动中充分运用太空力量，先后动用测绘卫星、信号中继卫星、电子窃听卫星等10颗新型卫星，组成多任务卫星群，进行目标识别、战场测绘、信息收集和指挥通信，为俄军和叙利亚政府军提供情报支持。

**4. 不断强化太空作战力量建设**

美国2002年将航天司令部并入战略司令部，并以空军为主发展太空作战力量，修改太空作战条令，加速研制对地和反卫星武器。美军已具备了太空攻防能力；俄罗斯致力太空复兴，2015年将空军与空天防御军合并为空天军，把战略性空天战役作为未来空天作战的主要样式；英、法、日、印等国都在打造本国"天军"。可见，太空突击、太空封锁，在未来战场上将不断涌现。

**5. 强化太空新型力量实战化训练**

美国积极推进太空力量军事演练，以加快生成和提高新型作战能力。美军在太空领域已先后组织了8次"施里弗"太空作战计算机模拟演习，旨在探索太空作战理论，检验指控系统、航天系统及地面系统的运行状况，进一步提高美军太空作战力量的监控、预警、指挥、支援等能力。

**（二）深海开发作为赢得未来战争优势的战略基点，成为各国明争暗斗的新焦点**

海洋是世界战略资源的重要基地。深海油气资源、可燃冰、砂矿等，储量之大远超当今人类需求，从而引发各国不断上演"蓝色圈地"运动。岛屿归属、专属经济区与大陆架划定、海底资源的争夺，特别是对深海资源的竞争成为新焦点。

**1. 适时调整并完善海洋战略与政策**

美国每年新版《国防战略》都要涉及深海战略；俄罗斯政府制定了新版《海洋学说》《俄罗斯联邦至 2020 年海洋政策》等，不仅涉及对内的海洋开发，同时也特别强调包括深海在内的对外海洋战略。

**2. 研发深海设备与创建深海部队**

深海战场空间的独特性和超前性引发了深海军事的发展和变革。美军现有"滑行者""奥德赛"等多类型自主潜航器，并计划到 2020 年前后建成一支新型水下无人作战部队；俄罗斯非常重视深海力量建设，正在研发水下飞行器、无人潜航器及深海作战基地。

**3. 不断研发创新深海技术**

深海技术是指对深海环境和资源的调查、勘探和开发利用技术。美、俄、德、英、日等国都高度重视发展深海浮标和潜标技术、深海载荷技术、海洋遥感技术、水下网络技术、水下精确定位技术，以及无人和有人潜航器技术等。

**4. 强化信息融合能力提高海上作战能力**

2018 年 1 月 22 日，美国哈德逊研究所在其网站上发表了布莱恩的文章《海军作战系统的未来》，称美海军 2017 年发布的"未来水面作战"项目包括各型有人舰艇、无人水面艇，以及将上述平台联系在一起的新概念指挥控制系统。无论是水面任务群、打击群还是舰队，使所有参与作战平台都使用具有网络共享的通用数据采集程序，从而对敌我态势形成综合评估。

**（三）网络空间作为赢得未来战争优势的战略热点，成为全球激烈竞争的新空间**

信息网络技术催生了人类活动新的空间——网络空间。而网络空间直接关乎社会政治、经济、文化、金融等系统的正常运转。网络领域已经成为世界各国军事角逐的新空间。

**1. 西方军事强国都有国家网络战略、网络领导机构和网络部队**

美军于 2002 年建立了世界首支网络部队，2009 年成立网络战司令部，并建有 133 支网络作战分队。2017 年美军将网络司令部升级为一级联合作战司令部，标志着将网络战略提升到新的战略高度。特朗普表示，"新成立的网络司令部将加强美国网络作战能力"。美国防部 2018 年 1 月 19 日发布的《国防战略》中明确，发展从战术到战略水平的弹性联邦网络及信息生态系统，以获取有用信息，阻止对手获得相同优势。俄军于 2013 年着手组建网络空间司令部，将联邦安全局、内务部和武装力量的网络安全力量组成网络战主体力量。

**2. 网络空间激烈较量贯穿始终**

2013 年的"斯诺登事件"不仅折射出美国的网络霸权，也为各国强化网络攻防敲响了警钟。伊朗近年来频遭计算机病毒攻击，对布什尔核电站、纳坦兹铀浓缩基地、大型石油公司、网络运营商等造成极大破坏。据美国情报机构评估，2010 年"震网"计算机病毒攻击，使伊朗拥核时间推迟一年多。这些事件表明，网络空间已经成为攻防对抗的新战场。这也是许多国家制定网络战略、建立网络战部队的动因所在。

**3. 研发网络装备、创新网络技术**

网络技术是从 20 世纪 90 年代中期发展起来的新技术，它把互联网上分散的资源融为有机整体,实现资源的全面共享。美英等国家为赢得网络空间主动权,不断加大信息技术的研发投入,推动军队、地方协同创新,特别是针对新一代信息网络技术的协议规范、网络架构、通信安全等开展预先研究。

### 4.加强网络领域新型力量演练

美军大力发展"国家网络靶场""网络空间安全数据中心""赛博城市"等项目,为网络空间训练提供保障条件,并通过"网络风暴""网络空间旗帜""网络卫士"等演习演练,对网络空间作战指挥、盟军和国家网络力量的协调、国家网络基础设施的防护等进行检验。

### 5.网络领域实战能力不断提升

2007年,以色列侵入叙利亚防空雷达网,成功接管网络控制权,使以军18架F-16I战斗机顺利规避叙利亚防空体系,突袭获胜。2016年,美军又从互联网、军用指挥网、民用通信网,对"伊斯兰国"发动"集成"网络攻击,成功削弱"伊斯兰国"的指挥能力和在占领区的实际控制范围。2017年5月,美国网络司令部首次在年度背靠背"网络防护"和"网络旗帜"联合演习中,使用"X计划"相关工具生成网络空间作战态势图、制订作战方案、实施网络作战行动等。可以预见,未来战争围绕"制网权"展开激烈争夺,通过后门植入、病毒攻击、远程操作、定时启动等手段进行网络攻击,在短时间内便可获得"制网权"。在网络战中,军用网、互联网、电力网、金融网均有可能成为双方的角力场。

### (四)极地领域作为赢得未来战争优势的战略极点,成为多国争相占据的新疆域

许多国家都把极地研究与开发作为国家重要战略,围绕极地领域的国际斗争将日趋复杂激烈。北极地区潜在的可采石油储量有1 000亿至2 000亿桶,煤炭则占到世界总量的9%。北极还有大量的铜、镍以及黄金、金刚石、铀等。从军事上来说,北极位于亚、欧、北美三大洲的顶点,有联系三大洲的最短航线,从华盛顿到莫斯科仅6750公里,比欧洲航线近1000公里,地理位置极为重要。地处亚、欧、北美三大洲弧顶位置的北极地区,是一个针对北半球的战略制高点和实施威慑的支撑点。冷战时期,美苏两国就在北极地区部署战略轰炸机和战略核潜艇。为赢得极地竞争优势,掌握极地主动权,不仅美、俄、加拿大等极地国家纷纷制定极地战略,而且一些非极地国家也积极参与极地事务。1984年,中国南极洲考察队54名队员首登乔治王岛,2019年发表《中国的极地政策》。

### 1.制定极地领域战略与规划

极地公域地理位置独特,环境严酷,资源丰富,有关大国战略纷纷在此聚焦。区域很小的北冰洋中心地带,俄罗斯、美国、欧盟等都直接聚集在这里。极地公域海洋地理相连,极具战略威慑性、资源极为丰富,使该公域对于国际安全的重要性正在不断上升。美国在"9·11"事件后的次年就将南极列入其太平洋司令部辖区,在2015年发布的海权战略中把极地正式列入战略规划。

进行极地科学考察有什么
重要意义

俄罗斯先后颁发《2020年前北极发展战略》《2020年前俄罗斯北极地区社会经济发展战略》,为"经营"北极绘制了蓝图。

### 2.极地军事力量部署愈演愈烈

第二次世界大战刚结束时,美国已经意识到,北冰洋会成为美苏争夺的军事要地。为争取战略主动,美国1946年就开始派飞机在北极进行考察,每周两架次,考察内容包括地形、冰面特点、飞行员对北极气候的适应能力等。1949年,美国开始在从阿拉斯加到冰岛这一漫长的北极战线上构筑大量军事工事。20世纪50年代,美国开始在北极的冰山上建立浮动间谍站,目的

是监视苏联核潜艇及其侦察机的动向。苏联也在一座 50 多公里长的冰山上建立了间谍站，并把北极圈内最大的城市摩尔曼斯克建成苏联最大的海军基地，把北海舰队司令部设在这里，把"致命武器"的战略核潜艇也部署在这里。

### 3. 普遍加大研发投入

美国 2003 年至 2004 年的极地研究计划共有 700 名科学家参与，涉及 156 个研究项目。美国科研机构、大学、军方都对该计划给予支持，国会也从不要求削减与极地研究有关的预算。早在 1999 年，其他国家用几百万美元搞极地研究的时候，美国的极地研究经费已经突破 2.5 亿美元。

### 4. 建立极地新型力量并进行对抗性演练

美军极地军事力量存在并适时组织军事演练，以确保其在这一战略极点的优势。2014 年，俄罗斯成立了北极战略司令部，并针对北极地区复杂的地貌和极寒气候，组建了北极摩托化步兵旅，恢复和新建了军用机场、潜艇驻泊码头、深水港、雷达站、搜救站等军事设施。俄军 2013 年在北极圈附近举行了登陆与抗登陆演习，2014 年对北极地区部队进行大规模战备突击检查，之后，每年都举行数万人参与的大规模军演。

### （五）人工智能作为赢得未来战争的战略重点，成为多国竞相研发的新利器

世界主要军事强国将人工智能视为大国博弈的战略重点，采取多种措施积极研发，使人工智能在军事领域的应用取得重大突破。兵家们认为，人工智能是自互联网诞生以来的重大战略前沿技术，将使未来战争发生全新变革。

### 1. 出台人工智能战略规划，从国家战略层面进行整体推进

美国政府发布《国家人工智能研究与开发战略规划》，推动人工智能技术发展应用。美国国防部将机器学习、人机协同等作为支撑"第三次抵消战略"的关键技术，2017 年编列的人工智能技术发展和应用项目达到 300 余项，投入 20 亿~30 亿美元。美国国防部战略目标是保持"数据分析""先进计算"的技术优势，最终实现将人工智能应用于指挥、控制、通信以及未来战争生存能力等方面。美国国防部发布的《2018 年国防战略摘要——加强美军的竞争优势》提出，重点投资发展自主技术、机器学习等军事应用，其要旨就是确保人工智能领域处于优势的战略导向。英法日等国也制定了相关战略。

### 2. 强化人工智能领导机制，推进人工智能向实战转化

2017 年 9 月，美国国防部决定统筹国防部内部 40 多个部门人工智能研发方面的所有活动，规定每周举行一次例会，探讨人工智能研发及其需求。美军还成立了"算法战跨职能小组"。这个小组主要是研发和部署能自动处理、利用和传输无人机数据的算法。2017 年 12 月，"算法战跨职能小组"项目开始向在中东地区使用无人机作战的特种作战部队配属用于作战的初始算法。"算法战"的核心是基于人工智能的"智能＋"战争，这一新概念将加速人工智能在情报分析、辅助决策、精确协同、智能指挥等军事领域的应用，并集成至各军兵种人工智能系统。美国已将部分人工智能研发的装备进行实战检验与演练。

### 3. 美国处在人工智能全球领先地位，其他国家也不甘落后

美国在基础层、技术层和应用层，尤其是在算法、芯片和数据等产业核心领域，积累了强大的技术创新优势，这个行业的企业数占全球 1/2。印度媒体刊文分析，印军方能快速应用人工智能三大领域：后勤与供应链管理领域，网络作战领域，情报、监视与侦察（ISR）领域。印军认为这三大领域风险小，经济成本低。

#### 4.美军启动类脑超算长远发展计划

2017年美空军研究实验室与IBM公司合作,将在64芯片阵列"真北"神经元系统的基础上开发类脑超算系统。该系统先进的模式识别和感知处理能力相当于6400万神经元,将"右脑"感知能力与基于传统计算机系统的"左脑"符号处理能力相结合,使"数据并行"与"模式并行"成为可能,可大幅提升数据处理和图像识别能力,进而优化战场决策。美空军希望通过建立大规模的类脑计算仿真能力,为人工智能在军事领域的应用创造条件。苹果、谷歌、微软、亚马逊、脸书,这五大科技巨头无一例外地投入越来越多的资源抢占人工智能战略前沿,甚至向人工智能整体转型。

# 第三节　国际战略形势

## 一、国际战略形势现状

随着"冷战"结束,国际战略形势发生了重大的变化。从目前总体的情况来看,虽然世界是和平的,世界形势是缓和的,世界各国是稳定的,但是局部战争、局部紧张、局部动荡仍然存在,世界总体和平、稳定的局面依然面临着许多潜在的威胁。"和平与发展这两大问题,至今一个也没有解决。""和平问题没有得到解决,发展问题更加严重。"

### (一)和平问题面临着严峻挑战

世界和平只是相对的,破坏世界和平的因素并没有彻底地消除,世界和平的问题仍然遭受着巨大的挑战。这种挑战主要体现在以下几个方面。

(1)和平问题没有得到真正的解决,局部战争频频发生。

(2)爆发新的世界大战的可能性依然存在。冷战后,美国作为世界上唯一的超级大国,企图建立独霸世界的新秩序,对弱小国家动辄诉诸武力,对自己的盟国则极力推行单边主义。从而使它与其他国家特别是世界大国存在发生新的"冷战"甚至"热战"的可能。一旦世界大国之间发生战争,哪怕只是局部的战争,都有可能由此发展成世界大战。

(3)霸权主义与恐怖主义、分裂主义的联系日益紧密,给本就不太平的世界局势带来了严重的威胁。我们既要正确认识和平与发展的大趋势,把主要的精力放在经济建设上,也要清醒地认识和平是暂时的、相对的,坚决反对那种"太平盛世"已经来临,可以"刀枪入库,马放南山"的盲目乐观态度和麻痹思想。要紧紧抓住新军事革命带来的机遇和挑战,加快国防现代化建设,努力缩小与军事强国之间的差距,积极做好应对未来战争的准备。

### (二)发展问题日益突出,成为世界的核心问题

随着东西方关系的逐渐缓和,特别是经济全球化速度的加快,发展中国家的发展问题日渐凸显,并日益恶化,"边缘化"趋势更加严重。突出体现在少数发达的资本主义国家控制和剥削广大发展中国家,造成南北经济关系不平等、经济发展不平衡的问题。

民族经济的发展受到全球市场与全球金融的制约,很难一厢情愿地按原定的目标实施。一方面,民族经济的发展受到全球问题特别是环境问题的制约,一国的资源开发利用须顾及发达国家的要求,一国的工业发展规模、产品及相应的生产工艺也会受制于发达国家的要求;另一方

面,跨国公司凭借其雄厚的实力和跨国经营的优势,对民族国家经济主权构成巨大威胁,其最终结果是发展中国家与发达国家的经济差距越拉越大。

发展需要和平,和平离不开发展。发展中国家长期处于贫穷状态,必将孕育出动乱甚至战争。发达国家与发展中国家之间发展的极端不平衡,导致各国之间的相互仇视和敌对,也不利于发达国家经济的持续发展,从而危及整个世界的和平。

### (三)国际战略形势的新特点

近年来,国际形势总体上趋向缓和,国际战略形势也向缓和的方向发展,在世界经历从两极化向多极化转变的过渡时期,国际战略形势逐渐显露出以下新的特点。

#### 1. 美国成为世界唯一的超级大国

苏联的解体标志着以美苏对抗为特征的两极国际军事格局的终结,同时也导致了世界军事力量对比的严重失衡。美国作为冷战后唯一的超级大国,其经济、政治、军事、科技等力量占据着极大的优势。尽管美国经济出现了一定程度的衰退,但其在国际舞台上仍具有最强的竞争力和影响力,拥有"超强"的地位。同时,世界战略格局的转变具有渐进性,这将使美国"一超独霸"的局面保持相当长的一段时期。

美国意图凭借其日益增强的政治、经济、军事、科技、文化等优势,企图利用"战略机遇期",将防止在欧亚大陆出现对美构成战略威胁的新对手作为首要的目标,以确保"美在世界的领导地位"和巩固"既定的世界政治和经济秩序"。

#### 2. 以其他战略力量迅速增长为主要特征的世界多极化的趋势正在发展

冷战结束后,世界战略格局开始进入有史以来最激烈、最动荡、最复杂的过渡时期。在这个过渡期内,国际战略格局呈现出"一超多强,多元争极"的基本态势。世界各国都在抓紧时机,发展经济、政治、科技、军事等力量,增强自己的综合国力。日本、德国迅速崛起,成为世界主要经济大国,并且凭借其强大的经济实力,力图谋求政治大国的地位,积极争取成为联合国安理会常任理事国,客观上朝着"极"的方向发展,极力争取得到"极"的地位。

日本作为世界第三大的经济国,近些年经济虽然较低迷,但整体实力依然强大。随着其经济、科技及军事力量的增强,日本的军事力量近年增长很快。日本力争在关系世界稳定和发展的重大问题上,拥有一定的发言权,成为在未来国际战略格局中"支撑国际秩序的一极"。

欧盟具有雄厚的经济、科技和军事实力,在联合国安理会五个常任理事国中占有两个席位,在处理全球或地区事务中有很大的发言权;在南北关系中有着较大的影响力,尤其与曾是其殖民地的发展中国家还保持着较为密切的政治、经济、文化联系。

俄罗斯虽然丧失了苏联超级大国的地位,但其军事力量仍然是一个可以对世界形势产生重大影响的因素。俄军仍然是目前世界上能与美国相抗衡的军事力量。

中国是发展中国家,政治稳定,经济持续、快速、健康发展,综合国力不断增强,在国际事务中的影响与日俱增,现仍属于一支"新生力量"。虽然发展道路并不平坦,但高速发展的趋势无人能挡,已成为多极化格局的一极,正在全力追赶美国。

以上因素的存在都将促使世界军事格局朝着多极化的方向发展,"一超多强"的国际战略格局也在不断发生新的变化。

#### 3. 各种新的安全结构正在建立和完善

在两极格局时代,美苏始终互为对手,在西方集团内部,即使有时其经济、政治上的矛盾上升为主要矛盾,但盟友关系却一直是十分清楚的。而在两极格局瓦解后,对手和盟友便模糊不清了,均势的维持更多地依靠结盟。

当前,世界各国正力求通过建立和完善各种形式的安全机制来维护自身的安全利益,各种力量正围绕建立新的全球和地区安全结构进行着斗争和协调,以使自己在未来新的安全结构中处于较为有利的地位。例如,以美国为首的西方国家,尽管相互之间出于各自利益的考虑而产生的矛盾日益明显,但它们正加强协调,试图形成一个以它们为主体的、在某种程度上体现多边参与对话、相互协调和制约的安全结构。

在欧洲,北约加快了从军事政治集团向政治军事组织的转变,并开始调整其战略,以适应冷战后欧洲新的安全形势。在一些国际机构中,欧盟代表成员国发出声音并行使权利。军事上,绝大多数欧盟成员国为北大西洋公约组织成员,欧洲主要大国在建设自己的武装力量方面都面临内部的反对和美国的质疑。

在亚太地区,基本能够覆盖全区域的多边安全合作机制主要有东盟地区论坛和亚太安全合作理事会。东盟地区论坛(ARF)是东盟主导的、官方性质的多边安全合作机制。该论坛的目标和宗旨是:作为一个高级别的磋商论坛,使亚太地区各国培养对共同感兴趣的和关注的政治安全问题开展建设性对话的习惯,为亚太地区建立信任和进行预防性外交而努力。目前,该论坛已发展成为有22个国家参与的泛亚太地区多边安全合作机制。亚太安全合作理事会(CSCAP)是西方国家主导的、非官方性质的多边安全合作机制。该理事会的目的是以非政府机构的形式促进亚太地区的安全与合作,通过开辟第二轨道外交,邀请国际非政府组织和政府官员以私人身份参加,发展其对东盟地区论坛的咨询作用。此外,还有一些次区域性的官方与非官方安全合作机制,如东北亚合作对话会、亚太圆桌会议、中美日安全磋商等。亚太地区重要的双边安全合作机制还包括中俄、中美等双边安全磋商机制。随着各地区安全机制的建立,预示着未来地区军事格局将朝着多样化、区域化的方向演进。

在新的国际安全结构形成的过渡时期,联合国在协调和处理重大国际安全问题上的作用正在增强。在美苏冷战时期,联合国主要被作为政治讲坛,是两个超级大国争霸的舞台。随着旧的安全结构的解体,联合国将会在处理危机、调解冲突、监督停火、维持和平、军备控制等方面发挥更大的作用。

### 4.经济因素的作用得到加强,但军事手段作用仍然为各国所重视

近年来,世界大多数的国家都将精力更多地转向国内的经济建设。科技和国际贸易的迅猛发展,促进了各国在经济上的密切交往,加深了世界各国在经济上的相互依存程度,推动了各国更多地从经济利益的角度来考虑国与国之间的关系。由于各国经贸关系的日益紧密,从而使经济因素在国际事务中的作用得到加强。在各国的安全政策上,普遍将确保国家的经济安全作为各国首要的目标,使军备建设服从于经济建设的需要。当前,军事手段的作用仍然为各国,特别是各大国所重视。

### 5.地区武装冲突和局部战争成为主要的军事冲突形式

冷战的结束,世界大战的危险进一步减小,地区武装冲突和局部战争反而愈加频繁,成为主要的军事冲突形式,主要原因是:

第一,许多过去被美、苏对抗这一主要矛盾掩盖着的民族、领土和宗教矛盾,随着"冷战"的结束而爆发出来。

第二,旧的世界战略格局的瓦解所带来的动荡,尤其是苏联和南斯拉夫解体所造成的局部力量真空和失衡使局势失控。

第三,部分地区过去长期处于经济贫困之中,又受到因世界战略格局变化而带来的西方政治思潮的冲击和外援减少等影响,从而引发了严重的社会动乱。

第四,国际恐怖主义、民族分裂主义和宗教极端主义"三股恶势力"对国际安全与稳定的影响更加突出。

这些在旧的国际政治秩序瓦解和新的秩序形成过程中出现的各种动荡和矛盾,如果不能妥当处理和解决,就有可能引发新的冲突,从而对国际安全与世界稳定构成新的、严重的威胁,甚至给全世界带来灾难。

### 6. 常规武器装备大量倾销,对地区稳定产生不利的影响

随着两极格局的瓦解,国际武器交易总额有所下降,导致国际武器市场的竞争更加激烈。为了在减少国内武器采购和削减本国军备的同时,维持现有军工企业并从出口武器中谋取高额经济利益,美国、俄罗斯以及一些西欧发达国家大力支持本国的军火工业在已有的国际武器市场基础上,扩大或寻求新的国际武器市场,不断地向第三世界特别是向世界一些动荡地区大量倾销先进的武器装备,带来诸多不利影响。

## 二、国际战略的发展趋势

从根本上讲,国际战略格局演变的终极原因在于经济。世界经济发展不平衡改变了世界战略力量的对比,经济全球化、区域经济一体化的发展推动了国际战略格局的多极化。目前美国虽具有超强的军事实力,但并没有强大到可以任意对其他战略力量发号施令的地步;美国虽具有强烈的建立单极世界的企图,但在解决诸如打击恐怖主义、防止大规模杀伤性武器扩散、维护地区稳定以及伊朗核问题、朝鲜半岛问题等重大国际安全问题上,仍然离不开对其他战略力量的借助和依赖;其他战略力量在世界许多重要的战略区域内仍发挥着不可替代的作用和影响。新的国际战略格局以及多极化的趋势,正在各大战略力量的相互竞争、相互借助、相互制衡中曲折发展。

### (一)多极化

当前,单边主义的图谋和世界范围主张多极化的力量继续激烈碰撞。美国作为世界上唯一的超级大国,试图把本国的意识形态、价值观念、发展模式和社会制度强加于世界各国,企图建立美国一家独霸的单极世界。"9·11"事件后,美国打着"反恐"的旗号,趁机对战略地位极其重要的中亚和外高加索地区实行军事介入,并开始施加经济和政治影响。与此同时,还依仗自己庞大的、先进的军事装备和雄厚的经济实力主导着北约继续东扩,加紧全方位推行自己称霸世界的全球战略。

从长远来看,美国的单极世界之路最终也是行不通的。世界局势纷繁复杂,很多国际问题的解决单靠一个国家是根本不可能完成和解决的。尤其是在世界面临许多新的威胁和挑战的情况下,只有加强多边合作,才能有效地解决或缓解。单边主义不可能解决全球面临的问题,只能使世界更不安宁。尽管世界多极化的形成会经历一个长期、复杂的过程,其中也会充满各种政治力量之间的激烈争斗,但世界多极化的趋势却是不会逆转的。

多极化的发展趋势,最突出的特征表现在经济领域的多极化速度比其他领域发展更快。战后几十年激烈的军事对抗和军备竞赛使美苏这两个超级大国的经济均不同程度地受到影响,并最终导致苏联解体。美国在国际市场的竞争力也受到越来越严重的挑战,美国的国民生产总值在世界上所占的比例已由第二次世界大战结束初期的46%下降到现在的28%,而日本和欧盟

一些国家经过这几十年的迅速发展,已成为对国际事务有着重要影响的经济大国和经济集团。目前,日本和德国都在凭借自己强大的经济实力谋求政治大国的地位。此外,日本在亚太地区与美国争夺主导权的矛盾日益明显,并正在隐蔽地加强其军事力量,企图逐步建立起与其经济、政治地位相称的军事实力。

作为当今世界最大的发展中国家的中国,政治稳定、经济发展充满活力,综合国力不断增强。经济的快速增长也使中国成为世界经济中一支越来越重要的力量。同时,积极发展与世界各国睦邻友好关系,在维护世界和平与稳定等方面发挥着积极而重要的作用。

俄罗斯作为苏联的主要继承者,其地域广阔,自然资源特别是能源非常丰富,而且具备相当先进的科技力量,特别是拥有强大的军事力量,是世界第二大核武库。从长远来看,俄罗斯不可能放弃其世界大国的地位,它的军事力量仍然是一个可以并可能对世界形势产生重大影响的因素。因此,无论从历史的角度还是从发展的观点看,俄罗斯都是世界格局中一支不可忽视的力量。

新兴经济体的发展,改变了世界战略力量均衡化。尽管短时期内还不会引起世界军事力量的对比关系发生重大变化,但从长远来看,各国经济力量的此长彼消对世界军事形势的影响不可忽视。世界经济力量向新兴国家不断转移,这一趋势的发展正在并将越来越明显地成为制约超级大国的霸权主义和强权政治的重要因素。

### (二)日趋复杂化

当今世界,美、中、俄、日、欧五大力量的地位和关系已经发生了重要变化,尤其是中、俄、日、欧的地位不断提高,大国间相互关系日益紧密。维护世界和平、推动经济发展,主要依靠这五大力量的协调与合作,其中,美、中、俄的协调与合作尤为重要。总体来看,美、俄等国有能力较好地把经济实力转化为政治实力。这些国家具备将经济实力转化为政治实力的四个条件,即辽阔的国土、众多的人口、强大的军事实力及其对外政策。为了寻求在国际战略格局中的有利地位,当今世界主要力量都在积极调整各自的对外政策以及战略安全,国际政治关系日趋复杂多变。

### (三)国际战略力量失衡的局面在短期内不会改变

作为霸权主义和强权政治新的表现,美国极力推行"新干涉主义""新炮舰政策"和"新经济殖民主义",在全球范围内调整军事部署,完善全球军事基地体系,提高全球投送和干预能力。面对恐怖主义威胁,美国还提出"先发制人"理论,对未来国际安全体系和国际秩序造成了巨大冲击。2017年1月唐纳德·特朗普就任总统以来,美国外交由"全球主义"转向"美国优先","美国优先"体现了美国单边主义政策的新发展。

### (四)全球反恐形势仍然严峻

恐怖主义已经发生了变异,新的恐怖主义与美国发动的伊拉克战争的不合法性及战争破坏性使得地区矛盾更加激化,由此形成的新恐怖中心,其比原有的恐怖中心更具生命力,更难以清除。"基地"组织加快了裂变的步伐,与新的地区恐怖主义中心连为一体,向多中心结构转化。而现有的军事手段难以遏制恐怖组织的全球化进程。恐怖组织在变,国际反恐模式也在相应改变。一方面,美国领导的反恐联盟与基地组织陷入长期消耗战之中;另一方面,中国首倡的上海合作组织主导下的反恐斗争,将重点从合作打击"三股势力"转入合作预防期,进一步削弱"三股势力"的社会基础,巩固反恐形势。

### (五)热点问题将会持续升温

传统世界热点问题难以在短期内加以解决,新的热点问题可能会爆发,如核不扩散问题、意识形态较量、领土和宗教纠纷、能源与环境问题等,有的热点问题则是掺杂了几种矛盾和冲突。鉴于 21 世纪国际竞争的特点,对热点问题的处理能力和控制水平考验着一个国家的影响力。所以,重视和加强对热点问题的研究,是 21 世纪各国的重要议题。

## 三、世界主要国家军事力量及战略动向

随着国际战略环境的变化以及国际战略格局多极化趋势的进一步发展,面对新的安全环境和安全威胁,世界主要大国为了确保赢得战略主动,纷纷调整国家安全战略,在全球范围内掀起了一股安全战略调整与博弈的热潮,其结果将直接影响甚至决定未来国际战略格局和历史发展走向。

### (一)美国军事力量及战略动向

#### 1. 军事力量

美军的现役总兵力有 146.093 万人,其中陆军兵力 54.92 万人,共有 3 个集团军司令部、4个军部、10 个作战师、5 个航空旅、3 个装甲骑兵团、6 个炮兵旅、7 个史崔克旅、9 个"爱国者"、2个"复仇者"防空导弹营、3 个独立步兵营和 1 个空降特种部队。美国海军总兵力为 33.16 万人,共编有 6 个舰队,即第 2 舰队、第 3 舰队、第 4 舰队、第 5 舰队、第 6 舰队、第 7 舰队;而且还设有一个海军运输司令部,其主要装备有潜艇 76 艘(其中战略潜艇 18 艘,攻击潜艇 55 艘,其他用途 1 艘),航空母舰为 10 艘,尼米兹级 10 艘,巡洋舰 22 艘,提康德罗加级 22 艘,驱逐舰 62 艘,伯克级 62 艘,护卫舰 37 艘。海军航空兵兵力为 6.32 万人,装备飞机 2732 架,其中作战飞机1598 架;直升机 1361 架,其中反潜直升机 321 架、攻击直升机 180 架。

美国拥有世界上空基核打击、陆基核打击、海基核打击三位一体最全的核打击体系;而核弹头数量现役 1920 枚,储存 5380 枚,总共是 7300 枚,位居世界第一。

#### 2. 美国的"印太战略"

美国奥巴马政府时期积极推动亚太"再平衡"战略,其最终目的是,保持和加强美国在亚太地区的领导地位、"改善"地区安全局势、"推进"地区繁荣、"推广"美国价值观。2017 年 1 月特朗普上台后,强调"美国第一""美国利益优先",要使美国"再次伟大",并在第一时间就宣布退出了"跨太平洋战略经济伙伴关系协定",废止了奥巴马的亚太"再平衡"战略。尽管如此,美国继续领导世界的国家战略目标不会改变,美国在亚太地区的主要军事存在和军事同盟体系只会加强,不会削弱。2017 年 5 月,美国推出新的"亚太稳定计划",将在今后 5 年投入 75 亿美元,用于加强美国在亚太地区的军事存在,包括升级美国在亚太地区的军事设施,与亚太地区盟友举行更多军事演习,向亚太地区部署更多兵力和舰艇。

2017 年 11 月初,特朗普在其首次亚太之行中,提出了一个"印太"地区概念,正式推出新的"印太战略"构想。11 月 5 日,特朗普在美国驻日军事基地向 200 余名美军官兵演讲时提出:我们将与朋友和盟友合作,寻求一个自由而开放的"印太"地区。

"印太"原本是指印度洋—太平洋地区的地理空间概念,而"印太战略"则从地缘上将"西太平洋和印度洋视为一个战略弧",从而形成一种将太平洋和印度洋看作一个整体的战略新视角。一方面,特朗普的"印太战略"是奥巴马的亚太"再平衡"战略的延伸和拓展,延续了美国的战略传统和战略惯性。另一方面,"印太战略"与亚太"再平衡"战略相比较,也有其新的内容和特点:一是战略范围扩大,从传统的亚太地区延展到南亚及印度洋地区,即所谓的"印太"地区,把"印太"地区从一个传统的地理概念打造成一个新的地缘战略概念。二是战略支点增加,从

原来强调以加强美日同盟作为美亚太战略的基石转为强调发挥两大战略支点的作用,即日本为亚太地区的战略支点,印度为印度洋地区的战略支点。近年,在进一步强化美日军事同盟的同时,美印关系持续走近。就在2017年6月中印洞朗地区对峙期间,印度总理莫迪访美,双方签署了总值达20亿美元的22架MQ-9B无人机采购案,而且美国也首次同意将其F-16战机生产线移到印度落地生产。美国正全力将印度塑造为新的地区领导力量。三是战略重点突出,从原来的经济与安全并重转而更加强调在军事安全领域多边合作的功能和效用。美国竭力打造美日澳印军事联盟体系,形成所谓的"钻石联盟",使印度尽快融入美国主导的传统亚太地区安全体系中。

2017年12月18日,美国政府公布新版《国家安全战略》报告,将美国的核心国家利益界定为四个方面:保护美国人民、国土和美国生活方式,促进美国的繁荣,凭借力量维护和平,增进美国的影响力。2018年1月19日,美国又发布新版《国防战略报告》。报告强调:将继续对抗恐怖主义,但是现在有效维护美国国家安全的主要焦点,已经不再是恐怖主义,而是来自于那些强国的激烈竞争。2018年2月2日,美国发布《核态势评估》报告。报告妄加揣测中国发展意图,渲染中国核力量威胁。这三个报告分别从整体国家安全、国防安全和核安全三个视角确立了美国的战略和政策,将对美国正在加紧实施的"印太战略"提供指导和支持。

2018年5月30日,美军太平洋司令部正式更名为印度洋—太平洋司令部。这是特朗普政府推进"印太战略"的重要步骤之一。

特朗普新的"印太战略"实际上延续了美国安全战略的传统以及奥巴马时期亚太"再平衡"战略的精髓,是"冷战思维"和"零和游戏"的继续,其实质是要进一步加强对中国的地缘战略遏制和围堵,继续维持美国在"印太"地区的霸主地位。这一新战略的提出,完全背离了当今世界和平发展、合作共赢的时代潮流和世界大势。

拜登政府的"印太战略"在秩序观和战略观上与特朗普政府并无本质区别,都将中国视为首要战略挑战,以"自由开放"为名推行美国秩序理念、维护美国霸权。相对于特朗普的"美国优先"理念和单边主义执念,拜登政府的"印太战略"更强调盟友、伙伴等小集团网络,同时在战略目标推进中更注重在外交、经济、军事乃至地区治理议题上多管齐下,对华展开全方位战略竞争。

### (二)俄罗斯军事力量及战略动向

#### 1. 俄罗斯——固本联邻的"现实遏制"战略

进入新世纪,俄罗斯的国家安全面临一系列的内忧外患。面对国家安全形势的深刻变化,俄罗斯政府对其安全战略进行了大幅度调整。俄罗斯把恢复强国地位和传统势力范围,作为安全战略的长期目标。俄罗斯强调国家利益至上,现实利益优先,把维护国家主权和领土完整,促进俄罗斯经济复兴作为国家安全战略的首要目标。俄罗斯根据面临的威胁,本国的能力、目标和任务,确定了更具主动性和震慑性的"现实遏制"战略。

2015年12月31日,俄罗斯总统普京签署了《2020年前俄罗斯国家安全战略》。这一战略进一步明确北约威胁,称北约势力向俄罗斯边境的推进对俄罗斯国家安全造成影响,强调俄罗斯将一部分东欧国家作为应对地区安全挑战的外交重点,同时将增进同金砖国家、上合组织等的合作。《国家安全战略》具有以下主要特点。

一是更加注重综合运用多种手段保障国家安全。该战略明确规定,俄罗斯联邦的国家安全是综合安全,"国家安全包括国防与其他类型安全,首先是国家、社会、信息、生态、经济、运输、能源和个人安全"。"保障国家安全"是"国家权力机关与地方自治机关同公民社会机构开展协同,实施政治、军事、组织、社会、经济、信息、法律等措施,以抵御对国家安全的威胁和满足国家利益的需要"。近年来,发生在西亚、北非及独联体一些国家的"颜色革命",引发了国内的武装冲突,对国家的破坏程度已经相当于大规模战争的破坏效果。俄罗斯深切地认识到,"颜色革命"等非传统威胁对国家安全构成的危害更大,甚至可以实现更迭敌对国家政权的目标,仅依靠军事手段无法有效应对这种威胁。因此,在保障国家安全的手段上,俄罗斯会更加重视各种非军事手段。

二是更加注重国防在国家安全中的主导地位。在新版《国家安全战略》中,"国防"不仅被定位为俄罗斯诸多安全类型的"首位",更是国家最重要战略优先的方向。这些提法表明,俄罗斯领导人认为当前及今后一段时期,俄罗斯国防安全面临的挑战与威胁空前严峻。新版《国家安全战略》提出了5条实施国防战略的途径:实施战略遏制与预防军事冲突,完善国家军事组织,完善军队的使用方式与方法,提高国家动员准备,提高国家民防兵力兵器准备。

三是更加注重捍卫本国的传统"势力范围"。在军事层面,俄罗斯将注重发展以俄罗斯为主导的集体安全条约组织。《国家安全战略》明确提出,俄罗斯支持集体安全条约组织实现质的发展,把其发展为涵盖多领域的国际组织,能够对抗地区性的军事政治与军事战略方面的挑战与威胁,以及信息领域的威胁。在经济层面,俄罗斯将着力发展欧亚经济联盟。新版《国家安全战略》明确提出:"欧亚经济联盟的建立标志着欧亚地区一体化进入了新阶段。俄罗斯联邦将全力巩固该联盟。"

四是对美国等西方国家的政策更趋强硬,对中国的政策更趋友好。新版《国家安全战略》明确把美国及其盟国定位为主要战略对手,并认为俄罗斯国家安全许多领域面临的主要威胁均直接或间接来自美国及其盟国。因此,《国家安全战略》调低了发展对美关系预期,不再追求俄美关系实现实质改善。如果美国及其盟国不主动改变对俄罗斯的全面遏制政策,俄罗斯将不惧与其展开坚决斗争来捍卫本国利益。可以预见,俄罗斯与美国及其盟国不仅在军事领域,也将在经济、外交等其他领域;不仅在独联体地区,也将在中东等其他地区,展开更为激烈的博弈与斗争。新版《国家安全战略》提出:"俄罗斯将发展同中华人民共和国的全面战略协作伙伴关系,并将其视为保持全球与地区稳定的关键因素。"这表明俄罗斯对中俄全面战略协作伙伴关系更加倚重,也预示着俄罗斯对中国政策将更趋友好。

五是俄罗斯特别军事行动。2022年2月24日,俄罗斯对乌克兰特别军事行动已持续并升级为乌克兰战争。这是以美国为首的北约集团背弃苏联解体时的承诺,一再进行东扩,尤其是想把乌克兰纳入北约,严重失信于俄罗斯,并对俄罗斯形成了战略遏制,俄罗斯被迫反击。北约又借机消耗俄罗斯实力,给乌克兰一千多亿美元的支持,使俄乌冲突不断升级,造成了大量经济损失和难民,使得特别军事行动持续时间超过了500天。

### 2.俄罗斯军事力量

俄罗斯放弃了不首先使用核武器的承诺。俄军认为,一旦外来侵略由地区性冲突扩大为大规模战争,俄可首先使用核武器打击敌军目标,来迫使侵略者放弃侵略阴谋和野心。这主要是因为,俄罗斯西部边界的地缘政治环境的持续恶化,以及俄军常规军事力量大幅度削减,因而只有核武器才是俄罗斯支撑大国地位、确保其国家利益和国际地位的唯一有效的战略遏制武器。

在强调核力量的威慑作用的同时,俄军也强调要继续发展常规武器,特别是发展常规战略武器,以确保国家长期的战略安全和提高应对局部武装冲突的能力。俄军认为,在现有条件下常规战略武器是实施战争的决定性因素之一,俄军将提高部队快速反应作战能力,建立一支强大的常备部队。

2018年1月19日,俄罗斯陆军开始在工程兵各旅、团组建工兵突击分队。2018年4月10日,俄北方舰队在北极部署装备有小型深水核电站装置的特种潜艇大队。2018年7月1日,俄中央军区独立机械化铁道营组建完毕,该部配备了100余件现代化特种车辆,主要担负辖区内铁路、道桥的建设维护任务。2018年8月7日,俄东部军区开始组建无人机分队,以提升所辖炮兵部队的侦察及射击校正能力,缩短目标探测与开火间隔。2018年8月12日,俄军在斯维尔德洛夫斯克州着手组建新陆航旅,主要装备米-24改进型攻击直升机;与此同时,位于新西伯利亚州的俄陆航部队也新增一个装备米-8MTB-5的独立直升机团。2018年8月中旬,首支俄海军宪兵分队在西部军区波罗的海基地成立。2018年11月27日,俄中央军区某山地摩步团组建了一支独立无人机分队,其号称可在任何气象条件下实施短程空中侦察与监视任务。

2018年,俄军持续推进主战装备现代化,共有超过3.1万件通信装备交付部队,全军指挥自动化体系得到进一步完善。战略打击力量方面,俄军现代化率已达82%,新组建的"亚尔斯"导弹团开始担负战斗值班任务,核潜艇"尤里·多尔戈鲁基"号完成"圆锤"弹道导弹4发齐射,图-160成功试射12枚X-101空基巡航导弹,"匕首"高超声速武器系统和"佩列斯韦特"激光器进入试验性战斗值班,重型洲际弹道导弹"萨尔马特"完成抛射试验。俄空天军则接收了包括1架图-160和4架飞机图-95MC战略轰炸机在内的126架现代化军机、9套航天器和120件技术装备,空降兵部队接收300余件技术装备和1.1万套单兵空降器材;俄陆军新列装2200件现代化装备,25艘各型舰船。同时,4套"舞会""堡垒"岸基反舰导弹系统也交付俄海军。

### (三)日本军事力量及战略动向

#### 1.日本——变"专守防卫"为"动态防卫"战略

近年来,随着国际战略格局及亚太地区安全形势的变化以及政治大国战略目标的进一步确立,日本国家安全战略进行了大幅度调整,形成了一系列指导国家安全的方针政策和相关文件。2013年12月17日,日本内阁通过了三份有关安保政策的重要文件,包括新《防卫计划大纲》《国家安全保障战略》及《中期防卫力量整备计划》。这些文件包含了日本国家安全战略的主要内容:以日美同盟为基点,以西南方向为重点,贯彻动态防卫的理念,不断扩充军备,确保双重安全。

战略目标:由"本土安全"到"双重安全"。根据"和平宪法"的精神,日本不能拥有军队,其军事力量只能进行本土防御作战。日本国家安全战略的唯一目标就是在受到外来力量侵略时,保卫本土安全。在1997年,日本通过《周边事态法》,强调应对所谓"周边有事",而且在2006年明确把台海纳入所谓的"有事"范围。由此可见,日本的安全战略目标已由单一的保卫本土安全变为本土安全和周边安全并重。

战略理念:由"专守防卫"到"动态防卫"。第二次世界大战结束后,日本长期奉行"专守防卫"政策,并向国际社会承诺不做军事大国,防卫力量的发展严格限制在自卫范围。在其《防卫计划大纲》(2011—2015)中,首次提出要重视机动性的"动态防卫力"。在2013年12月新《防卫计划大纲》中,强调整合陆海空自卫队资源,构筑"统合机动防卫力量",以提高防御能力和应对能力。

战略手段:由"有限力量"到"扩充军力"。日本为将国家安全战略"动态防卫"理念付诸实践,一次次地突破"和平宪法",大力扩充军备。日本自卫队已经发展成为亚洲最强大的军事力量之一,其军事技术、武器装备性能、训练水平都达到了世界先进水准。

战略基点：由"寻求美国保护"到"与美国平等合作"。第二次世界大战后，日本与美国建立同盟关系，在政治外交上唯美国马首是瞻，将自身的安全防卫完全交给美国，自己埋头发展经济。日美同盟成为日本国家安全战略的基础。冷战的终结一度使日美同盟关系面临挑战，但中国的迅速崛起和美国亚太"再平衡"战略的实施，使得日美同盟不仅没有终结，反而得到进一步的强化。日美同盟正迎来新一轮的战略性调整，由"分工"走向"一体"，通过共享情报、共谋规划、共用基地、共建导弹防御系统等多种方式，推动日美军事一体化。为了进一步加强日美防卫合作，2015年4月27日，美日联合发表了新版《美日防卫合作指针》，允许日本武装力量在全球扮演更具进攻性的角色，大大拓展了日本对外使用武力的范围和条件，也在一定程度上改变了日本在美日同盟中的地位。

战略重点：由"西北方向"到"西南方向"。日本在中日东海争端问题上的态度日趋强硬，运用军事手段解决争端的倾向日益明显。日本改变了以往部队均衡部署的方式，军事重心向西南转移，重点加强西南地区的警戒监视、防空、反导、运输、指挥通信等能力建设，企图通过加强对军事力量薄弱且远离本土的西南岛的防卫，为未来武力争夺钓鱼岛和干预台海冲突做准备，同时牵制中国海军突破第一岛链。

日本国家安全战略的调整体现出以下几个特点。

（1）外向性

一是不断扩大海外派兵。日本自卫队从法理和实践上，不断突破"和平宪法"限制，打着维和、反恐和打击海盗的旗号，不断地扩大海外派兵。2011年7月，日本在非洲吉布提建立了首个海外军事基地。二是突破"武器出口三原则"。2014年4月1日，日本内阁会议通过决议，决定以"防卫装备转移三原则"取代实施多年的"武器出口三原则"，大幅放宽向外输出武器装备和军事技术的条件。三是在领土问题上主动挑衅，与中国、俄罗斯、韩国等周边邻国摩擦不断。

（2）进攻性

一是发展战略性进攻武器。日本的武器装备具有很强的进攻性和远程打击能力，远远超出了自卫需要。2013年8月6日，日本准航母22DDH在日本横滨造船厂下水，被命名为"出云号"。二是太空军事化。2012年1月，日本政府决定修改日本太空研究开发机构设置法，删除其中有关"太空开发限于和平目的"的规定，以便从法律和政策层面为其军事利用太空打开方便之门。三是变相发展核武器。战后，日本以核电站需要为由，储备了超出电站所需的燃料。目前日本钚的储备量成逐年增加趋势，已成为世界武器级钚材料的第一大储备国。

（3）针对性

近年来，日本一再渲染中国的威胁。2013年度《防卫白皮书》妄称中国是地区和国际社会的"担忧事项"，臆断中国正常的海洋活动会引发"不测事态"。2013年新《防卫计划大纲》及《中期防卫力量整备计划》提出把防卫重点放在钓鱼岛及其附近岛屿在内的西南诸岛，目标直指中国。

（4）两面性

日本在其官方文件中总是做出一种和平姿态，一再声称遵守"和平宪法"，贯彻"专守防卫"方针，但其实际动作却恰恰相反，一再突破"和平宪法"，在对外扩张的道路上越走越远。

2015年以来，日本安倍政府全力推动新安保法案的通过和实施。新安保法案由《和平安全法制整备法案》和《国际和平支持法案》两个部分组成，一共涉及11部法律的修正案。其中《和平安全法制整备法案》涵盖了"武力攻击事态法""周边事态法""联合国维和活动协力法"等10

部法案。2015 年 7 月 16 日,日本众议院召开全体会议,表决通过了新安保法案;2015 年 9 月 19 日,日本参议院委员会表决通过新安保法案。2016 年 3 月 29 日,日本正式实施解禁集体自卫权的新安保法案。

集体自卫权是指在他国遭受武力攻击时,即使日本没有受到直接攻击,也可以一起反击的权利。在安倍政权通过 2014 年 7 月的内阁会议决定修改政府的宪法解释之前,历届政权均采取了"虽拥有权利,但无法行使"的立场。新安保法案根据新的宪法解释,即使日本没有遭受直接攻击,只要发生遭受威胁的事态,也允许行使集体自卫权。这意味着日本"专守防卫"的安保政策发生重大变化,也使日本主动卷入战争的可能性增加。

由此可见,日本国家安全战略调整是对战后国际秩序的严重挑战,也是对亚太地区安全稳定与世界和平的严重威胁。

### 2. 军事力量

日本航空自卫队各类飞行器有 2281 架,主要作战飞机 1594 架,装备有 F－35、自产 P－1 海上巡逻机、自产 C－2 运输机、自产 US－2 水陆两栖飞机、美国 V－22 鱼鹰倾转旋翼机、F－15 战斗机、C－130 运输机等。陆上自卫队方面有 700 辆主战坦克,2850 辆各类装甲车,700 多辆火炮,导弹发射装置 99 具。日本海上力量较为突出,含有驱逐舰 42 艘,轻护 6 艘,潜艇 17 艘,巡航舰 6 艘,扫雷舰 25 艘。

### (四)印度军事力量和战略

#### 1. 印度——迈向全球性大国的安全战略

"称霸南亚,控制印度洋,争当世界一流强国"是印度国家战略长期追求的总目标。印度国家安全战略的制定和实施,都是围绕这一总目标,并根据其面临的国家安全环境的发展变化不断进行调整。

进入 21 世纪,印度面临的安全形势发生了重大变化。首先,印度和巴基斯坦关系有所改善。其次,美国发动的阿富汗战争不仅没有消灭恐怖主义,反而刺激了恐怖主义向南亚地区扩散,恶化了南亚形势,使印度成为遭受恐怖袭击的主要国家之一。再次,南亚其他国家自主意识增强。最后,世界比以往任何时候都认识到印度洋的重要性。印度为适应安全形势的变化,将其传统安全战略调整为综合安全战略,具体概括为:稳定周边,威慑巴基斯坦,遏制中国,拦阻区外大国,控制印度洋确保国家安全和经济社会发展。为了实现这一目标,印度采取了综合性措施。特别是根据对新安全形势和威胁的判断及自身现有军事实力,印度的军事战略正在经历重大的变革。

在目标定位上,由地区性军事大国向全球性军事大国迈进。进入 21 世纪,随着国家利益的不断延伸,印度在确保南亚次大陆和印度洋地区战略优势的同时,积极向亚太地区拓展势力,试图从南亚大国逐步走向亚太大国,并努力向世界性军事大国方向发展。

在战略指导上,由被动防御型向主动进攻型转变。进入 21 世纪,印军在坚持"地区威慑"战略的基本原则基础上,赋予其新的内涵,将其被动防御型的"拒止威慑"思想调整为先发制人式的"惩戒威慑"思想,强调主动出击、先敌行动、有效控制,致力于打赢核威慑条件下的高技术"有限常规战争",从而实现战略指导从传统的"消极防御"向"攻势防御"质的转变。

在作战对象上,由过去强调"中巴并重"调整为"淡巴重中"。印军提出了"两线机动作战"思想,要求正确对待中、巴军事威胁变化,做好各种军事斗争准备。

在战略部署上,稳定西线强化北线、由以陆地为重转向陆海并重。目前印军的部署态势形成西、北、南三大战略方向和中部战略机动的特定格局。其中,西部是部署重点,兵力占总数的

45%左右,主要用于威慑巴基斯坦;北部是次重点,占总兵力的25%左右,主要用于威慑中国;南部主要配置海军力量,用于对付近海小国和来自海上的威胁;中部为印度的战略纵深地带,占总兵力的30%左右,用于对各战略方向实施快速机动支援。

在力量建设上,打造一支能执行境外作战任务的跨区作战力量。近年来,印军重点突出海、空军建设,同时强化陆军快反部队,在增强军事实力上不惜投入,力争打造一支具有全球作战能力的军队。未来10年,印度计划投入1000亿美元推进实现军事大国目标,争当世界一等强国。在空、天军力建设方面,采取购买与自主研发相结合的方式,大力发展新装备。据印度媒体报道,2018年1月18日,印度试射了可携带核弹头的"烈火-5"洲际导弹。未来印度海军的目标是建成一支以3艘航母为支撑,由145艘远洋舰艇共同组成的"蓝水海军"。各远洋舰队均为核常兼备,能支援空军、陆军实施联合行动。

虽然印度的核战略奉行保持最低限度核威慑,且宣称不首先使用核武器和不对无核国家使用核武器,但目前印军陆、海、空"三位一体"的核打击能力建设已基本完成,其"普里特维"和"烈火"两个系列的弹道导弹,已成为印度保持核战略威慑的重要力量。

### 2.印度军事力量

印度常规的军队总兵力大约有132.5万人,陆军就有113万人,海军有6.8万人,空军则是12.7万人,准军事部队的143.5万人和海岸警卫队的5440人。2018年,印度军费预算507亿美元,世界排名第四。

印度陆军拥有3569辆坦克、5085辆装甲运兵车和步兵战车、290门自行火炮、6445门牵引火炮和292门多管火箭炮。印度空中力量拥有1785架各级各类飞行器,包括535架歼击机、468架攻击机、706架军用运输机、237架教练机,另有504架多用途直升机可执行运输和辅助任务,20架攻击直升机能够消灭敌方装备和有生力量。

印度海军力量相对较弱,只拥有184艘舰艇,包括3艘航母、14艘护卫舰、11艘驱逐舰、24艘轻型护卫舰、17艘潜艇、32艘岸防舰艇和7艘扫雷舰。

印度空军兵力占武装力量总兵力的10.7%,编有39个飞行联队、6个防空导弹联队、22个雷达中队,装备各型飞机1380架,其中作战飞机874架,主要为米格-21、米格-23、米格-25、米格-27、米格-29、苏-30、"幻影"2000、"美洲虎"等机型,机载武器为AA-7、AA-8、AA-10、AA-11、R-550、"阿斯特拉"、AIM-9L等型空空导弹,AS-7、AS-11B、AS-12、AS-17、AS-30、"海鹰"、AM-39等型空地导弹。运输机约200架,直升机、教练机等312架。地面防空部队装备主要为SA-2、SA-3、SA-5、SA-6、SA-7、SA-8、SA-9、"罗兰""山猫""三叉戟""天空"等型地空导弹。

### ● 我思我行 ●

1. 阐述我国总体国家安全观。
2. 简述我国周边安全环境面临的主要挑战。
3. 试述21世纪初国际战略环境的主要特征。
4. 试述世界主要国家军事力量及战略动向。

# 第三章　军事思想

## 军事讲坛

我们的战略是"以一当十"，我们的战术是"以十当一"，这是我们制胜敌人的根本法则之一。

——毛泽东

把我军建设成为一支强大的现代化、正规化的革命军队。

——邓小平

## 教学目标

了解军事思想的内涵和形成与发展历程；了解外国代表性军事思想；熟悉我国军事思想的主要内容、地位作用和现实意义；理解习近平强军思想的科学含义和主要内容，使学生树立科学的战争观和方法论。

## 导语

中国特色社会主义进入了新时代，国防和军队建设也进入了新时代。人民军队要不忘初心、牢记使命，认真学习贯彻党的二十大精神，深入学习贯彻新时代党的强军思想，坚定不移走中国特色强军之路，全面推进国防和军队现代化，为实现党在新时代的强军目标、到本世纪中叶把人民军队全面建成世界一流军队、实现中华民族伟大复兴的中国梦而努力奋斗。

# 第一节　军事思想概述

### 一、军事思想的内涵

军事思想是对战争和国防基本问题的理性认识,是人们长期从事军事实践的经验总结和理论概括,其来源于战争和军事活动的实践,并随着战争和军事实践的发展而发展。

在军事科学中,军事思想作为一种综合性基础理论,从总体上考察和回答了军事领域的普遍性和根本性问题,揭示了军事领域的一般规律,提出了军事斗争和军事建设的基本方针和基本指导原则,为人们研究和解决军事问题提供了总体性理论指导。军事思想作为一种独立的意识形态是从奴隶社会开始的,它产生于一定的社会物质生产和战争实践基础之上,并且受到其他社会意识形态的制约和影响。同时,军事思想也作用和影响其他社会意识形态。

#### (一)军事思想的内容

军事思想的内容大体可以分为两个层次:一是军事哲学问题,主要包括战争观、军事问题的认识论和方法论;二是军事实践的基本指导原则问题,主要包括战争指导的基本方针和原则、军队建设的基本方针和原则、国防建设的基本方针和原则等。

#### (二)军事思想的分类

从不同的研究角度出发,军事思想可以有不同的区分方法。

(1)按阶级来划分,军事思想可分为奴隶主阶级军事思想、封建地主阶级军事思想、资产阶级军事思想和无产阶级军事思想。

(2)按地域和国家来划分,军事思想可分为外国军事思想和我国军事思想。

(3)按时代来划分,军事思想可分为古代军事思想、近代军事思想和现代军事思想。

(4)按人物来划分,军事思想可分为孙子军事思想、克劳塞维茨军事思想、毛泽东军事思想等。

总体来说,任何军事思想都是对战争和军事问题的理性认识,以一定哲学的世界观和方法论为指导,反映一定时代、阶级、国家、人物对战争性质、战争准备与实施等所持的基本观点。

### ● 知识窗

**克劳塞维茨**

卡尔·菲利普·戈特弗里德·冯·克劳塞维茨(1780—1831年),德国军事理论家和军事历史学家,是近代军事战略学的奠基人,普鲁士军队少将。1792年,参加了普鲁士军队。1795年晋升为军官,并自修了战略学、战术学和军事历史学。克劳塞维茨一生参加了四次著名战役:莱茵战役、奥斯塔德会战、法俄战争和滑铁卢战役。他的不朽兵学巨著《战争论》,是所有军人必读的兵学圣经,被称作西方军事思想的代表。他也因此被称作西方兵圣。

## 二、军事思想的发展历程

恩格斯曾经指出:"历史从哪里开始,思想进程也应当从哪里开始,而思想进程的进一步发展不过是历史过程在抽象的、理论上前后一贯的形式上的反映;这种反映是经过修正的,然而是按照现实的历史的过程本身的规律修正的。"军事思想的发展也是如此,它依照历史和战争实践的发展而发展。这种发展不只是量的积累,更是水平的提高,包含对原有军事思想的扬弃和创造出更科学、更先进的新的军事思想。随着社会生产力的发展,社会经济、政治制度的更替,人们科学文化水平的提高及思想观念的转变,战争形态的演变和作战样式的创新等,人类对战争和军事问题的认识经历了一个由浅入深的演进。

### (一)古代军事思想

战争起源于原始社会,最早的战争是部落之间为争取生存条件或血缘复仇而进行的暴力行动,但军事思想作为独立的意识形态,始于奴隶社会。

中国古代军事思想最早出现在公元前21世纪至公元前8世纪的奴隶社会时期。这一时期,军事思想开始萌芽,并逐渐成为专门学科。专门研究军事的著作有《军政》《军志》等。在公元前8世纪至公元前3世纪的社会大变革时期,中国古代军事思想取得了辉煌成就,涌现出许多杰出的军事家及军事著作。进入封建社会,由于金属兵器的广泛推广,火药的逐步应用,步军、骑军、车军和水军诸兵种的发展变革,不同形式战争的交织进行,客观上促进了中国军事思想的丰富和发展。

### (二)近代军事思想

世界近代军事思想发展的总体特征,一是欧洲一些国家在文艺复兴运动和产业革命的推动下率先实行军事思想的变革,资产阶级军事思想体系得到确立;二是人类军事思想发生革命性变化,以马克思主义军事理论为代表的无产阶级军事思想宣告诞生。

1840年鸦片战争之后,中国传统兵学受到西方军事思想的严重冲击。林则徐、魏源等有识之士提出"师夷长技以制夷"的主张,标志着变革传统军事思想的开端。在"洋务运动"中,清政府在"器利兵精"和"自强以练兵为要,练兵又以制器为先"思想的指导下,开始兴办中国近代军事工业,引进、仿造西式的枪炮、战舰,编练军队。虽然清军在中日甲午战争中终归失败,但国防建设思想、作战指导思想和作战方式却向近代化迈进了一步。以孙中山为代表的资产阶级革命党人,在共产国际和中国共产党的帮助下,提出以党治军、军队与国民相结合,进而成为群众武力的建军方针,并在军队中建立党代表和政治工作制度,在建军思想上迈出了重大一步。从1927年到1949年,蒋介石及国民党政府引进西方和日本的一些军事技术、体制编制和资产阶级军事思想,又按其所需承袭中国古代军事思想,与法西斯的军事思想掺杂混用,从而形成其军事思想。

### (三)现代军事思想

我国现代军事思想主要包括:毛泽东军事思想、邓小平新时期军队建设思想、江泽民国防和军队建设思想、胡锦涛国防和军队建设思想、习近平强军思想。

党的军事指导理论是中国共产党指导军事斗争和军事建设的科学理论体系。我们党在创建和领导人民军队的长期实践中,坚持把马克思主义军事思想同中国革命战争和人民军队建设实践相结合,创造了具有中国特色的马克思主义军事理论成果,这些马克思主义中国化的军事理论成果既一脉相承又与时俱进,是各个历史时期我党建军、治军经验的凝练升华。以毛泽东为核心的中国共产党第一代领导集体,运用马列主义的立场、观点和方法,研究我国历史和现实情况,分析我国革命战争的特点,解决了在半殖民地半封建的中国建设人民军队、进行人民战争的一系列根本问题,创立了具有中国特色的马克思主义军事理论——毛泽东军事思想。改革开放后,以邓小平为核心的党的第二代领导集体,根据党的实事求是的思想路线和客观实际需要,制定了新时期国防建设和军队建设一系列重大方针原则,形成了邓小平新时期军队建设思想。党的十三届四中全会以来,以江泽民为核心的党的第三代领导集体,围绕解决好打得赢、不变质两个历史性课题创新和发展党的军事指导理论,形成了江泽民国防和军队建设思想。新世纪、新阶段,胡锦涛着眼战略全局,把科学发展观作为国防和军队建设的重要指导方针,大力加强国防和军队建设,形成了胡锦涛国防和军队建设思想,为国防和军队建设及军事斗争准备提供了强大思想武器。党的十八大以来,以习近平同志为核心的党中央,在波澜壮阔的强军实践中,着眼于实现中华民族伟大复兴中国梦,围绕新时代建设一支什么样的强大人民军队、怎样建设强大人民军队,深入进行了理论探索和实践创造,形成了习近平强军思想,创新发展了党的军事指导理论。

### 三、军事思想的地位作用

军事思想引领着一个国家的军备和战斗力量的发展,对于军事实践具有宏观和根本的指导作用。它不仅是军事实践的行动指南,对其他社会实践也有着重要的借鉴意义。

#### 1. 军事思想是军事实践的行动指南

军事思想是军事实践的能动反映、理论概括,揭示了军事领域的一般规律,对军事实践起指导作用。军事思想对军事领域的规律反映得愈深刻、愈正确,它对军事实践的指导作用也就愈大,人们就可以在战争中掌握主动,少犯错误,多打胜仗。在战争史上,每一次取得伟大胜利的战争,都有正确的军事思想作指导。反之,没有正确的军事思想作指导,即使具备取得战争胜利的客观条件,也无法把战争胜利的可能变为现实。第二次世界大战前夜,法国的国力与军力同德国旗鼓相当,加上其盟国的力量,则占有相当大的优势。然而,法国在自认为有绝对把握赢的情况下却输给了德国,原因在于其军事思想落后、战略战术陈旧。战争实践证明,在具备一定的客观物质基础之上,军事思想正确与否对战争胜败具有决定性影响。

#### 2. 军事思想是研究各门具体军事学科的理论指导

军事思想研究战争和军事领域的一般规律,而各门具体的军事学科所研究的是各自领域的特殊规律。如果只研究各自领域的特殊规律,而不懂得战争和军事领域的一般规律,脱离一般规律的指导,就不能从总体上把握战争,也就不能真正认识和把握各门具体学科所研究领域的特殊规律。军事思想为各门具体军事学科的研究提供方法论。譬如,军事思想关于保存自己消灭敌人的论述,深刻地揭示了两军相争的战争目的和战争本质,它是一切战争行动的根据,从技术行动到战略行动,一切技术的、战术的、战役的、战略的原理和原则,都要贯彻这个战争的军事目的和军事本质。军事思想普及于战争领域,贯穿于战争始终,对国防和军队建设、战争指导及其战略战术具有普遍的指导意义,对军事科学的各门具体学科的研究也具有普遍的指导作用。

#### 3. 军事思想对其他社会实践有着重要的借鉴意义

先进的军事思想贯穿着唯物论和辩证法。学习和研究军事思想,不但可以学到正确观察和解决问题的立场、观点和方法,而且可以学到如何把军事的基本原理同实际情况相结合,正确运用这些原理来解决实际问题,增强我们在工作中的原则性、系统性、预见性和创造性。譬如,军事斗争最注重效益,要以最小的代价获取最大的胜利,经济工作也讲效益,孙子提出的"知彼知己,百战不殆"的战争指导规律,已成为政治、外交斗争和经济建设的座右铭。战略和战役战术的关系,要求人们必须正确处理全局和局部的关系。"战略"概念的运用,早已超出军事范畴,继而出现了政治战略、外交战略、经济发展战略、农业发展战略等。体育比赛中重视对进攻和防御战术的研究与运用,市场竞争中借鉴军事思想提出许多巧妙的策略和艺术,等等,都说明军事思想对其他领域具有广泛的借鉴意义。

# 第二节　外国军事思想

## 一、西方古代军事思想

西方古代军事思想的产生、发展主要集中在地中海一带的沿海国家,主要包括奴隶社会和封建社会两个时期的军事思想,其成果主要散见于当时的一些历史和文学著作中,缺乏系统论述。

公元前 8 世纪至公元 5 世纪,是西方古代的奴隶社会时期。这个时期的古希腊、古罗马等奴隶制国家,为了扩张领土、建立霸权、掠夺奴隶和财物,频繁发动战争。在长期的战争实践中,涌现出许多著名的将领和统帅,产生了丰富的古希腊和古罗马军事思想。

古希腊军事思想主要散见于希罗多德的《希腊波斯战争史》、修昔底德的《伯罗奔尼撒战争史》、色诺芬的《长征记》及阿里安、普鲁塔克等人的历史著作和著名军事人物的军事活动史料之中。古希腊军事思想概括起来主要有:认识到战争是由根本利害矛盾引起的;战争的目的是为了征服,谋求城邦、国家利益和霸主地位;战争的胜败取决于政治、军事、经济、精神等条件;作战前必须对双方的军力、财力、人力等方面的长处和短处进行认真的分析对比;注意激励军队的士气,立足以优势力量建立己方胜利的信心;采取出乎敌人意料的行动使之惊慌失措等。

古罗马军事思想源于古希腊而又有所发展,主要表现在:进一步认识到战争有正义与非正义之分;军事是实现政治目的的工具,而政治又是配合军事行动达到军事目的的手段;通过外交广泛联盟,孤立对手,恩威并举,实现自己的目的;主张以进攻为主、防御为辅;在被迫处于防御地位时,总是通过向敌后等薄弱处进攻,力求改变攻防态势,变防御为进攻;主张建立一支忠于自己的部队,以金钱、土地、建筑、妇女等物质利益保证部队的忠诚,以精神鼓励、严格的纪律保持部队的战斗力。

从公元 476 年西罗马帝国灭亡,到 1640 年英国资产阶级革命,为欧洲的中世纪。在这长达1100 多年的黑暗时代,由于封建割据的庄园经济、宗教思想和经院哲学的禁锢,极大地限制了其军事思想的发展。直到封建社会后期,随着中国火药、火器的传入及意大利文艺复兴的影响,其军事思想才有了缓慢发展。此时,军事思想可概括为以下几个方面:战争被披上宗教外衣,掩盖统治集团间的利益争夺;宣扬战争是人类天性中的一部分,是原始罪恶之果,也是教会权力的支柱;在战争中丧失生命的人,可以进入天国,赎免一切罪恶。这其实是对战争认识的倒退。重视军队建设,把军队看成国家的重要工具。对雇佣兵制的弊端有了初步认识,主张实行义务兵制。初步涉及战略学、战术学概念。另外还认识到制海权的重要性,认为控制了海洋,可以赢得和守住巨大的海外利益。

## 二、近代外国军事思想的主要内容

近代外国军事思想包括资产阶级对战争本质、战争目的、战争性质、战争规律及其他社会现象之间的关系等方面的认识以及作战指导原则、战略战术、军队建设等理论。它对资产阶级军事科学的各个领域及资产阶级的军事实践活动,具有理论指导作用。

### (一)近代外国军事思想的产生

15世纪末到17世纪中叶为资产阶级军事思想的产生阶段。资本主义的初步发展使阶级关系开始发生新的变化,社会各种矛盾错综复杂,暴动、起义、战争风起云涌。这一时期法国、西班牙和意大利之间的侵略与反侵略战争(1494—1559)、尼德兰资产阶级革命(1534—1577)和英国资产阶级革命(1642—1648)等推动了理论的发展,造就了一批著名的资产阶级军事思想家和理论家,如意大利的马基雅弗里、英国的克伦威尔等。由于他们的思想代表了先进的资本主义生产力的发展,特别是提出了推翻旧的封建专制统治,建立资产阶级政权,因而标志着资产阶级军事思想的产生。

### (二)近代外国军事思想的形成

17世纪中叶到19世纪上半叶是资产阶级军事思想形成并趋于成熟的阶段。18世纪末,声势浩大的法国资产阶级革命摧枯拉朽般地推翻了统治法国一千多年的封建制度,取得了彻底的胜利,在欧洲引起了强烈反响。在法国资产阶级粉碎外国反革命势力武装干涉及进而发动的对外战争的过程中,尤其是"拿破仑战争",涌现了一大批具有先进资产阶级军事思想的人物,如拿破仑、比洛、若米尼、克劳塞维茨等。他们提出的军事思想经过实践的检验与完善,形成了一整套为资产阶级军事和战争服务的思想体系,资产阶级军事思想正式形成,并进一步趋于成熟。

### (三)外国军事思想的发展

#### 1.西方近代资产阶级军事思想的发展历史

19世纪中叶到20世纪前期是资产阶级军事思想飞速发展的时期。欧美国家资产阶级的民主运动、民族运动和人民群众反对封建农奴制的斗争,国家与国家间的战争,国内战争等此起彼伏。19世纪末,资本主义开始向帝国主义过渡,战争的范围不断扩大,战争的性质也发生了改变。这一阶段影响较大的战争主要有:克里木战争(1853—1856)、普法战争(1870—1871)、美西战争(1898)、第一次世界大战(1914—1918)、第二次世界大战(1939—1945)等。在这些战争中,资产阶级军事思想得到了飞速发展,毛奇、马汉、史里芬、鲁登道夫、杜黑、富勒等思想家提出的"制空权""制海权""机械化战争""总体战""闪电战"等重要的军事思想和军事理论,对当时及后来的军事实践都产生了重要影响。

#### 2.西方近代无产阶级军事思想的发展历史

随着资产阶级统治的加强,资本主义社会所固有的各种矛盾进一步暴露并激化。无产阶级作为新兴的独立的政治力量开始登上历史舞台,他们同资产阶级的斗争风起云涌,并由自发斗争转为自觉斗争,由单纯的经济斗争转变为经济、政治与军事的综合性斗争,这就迫切需要正确的革命斗争理论做指导。马克思和恩格斯处于无产阶级由小到大、由弱到强、逐渐发展成为独立的政治力量的时代。在几十年的革命斗争和革命实践当中,他们运用辩证唯物主义和历史唯物主义观点,全面总结了工人阶级进行起义特别是巴黎公社起义的经验教训,撰写了《法兰西内战》《德国农民战争》《德国的革命与反革命》等军事著作,奠定了无产阶级军事思想的基础。

### (四)西方现代军事思想

现代军事思想是指俄国十月社会主义革命和第一次世界大战后世界各国对战争、军队和国防等问题的理性认识。20世纪,由于世界各地民族、民主革命运动的蓬勃发展,大批现代国家纷纷出现。因各国发展的不平衡而导致的国家间、地区间不同民族、不同种族、不同阶级、不同宗教之间的矛盾,较之以前更趋复杂。伴随而来的局部战争和地区性冲突此起彼伏。20世纪六七十年代科学技术突飞猛进的发展及其在军事领域的广泛运用,80年代开始的一系列高科技局部战争及其影响,90年代初两极格局的瓦解及世界向多极化方向发展,21世纪初国际主要战略力量围绕多极发展和单极发展的较量在多个维度展开……在世界近百年的发展过程中,围绕军事问题的理性思考构成了现代军事思想的主要内容。

#### 1. 现代资产阶级军事思想的发展

第一次世界大战后期至第二次世界大战结束,战争与革命成为当时世界发展的主题。战争的需要催生了科学技术的迅猛发展。新型技术特别是计算机技术的出现及其在军事上的应用带来了武器装备水平的不断提高,因而战争的样式和战争的规模远远超出古代和近代。作战指挥理论空前繁荣,杜黑、斯蒂芬、福煦、富勒、鲁登道夫等一批军事思想家应运而生。他们提出的"制空权理论""机械化战争理论""总体战理论"等一系列军事思想,不但在当时,而且在现代乃至将来都有着极其重要的影响,成为资产阶级军事思想发展的重要里程碑。

第二次世界大战以后,以精确制导武器为代表的高科技武器被广泛运用于战场,现代战争样式基本成为了战争的主角。在以美苏为首的两大阵营对立期间,涌现出了以约翰·柯林斯、丹尼尔·格雷厄姆等为代表的一批军事理论家,他们提出的"大战略""高边疆战略"等理论为确保以美国为首的资本主义阵营赢得竞争优势奠定了军事理论基础。冷战结束后,美国为维持其唯一超级大国地位,围绕未来的信息化战争在军事领域所采取的系列措施,使其在新军事变革中占据了制高点,其军事思想引领着世界军事理论发展的潮流。

#### 2. 现代无产阶级军事思想的主要内容

俄国十月社会主义革命的胜利,标志着无产阶级军事思想发展到了一个新的阶段——列宁、斯大林时期。列宁和斯大林的军事思想主要有以下几个方面内容。

(1)提出了帝国主义时代的战争学说

基于对帝国主义经济与政治的分析,列宁创造性地提出"帝国主义就是战争"的基本原理及诸多观点,从而形成了帝国主义时代的战争观。他还集中阐述了战争的政治本质是阶级政治的继续这一基本原理。斯大林则在深刻总结两次世界大战基本经验的基础上,提出帝国主义争夺世界霸权是现代战争的根源这一论断。列宁和斯大林都认为决定战争胜负的因素是由包括军事、政治、经济、自然条件、主观指导能力以及战争的性质和国际援助等在内的多种因素决定的。

(2)丰富了无产阶级武装斗争学说

俄国十月社会主义革命胜利的实践,证明了列宁选择武装起义的斗争方式是十分正确的。此外,他们还阐述了无产阶级进行革命战争和武装起义的诸多原则,形成了一整套指导无产阶级进行革命战争和武装起义的光辉思想武器。

(3)丰富了无产阶级建军学

列宁指出:"革命军队是进行军事斗争和从军事上领导人民群众对付专制制度残余军事力量所必需的。"共产党的领导是建立无产阶级革命军队的根本原则,政治工作是坚持党对军队领导的重要保证,武器装备的现代化水平是提高军队战斗力的物质基础,加强军队的教育训练是有效途径。

(4)发展了人民战争思想及其战略战术的基本原则

列宁和斯大林解决了在帝国主义的包围中,如何以人民武装斗争的形式首先争取一国胜利的问题,全面发展了马克思主义的人民战争思想,并且提出人民战争必须由人民自己完成、人民战争具有正义性、实行人民战争必须武装全民等一系列战略战术的基本原则。

(5)提出了国防建设的相关理论

面对帝国主义的封锁和包围,为巩固新生的社会主义政权,列宁和斯大林提出了加强国防建设是保卫社会主义国家的要求,雄厚的国防经济实力是建设国防的基础,大力发展以重工业和国防工业为重点的社会主义工业化是建设强大国防的保证。与此同时,世界其他一些国家的无产阶级政党在领导本国人民的革命武装斗争和社会主义建设事业中,也创立了各具特色的军事思想。

### 三、外国军事思想的特点

近代以来,西方军事思想及理论创新在工业革命和信息革命两大浪潮的强力推动下,呈现出前所未见的发展趋势。而认真分析可以发现,在这一系列的创新活动中,以下三个特征表现得十分明显。

#### (一)着眼战略层面,构筑具有全球性战略思维的新型军事理论体系

近代以来,随着西方各主要资本主义国家的兴起,西方军事思想呈现出一个重要的特点,即注重构建具有全球性战略思维的军事理论。1492年哥伦布航海发现美洲的"地理大发现"和其后的一系列航海大发现,宣告了西方殖民时代和海洋瓜分时代的开始。从此,资本主义列强开始利用海上航道极力谋求海外市场。在此背景下,西方军事思想突破了以前狭隘的理论视野,逐渐具备了全球性的战略眼光。这种全球性的战略思维,是人类战争史上未曾出现过的。配合西方资本主义全球性的扩张行动,西方军事理论界也产生了一系列新型军事理论。这些新型军事理论彻底突破了过去军事思维模式,引发了西方军事思想飞跃。

西方军事思想的这种突破性发展,以马汉所提出的"海权论"最具代表性。马汉的"海权论"把国家的战略利益与海洋权益紧密结合在一起,为世界主要资本主义国家通过控制海洋进而控制世界打下了理论基础。关于这一点,美国军事史学家韦格利曾指出,马汉"献给读者的不仅是一项海军战略,而且更多的是一项追求民族强盛的国家政策……",其最终目标不仅是要建立国家海权,更重要的是要建立强大的海权国家。

从本质上说,马汉的"海权论"是地理大发现的产物,具有全球性和世界性眼光,这是区别于以往军事思想的一个重要特点。随着资本主义在全球范围的扩张,近代出现了大量关于全球战略的论述,开始构建具有全球战略思维的军事理论。20世纪末出现的"全球战略""国际战略""联盟战略"等一系列战略思想,都深受"海权论"等全球性战略思想的影响。在这些具有全球战略思维的新型军事理论的指导下,建立世界军事强国陆续成为一些资本主义大国所追求的目标。

#### (二)重视新技术的发展和应用,及时创立与之相适应的军队作战理论

近代以来,在西方的军事思想注重军事技术的应用,并把新的军事技术与新的作战方法有机结合起来,创建新的作战理论,再以新的作战理论推动和牵引军事技术的发展,近代以来西方

先进军事思想的产生,多遵循这一规律。比如,杜黑提出的"空中战争"理论,富勒提出的"机械化战争"理论,鲁登道夫提出的"总体战"理论,都是在当时军事技术允许的条件下,由这些具有前瞻性眼光的军事家提出的。实践证明,军事技术与创新战法相结合,可以产生新的作战思想,进而产生指导战争的新的军事理论。

### (三)军事思想的创新与军事领域的其他变革形成良性互动

透过西方的军事理论创新活动可以发现,每当一个真正具有突破性意义的创新理论问世后,都会在军队编制体制、武器装备、后勤保障等方面引发一连串新的变革,产生新的战争实践。随着先进作战理念的不断涌现,军事理论会更加成熟,推进军事领域的变革继续前进。

仍以马汉的"海权论"为例。"海权论"在当时的世界范围内引发了新的战略指导理论、军队作战方式乃至军队建设模式的变革。依靠强大的海军,美国于1898年打赢了与西班牙的战争;第一次世界大战中与英法共同挫败德国海军;第一次世界大战后,美国超过英国成为海上霸主。第二次世界大战中,美国对海军的投入很大,强大的经济基础是建设强大海军的至关重要的条件,成为赢得胜利的关键。

总之,西方军事思想的创新,直接导致了军队建设和战争实践的变革,这些变革又与军事思想的创新形成了良性互动,引发更深层次、更大规模的军事理论创新。

## 四、代表性著作

### (一)形成阶段的代表性著作

#### 1.《拿破仑军事语论》——拿破仑(1769—1821年)

拿破仑·波拿巴,法国杰出的军事统帅,1804年任法兰西帝国皇帝,称拿破仑一世。拿破仑的军事思想主要表现在以下几个方面。

(1)重视武力和思想的双重作用

拿破仑说,"从长远来看,刀枪总是被思想战胜的""战争中,军队的精神状态足以保障3/4的胜利""精神与物质的力量是三与一之比"。在部队中,他十分重视思想教育,使军队在战斗中的表现英勇顽强。

(2)重视军队的改革和建设

拿破仑大胆地对旧的军队进行改编,将原来的步兵师和骑兵师,合编成由步兵、骑兵、炮兵和工兵组成的合成军。

(3)十分重视歼灭战的作战原则

作战中善于实施迂回和机动,在决定性的时间和地点集中优势兵力,以坚决的进攻歼灭敌有生力量;惯于采用纵队与散兵相结合的战斗队形,力求通过一两次决战击败敌人。

拿破仑一生指挥大小会战50多次,赢得35次胜利,被后人评价为"真正的军事艺术的巨匠",连马克思也称赞他是"伟大军事家"。

#### 2.《战争艺术概论》——若米尼(1779—1869年)

若米尼,又译约米尼,欧洲资产阶级军事历史学家、军事理论家,俄罗斯帝国军事学院奠基人之一,被授予步兵上将军衔。若米尼一生著作颇丰,主要有《大战术理论和应用教程》《论大规模军事行动》《革命战争批判军事史,1792—1801》《拿破仑的政治和军事生涯》。1838年,他将其有关战争原则方面的著述汇集成册,出版了《战争艺术概要分析》(即后来的《战争艺术概论》)。该书被不少国家定为军官必修教材,是若米尼最有影响的代表作。

若米尼的军事思想的主要内容包括以下几个方面。

（1）关于军事政策

若米尼认为，军事政策是政府和统帅采取的一切既不属于外交领域，也不属于战略领域的军事手段。一个英明政府的军事政策，要求国家元首文武双全，受过政治训练和军事训练，若不能亲率军队作战，则挑选称职的代理人。

（2）关于战略

若米尼认为，战略是地图上进行战争的艺术，研究整个战争区的艺术，为入侵别国或保卫本国而在战场上指挥大军的艺术，以及把军队的大部分兵力集中到战争区或作战地区决定点上去的艺术。

（3）关于大战术

若米尼认为，大战术是巧妙组织和指挥交战的艺术。大战术的组织指导原则同战略的组织指导原则一样，就是把主力用于对付敌人的一部，用于能保障获得最大战果的决定点上。

（4）关于战术

若米尼认为，战术是指挥战斗的艺术，战术决定军队在战场上实施机动和冲击的各种部署，以及军队的使用程序和执行任务的方法。

（5）关于战争勤务

若米尼认为，战争勤务实际上是战争准备、保障战略和战术使用的科学，也是军队移动的应用艺术。

### 3.《战争论》——克劳塞维茨（1780—1831 年）

卡尔·菲利普·戈特弗里德·冯·克劳塞维茨，德国军事理论家和军事历史学家，近代军事战略学的奠基人。其著作《战争论》是西方军人必读书，被称作西方军事思想的代表。全书60 余万字，分 3 卷 8 篇，分别论述了战争性质、战争理论、战略、战斗、军队、进攻与防御和战争计划等。

《战争论》战略思想主要体现在以下几个方面。

（1）战争是政治的继续

克劳塞维茨认为，战争就如同一条变色龙，每一次战争都有其自己的特色，千变万化，各不相同。但战争的暴烈性、概然性和偶然性是其根本属性。从战争与政治的关系看，政治是战争的母体。在任何情况下，都不应把战争看成独立的东西，而要看作政治的工具，是为政治服务的。军事观点必须服从于政治观点。任何企图使政治观点从属于军事观点的做法都是错误的。战争爆发之后，并未脱离政治，仍是政治交往的继续，是政治交往通过另一种手段的实现，是以剑代笔的政治。

（2）战争的目的就是消灭敌人

克劳塞维茨认为，战争的政治目的即是消灭敌人，而消灭敌人必然要通过武力决战，即通过战斗才能达到，它是一种比其他一切手段更为优越、更为有效的手段。消灭敌人包括物质力量和精神力量两个方面。消灭敌人并不意味着蛮干，有勇无谋的硬干，不仅无法达成消灭敌人的目的，反而会使自己的军队遭受损失。

（3）战略包括精神、物质、数学、地理、统计五大要素

精神要素指精神力量及其在军事行动中的作用。物质要素指军队的数量、编成、各兵种的比例等。数学要素指战线构成的角度、向心运动和离心运动等。地理要素指制高点、山脉、江

河、森林、道路等地形的影响。统计要素指一切补给手段等。克劳塞维茨认为,"这些要素在军事行动中大多数是错综复杂并紧密结合在一起的。其中精神要素占据首位,影响战争的各个方面,贯穿于战争始终。物质的原因和结果不过是刀柄,精神的原因和结果才是贵重的金属,才是真正锋利的刀刃"。

（4）战略战术的基本原则

克劳塞维茨认为,数量上的优势在战略战术上都是最普遍的制胜因素。虽然在实际作战时,通常不可能处处形成优势,但必须在决定点上通过巧妙调遣部队,造成相对优势。一切军事行动或多或少地以出其不意为基础,才能取得优势地位,使敌人陷入混乱和丧失勇气,从而成倍地扩大胜利的影响。战略上最重要而又最简单的准则是集中优势兵力。用于某一战略目的的现有兵力应同时使用,越是把一切兵力集中用于一次行动和一个时刻越好。会战是战争的真正重心,由几个战斗所形成的大规模会战能有效地消灭敌军,所取得的成果最大,故高级将领应当重视这种双方主力之间的战争,视其为挫败敌国交战意志的重要手段。

（5）战争中的攻防

克劳塞维茨认为,进攻和防御是战争中的两种基本作战形式。二者是相互联系、相互转化的。整体为防御,局部可能为进攻。进攻中含有防御因素,防御中也含有进攻因素。进攻可转变为防御,防御也可以转变为进攻。一般说来,防御应离自己的兵员和物资补给地较近,能依靠本国民众的有利条件,但它的目的是消极据守。进攻具有"占领"这一积极目的,并通过占领来增加自己的作战手段。

（6）要积极向战史学习

克劳塞维茨认为,战争理论是成长于战争经验土壤里的果实。战史是最好的、最有权威、最能说服人的教师。战争理论和原则的提出,应当在研究战史的基础上进行。当然,战争理论也要随着时代和军队的变化而变化,要适应特定国家的需要,具有时代的特点。

## （二）发展阶段的主要代表著作

### 1.《毛奇全集》——毛奇（1800—1891 年）

毛奇,著名军事家,又称老毛奇,著有《毛奇全集》等重要著作。他强调战争是客观存在的,在和平时期必须做好战争的准备;他主张建立具有一定规模的总参谋部体制,由它具体地制定战争的策略,统一军事行动的指挥;他重视铁路、电报等新技术在军事上的运用,认为这是取得战争胜利的重要保障;在战争指导上,主张先敌动员、快速突破、分进合击、外线作战和速战速决。

### 2.《海权论》——马汉（1840—1914 年）

马汉,美国军事历史学家、军事理论家,1885 年开始从事军事理论研究和著述,发表专著和论文 100 余部,其中关于海权论的著作有 20 多部,主要有《海权对历史的影响,1660—1783》《海权对法国革命和帝国的影响,1793—1812》《海权的影响与 1812 年战争的关系》《海军战略》等。

其军事思想基本观点如下所述。

（1）海权是历史发展的决定因素

马汉强调海洋的重要性和控制海洋的意义。认为以商业立国的国家,必须拥有优势的海上力量,夺取殖民地,占据战略要点,控制海洋,以保证国家战略利益。

（2）海军战略的目标是保证国家获得平时和战时的海权

马汉认为海上作战最重要的任务是掌握制海权,而掌握制海权有赖于强大的海军。

（3）海军战略的基本要素是集中、中央位置、内线、海上交通线

马汉认为，集中的法则是海军战略的基础；威力的方程式是力量加位置，以便于舰队实施内线机动；海上交通线居于"统制战争"的地位，凌驾于其他要素之上。

（4）海军的存在是为了进攻，防御只是进攻的准备

马汉指出，即使全局处于防御态势，海军舰队也必须积极出击，通过海上交战达到一定的结局。

马汉的军事思想适应了19世纪末20世纪初美国垄断资本向海外发展的需要，是当时历届美国政府制定对外政策和海洋战略的重要依据，对美国军事思想和其他许多国家的海军理论都产生了重要影响。

### 3.《制空权》——杜黑（1869—1930年）

杜黑，意大利军事理论家。其主要著作有四部：《制空权》《未来战争的可能面貌》《扼要的重述》《19××年的战争》。1932年，这四部著作合编成《制空权》，在罗马出版。

杜黑的军事思想主要如下所述。

（1）飞机用于战争，彻底改变了战争面貌，是战争发展史上的转折点。从此，战争将成为全民的、总体的、不分前方和后方、不分战斗人员和非战斗人员的战争。

（2）未来战争中，夺取制空权的斗争极端重要。掌握制空权就是胜利，丧失制空权就是战败。

（3）夺取制空权只能靠空军。因此，建立与陆军、海军并列的独立空军是绝对必要的。陆海空三军是构成国家武装力量不可分割的整体。

（4）空军是一支进攻性力量，不适用于防御。未来战争中，集中空军最大力量对敌后方城市和居民中心实施战略轰炸，即可摧毁其物质和精神的抵抗，迅速赢得战争胜利。

杜黑是空中战争论的主要创始人，有较强的预见性和创新精神。他的军事思想对空军理论的发展起了先驱作用，在近代军事思想史上占有重要地位。

### （三）西方现代军事思想

### 1.《装甲战》——富勒（1878—1966年）

富勒，英国军事理论家、军事历史学家，一生著述甚多，涉及军事科学、战争理论、战略战术、战史战例、国防建设、军队建设等。已出版的专著40多部，论文百余篇。主要著作有：《大战中的坦克》《战争的改革》《论未来战争》《装甲战》《机械战》《第二次世界大战，1939—1945》《西洋世界军事史》《战争指导》。《大战中的坦克》是其代表作，有多种文字译本。在书中，富勒总结了第一次世界大战的经验，提出并论证了主张坦克制胜的理论。

富勒的军事思想主要内容如下所述。

（1）关于军事科学

富勒认为，军事科学是一门综合性科学，是社会科学的一个分支。军事科学的发展有其复杂的历史因素与社会因素。工业革命对军事科学的发展具有深远影响。

（2）关于战争

富勒认为，战争是人类社会的重要活动，是有组织社会的产物。只要国家存在，战争就存在。

（3）关于机械化战争

富勒认为，战争自古就是武器的较量，胜利的取得99%在于武器。新出现的坦克是一个活

动要塞,既有阵地防御所需要的防护力,又有阵地进攻所需要的突击力和机动力,因而在未来战争中将成为主要兵器。据此,未来战争主要是机械化战争,是陆海空战场一体化和三军联合作战的战争。

(4)关于战争指导

富勒认为,进行未来战争必须指导思想明确和分析问题不带偏见。在机械化战争中,胜利属于技术装备占优势的一方,其方式是在选定的方向上进行决定性战斗。进攻是机械化战争的主要样式。大量使用坦克实施突破、包围和追击,直捣敌集团军和军、师司令部等指挥机关,将对敌造成巨大的精神震撼。

(5)关于军队建设

富勒强调,军队规模和员额应适当缩小,武装力量建设的重点是依靠科学技术提高军队的机械化程度。富勒的军事思想体现了工业革命后资本主义社会生产力的发展水平,在欧美一些国家有较大影响,推动了机械化战争论的发展。

### 2.《战略论》——利德尔·哈特

利德尔·哈特,英国军事理论家、战略家,在军事理论上较早倡议"机械化制胜论",强调装甲坦克和机械化部队将起决定性作用。他一生勤于军事理论、军事历史和军事人物的研究,撰写了30多部著作。《战略论》是他的军事理论代表作之一。该书宣扬"间接路线战略"理论,主张把战斗行动尽量减到最低限度,避免正面强攻的作战方式,强调用各种手段出敌不意地奇袭和震撼敌人,使其在物质上遭受损失,在精神上丧失平衡,以达到不进行决战而制胜的目的。这种间接法思想对西方军界有过颇大影响。他的著作还有《西方的防御》《第二次世界大战史》《纳粹将道》(直译应为《德军将领内幕——来自希特勒高级指挥官令人震惊的发现》)等。

利德尔·哈特的军事思想主要内容如下所述。

(1)关于战略

利德尔·哈特认为,战略是一种分配和运用军事工具以达到政治目的的艺术。它所研究的不但限于兵力的调动,而且要考虑调动的效果。军事战略从属于大战略。大战略的任务是调节和指导一个国家或几个国家的一切资源,以达到战争的政治目的。军事战略成功与否,主要取决于对目的和手段的精确计算,以便使战略目的与现有手段相适应。他早年受传统军事思想影响,一度提倡防守战略。后根据古往今来的战争经验得出结论,认为"间接路线"是最合理和最有效的战略形式。这种战略的核心在于把战斗行动减少到最低限度,主张翼侧迂回,以避免从正面与敌直接碰撞;强调用各种手段袭击和震撼敌人,使其物质上受损,精神上失衡,最终达到不经决战而制胜的目的。

(2)关于作战

利德尔·哈特认为,最基本的作战原则是分散敌人兵力和集中己方兵力。为此,作战计划应具有灵活性,以保持行动的主动权;根据敌人的抵抗程度选择作战线,注意切断敌人的交通线;夺取某一个目标时,应同时威胁对方几个目标。作战原则可概括为一句话,即集中自己的力量对付敌人的弱点,方法是首先自己分散,引起敌人分散,然后才是自己集中。利德尔·哈特强调,灵活运用作战原则需要有健康的思想和冷静的头脑,并提出八条原则:①根据自己的手段选择目标。②时刻牢记自己的目标。③选择一条出敌不意的行动路线。④沿着一条敌方兵力最小的路线采取行动。⑤选择一条可以同时威胁敌方几个目标的作战线。⑥作战计划具有灵活性,并根据情况的可能变化部署军队。⑦敌方有所戒备时,决不全力以赴实施进攻。⑧第一次

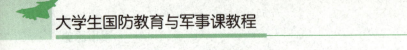

尝试失利后,绝不沿着同一路线和按照原部署再次发动攻击。此外,要在攻击开始前破坏敌人的稳定性,攻击奏效后积极扩张战果。

（3）关于军队建设

利德尔·哈特在20世纪20年代初提出机械化战争论,随后又建议英国陆军实现机械化和现代化,认为坦克是未来战争中的可靠武器,由坦克与步兵联合编成的装备齐全的陆军是未来军队建设的方向。因此,始终坚持机械化制胜和装甲坦克部队在未来战争中起决定作用的观点。主张步兵区分为重型步兵和轻型步兵,重型步兵用于防御,轻型步兵用于进攻和完成其他作战任务。轻步兵营的编制为1个小型汽车连、1个机械化连、1个后备摩托化连。每连分为两部分,一半作为战斗队,另一半充当预备队,以随时适应战场情况的变化。他认为发展机械化部队的前提是对原有战略作新的抉择,要考虑军事科学的发展趋势。为此,他对军队的组织、装备、机动、技术和训练等提出许多新见解,主张吸收科学技术的进步成果,以保证理论和实践跟上时代的发展。

（4）关于精神因素与物质因素

利德尔·哈特认为,战争中的精神因素与物质因素是统一的、不能分割的。精神是经常发挥作用的因素,在军事活动中具有压倒一切的作用,往往能决定战争和战斗的结局;物质是进行军事斗争的手段和工具,在每次战争中情况各异。精神因素和物质因素在战争中的重要性,不能简单地进行对比。如果武器装备不能满足要求,士气必将低落;如果消耗巨大、伤亡惨重而进展甚微,士气必将丧失。必须认真观察和分析战争中军事手段和斗争工具的发展情况,以便正确估量物质因素对精神因素的影响和作用。

（5）关于战史研究

利德尔·哈特强调从战史中学习战略、战术,认为只有对战史进行深入研究,才能在战略上和战术上掌握他所提倡的间接路线战略并了解它的意义。然而,研究和分析的成败取决于认真的思索并提出历史与现实之间的联系,只有不顾各种利害关系和不怕一切后果去追求真理,才能获得接近真理的结论。

### 3.《绝对武器》——布罗迪

《绝对武器》主要阐述了相互威慑理论的原则。这一理论曾一度被作为美国的核战略原则。该书认为,核武器是一种无法防御的绝对武器,它的出现,将使战争从人类世界上完全消失,或至少必须消失。该书还认为,在核攻击面前,不存在任何防御手段,侵略者和被侵略者必将在核报复打击下同归于尽。

核战争理论即是主张使用核武器进行战争的理论。冷战期间,它一度成为某些核大国制定军事战略的依据。1945年8月,美国使用原子弹轰炸日本广岛和长崎。1946年,美国军事理论家B.布罗迪等人把核武器称为"绝对武器"。一般认为核战争理论包括全面核战争理论、有限战略核战争理论和战区核战争理论。

### 4.低强度冲突理论

这是20世纪80年代初美国里根政府在前期有限战争理论基础上提出并推行的一种小规模军事冲突理论。低强度冲突是一种有限的军事、政治斗争,旨在达到特定的政治、经济、社会或心理目的,通常局限于一定的地域,使用的兵力、武器数量以及作战规模和激烈程度往往有限。这种作战形式,主要是反暴乱作战、反恐作战、应急作战和维护和平行动。低强度冲突理论是美国在与苏联势均力敌的形势下推行其全球战略、维护其海外利益的一种作战理论。

### 5. "高边疆战略"理论

这是时任美国总统、国家安全顾问的丹尼尔·格雷厄姆于1982年首先提出来的。他第一次较为系统地提出了开拓和利用宇宙空间以占据制高点的总体构想，并且使之成为一种包括军事、技术、政治、经济等各项战略在内的总体战略。正如他所强调的，"高边疆不仅是一项军事战略，它还是处理美国和美国盟国正当的经济和政治愿望以及安全需要的一项真正的国家战略"。其特点是突破了传统的边疆概念，实现了战场向第四维——太空的发展，并引发了新一轮的太空竞赛。

### 6. 非对称作战理论

1991年海湾战争之后，美国首先提出这一概念并展开了大量的相关理论研究。经过科索沃战争、阿富汗战争和伊拉克战争的实际应用，非对称作战理论逐渐丰富。美军最初提出这一概念是指不同类型部队之间的交战。随着实践的发展，非对称作战的内涵得到进一步拓展，被泛指利用交战双方军事力量对比的悬殊，并且充分利用国家在军事战略、武器技术和军兵种运用上的各种优势，积极寻找对手军事力量中的薄弱环节，扬长避短、以强击弱、避实击虚，以极小的代价换取战争的胜利。其实质是以己之长克敌之短，强调的是超越常规，出奇制胜。

### 7. 第六代战争理论

这是俄罗斯新军事变革理论的代表，由俄罗斯军事科学院斯里普琴科将军在其《第六代战争》一书中提出。这一理论认为，21世纪前25年的世界战争可以分为两种类型：一种是使用常规武器的接触战争；另一种是使用不同作战平台的高精度突击和防御武器、新物理原理武器、信息武器及电子战兵力兵器的非接触战争。第六代战争的主要目的是以非接触式方式摧毁任何距离上的敌国之经济潜力，在将己方全部火力用于无条件摧毁敌人经济设施的同时，还要实施强大的信息突击和不同作战平台无人驾驶高精度兵器的密集突击。

# 第三节　中国古代军事思想

中国古代军事思想源远流长、博大精深，在世界军事思想发展史上具有杰出地位，这是战争经验的总结、中国智慧的结晶。

## 一、中国古代军事思想的主要内容

中国古代军事思想是指中国在奴隶社会、封建社会时期，各阶级、集团及其军事家、军事论著者对于战争和军队问题的理性认识。它随着中国古代生产力发展、社会进步和军事实践发展而不断演进。

中国古代军事思想的基本内容包括：战争的起源、性质和作用，战争与政治，战争经济，战争与主观指导，将帅修养，治军，战略战术，战争保障等。

### (一) 战争观

战争观大约形成在奴隶社会的初期，到奴隶社会的末期基本成熟，主要包括两层含义。

### 1. 战争支柱——以仁为本

《司马法·仁本》开宗明义："古者，以仁为本，以义治之之谓正。正不获意则权。"仁者使人亲,义者使人悦。此二者,才是战斗力的凝聚核,才是赢得战争胜利的基础。孟子曰:"仁者无敌。"孙子强调,"主孰有道""上下同欲者胜"。

### 2. 战争准则——师出有名

《礼记·檀弓下》主张"师必有名",认为师出无名,必将遭到众人的反对,定成败局。孔子云:"名不正,则言不顺,言不顺,则事不成。"不管孰是孰非,打仗就得先找到正义的理由。

## (二)指导原则

### 1. 重战思想

《孙子兵法》开宗明义:"兵者,国之大事,死生之地,存亡之道,不可不察也",认为战争是关系到国家民众生死存亡的头等大事,不能不认真研究和对待。强调要认真地研究战争、充分地准备战争,追求不战而胜的结果。

孙武与孙子兵法

### 2. 慎战思想

即慎重对待战争,不轻易言战。《孙子兵法》中这样写道:"亡国不可以复存,死者不可以复生,故明君慎之,良将警之。"孙子慎战思想还体现在对手段的选择上:"上兵伐谋,其次伐交,其次伐兵,其下攻城。攻城之法为不得已。"

### 3. 备战思想

其意就是未雨绸缪。孙子受当时形势的影响和思想的熏陶,提出了必须重视备战的思想,并告诫人们思想上时刻不要忘记战备,做到"用兵之法,无恃其不来,恃吾以待也;无恃其不攻,恃吾有所不可攻也"。

### 4. 善战思想

就是要会用兵打仗。

一是注重以"道"为首要因素的多因素制胜论。"道"就是政治,是"令民与上同意也。故可以与之死,可以与之生,而不畏危也"。当然,在注重道的同时,其他四个"天、地、将、法"因素也不可忽视。

二是庙算制胜论。庙算,是古代开战前在庙堂举行军事会议,商讨与谋划战争的一种方式。《孙子兵法》主张战前要算,要对战争全局进行计划和筹划,定出可行的战略方针。

三是"诡道"制胜论。《孙子兵法》里讲道:"兵者,诡道也。"因此,他提出了"能而示之不能;用而示之不用;近而示之远;远而示之近。利而诱之;乱而取之;实而备之;强而避之;怒而挠之;卑而骄之;佚而劳之;亲而离之"的诡道之法,进而达到"攻其不备,出其不意"的目的。

## (三)谋略思想

重视谋略运用和谋略人才,强调将不在勇而在谋,战斗开始之前,就周密商讨作战计划。"知彼知己,百战不殆;不知彼而知己,一胜一负;不知彼不知己,每战必殆",这不仅仅对战争有指导意义,而且对政治、外交、经济乃至工作生活都有一定帮助。

## (四)全胜战略

自古以来,战争的直接目的就在于保存自己、消灭敌人。最高和最理想的目标就是以"全"争胜,"不战而屈人之兵"。《谋攻篇》中指出:"故百战百胜,非善之善者;不战而屈人之兵,善之善者也。"因此,"善用兵者,屈人之兵而非战也,拔人之城而非攻也,毁人之国而非久也,必以全争于天下。故兵不顿而利可全,此谋攻之法也"。在政治上,主张"全国为上,破国次之",使敌国完整降服为上策;在军事上,主张"全军为上,破军次之",以谋略使敌军完整屈服为上策。

### （五）作战思想

其主要表现在"致人而不制于人"，即夺取主动权。强调的就是要根据战场的具体情况，灵活且有针对性地采取制胜方法。孙子提出了"以迂为直""以患为利""攻其无备，出其不意"等作战思想。

### （六）强调奇正

孙子曰："以正合，以奇胜。"奇正是中国古代一对重要的军事矛盾，历代兵家多有阐述和运用。奇正的含义广泛，一般说来，常法为正，变法为奇。分而言之：在兵力使用上，守备、钳制的为正兵，机动突击的为奇兵；在作战方式上，正面进攻、明攻的为正兵，迂回、侧击、偷袭的为奇兵；在作战方法上，按一般原则作战的为正兵，采取特殊战法的为奇兵。奇正充分体现了用兵的机动灵活性，出奇制胜的高妙之处，在于攻击敌人无备与虚弱之处。

### （七）用将之道

选贤任能，不仅是古人的用人之方，也是用将之道。

#### 1.重将思想

《投笔肤谈·军势第七》指出："三军之势，莫重于将。"并且认为，"大将，心也。士卒，四肢百骸也"。用现代的说法，即"千军易得，一将难求"。

#### 2.选将思想

在古代，选将标准有五，《孙子兵法·计篇》中明确提出"将者，智、信、仁、勇、严也"。

#### 3.用将思想

古人认为，将帅使用的原则，就是信任和放手。孙子曰，"君命有所不受"，要做到"用人不疑，疑人不用"。

## 二、中国古代军事思想的形成发展

在人类发展史上，中华文明以其源远流长著称于世，至今已经延续5000多年。中华民族崇尚和平，但在民族统一的过程中，在历史朝代的更替中，在抵御外侮中，同样有铁马金戈、战火硝烟。在这片古老而神奇的土地上，不但孕育出灿烂辉煌的人文思想，而且产生了具有深刻哲理的军事思想。总体来看，中国古代军事思想的形成发展经历了萌生、蓬勃发展、充实提高、系统完善四个时期。

### （一）萌生时期——夏、商、西周时期的军事思想

从公元前21世纪至公元前8世纪初，是中国古代军事思想的萌生时期。大约在公元前21世纪，夏朝的建立标志着第一个奴隶制国家的产生。从夏王朝开始，私有制已经确立，阶级已经形成，国家已经产生，军队已经出现。殷商、西周王朝是奴隶制进一步发展时期，随着农牧业和手工业的发展，社会生产出现巨大进步，为军队发展提供了物质基础，如夏朝军队以步兵为主，商周时期车兵占据重要地位。这一时期的战争类型大体分为三种：一是旧的氏族部落势力反对新生奴隶制的战争；二是扩大巩固奴隶制国家的战争；三是新兴奴隶主推翻腐朽奴隶主统治的战争。此外，还有少数平民反抗奴隶主的起义。通过战争实践，产生了"攻""守""战术""统帅"等军事概念，人们开始探讨军队的多寡、武器的数量和质量与战争胜负的关系，反映了这一时期的军事思想已具有朴素的唯物主义性质。当然，由于那时的人们对战争的认识还处于低级阶段，对战争规律的认识有很大的局限性，因此战争、军事思想受迷信思想的影响还较大。夏、商、西周时期，人们常以占卜、观察星象等迷信活动来决定战争行动，因而在军事指导思想上，

"天命观"是其基本内容。

### （二）蓬勃发展时期——春秋战国时期的军事思想

从公元前8世纪初到公元前3世纪，即春秋战国时期，是中国古代军事思想蓬勃发展时期。在由奴隶制向封建制过渡的社会大动荡、大变革中，各诸侯国都大力发展军事力量，以图在诸雄中称霸。因此，这一时期战争频繁爆发，战争规模不断扩大，战争激烈程度也大大提高。这一时期军队的组织制度初步形成，改变了车兵为主的状况，相继出现了步兵、舟师和骑兵等兵种。军队数量也增加了几倍甚至十几倍，多者已达百万左右。在兵器方面，由于冶铁技术的发展，出现了更加坚韧、锋利的兵器；在战略战术上也有重大的改变。这一时期学术思想异常活跃，出现了百家争鸣的局面。兵家作为百家中的一家，在与诸子的争鸣与交流中，获得了巨大的发展，也促使军事思想的空前活跃。其中，最有代表性的就是春秋末期齐国人孙武所著的《孙子兵法》。此书是世界上最早的系统全面的军事理论著作，标志着封建地主阶级的军事思想已趋于成熟。

中国历史上最为著名的《武经七书》中的5部兵书，即《孙子兵法》《吴子兵法》《司马法》《尉缭子》《六韬》均问世于这个时期。春秋战国时期的军事思想，是我国军事思想史上的第一个高峰，奠定了中国封建社会军事思想的基础，成为后世军事家们遵循、效仿和研究的对象。

### （三）充实提高时期——秦汉至五代时期的军事思想

公元前3世纪初至公元10世纪中叶，是中国封建社会发展的上升阶段，主要经历了秦汉、晋、隋、唐等几个大的王朝。其中，汉唐两代是中国封建社会的盛世，军事思想也得到了进一步丰富和发展。

秦以后进入了以铁兵器为主的时代，骑兵成为战争力量的主角，舟师水军参战机会增多，要求作战指挥必须加强步、骑、水军的配合。从汉到隋曾多次发生如赤壁之战、淝水之战等规模大、兵种多的集团配合作战，使战争中政治与军事的结合，谋略与决策的运用，战略与战术的使用，以及作战指挥艺术都达到了相当高的水平，战略思想也日臻成熟。诸葛亮的《隆中对》是当时战略决策的巅峰之作。许多总结军事斗争经验的兵书应运而生，出现了汉初的《黄石公三略》和后来的《李卫公问对》等传世之作。

### （四）系统完善时期——宋至清前期的军事思想

公元960—1840年，历经宋、元、明、清（前期）四个朝代，中国进入封建社会后期，是中国古代军事思想历经漫长的丰富和发展之后，走上体系化的时期。这期间，火器逐渐普遍使用，战争进入了冷、热兵器并用的时代。宋朝建国之初就面临民族矛盾扩大、阶级矛盾激化和统治阶级内部矛盾加剧的局面。当政者为了维护统治，确立了兵书在社会的正统地位，武学开始纳入国家教育体系。北宋中叶开始重视武事，开办武学，设立武举、发展军事教育，并总结古今兵法和本朝方略，编纂《武经七书》，官定为武学教材。武举的设立、武学的兴办，以及武经的颁定，培养了大批军事人才，繁荣了军事学术。

## 三、中国古代军事思想的特点

世界上每一种文明传统都包含有关于战争的思想，而每一种军事思想又都有其传统文化的烙印。几千年来，经过漫长历史的积淀与升华，中国古代军事思想形成了独具特色的鲜明特征。

### （一）历史悠久，著作丰富

中国历来有"兵书王国"之美誉。中国古代军事思想发端于约5000多年前的远古时代，有史可查的最早的兵书《军志》大约出现于西周，距今已有3000多年。古代兵法名著《孙子兵法》,出现于 2500 多年前的春秋时期,一直被公认为"世界第一兵书"。中国军事思想不仅历史悠久,有关著述浩如烟海,蔚为壮观。据不完全统计,从先秦至晚清,中国历代兵书多达 3380 部、23500 卷,流传至今的兵书多达 2308 部、18567 卷,比较有价值的 100 多部,被选入百科全书的有 39 部,为世界之最。

### (二)舍事言理,哲理深刻

中国古代军事思想对战争与军事问题的观察分析,宏观上具有一览群山的博大气概,纵横联络的系统思想,言兵而不限于兵,而是将军事与政治、经济、人文及自然、心理、艺术等有关因素融合在一起,通盘考虑。在战争观、安全观、建军思想、作战准则、方法与谋略等方面都有充满哲理与智慧的真知灼见。例如,《孙子兵法》归纳的"道、天、地、将、法"五个战争取胜因素,"智、信、仁、勇、严"五项将帅素质指标,"不战而屈人之兵"的"全胜"目标,"先胜后战"的战争原则,"知彼知己,百战不殆"的著名论断,"兵无常势,水无常形"的精妙见解,"出其不意,攻其不备"的谋略思想,被称为"具有深刻涵义的战争哲学",成为古今中外兵家名将的座右铭。

### (三)崇尚道义,追求和平

中国军事思想历来把崇尚道义和追求和平作为研究军事问题的价值取向。日本历史学家浅野在深入研究了中国军事历史之后得出这样的结论:中国军事思想的"第一个特点是以非战主义为原则,尽量通过外交和谋略活动,求得政治解决""中国的兵学的价值是以政略性和道义性为主要内容的";中国"兵家的得意之处在于外交和谋略,其着眼点是极力避免诉诸武力""他们主要是以用兵的方略和讲究道义而闻名于世的"。

中华民族是一个爱好和平的民族。早在先秦时期,兵家就把"止戈为武"作为思考战争问题的逻辑起点。公元 15 世纪初叶,在西方的"地理大发现"之前,中国明代皇帝就派郑和率领当时世界上最大的舰队,先后七次出使海外,到达 30 多个国家和地区,最远到非洲东岸和红海海口。然而,中国的舰队没有像西方国家那样去进行武力征服,没有去建立海外殖民地,也没有去掠夺别国财富;而是作为友好使者,去促进中国与亚非各国的经济和文化交流。在当时的历史条件下,这样的和平善旅,在世界是绝无仅有的。数千年来对和平的追求,已经融入中华民族的性格之中。

### (四)注重谋略,力争智胜

在中国古代军事思想宝库中,丰富多彩的军事谋略最为引人注目,中国军事谋略思想的产生与运用,可以溯源到远古的战争。黄帝、炎帝联盟与蚩尤的涿鹿之战,炎帝与黄帝的阪泉之战,已经孕育着军事谋略思想的萌芽。商朝著名的鸣条之战,已运用了离间计。周朝著名的牧野之战,是"兵家之祖""军事谋略的奠基人"吕望奇计良谋的杰作,此后,从孙膑首创的"围魏救赵",到诸葛亮的"空城计",中国军事历史上运用奇妙方略的经典战例举不胜举。《孙子兵法》中的"十二诡道",《百战奇法》《三十六计》中所概括的 130 多条战争法则,都是熔炼中国传统谋略思想而形成的精华。这些人们耳熟能详、出口能诵的奇法妙计,是中国传统战争智慧得以存在并不断深化的思想和社会基础。

### (五)居安思危,未雨绸缪

进入中国古代军事思想宝库,人们会发现,居安思危的意识是这一宝库中古今皆具的"通宝"。古代中国的战争相当频繁,因此,做好战争准备,是维护国家安全的重中之重。军事思想强调思危意识,居安思危。战国时代的吴起就提出:"夫安国之道,先戒为宝。"《左传》的"居安思危,思则有备,有备无患"的著名论断,至今还被人们反复引用。《司马法》也告诫人们:"天下虽安,忘战必危。"甚至连《易经》都有这样的论断:"君子安而不忘危,存而不忘亡,治而不忘乱,是以身安国家可保也。"万里长城,就是中国古代军事思想中思危意识的最好例证。

### (六)百家争鸣,千川汇聚

早在春秋战国时代,中国的军事思想就呈现出百家争鸣的景象。诸多兵家,如孙武、孙膑、吴起、尉缭等,各抒己见,自立门派,像孔子、孟子、老子、墨子、管子、晏子、田穰苴等政治家、思想家,也踊跃参与言兵议兵,正所谓"无子不言兵",他们均有许多独到见解。由于战争关系到国家的存亡,必须实事求是,博采众家之长,才能正确指导战争、夺取胜利,因此中国古代军事思想一直具有海纳百川的气度,这与中国伦理思想领域"罢黜百家,独尊儒术"的偏狭形成了鲜明的对照,也促成了中国军事思想的繁荣与进步。

## 四、代表性著作

中国古代军事思想源远流长。几千年的丰厚积淀,使军事家、兵学家对战争的起源、性质和作用,战争与政治、经济的关系,战争与主观指导,将帅修养,治军方法,战略战术,战争保障等问题的系统认识上升为理论,形成了中国古代军事思想,奠定了其在世界军事思想史上的杰出地位。纵观中国古代军事思想的丰富内容,其精华大多见于《孙子兵法》。

### (一)重战、慎战和备战相统一的战争观

对待战争持什么态度,千百年来,不同阶级和人物有着不同的回答。孙武以前,人们对战争所持态度是不一致的,有人支持,有人反对。反对战争的人们认为"兵凶战危"、伤人太多,是坏事,应该制止。老子认为"兵者不祥之器,非君子之器",他主张"以道佐人主",而"不以兵强天下"。孙武站在新兴地主阶级立场上,用朴素辩证的思想和方法观察战争,打破上述看法,号召人们积极研究和参加战争,号召将帅要"经之以五事,校之以计"来研究战争,探索战争的情势。孙武认为,战争这柄双刃剑具有兴国和亡国的双重性质。基于这种认识,他在考察春秋末期战争的基础上,提出了重战、慎战和备战相统一的战争观。

### (二)"知彼知己,百战不殆"的战争指导思想

"知彼知己,百战不殆;不知彼而知己,一胜一负;不知彼,不知己,每战必殆",意思是说,了解敌人又了解自己,则百战不败;不了解敌人而了解自己,可能胜也可能败;既不了解敌人,又不了解自己,每战必败。孙武用简明扼要的语言,指明了战争指导者了解敌我双方情况与战争胜负的关系,从而揭示了指导战争的普遍规律。这一思想极具科学价值。自有战争以来,古今中外的战争指导者,都不能违背这一规律。这条规律,从哲学意义上讲,是实事求是的朴素的唯物主义思想;从战争理论上讲,是分析判断情况的根本规律;从指导战争的意义上讲,是先求可胜的条件,再求必胜之机的重要抉择。

### (三)以谋略制胜为核心的用兵思想

谋略,是指用兵的计谋。《孙子兵法》军事思想的核心是谋略制胜。它认为军事斗争不仅仅是军事力量的竞赛,而且是敌我双方政治、经济、军事和外交等综合斗争,也是双方军事指导艺术的较量,即斗智,会用兵打仗。

#### 1."庙算"制胜

"多算胜,少算不胜,而况不算乎!吾以此观之,胜负见矣",意思是说,战前,计算周密,胜利条件多,可能胜敌;计算不周,胜利条件少,不能胜敌,更何况不算呢!我们从这些方面来考察,谁胜谁负就可以看出来。"庙算"制胜,主要是指战前要从战争全局对战争诸因素进行分析

对比,决定打不打,怎么打,用什么力量打,在什么时间、地点打,打到什么程度,如何进行战争准备和后方保障;做到有预见、有计划和有保障,心中有数,打则必胜。也就是说,先求"运筹于帷幄之中",然后才能"决胜于千里之外"。

### 2. 诡道制胜

"兵者,诡道也","兵以诈立",意思是说,用兵打仗是一种诡诈行为,要依靠诡诈多变取胜。军事上的诡道是指异于常规的做法。"兵不厌诈",乃古今常理。在战争的舞台上,如果对敌人讲"君子"之道,就必然被敌所制;如果能较好地运用诡道,造成敌人的过失,创造战机,那就会陷敌于被动。孙武将诡道归纳为十二法:"能而示之不能,用而示之不用,近而示之远,远而示之近,利而诱之,乱而取之,实而备之,强而避之,怒而挠之,卑而骄之,佚而劳之,亲而离之。攻其无备,出其不意,此兵家之胜,不可先传也。"

### 3. 不战而屈人之兵

"故百战百胜,非善之善者也;不战而屈人之兵,善之善者也",意思是说,在战争中百战百胜,并不是好中最好的,不战而使敌人屈服才是好中最好。所以,孙武主张"上兵伐谋,其次伐交,其次伐兵,其下攻城",意思是,最好的是以谋制胜,使敌人屈服;其次是通过外交途径,分化瓦解敌人的同盟,迫使敌人陷入孤立;最后才攻城掠地,使敌人不得不屈服。例如,战国时,秦国采取"远交近攻"的政策,逐步灭了六国,就是以外交手段配合军事进攻而取得胜利的。再次是伐兵,即用武力战胜敌人。最下策是攻城,硬碰硬的攻坚战。孙武指出:"善用兵者,屈人之兵而非战也,拔人之城而非攻也,毁人之国而非久也,必以全争于天下。故兵不顿而利可全,此谋攻之法也",意思是说,善于用兵的人使敌人屈服不用直接交战,一定要用全胜的计谋争胜于天下,这样,军队就不至于疲惫受挫,而又能获得全胜的利益。这就是以计谋攻敌的原则和孙武的全胜思想。当然,不战而胜,是要以强大的武力做后盾的,如果没有强大的军事力量,就很难达到不战而胜的目的。

孙武还总结了若干作战用兵原则。例如,先胜而后求战的原则,示形动敌的原则,避实而击虚的原则,我专而敌分的原则,因敌而制胜的原则,等等。总之,孙武"不战而屈人之兵"的思想对后世的影响极大,并为世界所公认。

### (四)"文武兼施,恩威并用"的治军思想

孙武的治军思想核心是"令之以文,齐之以武"。"文",是指怀柔、爱抚,对士兵要厚爱。"令"是命令。"令之以文"是孙武爱兵思想的体现。他说,将帅要"视卒如婴儿""视卒如爱子",这样才能调动士卒杀敌的热情,"故可以与之赴深溪""故可与之俱死"。"武",是指严惩、严罚。"齐",是指行动齐整。"齐之以武",是孙武以法治军思想的体现。孙武在"五事"中提出"法",在"七计"中又提出"法令孰行""赏罚孰明",军队有法,才能组成集中统一的有组织的力量,上下有所遵循,成为"有制之兵",这一治军思想的基本原则是恩威并重。治军如果没有恩德的手段相配合,就会出现"怨法而不畏法"的状况;如果没有威严的手段作保证,就会出现"恃恩而不感恩"的状况,只有文武相兼,恩威并施,才能使官兵勇往直前。

### (五)朴素唯物论和原始辩证法思想

《孙子兵法》之所以具有极大的时空跨度,经久不衰,与它反映的朴素唯物论和原始辩证法思想是分不开的。兵法中反映的唯物论,主要包括三个方面:一是对战争的认识,冲破了"鬼神论"和"天命论";二是把客观因素作为决定战争胜负的基础;三是注意到时间和空间在军事上的作用。原始辩证法思想主要表现在能够正确认识战争中各种矛盾的对立统一及相互转化的

关系。《孙子兵法》中的辩证概念要领有 85 对,使用 260 次之多,如敌我、攻守、胜负、迂直、强弱、勇怯、奇正、虚实、分合、久速等,并充分论述了在一定条件下它们是可以相互转化的。

《孙子兵法》诞生以来,其影响与日俱增。明代的军事著作家茅元仪曾说,"前孙子者,孙子不遗;后孙子者,不能遗孙子",如实地评价了《孙子兵法》的崇高历史地位和永恒思想价值。

人类社会迈入 21 世纪,《孙子兵法》的影响非但没有消退,反而跨越了地域和语言的局限,受到越来越多不同肤色的人们的重视和推崇,被东西方共同尊为"兵学圣典"。从 20 世纪中期开始,《孙子兵法》日益引起西方战略家和军事家的重视,成为他们启迪思维、创新理论的重要灵感源泉。提出间接路线战略的英国军事理论家利德尔·哈特,对孙武的思想推崇备至。他为塞缪尔·B.格里菲思的《孙子兵法》英译本(1963 年出版)写过一篇影响很大的序,对《孙子兵法》做了全面的评价,"《孙子兵法》是关于战争艺术的最早论述,就其对战争艺术论述的广泛性和对战争艺术的理解深度而言,到目前为止尚没有被超越"。《孙子兵法》可说是集中了关于战争的核心智慧。在过去的军事思想家当中,只有克劳塞维茨可与之媲美。尽管克劳塞维茨的著述比《孙子兵法》晚了两千多年,但相比较而言,《孙子兵法》却更加切合时宜,更能跟上时代的变迁,具有更明确的远见、更深入的洞察力、更持久的生命力。

美军的空地一体战《作战纲要》和《2010 年联合构想》《2020 年联合构想》等作战条令,引用了许多孙武的箴言警句。美国人也毫不讳言地承认,自海湾战争以来,他们所进行的历次战争的作战理论和战略战术,包括伊拉克战争中运用的"震慑"理论或"快速决定性作战"理论,以及斩首、攻心、精确闪击等一系列战法,都汲取了孙武的智慧。伊拉克战争的作战理念主要来自哈伦·厄尔曼等人 1996 年所著的《震慑与提惧:迅速制敌之道》,孙武的名字在该书中先后出现了 20 多次。随着世界新军事革命的推进,《孙子兵法》对西方军事理论的影响,正呈现出不断深化的趋势。

# 第四节　当代中国军事思想

## 一、毛泽东军事思想

毛泽东是伟大的无产阶级革命家、战略家、理论家和军事家,是中国人民解放军的主要缔造者和领导者。在长期的革命战争实践中,毛泽东运用他的聪明才智,凝聚了全党全军的集体智慧,创造性地形成了毛泽东军事思想。

### (一)毛泽东军事思想的科学含义

毛泽东军事思想是毛泽东关于中国革命战争、人民军队和国防建设以及军事领域一般规律问题的科学理论体系;是毛泽东思想的重要组成部分;是马列主义的基本原理同中国革命战争和国防建设具体实践相结合的产物;是中国共产党领导中国人民及其军队对长期军事实践经验的科学总结,是党和人民集体智慧的结晶。同时,毛泽东军事思想还多方面吸取了古今中外军事思想的精华,是中国共产党领导中国革命战争、军队建设、国防建设和反侵略战争的指导思想。

### 1.马列主义的基本原理同中国革命战争的具体实践相结合的产物

马克思列宁主义是毛泽东军事思想产生和发展的直接理论来源。以毛泽东为代表的中国共产党人,在领导中国革命的实践中,不束缚于马列主义经典著作的条条本本,不拘泥于俄国城市暴动获得革命成功的经验,在继承和发展马列主义军事思想的基础上,根据当时中国是一个以农民为主体的半殖民地半封建的国家这一基本国情,创造性地应用马列主义原理,积极开展武装斗争,开辟了农村革命根据地,走农村包围城市,最后夺取全国政权的道路,创立了以农民为主体的新型无产阶级人民军队,创立了人民战争学说和一整套人民战争的战略战术等。毛泽东军事思想是中国式的马克思主义军事理论,是马克思列宁主义的基本原理同中国革命战争的具体实践科学相结合的产物。

### 2.对中国人民革命战争和军队国防建设实践经验的科学总结

毛泽东军事思想赖以产生和发展的基础是中国革命武装斗争和国防建设的伟大实践。以毛泽东为首的中国共产党领导中国革命武装斗争经历了国共合作时期的北伐战争,独立领导的土地革命战争、抗日战争、解放战争,以及新中国成立后的抗美援朝战争和其他自卫战争,其时间之长、规模之大、道路之曲折、情况之复杂、形式之多样、胜利之辉煌,在中外战争史上都是罕见的。毛泽东既有同国内反动派作战的经验,又有同国外帝国主义作战的经验;既有小部队分散进行游击战的经验,又有大兵团进行运动战、阵地战的经验;既有"小米加步枪"战胜敌人的经验,又有"飞机加大炮"战胜敌人的经验;既有战争年代武装斗争的经验,又有和平时期国防建设的经验。伟大的军事实践必然产生伟大的军事理论。毛泽东军事思想是中国革命战争和国防建设丰富经验的理论升华。

### 3.集体智慧的结晶

毛泽东军事思想不是某一种学派的理论或个人学说,而是我军的根本指导思想。毛泽东作为中国革命军事理论的奠基人和集大成者,对这一理论的创立和发展起了主导作用。

在中国革命战争的伟大实践中,探索规律和发展真理的是一个群体。一方面,伟大的革命战争实践造就了一大批卓越的军事家,他们也为中国革命军事理论的形成和发展做出了卓越的贡献;另一方面,中国共产党实行集体领导,党和军队关于战争问题的许多重大决策和军事理论的形成,都是领袖集团集体智慧的体现。正如毛泽东自己所言:"这不是我一个人的思想,是千万先烈用鲜血写出来的,是党和人民的集体智慧。"

正因为如此,毛泽东军事思想也合乎逻辑地成为中国共产党领导中国革命战争、军队建设、国防建设和反侵略战争的指导思想。可以说,毛泽东军事思想是人类先进思想的智慧结晶,是人民群众智慧的结晶,是中国共产党集体智慧的结晶。

### 4.毛泽东思想的重要组成部分

毛泽东思想是以毛泽东为代表的中国共产党人,根据马克思列宁主义的基本原理,把中国长期革命实践中的一系列独创性经验作了理论概括,形成了适合中国国情的、科学的指导思想。毛泽东思想主要包括:新民主主义革命理论、社会主义革命和建设的理论、革命军队的建设和军事战略理论、政策和策略的理论、思想政治工作和文化工作的理论、党的建设的理论。在取得全国政权过程中,中国共产党的历史实际上是一部武装斗争的历史。军事斗争是中国共产党的工作重心。以毛泽东为代表的中国共产党人以极大的精力研究军事、探索规律、指导战争。毛泽东的军事实践活动,是他一生中最伟大、最光辉和最成功的部分,其军事著作在其著作中处于很重要的地位。因此,毛泽东军事思想是毛泽东思想的重要组成部分。

### （二）毛泽东军事思想的主要内容

毛泽东军事思想是一个内容丰富的科学体系，其主要内容包括：辩证唯物主义和历史唯物主义的战争观和方法论、人民军队思想、人民战争思想、人民战争的战略战术思想和国防建设思想五个方面。

#### 1.辩证唯物主义和历史唯物主义的战争观和方法论

什么是战争，战争是否有规律，人们如何认识和驾驭战争？这是军事思想史上一直争论不休的问题。毛泽东结合中国革命战争的实践，在充分借鉴古今中外军事思想精华的基础上，运用马克思主义的基本原理，第一次明确提出了"军事辩证法"概念，系统地阐述了马克思主义的战争观，丰富和发展了马克思主义的战争认识论、方法论。它为正确地看待战争，恰当地解决军事领域的各种矛盾，提供了基本的立场、观点和方法。

（1）辩证唯物主义和历史物主义的战争观

战争是阶级社会的特有现象，这是毛泽东在全面考察古今中外战争史的基础上，对战争起源和战争根源问题所作的回答。1936年12月，毛泽东在《中国革命战争的战略问题》一文中指出："战争——从有私有财产和有阶级以来就开始了的，用以解决阶级和阶级、民族和民族、国家和国家、政治集团和政治集团之间，在一定发展阶段上的矛盾的一种最高的斗争形式。"这一论断，为正确认识战争的根源、本质和发展进程提供了科学依据。它表明，私有财产和私有制的出现是战争得以产生的决定性因素，没有私有制和阶级社会的出现，就不会有真正意义上的战争。

"战争是流血的政治。"这是毛泽东关于战争与政治关系的基本观点。人类社会虽然经历了漫长的战争历史，但对于战争与政治关系却始终未有正确的认识。19世纪，普鲁士军事理论家克劳塞维茨提出：战争无非是政治通过另一种手段的继续。列宁对克劳塞维茨的观点进行了改造，使之成为马克思主义关于战争与政治关系的基本观点。毛泽东结合抗日战争的实际，以"战争和政治"为题，对战争与政治的关系做了进一步的深刻阐述："'战争是政治的继续'，在这点上说，战争就是政治，战争本身就是政治性质的行动。从古以来，没有不带政治性质的战争。""但是战争有其特殊性，在这点上说，战争不即等于一般的政治。""政治是不流血的战争，战争是流血的政治。"这些论述，精辟地阐述了战争与政治关系。

战争是经济的竞赛，这是毛泽东关于战争与经济之间关系的重要观点。古往今来一切战争起源于敌对双方的经济利益冲突。经济是人类社会发展最基本的动因，也是战争最基本的动因。1933年8月，毛泽东在《必须注意经济工作》一文中指出："如果不进行经济建设，革命战争的物质条件就不能有保障"，"只有开展经济战线方面的工作，发展红色区域的经济，才能使革命战争得到相当的物质基础。"毛泽东关于战争还是经济竞赛的观点，丰富和发展了马克思主义战争观，对于在新的历史条件下坚持国防建设与经济建设协调发展具有深远的指导意义。

拥护正义战争、反对非正义战争，是毛泽东关于共产党人对待战争的根本立场和态度的论断。1936年12月，毛泽东在《中国革命战争的战略问题》一文中明确提出："历史上的战争，只有正义的和非正义的两类。我们是拥护正义战争反对非正义战争的。"他在1938年5月撰写的《论持久战》一文中，进一步指出："我们共产党人反对一切阻碍进步的非正义的战争，但是不反对进步的正义的战争。对于后一类战争，我们共产党人不但不反对，而且积极地参加。"毛泽东关于拥护正义战争、反对非正义战争的观点，是对马克思主义战争观的继承和运用，是毛泽东战争观的重要内容，对当前维护国家主权安全发展利益、做好军事斗争准备，仍具有重要指导意义。

（2）研究军事问题的方法论

把握战争规律，正确指导战争。毛泽东指出："战争的规律——这是任何指导战争的人不能不研究和不能不解决的问题。革命战争的规律——这是任何指导革命战争的人不能不研究和不能不解决的问题。"毛泽东研究和指导战争方法论的核心，就是认识和把握战争规律，用以正确地指导战争。毛泽东指出，研究各个不同的战争指导规律，应该着眼其特点和发展，反对战争问题上的唯心论和机械论。他既反对照搬照套外国经验来指导中国革命战争，也反对把中国革命战争的经验看成是适用于一切国家和一切战争的普遍原则，而是强调马克思主义普遍真理应当与各国革命具体实践相结合。

关照全局，把握关节。关照全局是战争指导者的首要问题，把握关节是推动全局发展的重要方法。毛泽东说："战争的胜败的主要和首先的问题，是对于全局和各阶段的关照得好或关照得不好。""指挥全局的人，最要紧的，是把自己的注意力摆在照顾战争的全局上面。"

着眼特点，着眼发展。毛泽东提出，研究战争规律要着眼特点、着眼发展。他说："一切战争指导规律，依照历史的发展而发展，依照战争的发展而发展；一成不变的东西是没有的。"这就要求人们要着眼特点、着眼发展来考察和认识战争规律。

主观指导符合客观实际。战争指导至关紧要的问题，就在于能否解决主观指导与客观实际的矛盾。毛泽东指出：多打胜仗、少打败仗的关键"就在于把主观和客观二者之间好好地符合起来"。战争指导落后于实际必然要打败仗。

### 2. 人民军队思想

人民军队思想，是以毛泽东为代表的老一辈无产阶级军事家，作为进行武装革命的首要问题提出来的。毛泽东把马列主义的建军学说与中国实际相结合，创造性地提出了一整套建军理论和原则，主要包括：人民军队是执行革命政治任务的武装集团；全心全意为人民服务是人民军队的唯一宗旨；人民军队必须置于中国共产党的绝对领导之下；建立健全军队政治工作制度，开展强有力的政治工作；执行战斗队、工作队、生产队三大任务；坚持官兵一致、军民一致、瓦解敌军的三大原则；贯彻群众路线，实行政治、经济、军事三大民主；加强军队革命化、现代化、正规化建设等。

中国共产党领导的军队，是真正代表人民群众利益的革命军队。由于从建军开始就规定了铁的纪律并坚决严格执行，所以受到人民群众真心实意的拥护。

### 3. 人民战争思想

人民战争思想是毛泽东军事思想的核心，是我们党必须遵循的战争指导路线。以毛泽东为主要代表的中国共产党人，把马克思列宁主义关于人民群众的历史能动作用原理，创造性地运用于中国革命战争实践，形成了一套完整的人民战争思想。它的基本内容是：革命战争是群众的战争，人民群众是战争伟力之最深厚的根源；兵民是胜利之本；人是战争胜负的决定因素，只有依靠、动员、武装人民群众，才能实行全面、彻底的人民战争；坚持党的绝对领导，是实行人民战争的根本保证；强大的人民军队，是实行人民战争的骨干力量；坚持"三结合、一配合"是实行人民战争的正确组织形式和斗争形式等。

### 4. 人民战争的战略战术思想

毛泽东在指导中国革命战争的长期实践中，创立了一整套具有中国特色的人民战争的战略战术，成为人民军队在战争力量敌强我弱、武器装备敌优我劣的情况下克敌制胜的法宝，其主要内容包括：保存自己，消灭敌人；战略上藐视敌人，战术上重视敌人；承认积极防御，反对消极防御;集中优势兵力,各个歼灭敌人;实现歼灭战,必须审慎地选择打击方向和攻歼目标,先打分散孤立之敌,后打集中强大之敌;采取恰当的作战形式,实行运动战、阵地战、游击战相结合;力求主动,力避被动,执行有利决战,避免不利决战,尤其应慎重初战;发扬优良战斗作风,善于利用作战间隙休整部队,以利再战;立足现有装备战胜敌人;把对敌军事打击与政治瓦解结合起来;大力组织支援前线,搞好后勤保障。其基本精神是:一切从敌我双方的实际情况出发,你打你的,我打我的,有什么武器打什么仗,对什么敌人打什么仗,在什么时间地点打什么时间地点的仗;灵活机动,不拘一格,扬长避短,力争主动,利用矛盾,各个击破;进攻时反对冒险主义,防御时反对保守主义,退却时反对逃跑主义,有效地达到保存自己、消灭敌人的战争根本目的。

### 5. 国防建设思想

中华人民共和国成立后,毛泽东从军事斗争的实际情况出发,适应新的形势和任务需要,不断总结巩固国防和建设国防的实践经验,创立了国防建设思想。其主要内容有:动员全中国人民,保卫、建设新中国;国防不可没有,国防必须现代化;要建设一支现代化国防军;加强国防建设,首先一定要加强国家经济建设;国防建设要根据国家安全利益的需要,以积极防御的战略方针为指导;国防建设必须坚持独立自主的方针。

战争观和方法论是毛泽东军事思想的理论基础;人民战争思想是其核心内容;人民军队思想反映我军的性质、宗旨,体现建军治军的原则;人民战争的战略战术思想是对我军战略战术指导的科学总结;国防建设思想是毛泽东军事思想在新的历史条件下的发展。

### (三)毛泽东军事思想的地位作用

毛泽东军事思想是具有中国特色的军事理论。它创造性地发展了马克思列宁主义的军事理论,指导中国革命战争取得了彻底的胜利,在中华人民共和国成立后又继续指导了中国的国防建设、抗美援朝战争和边境自卫反击作战,是国防现代化建设和未来反侵略战争的指针。它不但在中国军事思想发展史上占有极为重要的地位,而且在世界军事思想史上也具有重要影响。

#### 1. 中国革命胜利的理论指南

邓小平说:"没有毛主席,至少我们中国人民还要在黑暗中摸索更长的时间,毛主席最伟大的功绩是把马列主义的原理同中国革命的具体实践结合起来,指出了中国夺取革命胜利的道路。毛泽东军事思想是在中国革命战争和国防建设的沃土中形成和发展起来的,它指导我军以劣势装备战胜了优势装备的敌人,取得了土地革命战争、抗日战争、解放战争共400余次重大战役的胜利,以及中华人民共和国成立后的几场边境自卫反击作战的胜利。事实雄辩地证明,毛泽东军事思想是被实践证明了的先进的军事理论,适合我国国情和军情。它不仅适用于技术落后的昨天,而且适用于技术进步的今天和明天。它的精髓,就是一切从实际出发,实事求是地研究和指导战争。"

#### 2. 创造性地丰富和发展了马克思主义军事理论

以毛泽东为代表的老一辈无产阶级革命家,在领导中国人民进行长期革命战争和国防建设的实践中,创造性地把马列主义普遍原理与中国革命战争和国防、军队建设具体实践相结合,继承发展了古代、近代和现代的中外优秀军事理论,极大地丰富了马克思主义军事理论宝库。主要体现在:系统地阐述了无产阶级的战争观和方法论;开辟了农村包围城市、武装夺取政权的革命道路;解决了把以农民为主要成分的革命军队建设成为一支无产阶级性质的新型人民军队问题;丰富和发展了马克思主义的人民战争学说;把人民战争作为中国革命战争的根本指导路线;

系统地制定了一整套适合中国革命战争特点的战略战术以及国防现代化建设的理论等。

### 3. 在世界上有广泛而深远的影响

毛泽东军事思想的理论和实践价值得到举世公认。第三世界许多国家在进行民族的或人民的解放战争时，十分重视吸取和运用毛泽东军事思想。《巴基斯坦时报》曾指出："毛泽东作为军事战略家，是一位开路先锋，他的人民战争学说，对亚洲和非洲的历史发展的影响是不可估量的。"越南人民在反抗法国殖民主义者和美国侵略者的战争中曾结合自己的斗争实际，广泛地采用了毛泽东人民战争的战略战术。武元甲大将曾撰文说："毛泽东军事思想对于我党领导这场抗战有着重大的贡献。自1950年以来，在中国革命胜利以后，我国军民更有条件学习中国人民解放军的宝贵经验，学习毛泽东军事思想并创造性地运用到我国的武装斗争的具体实践中去。"马里《发展报》的一篇文章也指出：毛泽东提出的农村包围城市的道路，使中国走上战胜帝国主义、建立中华人民共和国的道路，是对殖民地或半殖民地、封建或半封建国家人民的最好指引，这条道路将是第三世界大多数人民要走的道路。

资本主义国家的一些军事理论著作家、评论家，对毛泽东军事思想也很重视。基辛格在《核武器与外交政策》一书中指出："毛泽东基于大家熟悉的列宁主义学说，即战争是斗争的最高形式，研究出一套军事理论"，"这套军事理论表现出高度的分析能力，罕有的洞察力。"日本军事评论家宾户宽指出："毛泽东是一位伟大的革命家"，"与马克思、列宁所不同的是，他同时又是一位伟大的军事领袖、军事理论家。"前美国总统肯尼迪也非常重视毛泽东的游击战著作，他率先进行研究，并要求三军参谋长拿出对付的办法。毛泽东军事思想是人类军事史上光彩夺目的一页，体现出鲜明的人格魅力、民族气派、中国特色和时代精神。在战争形态已由机械化战争向信息化战争转型的21世纪，它的立场、基本观点和方法，仍将对我国的战争准备、战争控制、战争实施、战争指导以及国防和军队建设具有长远的指导意义。

## 二、邓小平新时期军队建设思想

邓小平在领导我军建设的伟大实践中，运用马列主义军事理论，丰富和发展了毛泽东军事思想，创造性地提出了一整套具有中国特色的、符合新时期军队和国防建设需要的科学理论，形成了系统的、完整的邓小平新时期军队建设思想。

邓小平新时期军队建设思想是一个完整的科学体系。它以"实事求是"为总的指导原则，以马克思的战争与和平的理论、社会主义初级阶段的理论、国防建设、军队建设与国家经济建设关系的理论为依据，明确提出了建设一支具有中国特色的、强大的现代化、正规化、革命化的军队，阐明了新时期军队建设的一系列基本原则。

邓小平新时期军队建设思想的主要内容概括起来包括三个方面：一是关于战争与和平；二是新时期人民军队建设；三是建设有中国特色的现代化国防。

### (一)关于战争与和平问题的理论

战争与和平问题是军事领域里的一个基本问题。邓小平站在历史的高度，运用马克思主义辩证法，科学地观察和分析了国际形势的发展变化，对当代战争与和平问题做出了新的战略判断，科学地回答了当代战争提出的新问题。

### 1. 霸权主义是现代战争的主要根源

邓小平在分析现代战争的根源时指出："当今世界不安宁来源于霸权主义的争夺"，"战争是同霸权主义联系在一起的"。

邓小平后又进一步完善了这一理论,他说:"无论是世界性霸权主义,还是地区性霸权主义,都是当代战争的根源。"邓小平这一论断,丰富了马克思主义战争观,是对马克思主义战争根源理论的重大发展:第一,任何社会制度的国家只要对外推行霸权主义,都是产生战争的根源。社会主义国家搞霸权主义同样成为战争的策源地。第二,霸权主义既有世界性的,也有区域性的,两者表现形式虽有区别,但侵略扩张的本质相同。地区霸权主义也是引发现代战争的重要根源。第三,霸权主义在新的历史条件下,突出表现为国际事务中的"强权政治"。第四,苏联解体,两霸相争消失,但决不意味着霸权主义也随之消失。

邓小平对现代战争根源的揭示,丰富和发展了马克思主义的战争观,是对马克思主义战争观的重要贡献。

### 2. 在特定条件下世界大战是可以避免的

在世界大战问题上,邓小平研究了军事活动的历史和现状,得出了一个新的结论:如果工作做得好,世界大战是可以避免的,但霸权主义仍然是对世界和平的最大威胁,局部战争已成为当今世界的主要战争形态。

邓小平做出这一基本判断的主要依据是:第一,有资格打世界大战的只有美苏两个超级大国。美苏两家原子弹多、常规武器多,都有毁灭对手的力量,谁也不敢动手。进入20世纪90年代,苏联解体,"冷战"结束,酿成世界大战的重要一极不复存在,一时还难以形成新的能打世界大战的对立面。第二,世界和平力量的增长超过战争力量的增长,特别是以第三世界国家为代表的和平力量明显增长,第二世界国家也不希望爆发战争,连苏联和美国人民也都反对战争。世界人民要和平、反对战争的呼声日益高涨,迫切希望有一个和平环境来发展经济。邓小平说:"世界很大,复杂得很,但你一分析起来,真正支持战争的没有多少。"第三,经济、科技日益成为世界各国竞争的重点。世界新技术革命蓬勃发展,经济、科技在世界竞争中的地位日益突出,世界主要大国都在进行战略调整,把发展经济和科技放在优先地位。

邓小平以辩证唯物主义的观点分析世界战争与和平的形势,既指出世界大战可以避免,又反复强调战争的危险依然存在。战争可以避免,主要是说世界大战可以避免,但局部战争随时都有可能发生。他说:"大战固然可以推迟,但是一些偶然的、局部的情况是难以完全预料的。"20世纪80年代以来的历史进程已证实了邓小平的论断是完全正确的,局部战争已成为当今世界战争的主要形态。

邓小平关于"世界大战是可以避免的"论断向我们指明:大战可以避免不是无条件的,而是有条件的,主要条件就是要使和平力量不断发展,阻止霸权主义全球战略部署的完成。大战可以避免,绝不是说小战也不会发生。不能笼统地说现在是战争转化为和平,从而放松对一切战争的警惕性。大战可以避免,也不是说战争根源已不复存在,不要把战争根源与战争现实等同,但也不要忽视"世界战争的危险依然存在"。

### 3. 战争不是解决国家、民族、阶级间利益矛盾的唯一手段

邓小平针对新的现实指出:"维护世界和平,应当放弃利用暴力解决国家间冲突和争端的方式,而代之以政治解决。"冲突双方应相互克制、求同存异,灵活地通过协商、对话等一系列政治方式,加以和平解决。邓小平认为,国家间的利益冲突、领土争端和历史遗留的许多问题,都应当本着双方受益、合情合理的原则化解"热点",同时还主张加强联合国调解和仲裁国际争端的功能。邓小平还成功地运用了"一国两制"的和平方式,解决了中国香港、澳门回归祖国的问题,为国际争端的和平解决树立了典范。

#### 4.和平与发展是当今时代的两大主题

关于时代主题的判断是新时期战争与和平以及制定国防建设指导思想的理论依据。

20世纪80年代前,我们党和国家对世界形势和发展趋势的基本判断是战争与革命。进入80年代后,国际形势出现了一些新情况:第一,资本主义国家之间经济上的相互依存和合作越来越强,其矛盾远未达到引发战争的程度。第二,两大社会制度体系之间,以美苏为首的两大军事集团之间,力量大体平衡,尽管双方在进行激烈的军备竞赛和意识形态斗争,但也没有发展到爆发世界大战的地步。第三,资本主义本身加强了对经济的国家干预和自我调节能力,生产力得到很大提高,从而缓和了国内的阶级矛盾,因而革命的条件尚不成熟。第四,广大发展中国家与发达国家之间的差距越来越大,发展中国家要求和平与发展的呼声日益高涨。第五,国际竞争的重点已经由军事竞争转向经济与技术的竞争,各国都在制定新的经济发展战略,推行新的科技发展计划,力争在国际竞争中占据有利地位。第六,随着苏联的解体,以美苏对抗为特征的两极格局已经结束,世界开始向多极化格局发展,这是不可抗拒的历史潮流。

邓小平以战略家的敏锐眼光,及时洞察了这些重大变化,提出了"和平与发展是时代主题"的著名论断。1985年3月,邓小平在会见日本朋友时指出:"现在世界最大的问题,带全球性的战略问题,一个是和平问题,一个是经济问题或者说发展问题。和平问题是东西问题,发展问题是南北问题。概括起来,就是东西南北四个字。南北问题是核心问题。"1992年,邓小平在我国南方视察时指出:"世界和平与发展这两大问题,至今一个也没有解决。"和平问题没有得到解决,发展问题更加严重。对霸权主义和强权政治不能掉以轻心。要实现世界的持久和平和人类的共同繁荣,任重道远,还需要世界各国人民进行长期的艰巨斗争。

### (二)新时期人民军队建设理论

建设一支强大的现代化、正规化、革命化的军队,是邓小平通过对国际形势、我国现代化建设以及我军实际进行科学分析后提出的,是新时期我军建设的纲领和实际工作的指南。

#### 1.积极防御思想

邓小平强调,我们的战略方针是积极防御,以国家利益为最高准则来处理问题。邓小平指出:"我们未来反侵略战争,究竟采取什么样的战略方针?就是积极防御四个字。"我国对战争的基本原则是:人不犯我,我不犯人,人若犯我,我必犯人。贯彻积极防御的战略方针,是为了维护国家的主权、领土完整、安全和稳定,为我国改革开放和经济建设提供坚强有力的安全保障。坚持积极防御的战略方针,是由中国的社会主义制度所决定的。永远不称霸,永远不扩张,坚持和平共处五项原则,通过政治、外交途径解决历史遗留问题,维护世界的和平与稳定,是中国的一贯主张。我们真心实意地希望避免战争、不打仗。因此,实行"积极防御"的方针,对我国来说,不仅在军事上有利,而且在政治上也有利。但是,对于霸权主义的侵略扩张,对于企图以武力侵略我国领土、主权的任何行为,我们将予以坚决还击,直至最后胜利。

#### 2.现代条件下的人民战争思想

邓小平强调,在现代条件下,毛泽东的"坚持人民战争""用劣势装备打败优势的敌人",依然是我们重要的战略思想。邓小平多次指出,我们的战略是毛泽东主席制定的,毛泽东主席的战略思想就是人民战争,现在我们还是要坚持人民战争,毛泽东人民战争的基本精神和主要原则并没有过时,仍然是我们克敌制胜的锐利武器。邓小平说:"只要我们坚持人民战争,敌人就是现在来,我们以现有武器也可以打,最后也可以打胜,我们有这样多人口,军民团结一致,敌人要消灭我们的人民是不可能的。"邓小平强调指出,现在的人民战争与过去不同,装备不同、手段也不同、条件不同,人民战争的表现形式也不同。邓小平特别强调:一是现代条件下的人民战争要与时代发展的脚步相适应;二是战争的内容要与现代军事斗争和国防建设的任务相一致;三是战争的形式要与现代战争的特点相吻合;四是从事现代战争条件下的人民战争的人必须具有很高的素质。

### 3. 新时期常备军和后备力量建设的思想

1975 年,邓小平指出:"搞好军队的编制整顿、体制整顿,可以适当解决军队的其他问题。" 1977 年,他又指出,军制建设"是整顿军队、准备打仗所必需的,有了这些章程,我们就有章可循,就能够统一认识,统一行动"。邓小平不但强调编制体制改革的必要性、重要性,而且还从提高战斗力的目的出发,采取了一系列措施加强常备军的建设。

一是通过裁军 100 万,减少数量;合并大军区,减少机关人员,使军队指挥系统日益精干、日益小型化,提高了部队和指挥的整体效能。二是将陆军的军改为集团军,增大特种兵比例,提高合成程度和独立作战的能力。在邓小平合成思想的指导下,通过 1985 年的精简整编,组建了兵种基本齐全的陆军合成集团军,并从战略上提高了陆、海、空三军与战略导弹部队之间的协同作战能力,使我军在建设现代化的合成军队的道路上迈出了具有历史意义的一步。三是形成了初、中、高三级院校体系,加强了军队的教育训练。

此外,邓小平还确定了后备力量建设"减少数量,提高质量,突出重点,打好基础"的 16 字方针,建立了预备役制度与民兵制度相结合的后备力量体制。实践证明,预备役制度是实施成建制快速动员的好形式,是提高储备的好办法,是节约军费开支、加强国防建设的好措施。

### 4. 建设一支强大的现代化、正规化的革命军队

邓小平指出,我军是人民民主专政的坚强柱石,肩负着保卫社会主义祖国、保卫"四化"建设的光荣使命。邓小平明确提出了"必须把我军建设成为一支强大的现代化、正规化的革命军队"的伟大目标。

现代化、正规化、革命化是互相联系、互相促进,缺一不可的。革命化体现人民军队的本质、军队的政治素质和传统作风;正规化体现军队组织、管理和军制水平;现代化体现军队的武器装备、指挥、作战和协同等方面适应现代高技术战争的能力。"三化"不是并列的,而是以现代化为中心。邓小平深刻指出:"要承认我们军队打现代化战争的能力不够,要承认我们军队的人数虽然多,但是素质比较差。"以现代化为中心,就是要建设一支现代化的合成军队,这支合成军队不仅需要按照正规的编制、体制将各类人员和武器装备加以科学组合和配备,而且需要在正规的教育训练中提高协调行动的能力,建立有序、高效的组织指挥系统。正规化保证着现代化,现代化离不开正规化。革命化是现代化、正规化建设的灵魂和方向,是人民军队的革命性质和正确方向的根本保证。

### 5. 提高军队的战斗力

1988 年 12 月,军委扩大会议根据邓小平的指示,明确提出:必须把提高战斗力作为军队改革和建设的出发点和落脚点,作为检验军队各项工作的根本标准。现代战争条件下军队的战斗力,主要表现为五种战斗能力,即协同作战能力、快速反应能力、电子对抗能力、后勤保障能力和野战生存能力。我军在这五种战斗能力方面与西方军事大国的差距,已经进一步缩小。

### 6. 加强新时期军队政治工作

邓小平指出:"对军队来说,由长期的战争环境转入和平环境,这是个最大的不同。我们政治工作的根本任务、根本内容没有变,我们的优良传统也还是那一些。但是,时间不同了,条件

不同了,对象不同了,因此解决问题的方法也不同。""要研究和解决在新的历史条件下,怎样恢复和发扬政治工作的优良传统,提高我军战斗力的问题。"为此,邓小平十分重视新时期军队政治工作,提出了许多关于新时期加强和改进我军政治工作的理论,归纳起来主要包括以下几个方面的内容。

(1)为适应军队建设的新形势、新情况,必须保证人民军队的性质,忠于党、忠于国家、忠于人民,保证我军政治上永远合格,这是军队政治工作的根本任务。

(2)坚持用马列主义、毛泽东思想和新时期"一个中心和两个基本点"教育并统一全军思想,把忠实维护国家建设和改革开放,反对资产阶级自由化与"和平演变"作为政治工作的重点。

(3)把培养有理想、有道德、有文化、有纪律的"四有"军人列为政治工作的目标。

(4)坚持党对军队的绝对领导,把发挥军队内党组织的战斗堡垒作用和党员的先锋模范作用作为政治工作的核心内容。

(5)树立军队永远是战斗队的观念,加强精神文明建设,把发扬"五种革命精神"作为政治工作的着眼点

(6)在实践中继承和创新,把充分发挥政治工作的优势作为新时期军队政治工作的动力。

### (三)中国特色的国防

国防建设指导思想直接关系着国防建设的成效。邓小平通过对国际形势的长期观察和深思熟虑,对我国国防建设提出了一整套切实可行的原则、政策和措施,主要包括以下几个方面。

#### 1. 国防和军队建设指导思想实行战略性转变

党的十一届三中全会后,邓小平以他战略家的眼光和胆略,通过对世界战争与和平的分析,明确指出,战争的危险仍然存在,但和平力量的发展超过了战争力量的发展,世界大战至少在20世纪末不会爆发,我们有可能争取到一个较长时期的和平环境。我们要充分利用大仗一时打不起来的这段和平时期,放心大胆地一心一意搞现代化建设。

为此,邓小平提出,国防和军队建设的指导思想要进行战略性转变,即:在立足点上,要从临战状态转到和平建设上来;在工作重心上,要着眼于未来战争的需要,突出现代化在国防和军队建设中的中心地位,着重抓好国防科研和现代化武器装备的发展以及现代化军事人才的培养;在军队数量与质量上,要由偏重规模转到减少数量、提高质量上来;在国防科技和国防工业的功能与体制上,要由军民分割、自成体系转到使军队和国防建设融入国家经济建设的大体系中。

#### 2. 国防建设必须服从国家经济建设大局

国民经济建设是军队建设依赖的基础,这是马克思主义的一个基本观点。邓小平根据马克思主义关于经济建设是军队建设基础的观点,联系当前相对和平的国际环境,在正确分析我国社会主义初级阶段的基本国情和古今中外军队建设的历史经验以及新时期我军建设的客观实际的基础上,明确提出了"军队要服从国家建设的大局"的重要思想。

邓小平指出:"经济建设是全党、全国和全军的大局。""先把经济搞上去,一切都好办。现在就是要硬着头皮把经济搞上去。"因此,军队的一切都要服从国家经济建设这个大局,这是加速我军现代化建设的根本途径。

但是,国防建设并不是被动地依附于经济建设,它不仅可以为经济建设提供良好的安全环境,还可以成为推动社会经济发展和科学技术进步的强大动力。必须在国家经济发展的同时,积极创造条件,集中可能的力量,有重点、有计划、有步骤地大力加强国防建设。

### 3. 军民结合、平战结合地发展国防工业

针对国防工业基本上还是单一的军品生产体制和国家经济建设对它的需要，邓小平提出："国防工业设备好，技术力量雄厚，要充分利用起来加入到整个国家建设中去，大力发展民用生产。"根据邓小平的这一思想，党中央制定了国防科技和国防工业实行"军民结合、平战结合、军品优先、以民养军"的发展方针。

在这一方针的指引下，国防科技和国防工业改革产品结构，发挥军事工业设备和技术上的优势，积极为民用工业的技术改革做贡献，挖掘军事工业的生产潜力，生产民用工业品，为城乡人民服务，成为促进经济建设和科学技术发展的一支重要力量。

目前，我国国防建设得到了全面加强，支持和参与国防建设正成为亿万人民的自觉行动，国防建设纳入了国家总体建设的轨道，在国家经济不断发展的同时，求得国防事业的协调发展。

### 4. 引进技术与自力更生相结合，发展国防科技

邓小平强调："过去也好，今天也好，将来也好，中国都必须发展自己的高科技，在世界高科技领域占有一席之地。"他主张"在国民经济不断发展的基础上，改善武器装备，加速国防现代化"，并提出了一系列新时期发展国防科学技术的方针和原则。

邓小平指出："关起门来搞建设是不能成功的，中国的发展离不开世界。当然，像中国这样大的国家搞建设，不靠自己不行，主要靠自己，这叫做自力更生。在坚持自力更生的基础上，还需要对外开放，吸收外国的资金和技术来帮助我们发展。"我国的革命和建设，包括国防现代化建设在内，不是也不可能独立于世界之外，我们在任何时候都需要争取外援，特别需要学习外国一切对我们有益的先进事物。

在任何时候，都要保持清醒的头脑，不能抱不切实际的幻想。因为，国防科学技术牵涉到战争胜负、国家安危，是国家最高利益之所在，当前国际形势虽然趋于缓和，但并没有改变西方国家企图垄断和把持高技术和敏感技术的实质，这已成为他们推行强权政治乃至对社会主义国家实行"和平演变"战略的重要手段。因此，要立于不败之地，尽快地发展国防科技，就一定要始终如一地坚持引进技术与自力更生紧密结合起来的方针，并且把基点建在艰苦奋斗、自力更生的基础上。

### 5. 加强国防教育

强国必须强民，强民必须强心。邓小平针对新时期国防建设的实际，强调要把国防教育作为增强国防观念，树立国防意识，重视国防建设的主要环节。通过全民国防教育，增强全国人民捍卫国家、民族和社会主义现代化建设的责任感、凝聚力，调动全国人民热爱祖国、保卫国防的社会主义积极性。

## 三、江泽民国防和军队建设思想

江泽民国防和军队建设思想，从我国和我军实际出发，创造性地运用和发展了马列主义军事理论、毛泽东军事思想和邓小平新时期军队建设思想，是"三个代表"重要思想在军队建设中的体现，是新时期军队改革和建设经验的科学总结，是全面开创军队和国防现代化建设新局面的科学指南。

江泽民指出："一个国家，一个民族，要生存和发展，要在竞争激烈的国际环境中站稳脚跟，就不能没有正确的军事战略方针。在当前复杂多变的国际新形势下，为了掌握战略主动，我们必须确立正确的军事战略方针。"江泽民发表了关于国防与军队建设的一系列重要论述，为我

军走有中国特色的精兵之路,加速革命化、现代化、正规化建设提供了重要的理论依据。

**(一)军事战略思想**

江泽民的军事战略思想是紧紧围绕着我军在现代技术特别是高技术条件下"打得赢"而展开的,是新形势下维护我国安全和统一的总方略,是谋划国防和军队建设跨世纪发展的总依据。

(1)正确认识战争与和平问题,抓紧做好军事斗争准备。

(2)用新时期军事战略方针统揽军队各项建设和一切工作。

(3)发挥人民战争优势。

(4)继续实行积极防御的军事战略方针。

(5)加强军队的质量建设。

(6)加强军事科学研究。

(7)贯彻科技强军战略。

(8)加强后勤和装备保障力量建设。

**(二)国防建设思想**

江泽民国防建设思想是紧紧围绕着维护国家安全利益和增强国家战略能力而展开的,是建设一个符合我国国情并反映时代特征的有中国特色的现代化国防的理论纲领和行动指南。

(1)注重增强综合国力,不断提高国家战略能力。

(2)正确处理国防建设与经济建设之间的关系。

(3)大力加强国防后备力量建设,建立和完善国防科技建设体制。

(4)加强军队建设,增强国防实力。

(5)大力加强全民国防教育,增强全民国防观念。

**(三)军队建设思想**

江泽民的军队建设思想是紧紧围绕着我军在改革开放、发展社会主义市场经济的条件下,如何解决好"不变质"的问题而展开的;是新的历史主题下保持人民军队性质、本色和作风的理论指南和建军治军纲领。

**1. 保持人民军队的性质、本色和作风**

保持人民军队的性质,最根本的是坚持党对军队的绝对领导,坚持人民军队全心全意为人民服务的根本宗旨。

保持人民军队的政治本色。江泽民同志指出,要抓好对广大官兵的爱国奉献教育、革命人生观教育、尊干爱兵教育、艰苦奋斗教育,使干部战士树立起正确的世界观、人生观和价值观,正确对待金钱、名利、苦乐等问题,坚决抵御"灯红酒绿"和腐朽思想文化的侵蚀;要反对拜金主义、享乐主义和极端个人主义,树立高尚的精神境界;要不怕鬼,不信邪,坚持真理,维护党的原则,旗帜鲜明地同各种不良倾向和邪恶势力作斗争,永远保持人民军队的政治本色。

保持人民军队的优良作风。中国人民解放军在长期的斗争实践中形成了自己的优良传统和作风。在新形势下,人民解放军一定要保持和发扬人民军队的优良传统和作风,努力做到一切从实际出发,坚持实事求是,坚决反对形式主义,弄虚作假,欺上瞒下的不良风气;要密切联系群众,与群众同呼吸,反对脱离群众的官僚主义;要发扬艰苦奋斗的革命精神和艰苦朴素的优良作风,保持革命战争年代那么一股劲,那么一种革命热情,那么一种拼命精神。

**2. 坚持依法治军、从严治军,全面加强军队建设**

提高军队的正规化水平,必须坚持依法治军。江泽民指出:"全军同志要适应社会主义民主法制建设的这一重要发展,更加自觉地贯彻依法治军的方针,把国防和军队建设事业纳入法制的轨道,做到有法可依,有法必依,执法必严,违法必究。依法治军,把党关于国防建设和武装力量建设的主张,通过法定程序上升为国家意志,使党的领导同依法办事统一起来,目的是从制度上和法律上保证党对军队的绝对领导,保持人民军队的性质,推动军队现代化建设。"搞好依法治军,必须坚决维护军事法规和条令条例的权威性和严肃性。

### 3. 按照"五句话"总要求,全面加强军队"三化"建设

在新的历史条件下,军队建设的总目标和总方针是关系到军队建设的方向性问题。为此,江泽民明确提出,要把"政治合格、军事过硬、作风优良、纪律严明、保障有力"作为军队建设的总要求确立起来,贯彻到各项工作中去。这"五句话"的总要求思想深刻、内容丰富、意义深远。它体现了毛泽东军事思想和邓小平新时期军队建设思想的要求,是对毛泽东建军思想和邓小平新时期军队建设思想的继承和发展。

上述"五句话"虽各有其特殊的内涵和本质,但它们却是彼此联系、不可分割的统一整体,其中,政治合格主要是革命化建设的基本要求和尺度;军事过硬和保障有力主要是现代化建设的基本要求和尺度;作风优良和纪律严明主要是正规化建设的基本要求和尺度。只有全面做到了"五句话",才能全面实现新时期军队建设的总目标。

### (四)江泽民国防和军队建设思想的历史地位和指导作用

江泽民国防和军队建设思想是以江泽民同志为核心的党的第三代领导集体,在创造性地实践毛泽东军事思想和邓小平新时期军队建设思想过程中集体智慧的结晶,具有深远的历史意义和重要的现实意义。

(1)江泽民国防和军队建设思想围绕"不变质""打得赢"这两大历史性课题,明确提出并回答了在改革开放和社会主义市场经济条件下,我军如何"不变质"和"军怎么治"的问题;提出并回答了在高技术局部战争背景下,我军"仗怎么打"和如何"打得赢"等关键性的问题。

(2)江泽民国防和军队建设思想在新的历史条件下,进一步解放思想、实事求是、改革创新,积极探索新形势下军队建设、军事斗争准备以及国防建设的特点和规律,解决了新形势下部队政治工作、军事工作、后勤保障工作和国防科技工业面临的突出矛盾和问题,丰富和发展了具有中国特色的军事科学理论。

(3)江泽民国防和军队建设思想揭示了新形势下国防和军队建设的基本规律,是新形势下我国军队和国防现代化建设的科学指南,是"三个代表"重要思想在军事领域的理论表现,是党的第三代中央领导集体智慧的结晶。

## 四、胡锦涛国防和军队建设思想

胡锦涛国防和军队建设思想,是胡锦涛同志关于新世纪、新阶段我国军事战略、军队建设和国防建设的思想理论体系,是根据我军所处的国际国内环境发生的重大变化,对国防和军队建设作出的一系列重要论述,创新和发展了党的军事指导理论,为新世纪、新阶段国防和军队建设及军事斗争准备提供了科学依据和理论指南。

### (一)新世纪、新阶段军事战略思想

#### 1. 用新时期军事战略方针统揽全局

胡锦涛强调要坚持以新时期军事战略方针统揽全局,加速我军全面建设和抓紧做好军事斗

争准备。用新时期军事战略方针统揽全局,当前最重要、最现实、最紧迫的战略任务,就是要抓紧做好军事斗争准备。全军各方面的建设和工作都要围绕军事斗争准备来部署和展开。要继续以临战的姿态、实战的标准,扎扎实实地推进军事斗争准备,切实增强应对危机、维护和平、遏制战争、打赢战争的能力,确保党中央、中央军委一声令下,就能够断然出手,执行以武反独、以武止独的神圣使命。

用新时期军事战略方针统揽全局,要以只争朝夕、时不我待的紧迫感,加速推进中国特色军事变革,努力提高我军信息化建设水平。推进中国特色军事变革,要以军事斗争准备为龙头,以未来作战需求为牵引,贴近未来作战实际,确定军队建设的战略布局;要正确处理信息化和机械化的关系,坚持以机械化为基础,以信息化为主导,推动机械化和信息化复合发展;要以解决制约军事斗争准备和军队现代化建设的突出矛盾和问题为突破口,优化战略资源配置,集中抓好武器装备、作战力量、人才队伍、体制编制和政策制度等重点建设和改革,通过局部跃升带动整体协调发展。

### 2. 积极推动军事训练向信息化条件下转变

胡锦涛指出,要积极适应我军军事训练面临的新形势、新任务和新环境,从战略全局和时代发展的高度深刻认识加强新世纪、新阶段军事训练的重要意义,必须把军事训练进一步摆在战略地位,推进军事训练转型,提高部队的应急作战能力,提高部队打赢信息化战争的能力。

军事训练是军队和平时期战斗力生成的基本途径,提高部队的作战能力,必须进行严格的军事训练。要用新时期军事战略方针统揽军事训练转型,要切实把军事训练进一步摆在战略地位,切实把军事训练作为部队的经常性中心工作,集中精力,抓紧抓实;要坚持从难、从严、从实战需要出发,坚持高标准、严要求,改进和创新训练的内容和方式方法,努力摸索和掌握对付高技术对手的有效办法;要把培养战斗精神贯穿于训练的全过程,培养英勇顽强的战斗作风和铁的纪律;要充分发挥科技进步和创新对战斗力提高的巨大推动作用,着眼于提高军队的科学技术水平和人的素质的全面提升,切实转变我军战斗力生成模式,坚持科技练兵、科技兴训,改革训练内容和组训方式,创新训练手段和方法,运用科技成果提高训练质量,促进部队战斗力的发展。

### 3. 必须培养和造就一大批高素质新型军事人才

人才是强国之本,也是兴军之本。要以指挥军官队伍、参谋队伍、科学家队伍、技术专家队伍、士官队伍的建设为重点,加大实施人才战略工程的力度,努力造就大批高素质新型军事人才;要根据军事人才成长规律和各类岗位需求,强化院校和部队合力育人,加大开放式培养力度,建立完善以提高能力为核心、培训与使用紧密结合的人才全程培养机制,努力形成院校教育与部队训练衔接、军事教育与依托国民教育并举、国内培养与国外培训相结合的官兵素质培养格局,使军队人力资源得到有效开发和充分利用;要培养领导干部特别是高级领导干部的政治意识、大局意识和战略意识,使他们具备良好的战略素质、很强的全局观念和宽广的世界眼光,并善于从维护国家安全、推进现代化建设、实现祖国统一的大局高度来分析判断形势、思考问题、谋划军队建设,善于从政治高度思考和处理军事问题,善于着眼国家利益全局筹划和指导军事行动。

### 4. 必须大力推进"四个创新"

军事领域是竞争和对抗最激烈的领域,也是最具有创新活力的领域,必须把军事创新作为实现军队发展的基本动力,"着力推动军事理论创新、军事技术创新、军事组织体制创新和军事管理创新"。

(1)军事理论创新要着力研究新世纪、新阶段治军的特点与规律、军事斗争准备的特点与规律、信息化战争的特点与规律、国防和军队建设的特点与规律,围绕"打什么仗、建什么军、怎样打仗、怎样建军"来思考问题,善于运用现代科技手段与科学方法,注重在实践中创新和检验军事理论,实现军事理论创新的科学化。

(2)军事技术创新要突出自主创新,要以信息技术为核心,要完善技术创新机制,使军事技术创新始终成为推动国防和军队建设发展的强劲动力。

(3)军事组织体制创新的目标是创新适应信息化作战需要的军事组织体制,建立起适应武器装备现代化发展水平和信息化条件下作战方式变化的新型体制编制。

(4)军事管理创新要在管理理念、管理思维、管理模式、管理手段、管理理论方面有所突破,要努力适应军队现代化建设的新形势,更新管理观念,加强现代管理知识的学习,大力提高科学管理的能力。

### (二)新世纪、新阶段国防建设思想

#### 1. 国防与经济建设要协调发展

胡锦涛指出,要在经济发展的基础上,努力建设一支同我国地位相称、同我国安全和发展利益相适应的军事力量,有效维护国家安全统一,确保全面建设小康社会的顺利推进。这是落实科学发展观的必然要求,也是在新世纪、新阶段抓住战略机遇期,全面推进社会主义经济建设、政治建设、文化建设和社会主义和谐社会建设,实现全面建设小康社会宏伟目标的需要。

要正确贯彻执行国防建设与经济建设协调发展的方针,就必须正确认识和把握国防和军队建设服从服务于经济建设这个大局的辩证关系。胡锦涛指出,我们要把国防和军队建设融入社会主义现代化建设的全局之中,依托国家经济社会发展,扎实推进国防和军队现代化建设,使国防建设与经济建设相互促进、协调发展。

#### 2. 紧紧依靠人民,全民办国防

胡锦涛同志强调,要坚持全民办国防的方针,广泛开展全民国防教育,在全社会形成关心国防、热爱国防、建设国防、保卫国防的生动局面;要增强全民国防观念,完善国防动员体系,加强国防动员建设,提高预备役部队和民兵建设质量;要加强人民武装警察部队建设,更好地履行维护国家安全和社会稳定、保障人民安居乐业的职责和使命。

各级党委和政府要关心支持军队建设,积极做好拥军优属等各项工作,军队要发扬优良传统,进一步加强军政、军民团结,巩固和发展军爱民、民拥军的生动局面。各级党组织和政府要一如既往地支持国防和军队建设,军队要热爱人民和尊重地方政府,积极支持地方经济建设和社会发展,继续在社会主义精神文明建设中走在前列,在构建社会主义和谐社会中贡献力量,以实际行动为民造福、为国兴利。

### (三)新世纪、新阶段军队建设思想

#### 1. 坚持把思想政治建设摆在全军各项建设的首位

思想政治建设是革命化建设的核心,是军队最根本的基础性建设。胡锦涛强调,要坚持不懈地用党的创新理论武装官兵,深入开展我军历史使命教育、理想信念教育、战斗精神教育和社会主义荣辱观教育;要着眼增强主动性、针对性、实效性,积极推进思想政治工作创新发展。胡

锦涛还强调,要围绕强化官兵精神支柱,大力培育"忠诚于党、热爱人民、报效国家、献身使命、崇尚荣誉"的当代革命军人核心价值观。

在新的历史时期,我军要持久地开展以坚定理想信念和树立正确的世界观、人生观、价值观为核心的思想政治教育,使广大官兵始终保持政治上的坚定和思想道德上的纯洁,始终保持坚强的革命意志和旺盛的战斗精神;要把解决思想问题和解决实际问题结合起来,与落实完善政策制度结合起来,热情帮助官兵解决实际困难,尤其要集中力量解决那些制约部队和群众反映强烈的突出问题,增强思想政治工作的说服力、感召力和战斗力,为我军提高应对多种安全威胁和完成多样化军事任务能力提供强大的精神动力。

### 2. 走具有中国特色的军民融合式发展道路

胡锦涛敏锐地把握世界军事发展的新趋势与我国发展的新要求,提出必须坚持军民结合、寓军于民,把国防和军队现代化建设融入经济社会发展体系中;要积极探索新形势下实现军民结合、寓军于民的新途径和新方法,全面推进经济、科技、教育、人才等各个领域的军民融合,建立和完善军民结合、寓军于民的武器装备科研生产体系、军队人才培养体系和军队保障体系,在更广范围、更高层次、更深程度上把国防和军队现代化建设与经济社会发展结合起来,走出一条投入少、效益高的具有中国特色的军民融合式发展道路。

## 五、习近平强军思想

### (一) 习近平关于国防建设重要论述

首先,习近平总书记指出,中国绝不走"国强必霸"的道路,这与中国一直以来强调的永远不称霸,以及习近平总书记在出访中亚时对不称霸、不谋求区域主导权的诠释是秉承一贯的,也是在提醒通过军费开支问题渲染中国军事威胁论和丑化中国形象的某些西方国家,不要捕风捉影借题发挥,破坏中国在国际上的和平主义形象和地位。

其次,中国建设强大的国防力量,是对历史和现实的负责。前有中国近代史上惨遭西方列强凌辱的屈辱过去,近有某些霸权国家对中国内部事务和主权事务指手画脚,豪言军事武力干涉,而针对性地遏制中国崛起的战略更是夸张露骨。习近平总书记指出,"中国也再不能重复鸦片战争以后在列强坚船利炮下被奴役被殖民的历史悲剧",既是对历史的反思和镜鉴,也是立足周边问题现实对某些国家发出的有力警告。

再次,阐明军事发展与相邻关系的联系。中国一直秉持和平和谐的国际关系理念,在邻国关系上坚持与邻为善、合作共赢的和谐宗旨,但这并不表示中国会在核心利益和主权利益上做出无原则让步和妥协。习近平总书记"中国将坚定不移地维护本国主权"的严正表态,就是在着重展示中国的意志和决心,也提醒周边相关国家不要做不切实际的打算。

习近平总书记指出,远亲不如近邻。从国与国的关系讲,朋友可以选择,但邻居是无法选择的,要世代相处下去。无论是从理智上还是从感情上,我们都认为与邻为善、以邻为伴是唯一正确的选择,中国对周边国家坚持亲、诚、惠、容的理念。当前,中国同周边国家的关系总体是好的。我们主张通过协商和对话妥善管控分歧,解决争议。在事关中国主权和领土完整的重大原则问题上,我们不惹事,但也不怕事,坚决捍卫中国的正当合法权益。

### (二) 习近平关于军队建设重要论述

习近平主席在出席十二届全国人大一次会议、解放军代表团全体会议时强调,牢牢把握党在新形势下的强军目标,努力建设一支听党指挥、能打胜仗、作风优良的人民军队。习近平总书记强调,全军要深入贯彻落实党的十八大精神,高举中国特色社会主义伟大旗帜,以马列主义、毛泽东思想、邓小平理论、"三个代表"重要思想、科学发展观为指导,牢牢把握党在新形势下的强军目标,全面加强军队革命化、现代化、正规化建设,为建设一支听党指挥、能打胜仗、作风优良的人民军队而奋斗。习近平总书记指出,建设一支听党指挥、能打胜仗、作风优良的人民军队,是党在新形势下的强军目标。

(1)听党指挥是灵魂,决定军队建设的政治方向。

(2)能打胜仗是核心,反映军队的根本职能和军队建设的根本指向。

(3)作风优良是保证,关系军队的性质、宗旨和本色。

习近平总书记指出,全军要准确把握这一强军目标,用以统领军队建设、改革和军事斗争准备,努力把国防和军队建设提高到一个新水平。要铸牢听党指挥这个强军之魂,坚持党对军队绝对领导的根本原则和人民军队的根本宗旨不动摇,确保部队绝对忠诚、绝对纯洁、绝对可靠,一切行动听从党中央和中央军委指挥。要扭住能打仗、打胜仗这个强军之要,强化官兵当兵打仗、带兵打仗、练兵打仗思想,牢固树立战斗力这个唯一的、根本的标准,按照打仗的要求搞建设、抓准备,确保部队召之即来、来之能战、战之必胜。作风优良是我军的鲜明特色和政治优势。要把改进作风工作引向深入,贯彻到军队建设和管理每个环节,真正在求实、务实、落实上下功夫,夯实依法治军、从严治军这个强军之基,保持人民军队长期形成的良好形象。

习近平总书记强调,实现强军目标,必须勇敢承担起我们这一代革命军人的历史责任。面对新的形势任务,必须以只争朝夕的精神推进国防和军队现代化。我们希望和平,但任何时候、任何情况下,都绝不放弃维护国家正当权益,绝不牺牲国家核心利益。现在,强军的责任历史地落在了我们肩上,要挑起这副担子,必须敢于担当。这既是党和人民的期望,也是当代革命军人应有的政治品格。各级党委和领导干部要把带领部队实现强军目标作为重大政治责任,一心一意想强军、谋强军,增强贯彻落实强军目标的能力。广大官兵要自觉践行社会主义核心价值观和当代革命军人核心价值观,坚定信念,忠诚使命,努力在强军兴军征程中书写出彩的军旅人生。

习近平总书记指出,实现强军目标,必须抓住战略契机深化国防和军队改革,解决制约国防和军队建设的体制性障碍、结构性矛盾、政策性问题,深入推进军队组织形态现代化。要坚持改革正确政治方向,坚持贯彻能打仗、打胜仗要求,坚持以军事战略创新为先导,进一步解放思想、更新观念,进一步解放和发展战斗力,进一步解放和增强军队活力,为实现强军目标提供体制机制和政策制度保障。要破除思维定式,树立与强军目标要求相适应的思维方式和思想观念。必须坚持问题导向,坚持战斗力标准,深入研究现代战争特点规律和制胜机制,抓住制约战斗力建设的重难点问题,以重点突破带动整体推进,让一切战斗力要素的活力竞相迸发,让一切军队现代化建设的源泉充分涌流。要有针对性地做好思想教育工作,营造有利于改革的良好氛围,凝聚起改革的正能量,确保部队高度稳定和集中统一,确保改革顺利推进和各项任务圆满完成。

习近平总书记强调,实现强军目标,必须同心协力做好军民融合深度发展这篇大文章,既要发挥国家主导作用,又要发挥市场的作用,努力形成全要素、多领域效益的军民融合深度发展格局。军队要遵循国防经济规律和信息化条件下的战斗力建设规律,自觉将国防和军队建设融入经济社会发展体系。地方要注重在经济建设中贯彻国防需求,自觉把经济布局调整同国防布局完善有机结合起来。要深入做好新形势下双拥工作,加强国防教育,健全国防动员体制机制。各级党委和政府要支持军队建设和改革,配合军队完成多样化军事任务,为实现强军目标提供有力保障。

习近平总书记指出,要统筹经济建设和国防建设,努力实现富国和强军的统一进步,做好军民融合式发展这篇大文章,坚持需求牵引、国家主导,努力形成基础设施和重要领域军民深度融合的发展格局。要发扬艰苦奋斗精神,厉行勤俭节约,反对铺张浪费,把军费管好、用好,使国防投入发挥最大效益。要弘扬拥政爱民、拥军优属的光荣传统,开展军民共建与和谐创建活动。地方各级党委和政府要关心支持国防和军队建设,加强国防教育,增强全民国防观念,使关心国防、热爱国防、建设国防、保卫国防成为全社会的思想共识和自觉行动。

### (三)国防和军队建设新征程的行动指南

实现中华民族伟大复兴,是中国人民的伟大梦想,国防和军队建设必须服从服务于这个最高利益。强国梦,对军队来说也是强军梦。强国梦的实现,既依赖经济实力的增强,又依赖国防实力的提升。当前,我国发展仍处于可以大有作为的重要战略机遇期,但国际战略形势和国家安全环境更趋复杂,维护国家安全和社会稳定的任务更加艰巨,没有一个巩固的国防,没有一支强大的军队,实现中国梦就没有保障。习近平总书记从政治高度和国家利益全局观察和思考军事问题,科学统筹富国和强军两大战略任务,提出党在新形势下的强军目标,突出了国防和军队建设的战略地位。只有落实强军目标,才能为实现中国梦提供坚强国防保证。

建设强大的人民军队是我们党的不懈追求。我们党总是根据形势任务的变化,及时提出明确的目标要求,引领我军建设不断向前发展。从毛泽东领导制定建设优良的现代化革命军队的总方针,到邓小平提出建设强大的现代化、正规化的革命军队的总目标,到江泽民提出建设政治合格、军事过硬、作风优良、纪律严明、保障有力的总要求,再到胡锦涛提出以推动国防和军队建设科学发展为主题、以加快转变战斗力生成模式为主线全面加强革命化、现代化、正规化建设的重要思想,都指引我军不断取得辉煌成就。习近平总书记提出的强军目标,以中华民族伟大复兴为崇高理想,以国家安全环境和军队建设现状为客观依据,以提高军队战斗力为出发点和落脚点,是对党的军事指导理论的坚持和发展,这一目标阐明了强军兴军的发展方向、战略重点和基本途径,是对我军建设目标的新概括、新定位,体现了履行我军使命任务的现实需要,展示了我们党建设一支强大人民军队的决心意志,对于国防和军队建设在新的起点上实现大发展具有十分重要的指导作用。

党的二十大强调,要如期实现建军一百年奋斗目标,加快把人民军队建成世界一流军队,是全面建设社会主义现代化国家的战略要求。必须贯彻新时代党的强军思想,贯彻新时代军事战略方针,坚持党对人民军队的绝对领导,坚持政治建军、改革强军、科技强军、人才强军、依法治军,坚持边斗争、边备战、边建设,坚持机械化信息化智能化融合发展,加快军事理论现代化、军队组织形态现代化、军事人员现代化、武器装备现代化,提高捍卫国家主权、安全、发展利益战略能力,有效履行新时代人民军队使命任务。

### (四)牢记强军之魂、强军之要、强军之基

党在新形势下的强军目标,充分体现了战略谋划、建设标准、发展路径与价值导向的高度统一。实现强军目标,必须牢记坚决听党指挥的强军之魂,能打仗、打胜仗的强军之要,依法治军、从严治军的强军之基,全面推进国防和军队建设。

我军是党绝对领导下的人民军队。我军之所以能始终保持强大的凝聚力、向心力和战斗力,经受住各种考验,不断从胜利走向胜利,最根本的就是靠党的坚强领导。新形势下,意识形态领域斗争尖锐复杂,社会思想文化多元多样,我军官兵成分结构发生很大变化,必须把听党指挥作为军队建设的首要,确保部队绝对忠诚、绝对纯洁、绝对可靠,只有这样,才能保证部队的高

度集中统一,才能保证一声令下拉得出、用得上、打得赢,必须坚持党对军队绝对领导的根本原则不动摇,贯彻执行党的理论和路线方针政策不动摇,做到永远忠于党、忠于社会主义、忠于祖国、忠于人民。当前,最紧要的是始终在思想上、政治上、行动上同党中央保持高度一致,坚决维护党中央、中央军委权威,确保一切行动听从党中央、中央军委和习近平主席指挥。

军队首先是一个战斗队,是为打仗而存在的。军队强不强,主要看打仗;战场打不赢,一切等于零。新形势下,我军职能使命不断拓展,但作为战斗队的根本职能始终没有变,一切活动都要围绕提高打赢能力来展开。我们始终坚持走和平发展道路,但如果有人要把战争强加到我们头上,军队必须能决战决胜。战争形态、作战样式、战斗力生成模式发生深刻变革,对我军能打仗、打胜仗提出新的更高要求。强调能打仗、打胜仗,目的在于要求军队时刻牢记革命军人的神圣职责,爱军精武、爱岗敬业、不怕牺牲、英勇善战,坚决维护国家安全、坚决捍卫国家主权和领土完整,为维护国家发展利益和社会大局稳定提供有力保证。我们要大力强化部队当兵打仗、带兵打仗、练兵打仗思想,以军事斗争准备为牵引,注重发展新型军事能力,从实战需要出发,从难、从严训练部队,不断提高部队信息化条件下的威慑和实战能力,确保部队召之即来、来之能战、战之必胜。

作风优良是我军的鲜明特色和政治优势。在长期实践中,我军培育和形成了一整套光荣传统和优良作风,这是我军始终保持强大战斗力的重要法宝。强调依法治军、从严治军,其要义在于加强纪律性,革命无不胜。当前,社会环境日益复杂,能否保持我军优良作风,面临许多现实考验,必须以踏石留印、抓铁有痕的狠劲,滴水穿石、铁杵磨针的韧劲,逢山开路、遇水架桥的闯劲,更加扎实有效地抓好军队作风建设。要旗帜鲜明地反对腐败,坚决反对形式主义、官僚主义、享乐主义和奢靡之风,做到信念不动摇、思想不松懈、斗志不衰退、作风不涣散,永远保持人民军队长期形成的良好形象。

### (五)围绕强军目标推进国防和军队建设创新发展

习近平总书记提出的强军目标,为国防和军队建设注入了新的时代内涵。我们坚持用强军目标统一思想认识、凝聚意志力量、激励军心士气,做到各项建设朝着强军目标加强,各项改革着眼强军目标展开,军事斗争各项准备围绕强军目标进行,努力推进国防和军队建设创新发展。

军事名言警句

坚持党对军队绝对领导不是一句空洞口号,必须落实在行动上。这就必须把思想政治建设摆在各项建设首位,着力打牢部队听党指挥的思想根基,增进信党、爱党的思想情感,锤炼忠诚于党的政治品格。当前,敌对势力极力鼓吹"军队非党化、非政治化"和"军队国家化",加大对我军意识形态渗透的力度;我军所处的社会环境、担负的使命任务、官兵情况也都发生了很大变化。我们必须深入开展中国特色社会主义宣传教育,持续培育当代革命军人核心价值观,大力发展先进军事文化,组织官兵认真学习党史军史,增强对中国特色社会主义的道路自信、理论自信、制度自信、文化自信,坚定党对军队绝对领导的政治自信和政治自觉,确保枪杆子永远掌握在忠于党的可靠的人手中。

能打仗、打胜仗是有效履行我军职能使命的根本保证,战斗力是检验部队一切建设和工作的试金石。军队建设必须把提高战斗力作为出发点和落脚点,一切工作都要向能打仗、打胜仗的要求聚焦。要关注国际战略格局和国家安全环境的发展变化,增强忧患意识、危机意识、使命意识,始终保持战略清醒,做到未雨绸缪。要坚持革命化、现代化、正规化建设相统一,在强军目标统领下推动部队建设协调发展、全面进步。要深入调查研究,加强实践探索,厘清制约部队建设发展的突出矛盾、瓶颈短板和主要症结,找准强军目标进入部队实践的切入点、结合点和着力点,努力在联系实际、解决问题、推动发展上见到实效。要坚持用强军目标衡量检验部队各项建设和工作成效,切实形成推动强军目标贯彻落实的制度机制。

作风优良才能塑造英雄部队,作风松散可以搞垮常胜之师。现在,社会环境变了,社会上的一些不良风气在部队也会有所表现。加强作风建设,必须在求实、务实、落实上下功夫,着力纠治官兵反映强烈的不正之风,着力解决深层次矛盾和问题,着力构建规范化、制度化的长效机制。当前部队作风建设上存在的问题,主要是有的单位执行不严、管理不力,失之于软、失之于宽。必须坚持依法治军、从严治军方针,必须保持优良的作风和铁的纪律,确保部队高度集中统一和安全稳定。

经济建设是国防建设的基本依托,只有国家经济实力增强了,国防建设才能有更大发展。国防建设是我国现代化建设的战略任务,只有把国防建设搞上去了,经济建设才能有更加坚强的安全保障。当前,我国进入全面建成小康社会决定性阶段,国家安全与发展面临着前所未有的机遇和挑战,对推动国防实力与经济实力同步发展提出了新的要求。要进一步做好军民融合式发展这篇大文章,坚持需求牵引、国家主导,努力形成基础设施和重要领域的军民深度融合的发展格局。

● 我思我行 ●

1. 简述军事思想的发展历程。
2. 简述毛泽东军事思想的科学内涵。
3. 简述邓小平新时期军队建设思想的科学含义和主要内容。
4. 新时期为什么要实行积极防御的军事战略?
5. 邓小平是如何论述霸权主义是当代战争的主要根源的?
6. 江泽民关于国防与军队建设问题重要论述有哪几个方面?
7. 胡锦涛国防和军队建设重要论述和主要内容是什么?
8. 习近平强军思想的丰富内涵包括哪些?
9. 毛泽东在指导中国革命战争的长期实践中,创立了一整套具有中国特色的人民战争的战略战术,毛泽东军事思想是人民军队在战争力量敌强我弱、武器装备敌优我劣的条件下克敌制胜的法宝。其基本精神是:一切从敌我双方的实际情况出发,你打你的,我打我的;有什么枪打什么仗;对什么敌人打什么仗;在什么时间地点打什么时间地点的仗;灵活机动,不拘一格,扬长避短,力争主动,利用矛盾,各个击破;进攻时反对冒险主义,防御时反对保守主义,退却时反对逃跑主义,有效地达到保存自己、消灭敌人的战争目的。

毛泽东人民战争思想的主要内容是什么? 具有哪些显著的特点?

# 第四章 现代战争

## 军事讲坛

一旦技术上的进步可以用于军事目的并且已经用于军事目的,它们便立刻几乎强制地,而且往往是违反指挥官的意志而引起作战方式上的改变甚至变革。

——恩格斯

只要存在着战争危险,就要及时以足够的新式军事技术装备更换旧的,而新式军事技术装备又以更新的来更换。

——格鲁季宁

## 教学目标

了解现代战争的内涵、特点、发展历程,理解新军事革命的内涵和发展演变,掌握机械化战争、信息化战争的形成、主要形态、特征、代表性战例和发展趋势,使学生树立打赢信息化战争的信心。

## 导语

高技术是处于当代科学技术最前沿,对提高生产力、促进社会文明、增强国防实力起先导作用的技术群。当前,高技术在军事上的应用越来越广泛,发挥的作用也越来越重要,军事高技术的崛起和发展正在军事领域引发深刻的变革,使战争进入崭新的高技术时代。20世纪末和21世纪初爆发的几场局部战争证明:谁掌握了军事高技术,谁就掌握了现代战争的主动权。因此,高度重视发展军事高技术,已成为许多国家在21世纪的重要国策。必须把军事高技术的发展置于重要的战略地位,为打赢现代高技术条件下的局部战争打下坚实的基础。

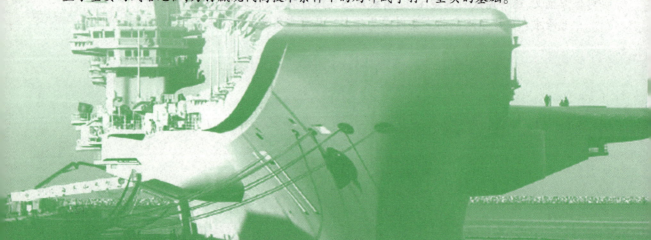

# 第一节　战争概述

## 一、战争的内涵

战争,是人类社会集团之间为了一定的政治、经济目的而进行的武装斗争。战争是由两个以上的团体或组织,因共同关心的权利或利益问题,在正常的非暴力手段不能够达成和解的状况下,而展开的具有一定规模的暴力活动。初期以暴力活动为开端,以一方或几方的主动或被动丧失暴力能力为结束标志的活动。在这一活动中,精神活动以及物质的消耗或生产共同存在。触发战争的往往是政治家而非军人,战争亦被视为政治和外交的极端手段。

战争可分为正义战争和非正义战争。基于自卫、保卫和平、保卫国家主权和领土完整、为了自由和尊严进行的战争,是正义战争。侵略战争、征服战争、出自压迫掠夺目的的战争,是非正义战争。通常会把带有自卫性质或者民族解放性质的战争视为正义战争,把侵略战争或者为争夺霸权而战视为非正义战争。站在中国的民族立场上看,认同苏联卫国战争、反法西斯战争、抗美援朝、抗日战争以及中国保卫国家边境安全的战争是正义战争。

### (一)现代战争

现代战争一般指在现代政治、经济、军事、地理和科学技术条件下进行的战争。现代战争的规模一般分为全面战争(世界大战)和局部战争;类型一般有核战争、核威慑下的常规战争和常规战争。

### (二)现代战争的主要形式

现代战争的主要形式是高技术条件下的局部战争。

#### 1.制约世界大战的因素

(1)第三世界力量增长,我国国际地位提高。

(2)第二世界摆脱第一世界的控制。

(3)第一世界国家经济上也难以承受大战的消耗,人民反对战争,策略上已改为经济文化渗透、和平演变。

#### 2.局部战争连绵不断的原因

(1)局部战争的根源是帝国主义和霸权主义的存在。

(2)战争诱发因素很多,包括领土(海)争端,民族矛盾、阶级、宗教矛盾、资源争夺等。

(3)因低强度战争具有消耗低、效益高、风波小、用途广的特点,所以大小霸主借助低强度战争,妄图实现控制别国的目的。

(4)帝国主义惯用打代理人战争的手段。

(5)有阶级、民族压迫,人民革命战争不会中止。

## 二、现代战争主要特点

### (一)战争突然性增大,初期地位提高

(1)出其不意、攻其不备,所有战争发起者都把它作为争取战争主动权的重要手段。

（2）扩张主义者都把突袭作为战争指导的战略原则。

（3）高科技武器的发展为突袭提供了更便利的条件。

（4）战争的突然性使战争初期的地位显著提高。

### （二）战争立体化程度提高，战场范围扩大

（1）从以地面为主，海空配合的低强度立体化转到陆海空交叉协同作战的高强度立体化。

（2）海空力量从辅助性到相对独立性，海空对抗已成为一种基本作战样式。

（3）随着航天和深海武器的发展，立体化将向高层次、多维化方向延伸。随着大量先进武器装备在战场上的综合运用，陆、海、空、天、电磁等各种复杂的战场空间相互联结、照应、重叠，形成了全方位、高立体、全领域、多层次的战场空间，军事行动扩展到整个地面、海洋战场乃至外层空间。

（4）战场扩大的因素

①武器射程、威力的提高。

②军队机动能力的提高。

③战场多维化。

④作战指导上更灵活，力争主动。

### （三）武器命中率、杀伤力提高，战争破坏性增大

强调大量使用高新技术的武器装备，以全面夺取战略主动权和战争胜利，是现代战争的一个显著特点。高技术武器装备具有很强的作战效能，武器装备在质量上的差距已经难以完全用数量上的优势来弥补。在海湾战争中，仅多国部队首次投入使用的高科技武器装备就有100多种。在诸多高科技兵器中，精确制导武器充当了主角，在战争中大显身手，成为多国部队最有效的打击手段。"爱国者"防空导弹系统的应用，在战争史上首次创造了"以导反导"这一新的高技术作战形式，大大提高了导弹系统的实战效能和整体威力。从某种意义上讲，以美国为首的多国部队就是靠这种武器装备上的绝对优势，始终掌握着海湾战争的主动权，从而赢得了战争的胜利。另外，随着夜视器材的迅速发展和广泛应用，装备优势一方凭借其夜视装备的优势，使夜战场在很大程度上变成"单向透明"的战场，通过夜间实施主要行动去夺取战场的主动权，已成为现代战争中作战行动的一大特色。

（1）常规武器插上现代化的翅膀

①射（航）程增大，杀伤覆盖面扩大。

②射速提高，弹着点密度大，连续杀伤和破坏。

③精确制导，武器命中精度提高。

④武器灵敏度提高，缩短了从发射准备到命中目标的时间，射击目标的机会增多。

⑤武器的威力增大。

（2）核、化学、中子武器的出现，使战争的破坏杀伤力产生质的飞跃。

（3）电子技术崛起，成为软硬兼施的杀伤手段。

（4）地球物理战武器的发展，将增大战争的破坏力。

### （四）战争消耗大，保障更艰巨

#### 1.现代战争是高消耗、高投入、高伤亡率的战争

在高技术条件下，战争消耗成几何级数大幅度增加，达到了惊人的地步。单从物资消耗来看，海湾战争分别比第二次世界大战、朝鲜战争、越南战争、第四次中东战争和马岛战争的物资

消耗提高了20倍、10倍、7.5倍、4.2倍和3.5倍。据统计,海湾战争期间,美军地面部队的人均物资消耗为200多公斤,航母编队的人均物资消耗为1.1~1.38吨,美军共消耗各类物资1.7万余种、3000多万吨,几乎等于上千万人的苏联军队在4年卫国战争中物资消耗总量的一半;多国部队在战争中总共花掉600多亿美元,这个数字超过了世界上绝大多数国家一年的国民生产总值,就连美国也无力独自支付这笔费用。在科索沃战争中,北约为了尽早达成战争目的,共使用了1200架飞机,出动3.8万架次,发射巡航导弹1500多枚,投掷各种弹药1.3万余吨,战争花费高达1000亿美元。而南联盟在北约的空袭下,许多军事设施被摧毁,武器装备被损坏,军用物资特别是战略物资储备地被袭击,指挥中心和通信枢纽被破坏,交通线被中断,大量民用设施和厂矿企业遭到狂轰滥炸,造成的经济损失为数千亿美元。"9·11"事件后,美国一次性划拨400亿美元紧急资金用于反恐;美在阿富汗每月作战费用达10亿多美元。如此巨大的战争消耗,没有雄厚的经济基础和有力的综合保障是无法承受的。

**2. 现代战争高消耗、高破坏、高投入、高伤亡的特点,决定了战争保障更艰巨**

(1)物资消耗量大,补给量就大。

(2)武器装备损坏率提高,技术保障更加重要。

(3)人员伤亡率增大,伤情复杂,救治任务艰巨。

(4)后勤保障设施和供应线的袭击和反袭击斗争更加激烈。

**(五)战争更加严酷,军队质量建设更加重要**

(1)战争的严酷性,对兵员的精神素质要求更高。

(2)战争的高技术性,对兵员的军政、科技、文体等素质要求更高。

(3)对军队五种能力(战略谋划能力、真打实备能力、改革创新能力、科学管理能力、狠抓落实能力)的要求更高。

**(六)战情多变、节奏加快,更需要高超的组织指挥艺术**

(1)战情瞬息万变,进程加快,组织指挥要提高时效性:武器装备机动性加强,缩短了战场转换时间;高技术武器加快了战争进程,准备时间缩短,战斗间隙变小,战机稍纵即逝。

(2)作战样式多,手段多,转换频繁,组织指挥要有高度灵活性:多维战场交融一体,多种样式交错协同;战略战役态势复杂,组织指挥要随机应变,双方阵地犬牙交错,前后方界限模糊。

(3)诸军兵种协同作战,技术准备复杂,组织指挥要有科学性、统筹性;熟知各军兵种特点,善于协同总体行动。

(4)电子对抗加剧,要求完善对抗措施,完善自动化指挥系统。

**(七)现代战争是体系对体系的较量,战争胜负取决于作战系统的整体对抗能力**

海湾战争、科索沃战争、阿富汗战争的经验教训证明,只有多种力量综合使用、各军兵种密切协同、各种武器系统优势互补,才能发挥整体威力,取得"1+1>2"的系统效应。在海湾战争中,多国部队对伊拉克实施的空袭作战除出动大量战斗机、攻击机、轰炸机外,还动用了大量陆军攻击直升机和大量预警机、运输机、加油机、救护机等,海军的"战斧"巡航导弹以及由各种卫星组成的空间精确定位系统等多种宇航武器,组成一个严密的作战体系,对目标实施联合打击。美军在阿富汗战争中,将由多种侦察、预警手段构成的立体感知系统和由各军兵种、各作战单位的各作战平台组成的火力打击系统,经信息处理网络和数据链系统相连接,高度融合、相辅相成,形成了全程近实时感知与远程精确打击有机结合的战场系统,基本作到三军作战联合化、武器装备系统化、信息处理网络化、战场侦查打击一体化。例如,由"捕食者"和"全球鹰"无人侦察机所获得的有关情报可经过联合空战中心实时地传送给在阿富汗战场上空的ＡＣ－130特种作战飞机的飞行员，ＡＣ－130可立即对目标进行攻击。

**（八）政治对战争的约束力增强，战争的目的、规模受到严格的限制**

在战争进行的过程中，交战双方往往同时进行紧张的政治、外交活动，企图通过政治、外交活动，争取对自己有利的国际条件。而战争的结局，或是军事上占有绝对优势的一方取得胜利，或是通过外交谈判，从政治上解决问题。从高技术局部战争的全过程来看，它一刻也不脱离政治，为政治服务的目的贯彻始终，这样政治目的的有限性便决定了战争目的的有限性。高技术局部战争通常是为了解决两个或者多个国家在一个局部地区的矛盾而爆发的。有的是为了报复，以便在政治上、在国际上挽回影响，提高自己的国际地位，如以色列入侵黎巴嫩战争、以色列空袭巴解总部的行动等；有的是惩罚、教训性的，以便使对方老老实实、服服帖帖，听从自己的指挥，或是不再损害己方的利益，从而提高自己的政治威望，如美国入侵格林纳达、美国空袭利比亚等，更多的是扩张势力，争夺某一地区的利益或霸权。政治目的的有限性，使得战争行动只限于一定范围内，政治目的一旦实现，战争即告结束。

**（九）战争牵动面大，容易导致国际化**

信息技术的发展，已使各国从相互隔绝的封闭、半封闭状态中摆脱出来，国际经济活动出现越来越相互依赖、相互依存的趋势。虽然现代战争只发生在一个局部地区或者两三个国家之间，但参与者、干预者却涉及全球。由于这些参与者、干预者在社会制度、政治主张、价值观念、追求的目标和利益不同，以及由此而来的是非标准的不同，再加上其数目之多远远超出战争当事者，就使得当代局部战争明显地表现出"二元对抗多元化""双边关系多边化"、国家地区问题国际化现象，其影响直至整个国际社会。

### 三、现代战争的发展的历程

（1）现代战争的萌芽阶段——20世纪50年代的朝鲜战争和20世纪六七十年代的越南战争。

（2）现代战争的初期阶段——20世纪70年代的第四次中东战争和20世纪80年代的马岛战争。

（3）现代战争的初步形成阶段——20世纪90年代的海湾战争。

（4）现代战争的较为成熟阶段——21世纪初的阿富汗战争和伊拉克战争。

# 第二节　新军事革命

当代军事高技术的发展，使军事领域正发生一场巨大的变革，即新的军事革命，使武器装备、军队结构、作战方式和指挥方式以及军事理论等各方面都出现了与以往战争完全不同的新的革命性变化，而这场新军事革命也日益催生军事技术发生着重大的革新。新军事革命与军事高技术呈现互动发展的趋势。

### 一、新军事革命的内涵

"军事变革"的概念是由英文"Revolution in Military Affairs"（RMA）翻译而来的，美国官方于 1991 年海湾战争结束后首先使用。"RMA"一段时间内曾被翻译为"军事革命",但随着我军对世界新军事变革问题认识的深入,特别是结合推进中国特色军事变革的实践,对这一概念的理解更趋科学,现在"新军事变革"的表述已为我军普遍使用。

新军事变革的含义可表述为:以信息技术为核心的军事高技术的发展,引起机械化战争的军事理论、军队体制编制和军事管理等各个方面发生重大变革,进而导致军事效能,特别是作战效能呈数量级的提高,其发展将促使军事领域的各个方面都产生全面而深刻的变革,使人类社会从机械化战争时代进入信息化战争时代。新军事变革的核心就是要把工业时代适于打机械化战争的机械化军队,建设成信息时代适于打信息化战争的信息化军队。

新军事变革包括军事技术、军事理论、军事组织和军事管理四个方面的重大创新,它们共同构成了新军事变革的四大要素或四大基本问题,即新军事变革的理论构架或主要内容。其中,创新的军事技术是军事变革的物质技术基础和前提条件;创新的军事理论是军事变革的主导要素和灵魂;创新的军事组织是军事变革的组织保证,是将创新的军事技术与创新的军事理论结合起来并付诸行动的纽带或桥梁;而军事管理的变革则贯穿在上述三个方面的变革之中,被认为是军事变革的重要手段。

## 二、发展演变

世界新军事革命开始于 20 世纪 70 年代的美国。到 20 世纪 90 年代,世界主要军事大国受海湾战争的启发,纷纷加入新军事革命的行列。21 世纪的头十年,新军事革命在全球范围内得到很大发展,2010 年前后进入了稳定期和调适期。

### (一)产生阶段(20 世纪四五十年代至 70 年代)

这场军事革命的源头最早可追溯到 20 世纪四五十年代。早在二战期间,德国就开始积极研制火箭、导弹武器;1942 年,美国开始实施"曼哈顿工程"计划,并于 1945 年研制成功世界上第一颗原子弹;1946 年,由美国人研制的世界上第一台电子计算机首先在军事领域出现;1955 年,苏联设计了第一枚可以运载核武器的洲际导弹,并于 1957 年用这枚导弹改造的多极火箭首次把人造卫星送上天。到 20 世纪六七十年代,随着以计算机为核心的信息技术的迅速发展和广泛运用,这些新型军事技术群也以惊人的速度快速发展,并愈来愈明显地改变着整个军事领域的面貌。

### (二)展开阶段(20 世纪 80 年代至 21 世纪二三十年代)

进入 20 世纪 90 年代,随着苏联解体、冷战结束,国际局势发生了根本性变化。1991 年年初爆发的海湾战争,使人们不仅看到了高技术武器装备在现代战争中的决定性作用,更直接感受到一种全新的战争形态。因此,海湾战争后,以美国为首的西方国家以及俄罗斯等国对新军事革命的研究和讨论很快进入了高潮。2003 年的伊拉克战争,武器装备、作战形式、部队编成都体现了现代战争的最新特点,实际上是美国新军事革命成果的又一次检验。通过这场战争,美国将对下一轮军事革命提出新的计划与任务。

当美国率先推行新军事革命的时候,世界其他许多国家,如俄罗斯、中国、英国、法国、德国、日本、印度等也不甘落后。这些国家充分认识到新军事革命代表着未来世界军事发展的大趋势,为了更有效地维护自身的政治、经济利益,纷纷加快本国新军事改革的步伐,以迎接新军事革命的挑战。

### （三）完成阶段（21世纪二三十年代至50年代）

当然，新军事革命是由机械化军事形态转化而来的，需要经过多个发展阶段。两种军事形态无论在时间上还是在内涵上，都存在一个并存、交替与过渡的时期。军事专家分析和预测，新的智能化军事形态估计要到21世纪中叶才可能逐步实现。

## 三、新军事革命的内容

### （一）世界新军事变革的主要内容

#### 1. 军事技术由工程革命走向信息革命

在西方国家，属于机械化军事范畴的军事工程革命始于二战期间。它通过不断采用新的工程工艺技术，使作战平台和各种武器性能指标不断提高。属于信息化军事范畴的军事信息革命在西方国家始于20世纪70年代，分为军事传感革命和军事通信革命两个阶段。军事传感革命的主要表现是：出现了计算机控制的探测器材，以及单个作战平台和武器系统的计算机化。军事通信革命始于20世纪80年代初，其主要成果是：由于数字技术广泛应用于军事领域，出现了可以处理大量数据信息的指挥、控制、通信、情报与计算机系统。

军事技术革命的发展在世界各国是不平衡的。西方发达国家早已完成了军事工程革命，接近完成军事传感革命，正在全力推行军事通信革命。许多发展中国家则仍处于军事工程革命阶段，或刚刚开始军事传感革命，与军事强国之间存在"代差"。

#### 2. 武器装备由机械化向信息化过渡

当前，世界各国工业时代的机械化装备正在逐步向信息时代的信息化装备过渡。美陆军的信息化装备已占其装备总量的50%以上，美海、空军的信息化装备已达70%。广大发展中国家也不同程度地开始走上了装备信息化的发展道路。

武器装备信息化，可使预警探测、情报侦察、精确制导、火力打击、指挥控制、通信联络、战场管理等领域的信息采集、融合、处理、传输、显示，实现联网化、自动化和实时化。其可能产生的影响是：作战保障装备的地位和作用有很大提高，并成为作战系统的"眼睛、神经和大脑"；将产生软、硬杀伤概念，出现软、硬杀伤兵器；在各类兵器中，电子信息系统的比重将越来越大，其作用也日益重要。

#### 3. 组织体制便于信息快速流动与使用

新军事变革的主要内容之一，是使军事组织体制实现从工业时代向信息时代的跨时代跃升。这种跃升的实质是：使信息这一构成战斗力的主导要素能在军队内部和战场上快速、顺畅、有序地流动，以适应未来信息化战争的要求。

军事组织体制的跨时代变革仍未全面展开，但许多外国军事理论家却在考虑从根本上改革工业时代机械化军事形态的军事组织结构，改革的大方向就是使军队体制编制"适于信息的快速流动和使用"。一是变纵长形"树"状领导指挥体制为外形扁平、横向联通、纵横一体的"网"状领导指挥体制。二是进行陆军结构改革。如美军将在30年内把陆军改造成以旅为基本作战单位的"目标部队"。三是组建信息战部（分）队。美军和以色列军队已经建立"黑客部队"，印度和韩国则计划组建"反黑客部队"。英国、德国、澳大利亚等国军队建立了各种计算机应急反应分队和计算机网络防护分队。

#### 4. 人才生成培养知识型军人

为造就信息时代的新型军人，美国等西方国家主要采取了以下措施。

贯彻两个"精英"的思想。信息时代的军队是规模小、少而精的军队,要有两个"精英"的思想:一是军人在社会各界人员中要是"精英",二是要使军队中的优秀人才晋升至将军,培育军人的信息素养。美军等发达国家的军队提出要培养官兵包括信息意识、信息知识、信息能力三大要素在内的信息素养,以适应信息时代的需要;大力培养信息战和信息技术人才。外军很多院校已把信息战作为教育训练的重点内容,美、英等国军队推出了"通信兵培训计划""信息系统操作员和分析员培训计划"和各种信息技术学习培训班;加大依托国民教育体系培养军事人才的力度。

### 5. 战争形态机械化向信息化转型

机械化战争逐渐向信息化战争转变,既是当前战争形态发展的大趋势,也是新军事变革深入发展的必然结果。这种转变不会一蹴而就,要经过一个战争形态从量变到质变、从部分质变到整体质变的漫长过程。

信息化战争是由信息化军队在陆、海、空、天、信息、认知六维战略空间用信息化武器装备进行的,以信息和知识为主要作战力量的,附带杀伤破坏减到最低限度的战争。信息化战争有六个基本点:一是时代性。在信息时代,信息化战争是最基本的、最主要的战争形态。二是交战双方至少一方是信息化军队。三是要使用信息化、智能化武器装备,各作战单元网络化、一体化。四是要在六维战略空间进行,特别是在航天空间、信息空间、认知空间进行的战争要占相当比例。五是在物质、能量、信息等构成作战力量的诸要素中,信息起主导作用,信息能严格调制在战争中表现为火力和机动力的物质和能量。六是战争中必要破坏和"流血暴力"依然存在,但附带破坏将降到最低限度。

### (二)积极推进中国特色军事变革

加快中国特色新军事变革、增强国防实力,是维护世界和平、确保中国和平发展的必然要求,也是应对国际战略格局变化、迎接世界新军事变革挑战的必然选择。

#### 1. 中国特色军事变革的主要特征

积极推进中国特色的军事变革,根基在于保持"特色"。与西方军事变革相比,中国军事变革在启动原因、变革环境、变革特点、推进方式、领导力量等方面有着许多不同。

第一,中国特色军事变革的启动具有应对性和后发性。中国是为了应对现代战争的深刻变化,应对世界新军事变革的严峻挑战,应对大国霸权主义的膨胀和扩张而进行军事变革的。只有抓住人类社会技术形态的时代转型机遇,实现中国特色的军事变革,才能确保国家安全和发展利益。我军是在半机械化的基础上向信息化战争时代变革的,无论从时间上还是状态上,我军都处于落后状态,军事变革具有后发性。

第二,中国特色军事变革的目的具有有限性和坚定性。中国进行军事变革的目的仅限于维护国家的根本利益,而不是争夺世界。我们的变革是在全党、全军、全国人民的支持下,在中国共产党集中统一领导下逐步推进的。为了捍卫国家根本利益,避免重蹈落后挨打的教训,必须抓住机遇,推进中国特色军事变革的信心也是不可动摇的。

第三,中国特色军事变革的过程具有艰巨性和跨越性。我国经济、科学技术、文化教育水平相对于发达国家仍存在差距,这些国情决定了中国特色的军事变革是一项艰巨的系统工程。又由于中国军事变革处于后发状态,受国家综合国力和社会发展条件的制约,因此面对西方军事变革的严峻挑战,我们不能跟在后面亦步亦趋,而应该努力跨越发展,实现弯道超车。

#### 2.中国特色军事变革的方向和道路

习近平明确提出："把努力构建能够打赢信息化战争、有效履行使命任务的中国特色现代军事力量体系作为 2020 年深化国防和军队改革目标。"我们党对建设什么样的军事力量体系、怎样建设和运用军事力量体系的认识更加清晰,同时也明确了中国特色的军事变革的方向。在积极推进中国特色军事变革的进程中,我们必须始终坚持做好以下四点。

第一,始终坚持以正确的理论指导军事变革。这就要求把习近平关于深化国防和军队改革的一系列重大战略思想,作为全面推进中国特色军事变革的强大思想武器和行动指南。把国防和军队改革作为实现中国梦、强军梦的时代要求,作为强军兴军的必由之路。

第二,始终坚持以开拓精神推动军事变革。习近平指出:"在这场新军事革命的大潮中,谁思想保守、故步自封,谁就会错失宝贵机遇,陷于战略被动。"我们只有把握机会、乘势而上,才能在激烈的军事竞争中赢得战略主动和未来。在推进有中国特色的军事变革中,针对涌现出来的大量新矛盾、新问题,要求我们不断加大开拓创新的力度、广度和深度。在军事理论的创新上,在军队整体结构的转型上,在军队政策制度的完善、军队发展道路的探索、军队建设效益的追求等各个方面,提出新理论、拿出新思路、走出新路子、创立新成果。

第三,始终坚持走中国特色强军之路。中国特色军事变革是世界军事革命滚滚潮流中的一部分。目前,我军在武器装备上与世界军事强国相比仍处于劣势,军队组织形态、作战指挥体制等与信息化战争不相适应。要改变这一现状,就要向世界军事强国学习先进经验。每个国家都有自己的特殊国情,每支军队都有自己的特殊军情,但凡改革成功的军队,都善于学习他人而又保持自己的特长。我们既要借鉴军事强国的经验,又要根据中国国情,走出一条有中国特色的强军之路。

第四,始终坚持以科技创新推动军事变革,实现强军兴军,必须要有强大的科技作支撑、要在激烈的国际军事竞争中掌握主动,必须大力推进科技进步和创新,大幅提高国防科技自主创新能力。

# 第三节　机械化战争

## 一、机械化战争的基本内涵

机械化战争,即一种主张陆军实行机械化和依靠机械化军队取胜的军事理论,亦称"坦克制胜论"。在机械化战争中,会辅助于飞机轰炸其交通枢纽和补给系统,步兵降为辅助兵种。

"机械化战争"理论的提出者是富勒。自从坦克在第一次世界大战中使用以后,其显示出很强的突击力。英国坦克军参谋长富勒首先总结了在这次战争中使用坦克的经验。他在 1918 年 5 月拟制的《1919 年计划》中,提出了建立和使用机械化军队的新观点;之后,又在《世界大战中的坦克》(1920)、《论未来战争》(1928,中译本名为《机械化战争论》)等著作中进一步作了阐述,创立了机械化战争理论。

富勒认为,坦克出现以后,陆军机械化是必然的发展趋势,战争将是一种纯粹的机械化活动,战争胜负"99% 在于武器",战场上坦克数量多的一方胜利的机会亦多。他认为,骑兵将退出战场,步兵降为辅助兵种,炮兵则需提高机动能力;还主张,作战时,首先以坦克出敌不意地突向敌人的纵深,摧毁其首脑机关,同时以飞机轰炸其交通枢纽和补给系统,接着使用摩托化步兵和炮兵扩大战果,追歼逃敌,一次会战即夺取战争的胜利。富勒的理论,虽然指出了军队建设和作战方法发展的某些趋向,但过分夸大了坦克的作用,贬低了人和其他兵种在战争中的作用。

继富勒之后,德国的 H.W. 古德里安、法国的 C. 戴高乐、奥地利的艾曼斯贝格尔等人也从不同角度提倡机械化战争论。这种理论还为希特勒及其统帅部所接受,并应用于第二次世界大战初期闪击波兰、法国和进攻苏联的作战行动中。

19 世纪末 20 世纪初,速射机枪、坦克、飞机、潜艇、航空母舰、无线电设备等一大批自动化、机械化武器装备相继问世,战场面貌发生了彻底变化,人类步入了机械化战争时代。

第一次世界大战参战国之多、作战部队之众、作战地域之广和交战空前激烈。机关枪和火炮的大规模集中使用,使地面火力空前提高。英国首先创制了将火力、装甲防护能力和机动能力结合为一体的坦克,使战车以全新的面貌出现于战场。铁路车辆、汽车用于军事运输,使几千年沿用的畜力、人力运输降到了次要地位,军队运动的速度和后方补给能力大为提高。飞机被用于配合陆军作战,出现了侦察机、轰炸机、歼击机和强击机。海军采用螺旋桨、蒸汽机和装甲技术装备战舰,作战中推出战列舰、巡洋舰、布雷舰、扫雷舰等水面舰只,同时,还出现了潜艇和水上飞机。第二次世界大战中机械化进入新高度,空中力量成为制胜关键。

1945 年 8 月,美国在日本投下了两颗原子弹,宣告核战争时代的到来。随后几年,苏联、英国、法国等也分别发展了核武器。原子弹、导弹的大量涌现,使机械化战争进入了新的阶段。美军建立了战略空军司令部,苏联组建了战略火箭军,英、法等国也相继建立了有限的战略核力量。常规作战兵器在核威慑条件下获得空前大发展。陆军各种武装机械化车辆和火炮的杀伤力、机动力迅速提高,传统的机械化作战平台不断完善,直升机、武装直升机、电子对抗技术装备等兵器日趋成熟;空军装备了新型作战飞机,并随着科技的发展不断更新换代;海军导弹舰艇、导弹核潜艇和携带导弹的海军航空兵成为海军的主要突击力量。

## 二、机械化战争的主要形态

### (一)机械化战争的主导要素

机械化战争的主导要素是物质力量。机械化战争时期,"物能"的拥有和释放在决定战争胜负上始终享有主导地位。成千上万的坦克、装甲车、火炮及难以计数的弹药、油料所产生的动能、机械能、化学能的对抗,成为战场上对抗的焦点,交战方式主要表现为"摧毁与反摧毁"。战争围绕"物质和能量对抗"这一核心,沿火力、机动力和突击力三大轴线对抗发展。

在机械化战争中,杀伤破坏方式主要是武器的射程、速度和杀伤力等化学能和机械能,决定战争胜负的是军队人力以及坦克、飞机、大炮和军舰等武器装备的品种和数量。从两次世界大战到朝鲜战争、越南战争、中东战争,打的无一不是物质和能源。第二次世界大战期间,交战国生产的军用飞机多达 70 余万架。其中,苏联就达到 8000 架,欧洲主要国家和美国、日本的作战飞机也都达到了几千架;航空母舰多达 140 余艘;潜艇达到了 1500 余艘,耗费物资和能源之巨大是空前的。

### (二)作战总体效能

在机械化战争中,作战是单一武器系统之间的对抗,战斗力主要是靠装备数量的累加来形成和保持的，"数量越多作战效能越高"；战争的胜利是靠一个个独立战斗和战役的集合来实现的。

### （三）作战指挥控制

机械化战争的指挥控制，是横向连接的树状结构。这种指挥控制网络就像大工业生产按行业、按流水线建立的控制体系一样，其特征是金字塔状，下面大、上面小，所有来自前线的敌我双方的情报信息，必须逐级按照官职大小向上汇报，上级的指示精神和命令也按照这样的树状模式逐级下达到前线或基层。这样，只要增加作战部队的数量，就必须扩大指挥机关的规模和层次。

### （四）军事组织与指挥体系

第一次世界大战使各国的军事组织与指挥体系也得到发展。随着军队规模的扩大，出现了集团军、集团军群、方面军一类的大军团编组。兵种的增加和作战行动速度的提高，使军队指挥体系获得改进。司令部已由技术性辅助机关，发展成为组织指挥作战的指挥机关，由仅限于高级指挥设置的指挥机构发展到战术兵团。飞机、无线电报等新的侦察通信工具的运用，使指挥系统的工作效率大为提高。

### （五）作战方式

第二次世界大战期间，欧美军事强国的陆、海、空作战装备多数实现了机械化和摩托化，军队成为陆军、海军、空军、空降兵、防化兵等多军兵种合成的较为复杂的系统组织。现代化的陆军、海军、空军武器装备大量涌现战场，使过去仅限于陆地、海上的平面战争，发展为陆海空一体的大纵深立体战争。作战方式实现了由线式作战向纵深作战的发展。

● 知识窗 ●

#### 大规模机械化战争的鼻祖，一位才华横溢的传奇统帅

米哈伊尔·尼古拉耶维奇·图哈切夫斯基在各方面都是一个卓越的、有才干而富有吸引力的独特人物。他出身于一个日益破落的世袭贵族之家，曾经是禁卫军中尉，礼服的白色肩章上缀有沙皇花体字。他受过良好的教育，法语说得如同俄语一般自如，是一位才华横溢的统帅、国内战争胜利的缔造者。朱可夫认为"他是军事思想的泰斗，我们祖国军界巨星中最大的一颗明星"。他在第一次世界大战的年代里，还是一个沉默寡言、几近散漫的穿卡其制服的小青年，却在国内战争和外国武装干涉苏俄的时期率领众多的团队大显身手，是国内战争中所向披靡、最富天才的红色统帅。

他戎马倥偬，转战南北，在声震四方的征战中，表现出了大战略家统帅的非凡才干。他出众的军事才华在战争中发挥得淋漓尽致，几乎战无不胜。

他征克拉斯诺夫、高尔察克，战邓尼金、毕苏茨基，平靖喀琅施塔得反叛，镇压坦波夫省骚乱。他带领的队伍战胜了辛比尔斯克城（列宁的故乡）下的白军，在生死存亡的紧急关头拯救了苏维埃。

在乌拉尔，他打赢了"苏维埃的马恩河之役"，然后又以雷霆万钧之势强行军，翻越乌拉尔山脉，粉碎了高尔察克上将的军队和盘踞在西伯利亚大平原上的捷克白军。他击败了邓尼金的主力军队，将他们撵上法国军舰，逃之夭夭。

在与波兰的战争中，他高喊"拿下欧洲"的口号，指挥红军以史无前例的急速行军，强渡维斯瓦河，直逼华沙城下，使不可一世的波兰元帅胆战心惊、悲观失望，也令欧洲那些军界巨擘肃然起敬，赞不绝口。

他穿越芬兰湾的冰面实施突击，一举攻克了水兵骚乱而占据的易守难攻的喀琅施塔得。当苏维埃政权受到安东诺夫匪帮叛乱的威胁时，他又用武力迅速平息了这起叛乱，为保卫新生的苏维埃政权做出了重要贡献。

在 1920 年年初担任红军高加索方面军司令员时，他年仅 27 岁，可谓年轻有为。在 1935 年 11 月 20 日被授予元帅时，也只有 42 岁。许多人甚至还把他看作大规模机械化战争的鼻祖。

他蒙冤错误地被执行死刑。斯大林逝世后，苏联才开始对 20 世纪 30 年代以来的政治案件进行复查清理。1957 年，苏联检察院和最高法院军事审判庭联合审查了图哈切夫斯基的案件，认为图哈切斯基案件是一起冤案。苏共中央检察委员会于 1957 年 2 月 27 日为他恢复名誉和党籍。

### 三、机械化战争的特征和代表性战例

第二次世界大战初期，德军的"闪电战"标志着机械化战争正式开始，一种崭新的作战模式登上了历史舞台。在机械化战争中，物质力量成为了主导因素，武器装备在很大程度上影响着战争的胜负。在全新的战争模式推动下，战役理论和战役实践取得了很大发展，作为重要战役行动的战役发起也呈现出很多新的特点。

#### (一) 地位更加突出，对全局影响加大

在机械化战争中，杀伤破坏方式由冷兵器、火器的动能过渡到了化学能和机械能。机械化武器装备的射程、速度和杀伤力都发生了质的变化，其破坏能力大大提高。正是由于新式装备强大的破坏力，战役发起所取得的战果往往影响着战役全局，甚至初战就决定了战役胜负。在闪击波兰战役中，德军发起战役的首要目标就是波兰的部队、军火库、机场和交通要道。密集的炮火覆盖和飞机轰炸，使波兰 500 架第一线飞机没来得及起飞就被炸毁在机场，无数火炮、汽车及其他辎重来不及撤退即被摧毁，交通枢纽和指挥中心遭到破坏，部队陷入一片混乱。正是战役发起阶段的辉煌战果，消除了波兰空军的威胁，德军的装甲洪流才得以长驱直入，以每天 50~60 公里的速度向波兰腹地突进，在一个月内占领了整个波兰。由此可见，机械化程度越高，武器装备越先进，战役发起所取得的作战效果就越明显，对整个战役的影响越大。

#### (二) 合同或联合作战成为战役发起的基本样式

随着飞机、坦克、舰艇大量投入使用，战场范围不断向空中拓展，立体对抗成为机械化作战的重要方式。战役发起时，作战行动在陆、海、空和电磁领域同时或先后展开，各个战场围绕一定战役目的，彼此依存，融为有机的整体。在这样的战场上，任何一个军种的作战行动都难以主宰战场，合同或联合作战成为战役发起的基本样式。机械化战争时期，空军力量、装甲部队、电子对抗分队等作战力量的联合应用，成为战役发起的重要模式。

随着机械化战争的发展，空中作战力量在夺取制空权、进行空中突击等作战行动中担负主要角色，战役发起时，其军事行动制约陆、海战场的行动，对作战结果具有重要影响。装甲部队具有猛烈的火力、广泛的机动力和良好的防护力，担负着突破、冲击与反冲击、追击等重要任务，

是陆上作战的主力,在战役发起时扮演着重要角色。电子对抗是随着电子技术在军事上的应用而逐步发展起来的,它可以削弱、破坏敌方电子设备的使用效能,保护己方电子设备效能得到充分发挥,同时,电子欺骗、电子干扰可以隐瞒真正的作战意图,混淆敌方视听,保障己方行动顺利展开。另外,空降作战、特种作战也成为战役发起的重要内容,对战役发起具有重要影响。

### (三)迅猛突击彰显机械化的力量优势

随着武器装备的发展和作战理念的更新,机械化战争潜力被不断地挖掘和释放,从根本上改变了战役发起的方式和内容。战役发起时,发挥武器装备的最大效能、最大程度地毁伤敌方成为作战指挥的最大意图。飞机的侦察突击能力、火炮的远程打击能力以及装甲部队的长途奔袭能力,使打击敌方的交通枢纽、指挥中心、补给仓库等重要目标成为可能;机械化部队的机动力和突

机械化战争

击力,使迂回、包抄、渗透等作战方式成为常规手段,而"速度、协同、集中"又使机械化的力量优势得以完美体现;大型舰船的海战能力和补给能力,使远程作战和海上对抗成为重要的作战方式。在机械化部队强大的力量优势面前,冷兵器时代的作战方式已经终结,迅猛突击成为机械化作战的信条。古德里安创造的闪电战就是对这一结论的诠释。在闪击波兰时,古德里安率领的德国第19装甲军,就像一把尖刀,在战役发起后,以猛烈的冲击突破波军防线,然后迅速迂回到波军背后,与德国步兵的兜底行动配合,以最快的速度分割包围了整个波军主力。这一战例不仅检验了"闪电战"的实战效果,更彰显了机械化部队的力量优势。

### (四)"三权"争夺日益激烈

机械化战争的发展,使人们越来越认识到"三权"(制空权、制海权、制信息权)的重要意义。掌握制空权,能限制敌方航空兵和防空兵力兵器的战斗活动,防护己方重要目标,保障己方航空兵的行动自由,使陆、海军的作战行动得到有效的空中掩护;制海权可以确保己方兵力海上行动的自由,保护海上交通运输的安全,同时限制敌方的海上行动;制信息权能确保我方信息通畅,并获取敌方信息及破坏其信息传递通道等。纵观外军机械化战争史,争夺"三权"不仅是战役发起的重要内容,甚至出现了为夺权而进行的战役,如为夺取制空权,英德进行了为期4个月的不列颠空战。为争夺海上霸权,日本偷袭珍珠港,并发动了中途岛海战。

### (五)精心布局,隐蔽作战企图

伪装欺骗的战法由来已久。机械化战争时期,几乎每一场战役的发起,都伴随着欺骗与反欺骗,隐蔽作战行动成为了出奇制胜的关键。机械化装备的发展,增加了欺骗的难度,也增加了伪装的手段。通信手段,发展出现了监听与反监听;观测手段增多,伪装与反侦察与之相对;信息渠道拓展,真假信息混杂又为欺骗提供了便利。例如,为完成诺曼底登陆,盟军的"卫士"计划就将欺骗手段运用到了登峰造极的地步。在战役发起前,盟军通过各种途径,诱使德军分散到欧洲各地,从而使德军在法国,尤其是诺曼底地区的守军降低到最低限度。另外,盟军还制造虚假信息,使德军误认为加莱是主攻方向,调动了大批部队在加莱设防。这些误导德军行动,降低了登陆难度,从而保证了战役的顺利实施。

### (六)物资消耗巨大,保障要求高

机械化战争以人力、物力的消耗为对抗手段,而战役发起是整个战役行动中作战最集中、方式最多样、对抗最激烈的阶段,需要高效的后勤保障为支撑。坦克、飞机、舰船,这些战争机器的开动需要耗费大量的油料,其机动性为伴随保障提供了难度。参战的人员和装备众多,作战的激烈程度提高了物资消耗,人员伤亡和装备损坏也大大增加。在一定意义上,交战双方武器装

备的对抗,也是技术保障能力的对抗。机械化水平越高,对技术保障的依赖性就越突出,双方围绕技术保障的争夺也就会越趋激烈。例如,1940 年,德军代号"海狮"的英国登陆战役,就是因为后勤保障系统遭到英军空中打击,其保障船只、物资遭到严重损失,无法保障登陆战役实施,最后被迫放弃。

# 第四节　信息化战争

信息化战争是人类社会形态和科学技术形态综合演进的必然产物,是人类战争形态不断由低级向高级发展的必然趋势,是人类努力寻求战争目的和手段统一的必然选择。只有科学认识信息化战争的本质,把握信息化战争的特点与规律,才能直面信息化战争对国防和军队建设带来的挑战,为打赢信息化战争做好准备。

## 一、信息化战争的基本内涵

对于信息化战争的概念,国内外学术界有各种不同的定义。近年来,我军也对"信息战""信息作战""信息化战争"等进行了广泛研究。信息战是一种作战形式,信息作战是一种作战行动,信息化战争是一种战争形态。《中国人民解放军军语》将信息化战争定义为:"依托网络化信息系统,使用信息化武器装备及相应作战方法,在陆、海、空、天和网络、电磁等空间及认识领域进行的以体系对抗为主要形式的战争,是信息时代战争的基本形态。"

信息化战争以信息为主导,以信息技术为支撑,以信息化军队为主要力量,以信息化作战为主要作战形式。20 世纪 80 年代末以来,世界上主要国家军队的作战方式和作战手段呈现出崭新的面貌,战争形态从机械化向信息化转变。由于武器装备趋向智能化,攻击兵器具有远程打击、精确制导和隐蔽突防能力,各种主要作战平台具有信息传感、目标探测与引导、信息攻击与防护能力。1991 年海湾战争以来的高技术局部战争表明,信息技术在现代战争中具有极为重要的作用。发达国家都把信息化作为 21 世纪军队现代化建设的主要目标。具体而言,信息化战争的定义具有以下科学内涵。

一是时代性特征。信息化战争是信息时代的产物,是机械化战争向信息化战争演变而出现的一种全新的作战形式。有关战争的理论、指导思想、作战指挥、战争特点等,具有鲜明的信息时代的特征。

二是交战双方至少有一方具备信息化作战能力。所谓信息化作战能力,是指部队利用信息化装备进行预警探测、指挥控制、精确打击和信息对抗的作战能力。它是把信息能力与杀伤力、机动力、防护力、保障力相结合的综合作战能力。

三是要使用信息化、智能化武器装备,各作战单元形成网络化、一体化的整体,从而构成完整的作战体系。

四是在多维空间进行。信息化战争的作战空间不仅包括地面、海上(水下)、空中、太空等广阔的有形战场空间,也包括信息、电磁、心理等无形空间。特别是在信息空间、认知空间和心理空间进行的作战都将占相当比例。

五是信息精确控制起主导作用。信息可精确控制在作战中表现为火力和机动力的物质和能量。信息不仅是一种资源,更是一种作战能量,同时也是各种作战力量的黏合剂和倍增器,是作战制胜的主导力量。

## 二、信息化战争的主要特征

只有认清信息化战争的基本特征,才能把握信息化战争的规律,从而驾驭信息化战争。

### (一)战场空间的多维一体化

经过第二次世界大战和第二次世界大战后的几场局部战争的发展,以电磁通信为核心的电子战发展为多种样式,如电子侦察、电子干扰、无线电欺骗、模拟佯攻等。电子战成为现代战场作战的重要组成部分,电磁空间已经成为独立的战场争夺空间。

第二次世界大战后,高空物理、天体物理和航天技术的发展促使人们将探索的目光投向从未涉足过的太空。人造卫星、航天飞机相继上天,标志着人类的活动领域已经扩展到太空。许多国家已经着手组建航天部队,并提出了高边疆战略和"制天权"学说,将战争的空间扩展到了太空。

现代的信息化战争的战场空间形态由以陆、海、空、天、电磁等为主体的实体空间,向以网络、人的认知领域等为主体的虚拟空间扩展,实体空间与虚拟空间相结合成为信息化战争战场空间形态的基本特点。信息化战争的作战行动不但在传统的陆、海、空、天、电磁等领域展开,而且将在网络、人的认知领域等虚拟空间进行激烈的争夺。

### (二)武器装备的高度信息化

武器装备是进行战争的武器系统,也是不同战争形态的首要标志。信息化战争作为一种新型的战争形态,是运用以计算机技术为核心、以信息技术为基础的一体化武器装备系统所进行的战争。其武器装备系统的显著特征是高度的信息化,其构成主要包括信息攻防武器系统、单兵数字化装备和指挥控制系统。

信息攻防武器系统、单兵数字化装备和指挥控制系统将战场有机地联结为数字化战场,实现了战场情报、通信、指挥、控制、战斗勤务支援、软杀伤和硬杀伤等功能的一体化,从而使信息化战争出现了完全不同于机械化战争的崭新面貌。

### (三)战争能量释放形态的信息主导化

战争中的能量释放形态是战争形态的一个重要标志。信息化武器装备释放的依然是热能,但能量释放的形态却发生了根本性变化。信息主导的能量释放形态与一般的热能释放形态相比是能量释放形态质的跃升,是信息主导的能量释放形态。例如,杀伤兵器的射程、速度和精度由信息控制,火力的毁伤作用由信息调节,敌情通过信息准确掌握,军队行动通过信息来实施正确的指挥。信息化战争中的能量释放不仅讲究能量释放的精确性,更加注重能量释放的有效性,且信息主导的能量释放还便于与人工智能结合,在组织指挥领域发挥效能。在信息主导下的能量释放,是可控制的能量释放形态,是新空间的释放形态,是人机结合的智能化能量释放形态,是软硬结合的能量释放形态,是系统化的能量释放形态。这是机械化战争形态向信息化战争形态转型的基本标志。

### (四)基于信息系统的体系作战能力成为战斗力的基本形态

战斗力基本形态是指在特定的战争形态下,在一定的社会经济基础和科学技术基础上,作战能力所体现出来的基本状态。基于信息系统的体系作战能力,就是以综合的电子信息系统为纽带和支撑,各种作战要素、作战单元、作战系统相互融合,将实时感知、高效控制、精确打击、快速机动、全维防护、综合保障集成为一体,所形成的具有倍增效应的体系化作战能力。它具有以下几个基本特征。

(1)军队数量、质量、能量之间的关系发生了深刻的变化。人员和武器装备的数量规模并不等于质量优势,更不等于能力优势,利用一定的手段和方式来获取和建立信息优势,并将信息优势转化为决策优势、行动优势和战争胜势,即质量优势决定作战能力水平。

(2)基于信息系统的体系作战能力是诸军兵种作战能力的高度融合。不但武器系统高度融合、作战单元高度融合,而且各种作战要素也高度融合,即诸军、兵种作战(保障)力量紧密结合,实现作战效果聚优。

(3)信息在信息化战争中是最为基础和最为重要的作战资源,主导着作战体系中的各要素和作战行动,信息和火力由于信息系统而实现一体化,从而主导着军队整体作战能力的发挥。

不同的时代,战争形态不同,主导战斗力形态也不同。人类战争战斗力的基本形态正在向信息化战争时代的"信息力 + 机动力 + 火力"而形成的"基于信息系统的体系作战能力"转变。正确认识信息化战争战斗力形态的转变,有助于我们找准军队信息化建设的着力点和目标,从而切实实现我军信息化战争条件下战斗力生成模式的转变。

### (五)软杀伤与硬摧毁有机结合成为作战的普遍法则

软打击和软杀伤与硬打击及硬杀伤相互配合,成为信息化战争的基本战争手段。当前,软打击与硬杀伤组合运用已经成为信息化战争作战的鲜明特征。一方面,随着信息化战场的形成,电子领域、网络领域、心理领域的斗争更加激烈,交战双方主要运用信息和信息系统在电子空间和网络空间进行"软"攻防对抗,这种"不流血的战争"可带来巨大的破坏和损毁能力;另一方面,信息化战争并不排斥传统的硬打击方式,硬打击如果与信息化的软杀伤配合,效果更佳。软杀伤与硬打击的有效结合,使得战场对抗更为激烈。

信息化战争中软杀伤与硬打击的有机结合主要体现在以下三个方面。

(1)电子杀伤与物理摧毁并举

近期几场局部战争表明,暴风骤雨般的电子压制通常是战争开始的序幕,然后伴随着强大的火力打击和硬杀伤。在未来的信息化战争中,软硬一体化的电子对抗必将成为争夺战场主动权的关键。

(2)网络攻击与火力攻击并重

在传统战争中,集中兵力和火力对敌实施硬打击是夺取胜利的基本方法。在信息化战争中,除了火力打击的硬杀伤作用外,网络攻击等新的软杀伤方法将成为重要的制胜手段。

(3)心理战与歼灭战结合

在信息化战争中,心理战上升到战略地位,已经超出单纯的军事斗争领域,拓展到政治、经济、外交、文化等方面。信息化战争中的心理战将贯穿战争的始终,可以极大地震撼敌方军民的心理,摧毁和剥夺敌方的抵抗意志,极大提高战争效益。在伊拉克战争中,美军将作战行动命名为"震慑",就是企图通过对敌要害目标发动实施有选择、全方位、高强度的打击,对敌方所感知信息全面控制,使敌认识到自身的脆弱而放弃抵抗。

### (六)信息系统成为作战双方的主要打击目标

机械化战争的制胜之道主要是通过大量杀伤、消耗敌方有生力量,毁灭敌国战争资源来改变作战双方的力量对比,从而最终赢得胜利。随着科技的发展、文明的进步,以及对战争研究的深入,人们逐步意识到,战场上打击并歼灭敌有生力量并不是战争胜利的唯一途径。

随着军队侦察探测、指挥控制和远程精确打击能力的大幅度跃升，以及战争实践的发展，人们发现，通过精确打击敌军作战体系的重心——计算机、通信、指挥、控制、情报搜集、侦察监视及杀伤系统(即 C$^4$ISRK 系统)，可以使敌军作战体系瘫痪，从而无须歼灭敌重兵集团就可以使敌军各部队陷入"看不见""听不见""摸不到"的状态，乱作一团，各自为战，直至丧失战斗意志，最后投降。因此，在信息化战争中，消耗战、歼灭战的观念逐渐改变，瘫痪战的观念逐步确立。

在信息化战争中，战场认知系统、战场通信系统和指挥控制系统是构成信息化战场的三个主要和基本的支柱。战场认知系统是获取战场情报和收集战场信息的关键，是实现正确决策和指挥的基础；战场通信系统主要是指战场信息的传输系统，既是战场的"神经中枢"，也是进行正确决策、指挥、控制的保障；指挥控制系统主要是指战场上的各级作战指挥机构，它是战场的终端。

信息化战争中"三大系统"在战场上具有突出重要的地位，其存在与否、能否发挥作用直接制约着战争的胜负，因此成为信息化战争中攻防双方进行战场打击的"重心"，使这三大信息系统瘫痪，就能够迅速达成战争目的。

### (七)制信息权成为战场争夺的核心和基础

制信息权是指在一定的时空范围内控制战场信息运用的主动权。它是夺取制空权、制海权以及陆上、太空作战主动权的先决条件。制信息权主要表现在信息获取、信息传递、信息处理和信息压制这四个基本环节的信息作战的斗争上。制信息权是现代战场争夺的"第一基点"，是争夺制空、制陆、制海等主动权的核心和基础。

信息化战争的一切作战行动将主要围绕"制信息权"的争夺而展开。信息化战争中的战场作战是敌对双方多维作战力量组成的作战体系之间的信息，是沟通陆、海、空、天战场，实现多维作战力量一体化的主要依托。在信息化战争中，信息是核心资源，它与物质和能量一起构成了信息化战争的力量基础，在战争力量构成中起着融合剂和倍增器的作用。具有信息优势的一方，能够把各作战部队、单兵及作战平台有机地联结为一个整体，从而构成一体化的作战力量，对敌方实施高效的打击和控制；而不具备信息优势的一方，则无法了解"我在哪里，敌人在哪里，对手在做什么"。

信息化战争中信息攻击和信息防护的相互斗争，将最终发展成为围绕夺取制信息权而展开的信息作战。信息作战是联合作战中夺取胜利的关键。信息作战的主要任务是破坏、瘫痪敌方的信息系统，干扰影响敌方信息的获取、处理、传递和利用，保护己方信息和信息系统的安全。从这个意义上说，信息化战争中的一体化作战行动将突出地表现为信息作战。从近期几场局部战争看，信息作战贯穿于战争的始终。实施信息作战可以为己方夺取和保持制空权、制海权、制电磁权等创造前提条件；可以驱散己方的"战争迷雾"，加重敌方的"战争迷雾"；可以提高己方的指挥效率，充分把握和利用战机；可以提高己方武器的打击命中率，大大强化作战效益。

信息作战较量的结果将直接决定战场主动权，乃至战争的胜负。失去了"制信息权"，将成为"瞎子、聋子和靶子"，陷入被动和挨打的困境。

信息化战争

### 三、信息化战争的战争形态

随着信息时代的快速到来，人类战争加速向信息化战争过渡。在未来信息化战争中，各种信息化武器、装备、设施构成了战场的新要素，从而带来了作战形式和样式的深刻变革。

**（一）信息化战争的基本作战形式**

作战形式是一种战争形态下各种作战行动的最普遍形式,也是对各种作战样式共性的抽象概括。作战形式是作战行动整体或基本的表现形态。

随着科学技术在军事领域的广泛应用和军种作战能力的不断提高,各军种在作战中能够相互支援、优势互补,作战效能呈指数级增长,多军种联合制胜成为必然,联合作战成为信息化条件下局部战争的基本作战形式。

联合作战是指两个以上军兵种或两支以上军队的作战力量,在联合指挥机构统一指挥下共同实施的作战,联合作战是战争发展到一定阶段的产物,随着其在战争实践中的广泛运用,人们对它的认识也在不断深化,在信息化条件下,联合作战已发展成为一种具有普遍意义的作战理念,成为诸军兵种部队作战的基本形式。

自20世纪80年代后,随着工业时代的机械化战争通过高技术战争向信息时代的信息化战争过渡,联合作战有了飞速发展。20世纪90年代以来,美俄等国军队相继颁发了多种联合作战条例条令,建立健全了联合作战理论体系,规范了各军种部队的联合作战行动;通过海湾战争、科索沃战争、阿富汗战争、伊拉克战争、利比亚战争等高技术局部战争,进一步丰富和发展了联合作战的理论与实践。信息时代,战争已不是简单的多个军种共同作战的问题,而是联合作战,即把各种力量、各种作战方式高度融合起来的一体化联合作战。

所谓一体化联合作战,是依托网络化信息系统,使用信息化武器装备及相应作战方法,在陆、海、空、天和网络电磁等空间及认知领域进行整体联动的作战,是与信息化战争相适应的基本作战形式。一体化联合作战将以信息化的武器装备和数字化部队为骨干力量,其他作战力量广泛参与;综合采取指挥控制战、心理战、情报战、电子战、黑客战、网络战等手段,运用信息威慑、信息遮断、信息渗透、信息欺骗、信息封锁等主要战法,并与其他作战行动密切配合,通过夺取制信息权,以较小的损耗和代价达成作战目的。

未来的信息化联合作战将是高度融合的一体化作战,更加强调作战空间的多维性和立体性、作战力量的多元性和实用性、作战行动的整体性和快速性、作战指挥的统一性和可控性、作战保障的实时性和精准性,全面实现信息、力量、战场、指挥、行动和保障的融合,从而形成强大的作战能力。

**（二）信息化战争的主要作战样式**

作战样式是指按敌情、战场环境等不同情况,对作战类型的具体划分。信息化战争的主要作战样式包括以下五种。

**1.精确作战**

精确作战是在综合电子信息系统提供的信息支援下,用信息化、智能化的高精度武器装备实施的作战行动。这种作战样式要求对作战目标实施精确的侦察与定位,对作战决策实施精确的运筹,对兵力投送实施精确的计划,对作战行动实施精确的准备,对部队作战实施精确的保障,对打击效果实施精确的评估,以最终实现用最低的代价达成最佳的作战效果。在近几场信息化局部战争中,精确作战初露锋芒,显示出令人瞩目的作战效能,引起了世界各国军队的普遍关注。在海湾战争中,美军投射的精确制导弹药虽然只有8%,却摧毁了伊拉克被毁目标的80%。在科索沃战争中,尽管南联盟地区地形和气候条件复杂,以美国为首的北约却摧毁了其95%以上的固定目标,对移动目标的命中率也高达60%。在2001年对阿富汗实施的军事打击中,美军在开战后3天就摧毁了其85%的预定目标,主要包括防空设施、机场和训练营地,基本做到了"发现即摧毁"。在2003年的伊拉克战争中，美军的精确作战达到了一个新水平，只利用空中精确打击，就剥夺了伊拉克地面部队80%以上的作战能力。

实施精确作战的物质基础是信息化高精度打击兵器，以及与之配套的$C^4KISR$系统。西方发达国家军队已装备了第二代、第三代高精度打击兵器，正在开发第四代、第五代。第一代精确制导武器，在发射时射手必须跟踪瞄准目标，进行不间断的控制直至命中目标。第二代精确制导武器被称为"发射后不管"的兵器，能自动瞄准目标，发射后自动寻的命中目标。第三代精确制导武器，只要确定特定目标，不必瞄准，导弹发射后就自动探测、识别、跟踪，直至命中目标。美国采用人工智能技术研制的第四代、第五代精确制导武器，是目前世界上智能化程度最高的信息化武器装备，除能自动寻找攻击目标外，还有一定的逻辑判断对比和识别能力。在实施攻击时，不仅可以进行威胁判断、多目标选择和自动适应抗干扰，还能自动选择最佳命中点，自动寻找目标最易损、最薄弱、最关键的部位，以获取最高作战效能。当然，只发展精确打击兵器是不够的，还必须有指挥信息系统为其提供信息保障。目前，美军研发的$C^4KISR$系统，使战场综合电子信息系统和所有武器系统实现了一体化。

### 2. 信息火力一体战

信息与火力是达成破坏与毁伤的基本要素，将二者有机融合为一体，才能实现作战行动的最有效控制，达成最佳作战效果。

信息火力一体战是在作战过程中，依托信息系统，通过信息与火力的无缝衔接，从侦察、决策打击，直至评估反馈，再回到侦察，如此循环往复，实现信息流控制物质流和能量流。信息火力一体战与以往"信息—火力战"的主要区别在于：信息火力一体战是以基于信息系统的体系作战能力为基础，以全军战略信息支援保障系统为依托，各军兵种、各作战单元、各作战要素通过有机铰链，依托以"尖兵""雷电""北斗"等天基系统为骨干的战略信息支援保障系统所提供的强大功能，通过有序联动实现作战能力的整体发挥。

实施信息火力一体战应具备以下基本条件：一是要有信息与火力高度融合的武器系统，使预警侦察、指挥控制、精确打击、毁伤评估、战场管理等领域的信息处理网络化、自动化、实时化；二是要有相应的现代军事组织结构，建构集电磁打击、网络攻击、心理作战和火力摧毁等多种作战能力于一身的作战力量编组；三是要有全新的作战理念，从联合、整体、系统、全维的角度来认识和探讨信息火力一体化作战理论。

### 3. 太空战

在信息化战争中，天基军事系统既起作战保障作用，又能直接攻击目标，太空战将作为一种重要作战样式登上人类战争舞台。太空战亦称天战或外层空间战，是指以军事航天力量为主，在外层空间进行对抗的活动，包括外层空间的攻防行动，以及外层空间与空中、地面、海上之间的攻防行动。这种作战行动主要包括：一是争夺制天权的斗争，即在保护己方天基系统和保证己方在外层空间行动自由的同时，能够干扰、破坏敌方天基系统和限制敌方在外层空间的行动自由的作战行动，这种作战既包括交战方外层空间力量之间的对抗，也包括一方运用外层非空间力量对另一方外层空间军事目标所采取的行动；二是运用外层空间军事力量达成整个战争目的的行动，交战双方运用外层空间军事力量为整个战争系统提供侦察、监视、导航、通信、指挥、控制等方面的支援，以及运用天基武器系统对地面、海上、空中目标实施攻击。它直接服务于战争的全局，对战争的进程和结局有决定性的直接影响。

要实施真正意义上的太空战，必须拥有太空战武器系统和太空战部队。当前，美俄等国正在研制或设想中的太空战武器主要有以下几种:一是用于干扰、破坏敌方航天器的反卫星武器,包括地基与海基反卫星武器、机载反卫星武器和天基反卫星武器等。它们既可利用直接碰撞以动能实施硬杀伤,又可采用激光、微波、粒子束等定向能进行软杀伤,还可使用喷涂化学物质等进行非致命性杀伤。二是反导武器,主要有天基反导武器和地基、海基、空基反导武器。这是当前美国发展反导系统的重点,特别是地基、空基反导武器已逐渐成熟,不久的将来即可用于实战部署。天基反导武器的发展虽然较为迟缓,但优势很大,不仅可在全球范围内拦截导弹,还可在助推段实现高效率拦截。三是太空作战飞行器。这种可多次使用的飞行器,由自身的动力系统或航天飞机送入轨道,可以在轨道上停留数周至一年的时间,能执行多种作战任务,如作为动能或定向能武器平台部署、修理、回收己方卫星,破坏敌方卫星等。四是空天飞机,它快速进入外层空间后,既能充当战时空间指挥所,又能执行侦察预警及对陆、海、空、天重要目标进行攻击的任务。

太空战的作战样式主要包括以下几种:一是导弹拦截战。属于太空战范畴的导弹拦截战,既包括使用天基激光武器和动能武器摧毁敌方的导弹,也包括利用空间信息系统指挥、引导空基、海基和陆基反导武器系统攻击敌导弹和导弹系统。二是卫星攻战。其主要作战行动有使用天基、空基和地基作战平台向卫星发射激光或动能武器,迅速将敌卫星摧毁或致盲;使用电子干扰、涂料喷涂迷盲等方式,使敌卫星暂时失能,用航天飞机或空间站的机械臂捕获敌卫星。三是天对地攻战战。这种作战是指利用天基平台投送激光、粒子束和动能武器等战略打击能量,攻击地面、海上和空中目标。航天站和空天飞机是理想的太空武器发射平台和轨道轰炸器,可执行各种对地攻击任务。四是太空作战平台攻防战。这种典型的太空战样式是指交战双方运用具有攻击能力的太空作战平台所进行的"天—天作战行动",主要目的是争夺制天权或控制某些空间区域。

### 4.网络战

网络战亦称网络对抗,即在信息网络空间,为破坏敌方网络系统和网络信息,削弱其使用效能,保护己方网络系统和网络信息而实施的作战行动。未来的网络战将是信息化战争的核心作战样式之一,对战争的制胜作用越来越明显。

信息化战争中的网络战将分为两大类:一类是战略网络战;另一类是战场网络战。战略网络战又有平时战略网络战和战时战略网络战两种。平时战略网络战是在双方不发生有火力杀伤破坏的战争的情况下,一方对另一方的金融信息系统、交通信息系统、电力信息系统等民用信息设施及军事信息系统,以计算机病毒、逻辑炸弹、黑客等手段实施的攻击。这种战略网络战是否是战争或战争的一部分,要看网络战的规模与破坏程度。零星的、小规模、破坏轻的计算机网络攻击不是战争,有组织的、大规模的、破坏严重的网络攻击可以被视为战争;而在发生有火力杀伤破坏的战争的大背景下,任何规模的战略网络战都是战争的一部分。

网络战也可分为狭义和广义两种。狭义战场网络战是指攻击、破坏、干扰敌军战场信息网络和防护己方信息网络的作战行动,其主要方式或途径有:利用敌接受路径和各种"后门",将病毒送入目标计算机系统;让黑客利用计算机开放结构的缺陷和计算操作程序中的漏洞,使用专门的破译软件,在系统内破译超级用户的口令;将病毒植入计算机芯片,需要时利用无线遥控等手段将其激活;采用各种管理和技术手段,对己方信息网络系统严加防护。广义战场网络战类似于美军1998年提出的"网络中心战",是指将军队的所有侦察探测系统、通信联络系统、指挥控制系统和各种武器装备,组成一个以计算机为中心的网络体系,各级部队与人员利用该网络体系了解战场态势、交流作战信息、指挥与实施作战行动的作战样式。通过战场各作战单元的网络化,能把信息优势变为作战行动优势,使各分散配置的部队共同感知战场态势,从而协调行动,发挥出最大的作战效能。作战行动将主要围绕计算机网络进行,网络是信息实时流动的渠道;信息既是战斗力,也是战斗力的倍增器;作战单元的网络化可产出高效的主动协同,可使指挥员以更多的方式指挥作战,增强作战的灵活性和适应性。

在1991年的海湾战争中,网络战开始了实战运用。开战前,美国中央情报局派特工将伊拉克从法国购买的供防空系统使用的打印机的芯片换成了有"毒"芯片。在战略空袭发起前,美军用遥控手段激活了病毒,致使伊拉克防空指挥中心主计算机系统程序错乱,防空系统的 $C^3I$ 系统失灵,为美军顺利实施空袭创造了条件。在1999年的科索沃战争中,网络战的规模和效果有增无减。南联盟使用多种计算机病毒和组织"黑客"实施网络攻击,使北约军队的一些网站被垃圾信息阻塞,一些计算机网络系统一度瘫痪。北约一方面强化网络防护措施,另一方面实施网络反击战,将大量病毒和欺骗性信息发送到南联盟军队计算机网络和通信系统。

### 5.信息心理战

信息心理战是机械化战争中传统心理战的继承和发展,是信息化战争中一种非常重要的作战样式。这种作战样式的实质是,以各种高新军事技术为心理信息载体,以心理信息能为主要作用手段,重点攻击敌方的认知与意志,特别是敌军领导人的认知与意志,迫使敌方放弃抵抗意志,最终停止对抗,结束战争。

在任何形态的战争中,心理战的最终目标都是攻击敌方领导人、部队官兵和民众的认知和意志。在信息化战争中,对敌认知和意志的心理攻击更直接、作用更大。

在信息心理战中,将大量使用信息化高技术手段和新战法运用于对敌心理攻击。一是运用卫星电视、广播等先进通信手段。在过去发生的几场高技术局部战争中,交战双方特别是掌握高技术的一方总是利用卫星等信息化手段,来加强宣传自己、瓦解对方的时效性。二是运用各种先进的飞行器。美军心理战部队已装备了能传输无线电广播和电视信号、能快速制作广播电视节目的 EC－130ERP 广播电视飞机。另外,它的 MC－130、HC－130、E－16 等飞机也都有投撒传单的能力。美军还在研制能自动制作和投放智能传单的特种无人飞行器,以便在未来的信息化战争中更有效地进行心理作战。三是运用智能传单。在海湾战争中,美军就使用过这种集视、听、说于一身的传单。这种传单一打开,伊拉克官兵不仅看到了精美的图画与文字,还立即听到了用本民族语言表达的亲切劝降声。在信息化战争中,各种多功能智能传单和智能录放机将广泛用于战场。四是运用因特网。在信息化局部战争中,一些国家非常重视利用国际互联网进行宣传和反宣传,开展网络心理战。在科索沃战争中,南联盟和北约都利用因特网宣传自己,攻击对方,实施心理战。在未来的信息化战争中,通过因特网实施的心理宣传战不仅规模会更大,还将伴随战争的全过程。五是虚拟现实技术手段。1995年11月,美国人利用虚拟现实技术,在美国本土代顿空军基地将前南联盟地区的穆族、克族、塞族三方提出的谈判条件,特别是用于讨价还价的军事实力和作战部署,制成计算机模型,在三方代表面前进行对比和对抗演示。三方代表看到演示后认为,再争斗下去,将三败俱伤,于是握手言和,签署了代顿协议。这是虚拟现实技术在人类战争史上的首次亮相。在未来的信息化战争中,虚拟现实技术手段将会广泛应用于心理战。

### 四、信息化战争的发展趋势

作为一种崭新的战争形态,信息化战争尚在发展之中。传统的战争内涵已被打破,传统的战争目的、战争行动、战争层次、战争主体都发生了变化。从战争形态、自身发展的规律和信息化军事变革发展的趋势来看,未来信息化战争的发展趋势主要体现在以下几个方面。

### (一)战场空间透明化

在未来的信息化战争中,战场侦察手段将囊括空间感知技术、空中感知技术、地(海)面感知技术等各个领域,前线的传感器、太空的卫星将不停地把各种情报传输给计算机,并把这些情报信息图像画面实时地显示在指挥所的显示屏上,所有己方战斗人员均可同时获得这些图像,从而对敌我双方的位置、态势,以及集结、运动等情况都看得一清二楚。

### (二)打击目标精确化

从某种程度上讲,未来信息化战争实质上就是精确化战争。其主要特点是精确化的目标控制、火力控制和打击强度。在近期几场信息化局部战争中,精确化打击不但降低了战争风险,而且减少了作战消耗,大大提高了作战效费比。随着 $C^4ISRK$ 系统和战场信息化体系的日臻完善,军队的侦察预警精确、机动定位精确、指挥协调精确、信息传递精确、毁伤评估精确等方面的能力将得到极大的提高,从而导致精确作战成为未来信息化战争的基本理念。

### (三)力量运用高效化

信息化武器系统不仅是物质和能量的结合体,还是以信息技术为核心的高技术群的物化反映。因此,物质、能量、信息构成了信息化武器的三大基本要素,这种构成要素的变化决定了信息化武器杀伤机制的变化。信息化武器除了具有传统的、有形的、物理的、化学的、机械的杀伤力以外,还具有独特的信息力。信息力的功能主要是杀伤力、整合力、心理打击力,它不仅追求武器打击能量的增加,还追求打击精度和打击效能的提高。信息化武器实现了由粗放式能量释放向聚能式能量释放的转变,极大地提高了武器的效能,使作战力量的运用能够实现高效化。

### (四)制胜机制发生变革

着眼于夺取以制信息权为主的综合制权和实施高度自主灵活的体系破击,是信息化战争制胜的基本机制,也是打赢信息化战争的基本途径。以往战争的制胜机制大致有两大规律:一是强胜弱败,二是火力和机动力制胜。而信息化战争的制胜规律,除了这两条外,还有以下新的制胜规律。

#### 1.信息制胜规律

在信息化战争中,信息优势取代火力、机动力成为衡量双方力量优劣的首要标志,成为整体作战和高效作战的前提和制胜基础,从信息优势中谋求整体对抗优势成为信息化战争制胜的根本途径。制信息权是决定信息化战争制胜的关键因素,信息优势对作战过程和结局最根本的影响在于强化整体作战能力,即通过形成信息优势、决策优势、竞争优势、全谱优势,使拥有信息优势的一方最终赢得战争胜利。

#### 2.整体制胜规律

整体联动成为制胜的基本形式。从近几场高技术局部战争来看,战争无论规模大小,国家的战略能力都是赢得信息化战争胜利的基础。只有把国家的战略能力与军事打击能力相结合,把政治、经济、外交、科技、文化领域的斗争与战场作战相结合,才能赢得未来信息化战争的胜利。在信息化战场上,战争越来越依靠整体力量,是陆、海、空、天、电、认知等多维空间的整体作战。

#### 3.虚拟主导现实规律

20世纪下半叶以来,人类军事活动领域开始从陆、海、空"老三维"进入宇宙空间、信息空间和心理空间"新三维"。这就打破了传统实体战争空间的约束,使人类的作战方式和战争形态发生了巨大变化。宇宙空间、信息空间和心理空间构成的没有国界的无限、无影、无形空间,有人称之为虚拟空间、虚拟领土。在信息时代,一个国家政治、经济、科技、文化、军事的安全不再仅仅局限于陆、海、空这些现实领土,而在很大程度上取决于是否有能力夺取"虚拟领土",是否有能力管辖好"虚拟领土"。如果一个国家不能拥有"制虚拟领土权",也难以保护其传统领地。"制虚拟领土权"是新的军事制高点,未来谁控制了更多的"虚拟领土",谁就拥有更多的主动权。

### 4.人机融合规律

信息化战争是人机一体的战争,人的智能与武器的性能融为一体,武器被赋予智慧和灵性。信息化战争中的指挥艺术和军事谋略在很大程度上表现在战前的作战运筹和战争中的战略性交战中,甚至被融入人机交互系统、专家知识库系统和武器智能系统中去,人的智能即向战争过程中前伸。在信息化战争中,如果人的头脑和电脑不能有效连接和沟通,不能实现有效的人机融合,那么人就没有办法进行战争思维,更没有办法实施指挥控制。未来的信息化战争将是人机融合共同制胜。

### 5.体系对抗规律

信息化战争的基本特点是信息主导,体系对抗。战斗力的生成不再是兵力和火器在空间上的简单集中和位移,而是运用信息系统,把各种作战力量、作战单元、作战要素融合成为一个整体,形成体系作战能力。随着"信息化"最终取代"机械化",战争将由以平台为中心转向以体系为中心。信息化战场的体系较量主要体现在战场认知系统、战场通信系统和指挥控制系统"三大系统",利用各自拥有的战争资源所展开的全系统、全要素和全时空的对抗。

### (五)作战行动实时化

信息化战争作战行动的实时化是指部队能够实时获得战场信息,实时作出决策,实时采取行动,实时完成打击。在信息化战争中,几分钟前有效的信息,转眼间就可能变成零价值的东西。在未来的信息化战争中,由于战场感知能力的提高,信息传递速度加快,发现目标即意味着目标被消灭将成为现实,信息化作战行动的实时化将更加突出。

### (六)作战手段智能化

未来信息化战争作战手段的智能化主要体现在以下几个方面。

一是指挥控制手段的高度自动化和智能化。未来的 $C^4$ISRK 系统将真正实现侦察监视、情报搜集、通信联络、指挥控制和打击杀伤的无缝链接,成为作战指挥与控制的信息高速公路,可以高度自动化地确保指挥员近实时地感知战场和下定决心,协调和控制部队及武器平台的作战与打击行动,使作战行动实现高度的自动化和智能化。

二是大量智能化的武器系统和作战及保障平台将装备军队投入作战,使整个作战过程从侦察监视、感知战场态势、获取情报并处理和传输、下定决心、发出指令、实施打击、毁伤评估等环节,都能够实现高度的自动化和智能化。

未来的信息化战争既存在传统对抗领域里的激烈对抗,也存在智能化领域里的激烈对抗。例如,知识、信息和思维这些智化的范畴既可能是作战所使用的手段,也可能是作战中要打击的目标。在智能化领域中将会发生大量的直接对抗的作战行动,如直接打击敌方的 $C^4$ISRK 系统或破坏敌方的决策程序等。

### （七）网络战将成为战略级战争样式

2011年2月8日，美国军方发表了《国家军事战略》，将"网络战"和亚太地区作为了美军关注的新战略重点。英国政府也将国家的网络政策从"防御型"转为"攻击型"。日本也正在建立专门的"网络空间防卫队"，将对一部分海、陆、空自卫队各自负责的信息安全工作进行统一管理，负责监控防卫省和自卫队的网络安全。2011年5月，中国国防部也宣布，中国已经建立一支"网络蓝军"，该部队是根据训练的需要，为提高军队的网络安全防护水平而设立的。今后，网络战将成为常规部队的训练科目之一。

从美国等国的网络战实践来看，网络战大致可归结为网络情报、网络阻瘫、网络防御、网络心理、网电一体五种作战样式。以往各国主要是将网络战作为信息化战争的重要作战方式，而未来网络战则将上升为一种战略级的作战样式甚至是战争样式，对于维护国家网络安全甚至是整个国家的安全和发展具有重大的战略意义。

## 五、代表性战例

20世纪90年代以来，世界范围相继爆发了多场信息化程度较高的局部战争，战争形态加快了由机械化战争向信息化战争的转变。

### （一）海湾战争

1990年8月，伊拉克举兵入侵科威特，引发了一场由多国部队共同参加的国际性局部战争。许多军事观察家把它列为人类"第三次浪潮时期"的开篇之战。伊拉克入侵科威特后，以美国为首的西方军事大国，经过五个半月的全方位战争准备，于1991年1月17日凌晨开始了代号为"沙漠风暴"的空袭行动。多国部队出动电子战飞机、预警机、侦察机、攻击机、轰炸机、空中加油机等各型飞机共9.4万架次，分四个阶段对伊拉克12个目标群，进行了38天的高速度、高精度、全纵深、全天候的大规模持续空袭。通过"沙漠风暴"空袭行动，多国部队彻底破坏了伊拉克军队指挥中心和通信枢纽系统，使伊拉克空军和防空系统基本瘫痪，并摧毁了伊方的核、生、化武器生产能力，重创了其战争潜力和以"共和国卫队"为主的战略反击能力。空袭之后，完全占据主动的多国部队立即实施了"沙漠军刀"地面作战行动，只用了短短的100个小时，就重创伊军40余个师，整个战争即告结束。

与20世纪80年代以来的其他局部战争相比，海湾战争的信息化特征更加明显。一是智能化的精确制导武器，成为战场火力摧毁的主要手段。在海湾战争中，多国部队和伊拉克方都大量使用了精确制导弹药，极大地提高了火力摧毁效果，从一个侧面改变了传统的作战方式。"战斧""飞毛腿""爱国者""哈姆""海尔法""响尾蛇""霍克"等导弹，几乎将海湾战场变成了导弹的格斗场。二是$C^4I$系统将陆、海、空、天、电多维空间的作战行动凝聚为一体，开创了多维空间力量一体化联合作战的成功先例。在空袭阶段，多国部队平均每天出动飞机2000多架次，这些飞机从不同的基地起飞，袭击不同的目标，而指挥控制非常协调，这归功于信息技术革命带来的强有力的战场自动化指挥控制系统。三是以电子战为主要表现形式的战场信息对抗，成为战争中与物质摧毁和反摧毁同等重要的较量内容，直接关系战争的胜负。为确保夺取战场主动权，多国部队在"沙漠风暴"行动前5个小时，动用了EF-111A、EC-130、TR-A、F-4G、EH-60等各型电子战飞机及其他电子战设备，进行了代号为"白雪"的作战行动，大面积、长时间地干扰伊方的$C^3I$系统，致使伊方的指挥控制系统瘫痪，通信系统失灵，雷达屏幕一片雪花，广播电台也一度完全失常。空袭开始时，伊军不知空袭来自何方，飞机无法升空迎战，导弹、高炮找

Content:

不到打击目标。在空袭过程中，多国部队使用 AGM-88A 反辐射导弹准确地摧毁伊军防空雷达。多国部队以电子战为主要形式的战场信息对抗优势，是夺得战场主动权的关键。

正是因为海湾战争所表现出来的明显信息化战争特征，有些学者把它称作是世界战争史上的第一次"信息战争"。从全面的角度看，海湾战争绝不是单纯的战场信息对抗，双方战争力量相互间的物质实体摧毁仍然是决定这场战争胜负的最终因素，只不过信息化程度之高是空前的。

### (二) 阿富汗战争

2001 年发生的阿富汗战争，又在机械化战争向信息化战争的演变中向前跨进了一步，其精确制导炸弹运用已经超过了常规弹药，占总炸弹量的 60%。一些特制的智能化的"延时炸弹""拉登炸弹"都广泛地运用在这次战争之中。美军地面部队的数字化程度进一步增加，特种士兵和坦克上都装有大量的数字化设备，为他们了解战场态势，实现信息共享创造了条件。与海湾战争相比，阿富汗战争交战双方的不对称性更大，交战地区的地理环境更为复杂，塔利班的作战方式也更为原始，但阿富汗战争一直在美军的控制和主导下进行，美军单方面把这场战争演绎成了一场极具信息化特色的局部战争。

阿富汗战争是一场力量差别极为悬殊的非对称战争。开战之前，人们普遍认为，这场战争将没有信息作战可言。然而战争进程及结局告诉我们，美军为了达成战场的完全透明，彻底摧毁对手的反击能力，不仅投入了大量的信息作战力量，而且自始至终运用了信息作战技术。大量的侦察设备长期不间断地监视塔利班及基地组织的通信联络。美军强大的电子进攻能力尽管没有在实战中发挥，但给了塔利班和基地组织强大威慑，造成他们不敢使用电子设备，也使得他们自身的作战能力大大下降。在阿富汗战争中，塔利班武装没有太多计算机网络设备可供美军进行攻击，美国的黑客们主要采用拒绝服务式攻击方式对一些对手的网站实施了攻击，并在一些网页上发布对拉登的通缉令。美军还把网络攻击的对象指向阿富汗以外的第三方，即那些为拉登保管资金财产的银行、公司、财团和慈善机构，企图直接进入这些机构的账号，对属于拉登的账号进行冻结。此外，美军还大量使用了心理战，6 架 EC-130 飞机不间断地对阿富汗实施空中广播，开辟了 13 个栏目，美军飞机在扔下大量炸弹的同时，还扔下了大量的传单和食品。扔下的传单上历数拉登及其基地组织的罪状，并许诺重金酬谢那些提供恐怖分子行踪的举报者。这些心理战行动，有效地促使了塔利班内部的分化和瓦解，配合了正面的军事行动，加快了战争的进程。

### (三) 伊拉克战争

2003 年发生的伊拉克战争，信息化程度又向前跨进了一大步。战争中，美陆、海、空军武器装备的信息化程度分别达到了 50%、60% 和 70%，空间系统超过 70%，指挥控制系统超过 80%。空地一体化的非线式作战特征已非常明显，特别是数字化部队首次投入地面作战中，标志着继海、空、天高度信息化之后，地面力量的信息化进程正在加快，多维一体的信息化战场基本形成。

伊拉克战争开始之前，美军就有针对性地发射了多颗卫星，总共有包括 70 多颗军用卫星在内的 100 多颗卫星参与伊拉克战争之中，这些卫星担负了大部分的信息侦察、信息传输和导航等任务，成为信息化战场的主要节点。美军 80% 以上的情报是靠卫星获取的，90% 以上的通信是靠卫星来完成的，80% 以上的精确制导武器是靠卫星来制导的。在伊拉克战争中，美英联军以太空卫星为依托，构成了一张覆盖全球的信息网络，一个适应信息化战争需要的信息化战场已初步形成。

伊拉克战争中的电子战主要表现为 GPS 干扰和电磁脉冲武器攻击。美军的许多常规炸弹,加上 GPS 引导设备后,就成为极为精确的智能炸弹,美军 80% 以上的精确制导武器都离不开 GPS 制导,伊军有限的 GPS 干扰手段,在一定程度上削弱了美英联军精确打击的效能。从这次战争情况看,GPS 对抗将成为电子战中越来越重要的一个领域。另外,美军还使用了电磁脉冲武器攻击伊拉克电视台和其他电子设备。心理战是这场战争中信息战的重头戏,运用传媒对伊拉克高层及民众的心理实施攻击,确实起到了重要作用。美军在需要决战的区域几乎实现了不战而胜,与心理战的成功运用有很大关系。随着战争信息化进程的进一步加大,以攻击敌方的认知和信念系统来降低敌方的作战能力,瓦解敌方的作战意志的信息战行动,将会越来越多地出现,并发挥更大的作用。

在信息技术不断融入军事领域的过程中,几种传统战争力量的发展是不平衡的,空中、海上力量进展较快,而地面力量相对缓慢。自铁甲战舰、飞机应用于军事领域以来,电子信息技术就一直是海上、空中作战平台及其武器系统的重要技术组成部分。经过多年发展,现代空中、海上力量的电子信息技术成分所占的比重大幅度提高,促使空战、海战的信息化程度快速跃升。比如,在普通军用飞机中,电子技术成本已占 50%,而先进的 B-2 隐形飞机中,机载计算机有 200 余台,电子技术成本已高达 60% 以上。现代局部战争表明,由于海空力量的信息化程度较高,空中、海上作战方式已经发生了很大的变化,电子战、导弹战等超视距的远距离多维力量联合攻击已成为基本的行动方式,也正是这些信息化程度很高的空中、海上作战为主导的局部战争,让人们感受到了战争形态的变化,信息化战争扑面而来。相对而言,地面作战力量的信息化步伐比较缓慢。一旦地面力量实现了数字化,那么,陆、海、空、天等多维战争力量就全面实现了信息化,这也就标志着全面信息化战争时代的到来。

数字化地面部队投入实战的时代已经到来。美英联军的其他地面力量的信息化程度也非常高,第 3 机步师在开战的第二天就孤军深入,在天气恶劣的情况下,没有遇到较大规模的抵抗,重要原因之一是他们拥有很强的信息感知能力,一旦发现需要摧毁的目标,就可以在 10 秒钟之内引导空中火力实施摧毁。地面部队的高度信息化,使得他们能够很好地与空中及太空的信息化作战行动协调一致,密切协同的空地一体非线式作战模式已明显地显现出来,"发现就意味着摧毁"已成为现实。

从海湾战争之后的几场局部战争的实践看,战争的信息化程度正在不断提高,战争形态由机械化向信息化的发展进程一刻也没有停止。全面信息化战争的场景必将更快地呈现在人们面前。

● 我思我行 ●

1.以真实的案例分析现代战争的特点。
2.谈谈军事高技术对现代战争的影响。

# 第五章　信息化装备

**军事讲坛**

现阶段和即将到来的战争形式为核威慑下的信息化战争。

——钱学森

**教学目标**

了解信息化装备的内涵、分类、发展及对现代作战的影响,熟悉世界主要国家信息化装备的发展情况,激发学生学习高科技的积极性,为国防科研奠定人才基础。

**导语**

武器装备是军队的工具,是进行战争的物质基础。军队的编成、作战思想和作战方式,从根本上说都是由武器装备决定的,有什么样的武器装备,就有什么样的战争形态。20 世纪 90 年代,以信息技术为主导的新技术革命蓬勃发展,导致高技术特别是以信息技术为核心的武器装备大量涌现和广泛使用,标志着信息化武器装备时代的初步形成。要建设信息化军队,打赢信息化战争,必须深刻认识信息化武器装备的特点,了解其对现代作战带来的巨大影响,探索我军信息化武器装备发展的正确道路。

# 第一节　信息化装备概述

## 一、信息化装备的内涵

### (一)概念

信息化武器装备是指充分运用计算机技术、信息技术、微电子技术等现代高技术,具备信息探测、传输、处理、控制、制导对抗等功能的作战装备和保障装备,主要包括军队的 $C^4ISR$ 系统、信息化作战平台、智能化弹药、智能机器人、数字化单兵系统等。信息化武器装备的出现,是信息技术、计算机技术、空间技术及新材料技术等高新技术作用于传统武器平台的必然结果,与传统机械化武器装备的最大区别就在于,前者是网络系统中的武器,后者是单个武器平台。

信息化装备具有以下特点。

### 1.智能化

所谓智能化,就是指信息化武器采用计算机、大规模集成电路及相应软件,使武器部分具有人的大脑的思维功能,能利用自身的信号探测和处理装置,自主地分析、识别和攻击目标。现代化的导弹与传统武器的一个根本区别,就是现代化的导弹部分地具有了人的思维功能。导弹敏感部件测定自身运动参数和外部信息,经计算机分析处理,即可判断分形状态和位置偏差,进行修正后,控制导弹飞向目标。以往武器打击力、机动力的提高,都不过是对人的体力的延伸,而信息化武器是对人的脑力的延伸。

### 2.网络化

所谓网络化,就是利用信息网络将单件武器装备连接成为一个具有互联互通操作能力的大系统。在信息技术大发展的今天,由电缆、光纤和无线电台、卫星等各种电子设备构成的有形的和无形的"信息公路",密布于陆上和地下、海上和海下、天空和太空等各种空间,这些"信息公路"链接在一起,就构成了一个无缝链接、无所不在的信息网络。信息网络把分散在世界各地、部署于陆、海、空、天的所有武器系统和指挥体系连接在一起,将各种武器系统综合集成为作战大系统。无论坦克、飞机、舰艇和卫星怎样分散部署,无论这些武器身在何处,均可随时调用并能做到"指哪打哪"。

### 3.一体化

一体化包括两个方面的内容,一是功能上的一体化,即过去由几件装备执行的作战职能,现在由一个武器系统来完成;二是结构上的一体化,即通过综合电子信息系统,把战场上各军兵种的武器装备联为一体,使各种作战力量紧密配合、协调行动,提高整体作战。例如,$C^4ISR$ 系统就是一个典型的集指挥、控制、通信、计算机、情报、监视、侦察于一体的综合电子信息系统。

### (二)信息化武器装备的种类

#### 1.信息战装备

信息战装备是最典型的信息化武器装备,主要包括网络攻防型信息武器和电子攻防型信息武器两大类。网络攻防型信息战武器装备有计算机病毒、预置陷阱、防火墙等。

(1)计算机病毒是一种人为编制的有害程序,它能在计算机系统运行过程中把自身精确地或经修改的复制到其他计算机程序体内,从而感染它们,对源程序进行置换和破坏甚至毁灭整个信息系统中的软件和数据。

（2）预置陷阱是在信息系统中人为预设一些"陷阱",以干扰和破坏计算机系统的运行。预置陷阱一般可分为硬件陷阱和软件陷阱两种。

（3）防火墙是指一种将内部网和公众访问网分开的方法,就像学校大门的门卫一样,将得到允许进入学校的师生放进来,将其他闲杂人员堵住。

### 2. 信息化弹药

信息化弹药主要指各种制导弹药,包括导弹、制导炮弹、制导炸弹等。信息化弹药是指以信息控制弹药的飞行方向、速度、姿态、高度,引导武器的战斗部准确攻击目标,其精度比传统弹药大为提高,费效比不可同日而语。

### 3. 信息化作战平台

信息化作战平台是指装有大量电子信息设备的高度信息化的作战平台,是信息化弹药的依托,比如信息化的飞机、舰艇、装甲车辆等,主要由"软""硬"两个部分组成。"软"组成部分是信息化武器装备的主要标志,即具有感知、获取并传递各种目标信息的器材和装置,如指挥、控制、通信和情报系统等。"硬"组成部分则是指传统意义上的机械化武器装备,即具有运载功能并能作为火器依托的载体部分,如坦克、步战车、舰艇、飞行器等。

### 4. C⁴ISR 系统

$C^4ISR$ 是战场指挥、控制、通信、计算机、情报、监视、侦察系统的简称,是把作战指挥控制的各个要素、各个作战单元黏合在一起,使军队发挥整体效能的"神经和大脑"。它是军队的神经中枢,能把众多的武器平台、军兵种部队和广大战场有机联系为一个整体,充分发挥整体威力,因而也是打赢信息化条件局部战争的根本保证。

图 5-1  $C^4ISR$ 系统

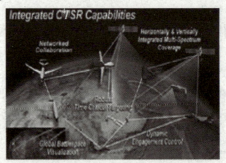

图 5-2  $C^4ISR$ 系统示意图

### 5. 单兵数字化装备

单兵数字化装备是指士兵在数字化战场上使用的个人装备,也称信息士兵系统,通常由单兵计算机和通信分系统、综合头盔分系统、武器分系统、综合人体防护分系统和电源分系统 5 个部分组成。

## 二、信息化装备对现代作战的影响

科学技术的进步是促使作战方式变革的物质基础。恩格斯曾经指出:"一旦技术上的进步可以用于军事目的并且已经用于军事目的,它们便立刻几乎强制地,而且往往违反指挥官的意志而引起作战方式上的改变甚至变革。"随着军事技术的发展和各种武器技术在战场上的应用,不断涌现出与作战武器相适应的作战方式。正如在冷兵器时代,采用列阵的形式是较为理想的作战方式,而在火器时代就演变为了线式和散兵战术。信息技术的发展及其在军事领域的应用,势必对原有作战方式产生深刻的影响甚至导致变革。它要求国家战略、国防经济、国防科技和军品生产、军事思想、战争样式和作战方式、军队建设和管理、战争准备、战略战术、后方保障等各个方面,都要进行深刻的改革。

党的二十大强调,要研究掌握信息化智能化战争特点规律,创新军事战略指导,发展人民战争战略战术。打造强大战略威慑力量体系,增加新域新质作战力量比重,加快无人智能作战力量发展,统筹网络信息体系建设运用。优化联合作战指挥体系,推进侦察预警、联合打击、战场支撑、综合保障体系和能力建设。

### (一)对国家安全战略的影响

在信息化武装占主流的战争条件下,从保卫国家的安全角度来说,仅仅考虑核威胁、核保护战略已远远不够。一个国家的高技术水平是这个国家威慑力量中不可分割的一部分。国家的安全除了有赖于必要的常规武器、核武器外,更加有赖于高技术武器。例如,航天战略(或宇宙战略)将成为国家战略的重要内容。

### (二)对作战理论的变革

正如坦克的出现产生了"机械化战争论""闪击战理论",核武器的诞生带来了"核武器制胜论""大规模报复战略""核威慑理论"一样,信息化武器装备必然催生出核威慑下信息化战争的作战理论。

目前,世界上已经出现的信息战、联合作战、非线式作战、网络中心战等一系列新的作战概念并应用于实战,是这种作战理论变革的前奏。信息化武器装备的广泛运用,使远程精确打击成为现实。战争领域出现了许多新的作战形式,突出地表现为精确作战、非接触作战和非对称作战。

在迅速崛起的高技术武器装备的猛烈冲击下,传统作战理论已经不适应新的作战方式。信息化作战有别于传统作战:作战环境日益复杂,战场在高技术的塑造下形成了五维(陆、海、空、天、电磁)一体化的环境,前后方界线模糊,战线呈现流动式或非线式;科技成为作战力量的主体,在作战力量的调整、建设、构成和使用中强调突出技术的作用和技术的特点;战略与战役的作战界面模糊;战争的主要形态将演变成信息战;联合作战已成为现代作战的基本样式,作战主要表现为作战双方体系间的对抗;作战选择与控制更为灵活;作战效能成倍提高;对参战人员的科技和智能素质要求提高。

### (三)对战争样式和作战方式的影响

信息化武器用于战争,使战争的样式和作战方式发生了很大变化,作战样式更加多样化,作战样式的选择更为灵活,作战样式的转换更加迅速。远战多于近战,导弹战多于枪炮战,电子战充斥整个战场。作战双方利用智能武器和借助现代指挥工具进行的斗争将日益突显出来。

精确打击战倍受重视,并向远程精确打击战发展;精确打击已成为现代战争的主要打击手段,各军事强国都非常重视发展远程精确打击武器系统,以实现在敌防御火力网外实施精确打击,战争工具以信息为支撑,制信息权是战场争夺的焦点。侦察、通信、指挥系统自动化,作战样式呈现出"非对称性"作战、"非接触性"作战和"非线性"作战。

### (四)对军队体制编制发生根本性的影响

军队的体制编制是人和武器装备结合的方式。高技术武器装备的运用也会引起原有军队体制编制的变革。首先,随着高技术武器装备自动化程度不断提高,作战效能增强,相对减少军队员额是大势所趋。其次,高技术武器装备的运用将引起军兵种结构的变化。从长远看,军队组织结构将向一体化方向发展。未来军队将趋向编制小型化、指挥体制网络化、部队多功能化、人员素质知识化。

高技术促使军队构成要素增多。军种和兵种是军队构成的要素,高技术的发展和运用产生新的武器装备,随着新型武器装备数量的增多和质量的提高,它在作战中的作用就会迅速增强,就会与其操纵使用者一起形成新的作战力量,导致新的军兵种和部队的产生,这是军队体制编制发展的必然规律。例如,随着航天技术的发展与应用,天军这一新军种将出现并壮大;信息技术及电子计算机的发展,将出现数字化部队和计算机兵;人工智能技术的发展,将出现机器人部队;等等。

### (五)信息化武器装备对作战指挥产生深刻影响

信息化武器装备的运用,使现代战争的突然性加大,作战进程加快,作战空间扩展,参战军兵种增多。战场情况瞬息万变,多种作战样式综合运用并频繁转换,必然促使作战指挥进行相应的变革。作战指挥的内容由武器与武器的对抗演变为系统与系统的对抗;作战指挥手段由手工作业逐步转向以计算机为核心的指挥自动化系统;指挥体制也由传统的"树"状结构指挥体制逐步演变成扁平形"网"状指挥体制。

军事高技术在信息获取与处理、计算机与通信和精确打击三个关键方面发生的根本性变革,带来了军队指挥手段的自动化、信息获取的实时化和信息与作战管理的一体化,使传统的军队指挥受到极大冲击。具体有:军队指挥关注的焦点产生转移,军队指挥的手段与形态发生变革,军队指挥的生存与稳定受到挑战,等等。

卫星技术和其他遥感遥测技术广泛使用于军队指挥系统,获取战略情报和战场情报的手段更加多样有效;计算机成为军队指挥的重要工具,提高了信息的储存、处理能力;激光通信、光纤通信、传真通信和数据通信等手段使通信的可靠性和适时性提高了。自动化的指挥控制系统使军队指挥既快速又准确,尤其运用人工智能专家系统,可以提出决策建议和行动方案供指挥员参考,以做出最佳抉择。这就要求指挥员和参谋人员必须既是军事专家,又是科学家和工程技术专家,熟悉自动化指挥程序和具有运用指挥设备的知识与能力。

### (六)对后勤保障的影响

在信息化武器装备的战争中,弹药、物资消耗快,需求数量大,必然对后勤保障提出更高的要求,推动着保障手段和保障方式的变革。以信息技术为核心的高技术的发展和应用,为变革创造了条件。例如,美军已提出"聚焦后勤""可视后勤"等新概念,即利用计算机网络等高新技术,全面掌握作战物资的品种、数量、存放地点、最佳输送路线和工具等,确保及时、准确地为作战部队提供物资与勤务保障。

### (七)对作战行动的影响

#### 1. 作战空间增大

信息化战争是立体化战争,不但在地面、水面、水下进行,而且向天空、外层空间扩展;不但是同一作战单位的任务,正面、纵深大于以往作战,而且空中的支援和防护一般可分为超低空、低空、中空、高空、超高空以及高天(外层空间)6个层次,从几万米高空到几百公里的外层空间。由于远程火器增多,部队机动速度加快,作战部队的任务纵深大大拓展了。

### 2.作战行动的突然性增大

侦察、监视技术的发展使得未来战场日益透明,但信息化战争仍具有很大突然性。例如,作战行动的样式突然、方式突然,改变作战节奏,或新技术、新装备首次运用于战场,产生出敌不意的效果。而指挥决策的快速性和作战行动的快速性,无疑有助于突然性的达成。

### 3.杀伤破坏程度空前残酷

既有大面积杀伤武器,又有精确制导的杀伤点状目标的武器。点面结合,破坏面积大,杀伤目标准。信息化战争消耗惊人,比传统战争残酷,精确制导武器的运用,对重点目标的毁灭性打击是空前的,大大增加了对所打击目标的毁灭程度。伊拉克战争开始几天时间,包括伊拉克高官的住所、政府机关大楼、通信枢纽、新闻机构等重要目标都被夷为平地。信息化武器的破坏能力较传统武器高出数倍甚至几十倍,新概念武器的杀伤破坏力和残忍程度不亚于核生化武器。

## 三、信息化武器装备的发展趋势

### (一)优先发展争夺制信息权的武器装备

信息系统及信息化武器是21世纪进行信息化战争的物质基础,也是军事强国谋求夺取信息优势,占领下个世纪军事斗争制高点的核心,正呈现加速发展的势头。军事强国在今后几十年内将致力于提高信息作战手段的技术含量,加紧研制新的信息战攻防技术手段,研制重点在攻击和保护计算机系统与网络方面。信息系统是未来陆、海、空天联合作战的神经中枢,它正从传统 $C^3I$ 系统向一体化 $C^4ISR$ 系统转变,其内涵已从传统的指挥、控制、通信、计算机和情报功能范畴,扩展到反情报、共同信息管理和信息战领域。

### (二)常规武器装备将日益高技术化

常规武器装备走向技术化的特征是电子化、隐身化、精确化,从而使其信息力、防护力、火力和机动力发生了质的飞跃。高技术武器命中精度高、射(航)程远、反应速度快、机动性好、可靠性高。信息作为一种新的战斗力要素,与火力、机动力和防护力等战斗力要素紧密结合,信息技术的发展使武器装备可实时获取必要的信息;隐身技术应用范围已从飞机、导弹发展到舰艇、车辆甚至工事;精确制导武器的精度达到可直接命中目标最脆弱部位的水平。

### (三)军用航天系统将成为竞相发展的制高点,航天攻防对抗将不可避免

军用航天系统在信息化战争中的重要作用,使其受到普遍重视,到21世纪初,有10余个国家拥有利用自制的军用航天系统支援部队作战的能力。军用航天系统的应用正在向更深的层次发展。目前的军用航天系统大多是信息获取和传输平台。为了适应未来的地区性冲突的需要,军用航天系统的应用重点正在由战略任务向战术任务转变,应用范围正在从高层指挥机关、总司令部向一般的战场指挥员、武器系统乃至士兵扩展。随着利用空间技术的不断发展,控制空间技术成为各国面临的一个新课题。为了有效执行控制空间任务,反卫星武器正在重新抬头,并有可能得到迅速发展,太空将由辅助战场逐步转变为大国军事斗争的主战场。

### (四)高技术武器的对抗性发展思路日趋明显

武器的发展有矛就有盾,高技术武器的发展尤为突出。各国优先发展争夺制信息权的武器装备,常规武器装备将日益高技术化,信息战的相互对抗,精确制导与反精确制导和防空作战的进攻与防御,正成为今后高技术武器竞相发展的焦点。攻防对抗技术将主要围绕信息战武器、精确制导武器、隐身武器、航天武器以及定向能武器等一些起核心主导作用的领域展开。

---


---

### （五）武器装备的发展将加重经济承受能力

武器装备高技术的代价是其费用的急剧增长,从而成为各国沉重的经济负担,即使经济发达的美国也会压力倍增。国外在武器装备发展方面主要由以下措施提高经济能力。

（1）在武器装备的方案研究时,要求在满足武器装备的作战使用要求的前提下优先考虑经济性好的方案,那种"只求性能,不计成本"的发展思想已被彻底抛弃,这使得经济承受能力从制约因素提高到决定性条件。

（2）重视发展和采用提高经济承受能力的技术。例如,新材料技术、先进制造技术和仿真技术等。特别值得重视的是仿真技术,在武器装备的研制、生产、试验、部队作战训练和作战计划的制订方面广泛应用仿真技术,对降低费用具有非常明显的作用。

（3）更加强调通用性。例如,多军种通用,在实现标准化和模块化的前提下实现部件通用等。

（4）大量采用现有产品和民用品。美国为了更好地利用民用技术,已取消大部分军用标准。

（5）实施全寿命费用管理。在武器装备研制时就考虑采购、使用等因素,力求武器装备在从研制到退役的全寿命周期内费用最低。

### （六）新概念武器的实用化将为未来作战手段提供新的选择

新概念武器可以大幅度提高作战效能,为防空、反导、反卫星、电子战和信息战提供新的作战手段。近年来发展迅速的新概念武器主要有动能武器、强激光武器、高功率微波武器、高超声速武器等。中期激光武器是一种发展比较成熟的新概念武器,现已成为一种"铁光电对抗"手段。从发展的眼光来看,激光武器的应用范围仍可继续扩大,比如,用于各种战术飞机,甚至无人作战飞机,用于反卫星,用于从空间攻击地面和航空目标,等等。随着各种武器系统电子化程度的不断提高,高功率微波武器将大有用武之地,其近期应用将是压制敌防空系统,为大规模空袭创造条件。从发展前景看,高功率微波武器将是信息战中的主要攻击性武器之一,成为攻击敌信息链的主要手段。

### （七）防空与反导武器向一体化方向发展

冷战结束后,西方发达国家的防空系统已趋于饱和,越来越多的国家和地区把弹道导弹看作未来地区冲突的主要威胁,纷纷谋求发展一体化武器和技术。面对新型有人机与无人机系统、隐身巡航导弹、高超声飞行器与弹道导弹等空中与导弹威胁,防空一体化发展趋向网络中心化发展,要素分散部署、分层防御、攻防一体与隐蔽欺骗,发展信息化一体化防空反导能力。

# 第二节　信息化作战平台

信息化作战平台是指装有大量电子信息设备,以信息和信息技术为核心的坦克、火炮、飞机、舰艇等武器载体,是 $C^4ISR$ 系统所依托的平台。这些作战平台是自动化指挥系统的节点以及发挥打击威力的重要物质基础。

## 一、各国主战飞机、坦克、军舰

### (一)战斗机

战斗机是一个国家空军的重要军事力量。配备世界上先进的战斗机,也是一个国家军事力量的重要体现。各国先进战斗机的性能和数量,是国家空军军事力量的缩影。目前,世界上最先进的战斗机有美国F-22战斗机和F-35战斗机,中国歼-20战斗机和歼-31战斗机。

#### 1.美国——F-22战斗机和F-35战斗机(见图5-3、图5-4)

作为美国空军现役的第四代战斗机,F-22是具备高隐身性能、高机动性能、高技术装备超声速巡航和完善的电子系统的先进战斗机。它在超视距空战、格斗空战、对地攻击和信息战能力上明显超过了现役的第三代改进型战斗机。依靠这些先进性能,凭借领先于其他对手的全面隐身技术,F-22战斗机成为国际上最先进的战斗机。

美国F-35战斗机属于第五代战机,相比F-22和歼-20,虽然技术性能上相对较低一点,但造价成本上具有一定优势。F-35战斗机具备较高的隐身性能和先进的电子系统,是唯一一种作为航母舰载机的第五代战机。在F-22造价太高昂的情况下,F-35已成为美国的主要战机。

图5-3 F-22战斗机

图5-4 F-35战斗机

#### 2.中国——歼-20战斗机和歼-31战斗机(见图5-5、图5-6)

F-22和歼-20同年立项,在性能上也非常接近,世界战斗机排名中也只有歼-20能与F-35相比。歼-20具有隐身性好、机动性强、稳定性好、空中格斗强悍等特性,对中国空军的整体实力提升非常大,也受到外媒的一致肯定。

歼-20战斗机已经交付部队超过10架。随着产量的增加以及新型发动机的测试试验,歼-20战斗机将逐渐达到第一阶段的目标要求,为进一步发展留下更大的余地。

图5-5 中国歼-20战斗机

图5-6 中国歼-31战斗机

歼-31的定位类于F-35,是第五代单座双发隐形战斗机,能够躲避雷达和红外辐射的探测,有非常强的电子对抗能力。在执行任务中,歼－31有强大的目标探测和外部信息综合能力、优异的态势感知和信息共享能力、超视距多目标攻击和大离轴角全向攻击格斗空战能力、对地和海面目标精确打击能力、适应复杂气象条件和广地域使用能力。

### 3. 俄罗斯——苏－35战斗机（见图5－7）

俄罗斯苏－35战斗机是苏－27S的改进机型,是四代战机的改进型号,被称作四代半战机。苏－35在各方面都代表了俄罗斯四代半改进型战斗机的最高水平,与F－22等欧美新式战机相比仍处于顶级水准,持续机动性能是其最大的优势,但是推重比较低,缺乏超声速巡航性能。

图5－7　苏－35战斗机

### （二）坦克

#### 1.美国——M1A2艾布拉姆斯主战坦克（见图5－8）

M1A2艾布拉姆斯主战坦克是美国最先进的数字化坦克,装备二代热成像系统、车长独立热成像仪、真彩平面显示仪、数字化地形图、热控制系统和最新的数字化指挥、控制、通信装备。而莱卡明公司研发的AGT－1500燃气涡轮发动机,使其拥有极强的动力和适应能力。

该坦克主要先进在SEP系统上。SEP是系统组件的英文缩写,涉及观瞄、火控、武器、动力、通信、防护和车辆管理等多个方面。如车长独立瞄准镜组件具有"猎/歼"能力,通过这种瞄准镜,即使炮长正在对敌坦克目标进行攻击,车长也能搜索和瞄准新的目标。

图5－8　M1A2艾布拉姆斯主战坦克

#### 2.德国——豹2型主战坦克（见图5－9）

豹2型主战坦克,由A1－A7等多种型号组成,是西方第三代坦克中的佼佼者,备受各国推崇,外销多个国家,其设计影响了整个世界第三代主战坦克的设计。如今豹2型主战坦克仍在不断改进和发展之中。

豹2主战坦克是德国20世纪70年代研制的主战坦克,战斗全重55.15

信息化空军作战平台

吨,乘员 4 人,坦克最大速度 72 千米/小时,最大行程 550 千米;主要武器有 120 毫米滑膛炮 1
门,配有尾翼稳定脱壳穿甲弹和多用途弹,弹药基数 42 发。其火控系统包括大炮双向稳定、数
字式计算机、激光测距、热成像夜瞄装置等。车体和炮塔采用间隙式复合装甲,配有集体式三防
装置和自动灭火装置。

**图 5-9 豹 2 型主战坦克**

### 3. 中国——99 式主战坦克(见图 5-10)

ZTZ-99 式主战坦克,是中国研制的最新第三代坦克,也是中国人民解放军陆军的新一代
主战坦克。其具备优异的防弹外型,大量采用复合装甲以及楔形装甲,猎-歼火控系统,125MM
滑膛炮,是中国陆军装甲师和机步师的主要突击力量。

**图 5-10 99 式主战坦克**

### 4. 俄罗斯——T-90 主战坦克(见图 5-11)

T-90 主战坦克改进自 T-72,采用 T-80U 的火控系统,是世界上第一款装备自动装弹机
的坦克,也是世界上第一款只需三人驾驶的坦克,车身涂有一种特殊的反雷达探测层。

它主要为对付当时北约的威胁而研制,几乎全部部署在与北约靠近的战区,一直作为俄罗
斯本土的防御性武器使用,近几年才出口到印度。

**图 5-11 T-90 主战坦克**

### （三）军舰

#### 1.055 型驱逐舰和 052D 型驱逐舰

（1）055 型驱逐舰（见图 5 - 12）

055 型驱逐舰（英语：Type 055 destroyer，北约代号：Renhai - class，中文名：刃海级）是中国船舶重工集团 701 研究所设计、江南造船厂与大连造船厂共同承建的、装备新型有源相控阵雷达的新型舰队防空驱逐舰。

055 型导弹驱逐舰全舰主要天线采用共形设计，具有较高的信息化水平及隐形性能，可组织远、中、近三层先期预警防御网，并有较强的防空、反导、反潜、反舰、攻陆和电子战能力。该舰拥有较高的续航力、自持力及适航性，可在除极区外无限航区执行作战任务。本级舰首舰已于 2017 年 6 月 28 日在上海江南造船厂下水。

055 型驱逐舰的问世对于当今中国海军来说意义非凡，这个型号除了运用了诸多新的技术和设计理念以外，更是中国海军第一款一服役就在平台和设计理念上达到世界先进甚至局部领先水平的舰船，在这点上，其意义甚至超过了我国第一艘国产航空母舰。

本级舰也是第一次在驱护舰的设计上实现远程攻防兼备的大潜力优秀平台，其未来改进型号在进一步加入电磁推进、电磁炮、激光近防技术及海基反导能力后，必然成为维护中国国家安全和海外利益的实力担当，更是中国海军走向深蓝的利剑先锋。

（2）052D 型驱逐舰（见图 5 - 13）

052D 型驱逐舰是中国人民解放军海军最新一代导弹驱逐舰，现已服役 1 艘、舾装 2 艘、在建 2 艘。052D 是 052C 型驱逐舰的最新改良型，也是中国继 052C 型驱逐舰后又一种配备相控阵雷达与垂直发射区域防空导弹系统的现代化防空驱逐舰。

052D 型驱逐舰是继德国萨克森级护卫舰、荷兰七省级护卫舰、丹麦伊万·休特菲尔德级护卫舰、日本秋月级护卫舰、日向级直升机驱逐舰之后第六种配备四面主动相控阵雷达和通用垂直发射装置的军舰，这标志着中国从此拥有跻身世界先进行列的新锐防空舰，而第五艘在建 052D 的曝光，使得中国成为拥有此型舰数量最多的国家。

首艘 052D 型驱逐舰昆明号于 2012 年 8 月 28 日下水，2014 年 3 月 21 日正式加入中国人民解放军海军战斗序列。

图 5 - 12　055 型驱逐舰　　　　图 5 - 13　052D 型驱逐舰

#### 2.美国——海军"伯克"级

阿利·伯克级驱逐舰是美国海军隶下唯一一型现役驱逐舰，为美国海军主力。

伯克级舰装配宙斯盾战斗系统 SPY - 1D 被动相控阵（无源电子扫描阵列）雷达，结合 MK - 41 垂直发射系统，将舰队防空视为主要作战任务，是世界上最先配备四面相控阵雷达的驱逐

舰。伯克级掀起了世界防空驱逐舰发展的新篇章,尔后世界各国发展的新锐防空驱逐舰无一例外都借鉴了伯克级的设计思想,

同时,伯克级为了适应时代发展不断融合新兴技术,伯克级分为 Flight Ⅰ/ⅠA(21 艘)、Flight Ⅱ(7 艘)、Flight ⅡA(34 艘)等多种构型,现役共计 62 艘,而且仍在建造。伯克级至今仍为世界上最先进、战斗力最为全面的驱逐舰,也是世界上建造数量最多的现役驱逐舰。

图 5 - 14　伯克级驱逐舰之约翰·保罗·琼斯号

### 3.英国——45 型驱逐舰(见图 5 - 15)

45 型驱逐舰号称世界上最先进的战舰,由英国 BVT 水面舰艇公司在克莱德造船厂建造。45 型驱逐舰是英国"全球舰队"的主要作战舰艇。它具有强大的区域防空能力,所配"阿斯特"30 型中程防空导弹命中率高。其舰载作战系统可在一定程度上发挥指挥舰的作用。45 型驱逐舰约长 500 英尺,但其"隐身"特征使其在敌方雷达上看起来只像一个小渔船。它拥有先进的雷达和导弹系统,能够同时追踪上千种目标,并能击落运行速度是 5 倍声速的导弹。

图 5 - 15　45 型驱逐舰

## 二、各国主战飞机、坦克、军舰的发展趋势

信息化作战平台的一个重要发展方向是隐身化、无人化。

一是出现小型化的高威力智能型钻地武器。这种钻地武器是指携带有钻地弹头(又称侵彻战斗部),用于对机场跑道、地面加固目标和地下设施进行攻击的对地攻击弹药,一般由载体和侵彻战斗部组成。出于反恐战争的需要,世界军事强国尤其是美国加强了专门用于对付地下目标的钻地炸弹的研究和开发。

二是加强和推进新一代无人作战飞机的研制工作。无人作战飞机是西方国家实现所谓的"战场零伤亡"的最好武器,特别是这种武器在近几场高技术局部战争中都有上佳的表现。由于其具有隐蔽性好、效费比高等优点,在军事领域的应用越发广泛,在战场侦察、通信中继、电子

对抗、精确军事打击等诸多军事行动的地位和作用日见突出。

三是隐身技术在陆、海、空作战平台上的应用更加广泛。军事技术和武器装备的发展往往是相反相成的。在现代高技术战争中,侦察与反侦察的斗争越来越激烈,为了对付各种侦察的威胁,必须采取相应反侦察措施和手段,让敌人"看不见""摸不着",于是隐形技术和隐身武器装备应运而生。

隐身化就是运用材料、结构、电子、红外光学等隐形技术,减小雷达反射面积,降低红外辐射强度,减弱噪声、缩小目视探测距离,达到提高武器装备战场生存能力的目的。目前,隐身技术已被广泛应用于飞机、坦克、舰船等作战平台。第三代 B-2 轰炸机和 F-117A 战斗轰炸机的雷达反射面积只有 0.1 平方米。第四代隐身战斗机 F-22,具有全频谱隐身性能,雷达反射面积仅为 0.08 平方米,所以隐身性是第四代战斗机的一个重要特性。

此外,追求其隐身性是当今世界各国尤其是军事强国潜艇发展的重点。美、英正在稳步推进新一代攻击型核潜艇的隐身性研制工作,并极有可能研制出新型的隐身核工业潜艇。

无人隐身潜航器的研制工作也取得了较大的进展。此外,隐身通信系统、人体隐身器、隐身军用机场等装备和设施也已研制成功。可以预见,隐身技术和隐身作战平台将给未来战场带来更加深远的影响。

四是精确制导武器的改进和研发又有新的突破。精确制导武器被称为"常规威慑力量",是世界各国最优先发展和采购的武器。目前,世界各国比较重视改进现有炸弹,提高精度并进一步完善其作战性能,同时发展新型小型智能炸弹。制导炸弹向着更小、更灵巧的方向发展。

### 三、战例应用——科索沃战争

与海湾战争相比,1999 年发生的科索沃战争,其信息化程度又有新的提高。科索沃战争是北约在战区外指挥的规模较大的局部战争,以远距离非接触精确作战为主要交战方式。在 78 天的空袭过程中,美军凭借其强大的空中优势和电子战优势,频繁使用精确制导武器对南联盟几乎所有的战略目标实施毁灭性精确打击。

在作战过程中,北约主要采用三种战法:一是在距离战场上千公里处发射巡航导弹进行攻击;二是从美国本土或盟军基地出动隐形轰炸机,在电子干扰机的伴随支援下,深入战区,投射精确制导炸弹;三是在掌握战区制空权的前提下,使用有人驾驶作战飞机从防区外发射精确制导武器,攻击预定目标。

依托现代信息技术的支持,北约指挥机构向一线部队下达命令只需 3 分钟,越级向导弹部队下达命令仅需 1 分钟,配合由 GPS 制导的巡航导弹、激光制导炸弹和联合直接攻击弹药,实现了信息与火力一体化,基本做到了"发现即摧毁"。

据统计,整个战争期间,北约使用的精确制导弹药占总弹药量的 35%,而战争初期高达98%。北约正是利用了他们的信息化优势,对南联盟实施了全程性的非接触精确作战:一是从1.2 万千米外出动 B-2A 隐身战略轰炸机实施半临空轰炸,从 2000 千米外出动 B-52H 和 B-1B 战略轰炸机实施临空轰炸,或在 800 千米外发射空射巡航导弹;二是在 1000 千米外发射舰射巡航导弹;三是在 200~1600 千米外出动战术飞机实施临空、半临空轰炸,或在 30 千米以外,4000~5000 米高度发射空对地导弹。这些非接触精确作战方式不仅大大减少了北约一方的危险性和战损率,而且作战效果显著。南联盟尽管也积极抗争,采取了大量的伪装、隐藏、抗击等手段,也取得了击落 F-117A 隐形战斗机的重大战果,但是北约以信息化为核心的军事优势不可动摇,战争的结局无法逆转。

同时,科索沃战争交战双方在信息领域对抗的激烈程度空前增加。在每一次空袭行动中,北约军队都是先以 EA-6B 电子战飞机对南联盟军队预警雷达和火控雷达实施"致盲"干扰,再以 EC-130 电子干扰飞机对南联盟军队指挥通信系统实施"致聋"干扰,为空中突防提供掩护。担任空中掩护任务的 F-15 等战斗机,也使用了大量机载干扰器材,迷惑了南联盟军队的雷达。整个战争期间,北约军队电子战飞机出动的架次占飞机出动总量的 40% 以上。此外,北约军队还广泛使用了许多新概念电子攻击武器对南联盟的信息系统和电力系统实施毁灭性打击,多次使用的常规电磁脉冲弹,导致南联盟的电子信息系统"大面积瘫痪";首次使用的碳纤维石墨炸弹,使南联盟电力系统大范围瘫痪。在基本丧失制电磁权的情况下,南联盟军队仍然积极抗争,有效地保存了军力。南联盟军队在电磁领域实施的一系列对抗措施非常有效,据俄罗斯军事专家估计,这些措施使北约空袭打击命中概率不超过 30%。计算机网络战在科索沃战争中有了广泛运用。战争一开始,北约就利用因特网进行大量宣传。

与此同时,南联盟为了反击北约的宣传战,也利用互联网向全世界不断地传送着自己的声音。为了发挥己方的技术优势,北约利用信息重构技术,秘密地侵入南联盟信息系统窃取情报,同时虚构自己的战场信息实施网上欺骗。南联盟军方则充分利用北约丰富的信息资源,在网上搜集所有关于北约国家实施空袭作战武器装备的信息资料,为其反空袭作战提供了有力支援。尽管南联盟在硬打击手段方面处于绝对的劣势,但利用软打击手段也给北约造成了不小的麻烦。自从北约发动空袭以后,北约的官方网站就不断遭到黑客的攻击。有消息称,由于受到"黑客"的攻击,美国白宫的网络服务器在当年的 3 月 29 日全天无法工作。

以非接触精确作战和信息作战为主要形式的科索沃战争,更加显现出信息化战争的诸多特征,标志着战争的信息化程度正在进一步提升。

# 第三节　综合电子信息系统

## 一、指挥控制系统

指挥控制技术是以计算机技术为主体,按一定的目的要求和步骤,对信息进行一系列加工、利用时所使用的技术的总称。

### (一)指挥控制技术的基本概念

军队在自己的指挥控制体系中,建立并运用现代化的信息指挥与控制手段,辅助指挥员和指挥机关,实现正确、高效的情报收集与判断、决策与指挥、控制与管理,支持指挥自动化手段的技术,被称为指挥控制自动化技术。

指挥控制自动化系统是一个不断发展的系统,随着技术的发展和人们认识的加深,指挥控制自动化系统也必将不断发展。

### (二)指挥控制系统的构成

军队指挥控制系统一般由信息收集分系统、信息传递分系统、信息处理分系统、信息显示分系统、决策监控分系统和执行分系统组成,这些分系统有机结合,构成一个有机的整体。

### 1. 信息获取技术与信息收集分系统

（1）信息获取技术

信息获取技术是应用信息科学的原理和方法，实现并扩展人类感官功能，增强人类对环境和事物的感知和认识能力的技术。信息获取技术也称传感技术，其具体任务就是对有关的事物及其运动状态和运动方式进行反映，并以适当的形式表示出来，能够实现此种功能的系统和装备通常称之为传感器。信息获取技术是信息作战主体技术之一，是信息作战技术的重要内容，为信息作战的其他技术的发挥创造条件。

任何物体在其运动过程中，其独特的"信息特征"都会反映出它在具体环境中的存在。在信息作战中，通过获取某目标的"信息特征"来确定其存在的形状、位置、状态等属性的技术手段，就是信息获取技术。信息获取技术通过对目标的搜索、探测、定位、跟踪、辨认和识别等过程，获取目标的外部特征信息、时空信息和属性信息。它将目标本身具有的本体层次的信息，转换成观察者得到或认识到的认识层次的信息。根据对目标的三类信息的作用情况，信息获取技术可划分为感知技术、定位技术和识别技术三个基本组成部分。

信息获取技术物化在实际的信息系统中时，具体的装备一般都兼有感知、定位和识别三类功能中的一种以上功能。也可以将信息获取技术划分为雷达技术、卫星侦察技术、声呐技术、电子侦察技术等。

运用现代信息获取技术，可以实现在全时域、多手段、全空域的立体情报侦察，可以迅速准确、全面地掌握敌我态势，从而为夺取制信息权创造条件。随着计算机技术、红外激光技术、微电子技术和光电子技术等相关技术的发展，信息获取技术也向着更高层次发展，其发展趋势主要是向全天候全信息影像、多信源综合手段、微型化、智能化和强生存性方向发展。

（2）信息收集分系统

它由分别配置在地面、海上、空中、外层空间的各种侦察设备，如侦察卫星、侦察飞机、雷达、声呐、光学摄影机、遥感器及其他侦察、探测设备组成。它能及时地收集敌我双方的兵力部署、作战行动及战场地形、气象等情况。

C⁴ISR系统

### 2. 信息传递技术与信息传递分系统

（1）信息传递技术

信息传递技术是指信息在空间传递的技术，通常也称为通信技术。它是主体信息技术的重要组成部分。依靠信息传递技术建成的信息网络，是连接信息化战场环境、信息化部队和信息化作战平台的"纽带"与"桥梁"。而作为信息网络主体的信息传递网络已经从单一的点对点构成模式，发展为采用多种传输手段，可传输多种业务，并有多种交换方式的通信网络，信息传递技术按网络构成分为信息传输技术、信息交换技术、信息终端技术和信息传递网络技术等。

随着信息传递技术不断更新、不断发展，特别是计算机技术和通信技术的有机结合，使现代信息传递技术正经历一场革命。其中信息传递手段、信息交换方式、信息传递终端都发生着深刻的变化。其总体发展趋势是：模拟通信被数字通信替代、信息传输向高速、大容量发展，从人对人的通信向人对机、机对机通信拓展，从单一业务与功能向综合业务功能转变，并且将会逐步开发新的通信资源。

（2）信息传递分系统

军队指挥自动化系统中，利用各种通信设备传递军事信息的系统，是军队指挥自动化系统的组成部分，其作用是把指挥自动化系统中的其他系统连接成一个有机整体。它能迅速、准确、保密和不间断地传输各种信息,如语音、文字、数据、图形、图像等,并能自动地进行信息交换、加密脱密、选择路由和控制流量。

信息传递分系统由传输设备、交换设备和用户设备组成。传输设备包括有线电载波机、无线电台、微波接力机、散射机、通信卫星及光纤等信道设备和终端设备。交换设备有电话自动交换机和电报、数据自动交换机。使用电子计算机实现信息的自动交换,抗干扰能力强、保密性能好。用户设备除一般的电话机、电传机、传真机外,还包括许多技术先进、使用方便的通信终端,如中文电传、高速传真、可视电话、图形终端等。这些设备要有统一的接口与通信规程,能保证信息在各设备间正确传递。

**3. 信息处理技术与信息处理分系统**

**(1)信息处理技术**

信息处理技术是指应用计算机硬件和软件,对信息进行综合、转换、整理加工、存储和表示的技术。它是主体信息技术的核心,现代信息处理完全是借助计算机实现的。因此,信息处理技术的主体或核心就是计算机技术。而计算机技术可分为硬件技术与软件技术两大部分。其中硬件技术是有关计算机内部元器件、系统及外部设备等硬件的研制、设计和生产的技术。软件技术是用于计算机的各种类型程序的编制及使用技术,可分为系统软件和应用软件。信息处理技术主要包括计算机技术、推理技术、存储技术、显示技术、多媒体技术、软件技术和模拟仿真技术。

**(2)信息处理分系统**

由电子计算机及其输入/输出设备和计算机软件组成。软件系统包括计算机操作系统,多种高级语音和程序开发工具,数据库管理系统,应用软件等。信息处理是将输入计算机的信息,通过按预定目标编制的各类软件,进行信息的综合、分类、存储、检索、计算等,并能协助指挥人员拟制作战方案,对各种方案进行模拟、比较选优。常用的军事信息处理有文电处理、数据处理、情报检索、图形处理、图像处理等。

**4. 信息显示技术与信息显示分系统**

**(1)信息显示技术**

信息显示技术是一门通过人的视觉感受表示信息的技术,常用的信息显示方式主要有文字、数字、表格、图形和图像等。

**(2)信息显示分系统**

信息显示分系统指在军队指挥自动化系统中,运用光电技术实现指挥信息直观显示的系统,是军队指挥自动化系统的组成部分。它将军事情报、敌我态势、战场情况以及有关文电资料等信息显示在屏幕上,供指挥人员研究情况及实施指挥时使用。

按照指挥信息的内容不同,信息显示可分为参数显示、图形显示和图像显示三种。参数显示通常以文字、数字、符号形式显示敌情、我情、友邻、气象、水文、大型武器性能、作战命令执行情况、作战消耗及有关的文电资料等。图形显示通常以图形、图表、曲线形式或附以某种背景显示各种比例尺的军用地图、敌我态势图、指挥员决心图及作战经过图等。图像显示通常以动态或静态的影像形式显示战场实况等。

**5. 信息控制技术与信息监控分系统**

**(1)信息控制技术**

信息控制技术是指利用信息改变控制对象的运动状态和方式,使之适合于控制者设定目标的技术;信息决策技术是指计算机辅助决策技术,根据具体环境和任务为决策者进行科学决策

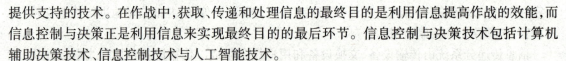

提供支持的技术。在作战中,获取、传递和处理信息的最终目的是利用信息提高作战的效能,而信息控制与决策正是利用信息来实现最终目的的最后环节。信息控制与决策技术包括计算机辅助决策技术、信息控制技术与人工智能技术。

（2）信息监控分系统

由监视器、键盘、打印机、多功能电话机、记录装置等组成。通常组装成工作台形式,实现人机交互,用以辅助指挥人员作出决策、下达命令、实施指挥。还可用来改变指挥自动化系统的工作状态并监视其运作情况。

### 6. 执行分系统

执行分系统可以是执行命令的部队的指挥自动化系统,也可以是自动执行指令的装置,如导弹的制导装置、火炮的人控装置等。命令的执行情况和武器的打击效果可通过信息收集系统反馈到决策监控分系统。例如武器控制雷达系统。这是一种在进行空城搜索时一旦捕获目标即转入跟踪,从而控制武器系统对目标实施攻击的雷达系统,一般工作于波段控制,可以分为以下几种:炮瞄雷达,用于捕获跟踪敌飞行器,控制火炮瞄准射击;导弹制导雷达,用于控制引导导弹的飞行;机载截击雷达,用于捕获、跟踪敌机,控制火炮瞄准射击、导弹瞄准射击;机载轰炸瞄准雷达,用来搜索、识别地面或者海面目标,根据载机飞行参数和气象条件计算投弹的位置;弹道导弹跟踪雷达,能连续测定弹道导弹的坐标与速度,并预测其未来位置,用于搜索和精密跟踪来袭的导弹目标,识别真假目标,测定其弹道,从而让制导反弹道导弹实施攻击,也用于弹道导弹的实验;弹道导弹跟踪雷达,一般采用相控或单脉冲工作体制;鱼雷攻击雷达,装载在鱼雷艇和潜艇上,用来搜索、跟踪海面目标,控制鱼雷射击。

## 二、预警系统

### （一）美国的"铺路爪"和天基红外系统（SBIRS）

#### 1. 天基红外系统（SBIRS）（见图5-16）

导弹预警卫星是反导系统最重要的组成之一,没有它,对弹道导弹拦截就无从谈起。

天基红外系统的主要任务是为美军提供全球范围内的战略和战术弹道导弹预警,对弹道导弹从助推段开始进行可靠稳定的跟踪,为反导系统提供关键的目标指示功能,主要用于为美国政府与军方提供导弹预警、导弹防御、技术情报侦察与作战空间特征描述。

（1）红外技术在导弹预警上具有天然优势

随着隐身技术的发展,导弹和各类作战飞机平台的雷达反射截面积越来越小,增大了无线电探测的困难。然而,此类目标运动时与空气的摩擦和其发动机的尾焰均会产生强烈的红外辐射,有利于红外系统对目标的探测。不论是战术还是战略层次,红外预警系统都体现了无可替代的技术优势。

红外导弹预警卫星就是利用卫星上的红外探测器探测导弹在飞出大气层后发动机尾焰的红外辐射,并配合使用电视摄像机跟踪导弹,及时准确判明导弹并发出警报。

天基红外系统是美国冷战时期国防支援计划（DSP）红外预警卫星系统的后继,是20世纪80年代计划用于取代DSP系统的先进预警系统、助推段情报与跟踪系统和稍后的早期预警系统等方案的自然延伸。

早期DSP卫星使用短红外和可见光探测,无法克服云层反光的虚警问题,后来虽然演进到双色红外波段,但其视场和分辨率都并不理想,同时对中短程战术弹道导弹力不从心。而天基红外系统卫星的红外平面阵列视场视野宽广,有利于发现中短程战区弹道导弹目标,大面积凝视阵进一步提高了对战术目标的探测跟踪能力。扫描平面阵红外探测器和凝视平面阵红外探测器的结合使用,使天基红外系统静止轨道卫星的探测跟踪能力比国防支援计划卫星有了巨大的提高。

（2）将有助于提升应对洲际导弹能力

在海湾战争美国"爱国者"反导系统大战伊拉克"飞毛腿"弹道导弹的战役中,美国的国防支援计划导弹预警卫星发挥了不可替代的作用。也因此,它的后继者 SBIRS 更是受到广泛关注。

2017 年美军首次进行了洲际弹道导弹拦截测试。此次成功发射第四颗红外导弹预警卫星后,美国空军强调,天基红外侦察系统的发展与更新将大大强化美军应对洲际弹道导弹袭击的信心与能力。

（3）红外导弹预警卫星或已呈现三足鼎立

国防承包商洛克希德·马丁公司表示,他们正在研制第五和第六颗红外导弹预警卫星,以不断提升美国天基红外侦察系统的能力。

SBIRS 前三颗卫星 GEO - 1、GEO - 2、GEO - 3 分别在 2012 年、2013 年、2017 年发射。GEO - 5 和 GEO - 6 预计在 2020 年和 2021 年交付空军,发射日期预计为 2021 年和 2022 年。美空军还于 2017 年底发布了一份信息征询书,为 GEO - 6 后的下一代 SBIRS 卫星征集方案。目前的计划是在 2025—2029 年发射五颗下一代 SBIRS 卫星。

2."铺路爪"（见图 5 - 17）

"铺路爪"相控阵雷达编号为 AN/FPS - 115,是美国 20 世纪 70 年代为应对洲际导弹威胁而研制的远程预警系统,其主要用途是担负战略性防卫任务。

AN/FPS - 115 雷达主要用于探测、跟踪潜射弹道导弹和洲际弹道导弹,提供导弹预警信息。其次是用于监视、跟踪和识别空间目标,提供绕地球轨道运行卫星的位置、速度等数据。

美国"铺路爪"战略预警雷达性能相当先进,即使其生产设计时间在 20 世纪 70 年代,但直到今天,"铺路爪"5000 千米的探测距离也是相当不错的。美国在国内共部署了 4 部该雷达,分别部署在重要的空军基地,由美国空军的空间司令部负责运行和维护,用于探测从大西洋和太平洋来袭的潜射导弹。除此之外,美国还在澳大利亚和英国等盟国部署了同样的预警系统,用来监视相关飞机、导弹的即时状态。

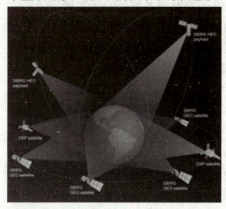

图 5 - 16　天基红外系统（SBIRS）

图 5 - 17　铺路爪

（二）俄罗斯的"沃罗涅日"（见图 5 - 18）

"沃罗涅日"是世界上功率最大,探测距离最远的陆基导弹预警雷达。"沃罗涅日"导弹预警雷达不仅在性能上处于世界领先水平,在制造工艺上也取得了重大突破,所安装的设备大为减少,能耗大幅降低,自动化程度大为提高。

"沃罗涅日－DM"系统有两个梯队,第一个是太空梯队,由观测卫星构成,负责摸清弹道导弹的发射迹象;第二个是地面梯队,由"达里亚尔""第聂伯"和"伏尔加"雷达站组成。在收到卫星预警信号后,这些雷达就会确定导弹的飞行方向和核弹头可能的攻击坐标。最后,这些雷达收集到的信息汇总后,传送到俄军反导弹防御系统指挥部。

"沃罗涅日－DM"的出现,使空中和太空的搜索范围扩大了数千公里,而且同原有雷达相比,发现和确定目标的能力更强。这种雷达"视力"极佳,设计师们开玩笑说:如果一只老鼠能飞的话,都能锁定它。也就是说,"沃罗涅日－DM"能够发现所有弹道和巡航导弹,甚至包括卫星。

图 5－18　沃罗涅日－DM

## 三、导航系统

导航技术是涉及自动控制、计算机、微电子学、光学、力学以及数学等多学科的高技术,是一个国家基础服务体系的重要基石,也是武器精确制导的核心技术,是实现飞行器特别是航天器飞行任务的关键技术,这对于提高航空器、航天器以及武器装备的机动性、反应速度和远程精确打击能力具有重要意义,在海、陆、空、天等现代高技术武器及武器平台中得到广泛的应用。

导航技术的发展具有三个特点:第一,由于材料、微电子、计算机等学科和技术的发展,促进了新型惯性器件的发展,从而惯性导航系统的体积越来越小,精度越来越高、成本越来越低;第二,卫星导航技术也得到极大的发展,可以认为,卫星导航给导航技术带来了一次极大的革命;第三,卫星导航、惯性导航以及其他技术之间相互组合,促进了导航技术的进一步发展。

卫星定位系统具有范围广、全天候、连续、实时的精确导航与定位能力,可为战机、舰船、战车等作战平台与武器系统和指挥员提供精确的位置、速度和时间信息。因此,卫星定位系统已成为现代战争的"定盘星"、军队战斗的"倍增器"和打赢未来信息战的关键之一。在近期几场局部战争中,美军将 GPS 系统的作用发挥得淋漓尽致,利用 GPS 制导的"战斧"巡航导弹精确命中了上千公里外的目标。随着全球定位系统的不断完善,卫星定位技术已成为现代军事领域一项无孔不入的新技术,在军事上发挥着巨大的作用。

第一,提升 C[4]ISR 性能,卫星定位系统"嵌入"到指挥自动化系统,可为其提供时间、空间坐标基准,协调整个指挥系统的运转,增强指挥官实时了解部队位置的能力。第二,精确制导。卫星定位系统与惯性导航系统的结合是实施精确制导、精确打击的有效途径。目前,美军正在多种导弹中引入 GPS/TNS(惯性导航系统),可使导弹命中精度提高到 10 米以内。第三,单兵定位。卫星导航定位系统可以为士兵提供三维方位和数字信息,让每个士兵在任何时候都能知道自己在战场中的位置,可根据作战需要及时向后方或者友邻部队申请战斗支援或后勤支援。

目前,世界上正在运行的全球卫星导航定位系统主要有以下几大系统:一是美国的 GPS 系统,二是俄罗斯的"格洛纳斯(GLONASS)"系统,三是欧洲的"伽利略(GALILEO)"全球卫星定位计划,此外,还有中国的北斗卫星导航系统(BeiDou Navigation Satellite System,BDS)。北斗卫星导航系统(BDS)和美国的 GPS、俄罗斯的 GLONASS、欧盟 GALILEO,是联合国卫星导航委员会已认定的供应商。

GPS 独占鳌头。GPS 系统由 24 颗工作卫星和 4 颗备用卫星组成。它们分布在 6 个等间距的轨道平面上,轨道面相对赤道的夹角为 55 度,每个轨道面上有 4 颗工作卫星,卫星的轨道接近圆形,轨道高度为 2.02 万公里,周期约 11 小时 58 分。GPS 能覆盖全球,用户数量不受限制。其所发射的信号编码有精码与粗码。精码保密,主要提供给本国和盟国的军事用户使用,粗码提供给本国民用和全世界使用。精码给出的定位信息比粗码的精度高。GPS 系统能够连续、适时、隐蔽地定位,定位时间仅几秒到十几秒,用户无须发射任何电磁信号,只要接受卫星导航信号即可定位,所以可全天昼夜作业,隐性好。

格洛纳斯曾经是仅次于美国 GPS 的世界第二强大的导航定位系统,整个系统最多时一共有 18 颗卫星在轨提供导航服务,主要服务内容包括确定陆地、海上及空中目标的坐标及运动速度信息等。然而,由于俄罗斯无钱维护,目前还在使用的卫星仅剩 6 颗,已经无法满足全球导航需求,而俄罗斯又没有资金补发新卫星,用于填补系统空缺,所以俄海军干脆把资金投入新的地面导航系统研制,这就是现在的"章鱼－N1"导航系统。这一导航系统是为了抗衡美国的 GPS 导航系统而研发的,该系统依靠地面站负责确认目标物体坐标,并且除了地理坐标外,还能自动标注物体的高度和运行速度,精度优于俄罗斯现役的"格洛纳斯"定位系统,即使和美国的 GPS 系统相比,也毫不逊色。和卫星导航系统不同,它主要依靠地面基站对目标进行定位,并采用无线电加密方式发送信息,可以有效避免遭到敌方电磁干扰。由于使用地面通信站,"章鱼－N1"系统的信号强度要远远大于卫星导航系统,因此难以被敌方电磁屏蔽,具备更强的战场生存能力。

"章鱼－N1"是唯一拥有独立地面站,并且精度超过外国同类系统的导航装置。该系统使用宽频无线电,数据传输快,信号安全性高,而且成本相对低廉。根据俄罗斯媒体报道称,目前俄罗斯海军现役的 2 座"章鱼－N1"地面站总共仅花费 1.9 亿卢布(约合 288 万美元),明显比卫星导航系统更便宜。虽然俄罗斯对"章鱼－N1"系统寄予厚望,但是从技术角度说,该系统不再需要大量卫星进行精确定位,但需要大量建设地面站,来保持通信信号的畅通。

与美国的 GPS 相比,伽利略系统更先进,也更可靠。伽利略接收机不仅可以接受本系统信号,还可以接受 GPS、格洛纳斯(GLONASS)这两大系统的信号,并且具有导航功能和移动电话功能相结合、与其他导航系统相结合的优越性能。美国 GPS 向别国提供的卫星信号,只能发现地面大约 10 米长的物体,而伽利略的卫星则能发现 1 米长的目标。于是一位军事专家形象地比喻说,GPS 只能找到街道,而伽利略则可找到家门。

北斗卫星导航系统是中国自行研制的全球卫星导航系统,是继美国全球定位系统(GPS)、俄罗斯格洛纳斯卫星导航系统(GLONASS)之后第三个成熟的卫星导航系统。北斗卫星导航系统是中国实施的自主发展、独立运行的全球卫星导航系统。

系统建设目标是:建成独立自主、开放兼容、技术先进、稳定可靠的覆盖全球的北斗卫星导航系统,促进卫星导航产业链形成,形成完善的国家卫星导航应用产业支持、推广和保障体系,推动卫星导航在国民经济社会各行业的广泛应用。北斗卫星导航系统由空间段、地面段和用户段三部分组成,空间段包括 5 颗静止轨道卫星和 30 颗非静止轨道卫星,地面段包括主控站、注入站和监测站等若干个地面站,用户段包括北斗用户终端以及与其他卫星导航系统兼容的终端。

北斗系统具有以下特点:一是北斗系统空间段采用三种轨道卫星组成的混合星座,与其他卫星导航系统相比,高轨卫星更多,抗遮挡能力强,尤其低纬度地区性能特点更为明显。二是北斗系统提供多个频点的导航信号,能够通过多频信号组合使用等方式提高服务精度。三是北斗系统创新融合了导航与通信能力,具有实时导航、快速定位、精确授时、位置报告和短报文通信服务五大功能。

导航技术在国家各行各业广阔的需求背景下,其地位日益突出。发展高精度、低成本、抗干扰能力强的导航系统是未来导航系统发展的趋势。

● 知识窗 ●

## GCCS - J

GCCS - J 是美军战区指挥控制系统,是美国全球指挥控制系统(GCCS)的核心,是实施联合作战的基础,是战区进行作战计划、辅助分析、联合作战指挥和筹划的基本工具。

在海湾战争中,美军发现其全球军事指挥系统存在纵向层级过多、横向互联互通不足、敌我识别能力较差等问题。1995 年,美国国防部将这个发展了近 40 年的系统进行大规模更新,并更名为全球指挥控制系统。

GCCS - J 是一个集指挥、控制、通信、计算机和情报($C^4I$)于一体的系统,包括软件、硬件、程序、标准和接口,该系统为参联会(CINC)、国防部长(SECDEF)、国家军事指挥中心(NMCC)、战场指挥官(CDR)、联合部队指挥官和军种部队指挥官提供强大、无缝连接的指挥控制功能;能够为战区司令部和联合特遣部队指挥官在各种军事行动中提供计划、实施、控制和后勤行动的全频谱支持。目前美军高度重视该系统的发展,国防部每年都预算数千万美元用于系统的更新和升级。

GCCS - J 采用主要开放的系统客户端/服务器(C/S)架构,目前正在向基于网络的 B/S 架构演变,系统允许不同用户软件包在任何位置基于网络运行。

GCCS - J 集成了指挥控制任务应用程序、功能、数据库、Web 技术和办公自动化工具,通过交换图像、情报、部队状态和规划信息,将 C2 功能融合到一个全面的、可互操作的系统中。GCCS - J 功能的关键部分是通常被称为联合作战计划执行系统(JOPES)的部队计划产品,为联合参谋部和联合部队提供常规战争规划工具和能力。GCCS - J 是从用户的角度进行设计的,其特点是设计和开发周期短、功能扩展,作战原型开发人员联络人能够对用户问题的报告进行快速响应。

GCCS - J 具有以下特点。

### 1. 大数据支撑

系统可支撑军用、民用各类数据格式,可以实时创建/查看数千个图形叠加来描绘战场元素。

系统包含丰富的武器装备数据,各类轨道、航迹数据,全球各地作战力量与资源数据,使得指挥官与参谋人员依托该系统就像拥有了丰富的数据库,为决策和计划提供了详细的数据支撑。

2.计划追踪与分析

系统的核心为联合作战规划和执行系统,可以实现以下功能。

——把决策转变为作战计划(OPLANS),以满足美国军事力量部署的要求。

——支持兵力部署、重新部署。

——实施应急和危机行动计划。

3.辅助决策分析

系统能够为战区指挥官和参谋人员决策提供支撑,提供辅助分析和决策支持相关功能。

4.联合情报支持

GCCS-J Global有一个包含集成的图像和智能组件,被称为I Cubed。图像功能提供近乎实时的情报数据,以加强战区参谋和战区指挥官的态势感知能力。例如,在阿富汗作战的部队可能会要求列出可用的图像数据和现有的情报信息,以准备作战行动。

(资料来源:https//zhuanlan.zhihu.com/p/26517705)

### 四、战例应用——海湾战争的信息武器

海湾战争爆发前,美国情报部门获悉,伊拉克从法国购买了一种运用于防空系统的新型电脑打印机,准备通过约旦首都安曼,再从安曼偷运到巴格达。美国在安曼的特工人员立即行动起来,偷偷把一套带有病毒的同类芯片换装到这种电脑打印机里,从而通过打印机使病毒侵入到了伊拉克军事指挥中心的主机。据称,微机芯片是美国马里兰州米德堡国家安全局设计的,病毒名为AFgl。当美国领导的多国部队发动"沙漠风暴"行动、空袭伊拉克时,美军用无线遥控装置激活了隐藏的病毒,致使伊拉克的防空系统陷入了瘫痪。萨达姆不知不觉中吃了一个大亏,让美国飞行员像在家里玩电子游戏一样自由来去。

# 第四节　信息化杀伤武器

## 一、新概念武器

随着时代发展,一批新概念武器陆续或即将推出,其技术含量高、破坏力与杀伤力巨大,使未来战争变得更加复杂多变。

### (一)新概念武器概述

#### 1.新概念武器的定义及特征

所谓新概念武器,是指与传统武器相比,在基本原理、杀伤破坏机理和作战方式上都有本质区别,尚处于研制或探索之中的一类新型武器。

从这个定义可以看出,新概念武器与其他武器本质的区别,主要表现在四个方面:一是基本原理不同;二是杀伤机理不同;三是作战方式不同;四是使用时机不同。

### 2.新概念武器的分类

新概念武器种类繁多,依据杀伤原理,主要分为以下几类。

一是新概念能量武器,主要有动能武器和定向能武器。动能武器是以极高的速度运动产生巨大的动能,撞击目标造成毁灭性破坏的武器,其典型代表是电磁轨道炮。电磁轨道炮是一种利用流经火炮导轨或线圈的强电流感应产生电磁力,从而加速弹丸超远程发射的装置。定向能武器是通过发出功率不同的能束,对目标的结构或材料以及电子元器件进行硬杀伤或软杀伤的武器。目前,主要发达国家竞相发展的定向能武器是激光武器、粒子束武器和高功率微波武器。激光武器利用强激光束照射目标,在目标表面产生极高的功率密度,使其受热、燃烧、熔融、雾化或气化,从而毁灭目标。高功率微波武器可由高功率微波振荡器产生微波,经由高增益定向天线,向空间发射出功率高、能量集中、具有方向特征的微波射束,可使敌方的电子设备失效,主要用于破坏敌方的通信、指挥与控制系统。

二是新概念信息武器,主要有无人作战平台、计算机网络攻防武器和微型武器。目前,国外研究的微型作战平台主要包括微型飞行器和微型机器人。计算机网络攻防武器研究的主要内容包括病毒的运行机理和破坏机理、病毒渗入系统和无线电发送病毒等。

三是新概念生化武器,主要有基因武器和新概念化学武器。基因武器通过基因重组技术将致病基因移植到生物体内,使用疫苗或药物难以预防和治疗,造成大面积人员死亡。新概念化学武器主要有非致命化学战剂,包括超级腐蚀剂、超级润滑剂和化学失能剂等。

四是新概念环境武器,主要有地震武器、气象武器等。地震武器可在一系列断层地带采用核爆方式诱发地震、海啸灾难,以破坏敌方的重要军事基地或战略设施。气象武器,如人工造雾、降雨、引导台风和诱发闪电等,可以限制和阻碍敌方行动,以达到自己的战略目的。

### (二)几种主要新概念武器介绍

#### 1.激光武器(见图5-19)

激光武器是利用激光的能量直接摧毁目标或使其失去战斗力的定向能武器。激光武器的基本原理是用高能量的激光束照射,在目标表面上产生极高的功率密度,使其受热、燃烧、熔融、雾化或汽化,并产生震波,从而导致人员伤亡、目标毁坏。

图5-19 激光武器

#### 2.基因武器

基因武器是指利用基因工程技术研制出的具有杀伤性的新型生物产品。基因武器杀伤机理就是用生物工程技术,在一些病菌或病毒中,接种能抗普通疫苗和药物的基因,生产具有显著抗药性的病原体,或在一些不会使人致病的微生物体内,接种致病基因,制造新的生物制剂,而后将致病病原体、生物制剂投向目标人群,从而导致该人群和种族致病,大批死亡或灭绝。这种武器一旦研制成功,人类可能面临比核战争更可怕的基因战争。

与核武器相比,基因武器实施起来更为隐秘,后果也更为严重,中国是生物(细菌)武器的受害国之一,永远也不会生产和拥有基因武器。中国加入了1971年12月16日联合国大会制定和通过的《禁止细菌(生物)及毒素武器的发展、生产及储存以及销毁这类武器的公约》。

### 3. 纳米武器

纳米武器是指运用纳米技术研制出来的微型军用武器。纳米武器不但超级微小,而且具备智能功能,因此与传统武器相比,纳米武器具有以下无可比拟的优点。

一是隐身性强。用纳米量子器件取代大规模的集成电路,可使纳米武器设备的重量和功耗缩小上千倍。由于体积小,人们很难注意到它,因此隐身性较强。

二是高度智能化。纳米量子器件的工作速度比半导体器件快1000多倍,因此,用纳米量子器件取代半导体器件,可以大大提高现行武器系统的信息传输、存储和处理能力。

三是可大量使用。掌握了纳米制造技术以后,微型武器制作将十分便宜,人们在未来的作战中可同时使用成千上万个微型武器。用一架无人驾驶飞机就可以将数以万计的微型机器人探测系统空投到敌军部署的地域或散布在天空中,掌握敌人的动向。利用纳米技术生产出的纳米卫星,一枚运载火箭一次即可发射数百颗乃至数千颗,可以覆盖全球,完成侦察和信息传输任务。

四是难以清除。它们不仅体积小,数量多,而且能够"钻"进任何角落和缝隙中,难以发现和清除,具有极高的威慑力。

### 4. 次声波武器

次声波是频率在20赫兹以下的波,人类的耳朵无法听到。次声波武器就是利用次声波,对人类造成伤害的武器。

次声波武器对人的伤害主要有两种:一类是"神经型"的。这种次声波频率和人的大脑频率极为接近,所以当次声波作用于人体时便会引起共振,刺激人的大脑,对人的心理和意识产生一定的影响。轻则感觉不适,注意力无法集中、情绪上恐惧不安、头痛恶心、眩晕等;严重时会使人神经错乱、癫狂不已、休克昏厥、丧失思维和行动能力。另一类是"器官型"的。这种次声波频率和人体内脏器官的固有频率接近,当与其形成共振时,轻则肌肉痉挛、全身颤抖、呼吸困难;重则血管破裂、内脏损伤,甚至死亡。

### 5. 电磁轨道炮

电磁轨道炮是利用电磁力产生动能推进弹丸的一种先进的动能杀伤武器。电磁轨道炮由两条平行的导轨组成,弹丸夹在两条导轨之间。两轨接入电源,电流经一导轨流向弹丸再流向另一导轨产生强磁场,磁场与电流相互作用,产生强大的推力推动弹丸,达到很高的速度(理论上可以到达亚光速)。与传统的大炮将火药燃气压力作用于弹丸不同,电磁炮利用的是电磁系统中电磁场的作用力,其作用时间要长得多,可大大提高弹的速度和射程,因而引起了世界各国军事家们的关注。美军在2015年对电磁轨道炮进行了4次发射试验,2016年又进行了电磁轨道炮的首次海上试验。美国国防部计划未来使用电磁轨道炮防御弹道导弹、隐身目标、超声速导弹等。

### 6. 计算机病毒武器

计算机病毒武器是在计算机病毒基础上发展演变而来的特殊的计算机程序,它能以不同方式渗透到敌方的网络信息系统,除能监控计算机或系统的工作外,还能通过对其内部的数据、文件、软件程序等进行干扰、窃取、更改、删除,以破坏和瘫痪敌方的计算机网络系统,使指挥、控制、通信、情报中断,有的甚至通过更改计算机软件或程序,以其"虚拟之身",破坏民用设施和武器装备这样的"物理之躯",造成极为严重的后果。计算机病毒武器正在发展成为一种新的战争武器,成为针对高技术武器系统中信息系统的"撒手锏"。美军已研制出 2000 多种计算机病毒武器,如"蠕虫"程序、"特洛伊木马"程序、"逻辑炸弹""陷阱门"等。2017 年 5 月 12 日,勒索病毒肆虐全球,元凶就是代号"永恒之蓝"的一款电脑病毒武器。"永恒之蓝"源自美国国家安全局的病毒武器库,遭到泄露后便成为不法分子在网络上对电脑实施破坏的利器,感染了全球数十万台电脑。

### 7.人工智能武器

人工智能武器是运用人工智能技术研制出来的武器。人工智能武器能实现对人类智能的模拟、延伸和扩展,具有指挥高效化、打击精确化、操作自动化、行为智能化等特点,可以自主识别选择需要攻击的目标。这种武器还具有辨别自然语言的能力,是一种"会思考"的武器系统。人工智能武器的出现,被称为战争史上继火药、核武器之后的"第三次革命"。

人工智能武器主要有智能机器人战士、智能化无人机、全无人机航母、智能化指挥控制系统等。在人工智能武器开发方面,以色列研制搭载人工智能的新一代攻击型"哈比"无人机,制造成本低,起飞前将目标识别信息和飞行范围设定为程序,只要无人机还有燃料,就会一直在规定区域进行搜索,一发现目标就自主攻击。"哈比"无人机系统可减轻操作人员的负担,躲避敌防空系统,攻击对方雷达。

据统计,目前全球超过 60 个国家和地区的军队已装备了军用机器人。拥有高度人工智能的机器人军团成建制、规模化作战或将成为现实。

## 二、精确制导

精确制导武器是采用精确制导技术,直接命中概率较高的武器,如各类导弹以及制导炸弹、制导炮弹、制导鱼雷等。精确制导武器在部队装备中比例日益提高,广泛用于攻击坦克、装甲车、飞机、舰艇、雷达、指挥控制通信中心、桥梁、武器库等目标。

### (一)精确制导技术

精确制导技术是"利用目标辐射或反射的特征信号,发现、识别和跟踪目标,精确导引和控制武器命中目标的技术"。它是以微电子、电子计算机和光电转换技术为核心,以自动控制技术为基础而发展起来的高新技术。根据各种制导技术原理研制的控制和导引武器装备自动飞向目标的整套装备,被称为武器装备的制导系统。该系统被广泛地应用于导弹、航空炸弹、炮弹、鱼雷、地雷等武器系统中。制导技术的种类很多,按制导原理分类,现在各种精确制导武器主要有以下几种。

### 1.电视制导

电视制导是由弹上电视引导头利用目标反射的可见光信息实现对目标的捕获跟踪,由于利用可见光,因此系统的角分辨率高,制导精度高,抗电子干扰能力强,但只能在白天和能见度较好的条件下使用。电视制导有两种工作方式:一种是发射前锁定目标工作方式,一般用于近程导弹,如美国的 AGM-65A/B"幼畜"空对地导弹;一种是发射后识别、锁定目标工作方式,这种工作方式用在中远程导弹上,如美国的"白星眼"电视制导炸弹。

### 2. 红外制导

红外制导是利用目标辐射的红外信息,实现对目标捕获、跟踪的一种制导技术。红外制导分为红外非成像制导和红外成像制导。红外非成像制导利用弹上非成像导引头接收目标辐射的红外能量,实现对目标的捕获;红外成像制导是利用红外探测器探测目标的红外辐射,以捕获目标红外图像的制导技术,红外成像制导有很强的抗光电干扰能力,可昼夜工作。如中国的"霹雳-4"空空导弹就采用红外成像制导方式。

### 3. 激光制导

激光制导是由弹外或弹上的激光束照射目标,弹上的激光束引头利用目标漫反射的激光,捕获跟踪目标,导引导弹或弹药命中目标的制导技术。使用较多的是照射光束在弹外的激光半主动制导技术。激光半主动制导技术的特点是制导精度高,抗干扰能力强,结构简单,成本低。如中国制造的"雷霆-2"型激光制导炸弹,射程超过10千米,圆概率误差为6.5米,具有全天候攻击能力,能够打击陆地和海上的固定或低速目标。激光制导现在正在发展为激光主动成像制导技术。由于激光主动成像可成三维图像,且图像稳定,便于图像识别算法的编制,因此是激光制导的发展方向。

### 4. 毫米波制导

毫米波是指波长为1~10毫米的电磁波。毫米波制导具有较高的制导精度、较强的抗干扰能力,受天气和烟雾的影响小。毫米波制导可分为主动制导和被动制导。毫米波制导目前主要有两个工作频段:8毫米和3毫米。毫米波制导在精确制导发展中占有重要地位,它与红外成像制导一起,成为精确制导技术发展的两个主要分支。

### 5. 雷达制导

雷达制导是利用雷达导引导弹飞向目标的技术。雷达制导的最大特点是全天候昼夜工作,但也面临严峻的电子干扰环境威胁。雷达制导可分为雷达波束制导和雷达寻的制导。雷达寻的制导又称雷达自动导引,分为主动式雷达导引、半主动式雷达导引和被动式雷达导引。例如,美国的"哈姆"导弹、英国的"斯拉姆"导弹、俄罗斯的X-31导弹均采用雷达制导,结合机动变轨技术,可以有效抗电子干扰,提高打击精度。

### 6. 遥控制导

遥控制导是在导弹飞行过程中,另外设有指令站,通过不断测量目标和导弹的相对位置,不断地对导弹发出指令,来修正飞行路线。例如,有线制导的反坦克导弹就采用这种制导方式。导弹发射后,尾部拖着一条长长的导线,操纵员通过观测导弹与目标的相对位置,发出控制指令,指令通过导线传到导弹上,纠正飞行路线,通过这样不间断的遥控,导弹最后命中目标。这种制导方式的特点是命中精度高,适于攻击运动目标,在地对空导弹、空对地导弹、反坦克导弹上运用得比较多。

### 7. 惯性制导

惯性制导是一种不依赖外部信息、也不向外部辐射能量的自主式制导方式,其导航主要由内部的惯性制导系统部件来完成。惯性制导的优点是不受外界电磁辐射的影响,不受地理位置的限制,抗干扰能力强;惯性制导系统不辐射电磁波,本身能提供完整的导航与制导数据,隐蔽性好。惯性制导的主要缺点是,当其独立使用时,其导航误差随着时间积累将变得越来越大,初始发射时对准时间也较长。

### 8.地形匹配和景象匹配制导

地形匹配和景象匹配制导就是导弹在发射前,事先把导弹飞行路线上某些区域的地形数据或景物图像进行数字化处理,存储在弹上制导系统中。导弹飞至这些区域上空时,弹上测量装置不断测量实际地形或景物数据,并与事先存储的数据进行对比,若有偏差便及时修正导弹的飞行路线。这种制导方式主要是用来攻击固定目标。

### 9.卫星制导

卫星制导就是利用全球卫星定位系统实现导弹的制导和攻击。卫星制导利用安装在弹上的导航卫星系统接收机,接收卫星的导航信息,精确计算出导弹的三维位置、三维速度和对应时间,形成修正制导系统制导误差的导引信息控制系统控制导弹。

### 10.复合制导

复合制导是综合利用以上几种制导方式的制导。这样就可以发挥各种制导方式的优点,弥补缺点,提高导弹的抗干扰能力和精度。由多种模式的导引设备参与制导,利用几种制导方式的优点,共同完成对导弹的制导任务。常用的复合制导技术有:自主寻的制导、遥控寻的制导、惯性寻的制导、地形匹配和GPS数字景象匹配制导等。

### (二)近几场局部战争中使用的典型精确制导武器

在近几场局部战争中,各种精确制导武器粉墨登场,其强大的作战威力给世人留下了深刻的印象。

### 1.联合直接攻击弹药(JDAM)(见图5-20)

联合直接攻击弹药(JDAM)是美国海、空军联合研制的第四代精确制导炸弹,20世纪90年代末装备部队。在科索沃战争中,B-2轰炸机首次使用了JDAM,该型炸弹也是攻击我驻南联盟大使馆的"元凶",现在已能由多种飞机携带发射。该型炸弹是将美国库存的900千克级BLU-109/B穿甲炸弹、450千克级MK83和BLU-110穿甲炸弹分别加装惯性制导装置和GPS接收机组装而成的,分为通用型和专用侵彻型,编号分别为GBU-31和GBU-32。JDAM不受气象条件的限制和影响,投射距离可达24千米,命中精度达6.5米,每枚仅售1.8万美元。

图5-20 联合直接攻击弹药(JDAM)

### 2.GBU-28激光制导钻地弹(见图5-21)

美军目前的GBU-28激光制导钻地弹是GBU-24"铺路爪3"激光制导炸弹的改进型,炸弹全长5.84米,弹径370毫米,重2130千克,内装有306千克高爆炸药。美空军F-15E、F-111战斗轰炸机和F-117A、B-1B、B-2轰炸机均可携带投放。在海湾战争中,美军使用普通激光制导炸弹不能破坏伊拉克坚固的地下指挥中心,于是临时在200毫米炮管中装填炸药并将其与激光制导部件和战斗部相连,并于1991年2月27日,第一次使用这种炸弹攻击伊拉克的地下钢筋混凝土设施。当时这种炸弹就能钻普通土深达30米以上,钻混凝土深达6米。战后,美军将其正名为 GBU - 28 激光制导炸弹。科索沃战争中,美军曾使用 GBU - 28 攻击南斯拉夫普里什蒂纳机场的地下仓库。2001 年 10 月 10 日第三次出场,美军使用 GBU - 28 钻地弹攻击位于喀布尔和坎大哈地区的塔利班政权领导人的地下指挥控制中心和其他坚固掩体。

图 5 - 21　GBU - 28 激光制导钻地弹

### 3. GBU - 37 卫星制导钻地弹

该型弹是将 BLU - 113 的侵彻弹头安装到 GBU - 28 炸弹上,采用 GPS 制导,并使用固体火箭发动机以提高飞行速度,使该弹撞地速度达到 1200 米/秒,钻混凝土深达 18 米以上,已经能够攻击深藏在地下发射井中的洲际弹道导弹。这种最新研制的钻地弹同样也被用到了阿富汗——这个美军新武器的"试验场"。为了攻击地下深层掩体和对付新型防空武器系统,美军还研制了由 F - 22、F - 35 携带的飞行速度达 6 马赫的高超声速钻地弹。

● 知识窗 ●

#### 多级智能钻地弹

美军正在研制至少能连续穿透 3 层钢筋混凝土或钢板的多级智能钻地弹。这种钻地弹撞地时不发生爆炸而是钻入地下,然后第一级引信引爆,炸开一个大洞,弹体继续向下钻;通到混凝土结构时,第二级引信再引爆,炸开混凝土结构,继续钻地;遇到钢板加固工事时,第三级引信引爆,钻钢板后进入掩体内部时,战斗部爆炸。这种钻地弹有 1000 千克和 2500 千克两种,可由 F - 15E 和 B - 2 等飞机投放。

### 4."战斧"巡航导弹(见图 5 - 22)

"战斧"巡航导弹是美国研制的一种从敌防御火力圈外投射的纵深打击武器,能够从陆地、船舰、空中和水下发射,主要用于对严密设防区域的目标实施精确攻击。该导弹飞行速度快,在航行中采用惯性制导加地形匹配制导和景象匹配制导,或采用惯性制导加 GPS 制导,可以自动调整高度和速度进行攻击,在现代战争中充当了美军的"撒手锏"。"战斧"巡航导弹具有低空飞行、命中率高等特点。30 多年来,美国在发动的多次局部战争中都曾使用"战斧"巡航导弹。2017 年 4 月 7 日,美国海军从部署在波罗的海的导弹驱逐舰上发射了 59 枚"战斧"巡航导弹,对叙利亚中部霍姆斯省空军基地实施了精确打击。

图 5 – 22　"战斧"巡航导弹

### 5. AASM 精确制导炸弹(见图 5 – 23)

AASM 是法国研制的一种精确制导炸弹,被称为"法国版"或"欧洲版"的 JDAM。AASM 采用了可互相替代的多种制导方式,大幅提高了弹药的打击可靠性。目前,AASM 的导引头有两种:一种是全天候型,即 GPS/INS 制导,精度为 10 ~ 30 米,易受无线电干扰;另一种是红外引导型,精度达到 1 米,可以攻击慢速机动目标,易受云雾干扰。

2008 年交付部队后,AASM 很快在阿富汗战场完成了首次实战,当时在加拿大观测员的指引下,一架"阵风"战机发射了 2 枚 AASM,摧毁了一个塔利班的阵地。2011 年 3 月 19 日,法、英、美等国发动了对利比亚的海空打击,法国空军一改在伊拉克战争中的被动,率先使用了 AASM,而且随着"戴高乐"号航母的加入,法国海军展示了 AASM 的精确打击能力。从 2015 年 12 月开始,法国空军多次发射 AASM 精确制导炸弹,对 IS(伊斯兰国)极端恐怖组织实施精确打击。

图 5 – 23　AASM 精确制导炸弹

## 三、核生化武器装备

核生化武器是核武器、生物武器和化学武器的简称。这种武器的原理、构造和杀伤机制有所不同,但都具有大范围杀伤破坏效应,使用后能使敌方蒙受巨大的人员和财产损失并造成强烈的心理影响,国际上统称为"大规模杀伤性武器"。

核武器是利用重原子核自持裂变或轻原子核聚变时释放的巨大能量产生爆炸作用的武器,其毁伤破坏效应主要有冲击波、光辐射、瞬时核辐射、核电磁脉冲和放射性污染,能伤人员、破坏武器装备和各种建筑设施,放射性沾染还能引起人员的放射性疾病,并可能遗传后代。生物武器是利用使人致病的生物战剂杀伤有生力量、家畜和毁坏植物的武器。化学武器是利用毒剂的毒害作用杀伤有生力量的武器。后两类武器虽不破坏建筑设施,但能杀死大量人畜、污染环境,引起疾病流行。由于大规模杀伤性武器杀伤破坏作用巨大而且范围广、后果严重,国际社会强烈要求禁止使用这类武器。联合国大会通过了《禁止生物武器公约》《禁止化学武器公约》《不扩散核武器条约》。这些条约虽然对使用生物武器、化学武器和发展核武器有一定的约束,但并没有限制生物武器、化学武器的研究,也不禁止使用和继续发展核武器。因此,大规模杀伤性武器的威胁依然存在。

### (一)发展历程

在战争史上,利用人为制造疾病流行以降服对方的生物战和借风力向敌军阵地施放毒气的化学战古已有之。20世纪初,一些国家开始大规模研制化学战剂,并在两次世界大战和战后的几次局部战争中使用。生物战剂研究历史稍晚,实际使用次数也较少。核武器是第二次世界大战后期才发展起来的,迄今只有美国在第二次世界大战结束前夕对日本使用了原子弹。

#### 1. 化学武器

化学武器的大量使用是在第一次世界大战期间。1915年4月22日,德国军队在比利时的伊普尔地区用大量液氯钢瓶向协约国军队吹放具有窒息作用的氯气,造成英、法联军15 000人中毒,其中约5 000人死亡,开创了大规模使用化学武器的先例,显示了化学武器的大面积杀伤作用。自20世纪初以来,化学武器的发展大致可分为以下几个阶段。

第一阶段,第一次世界大战期间。当时使用的化学武器,主要是化学兵专用的毒剂吹放钢瓶、火炮发射的毒气炮弹和步兵使用的毒剂手榴弹等。所用的化学毒剂都是些能对人、畜有毒害作用的低沸点化学物质,如氯气、光气、双光气、芥子气以及二苯氯胂、一苯氰胂刺激剂等。

第二阶段,第一次世界大战结束至第二次世界大战期间。化学武器在第一次世界大战中大量使用,激起世界人民的强烈反对,但化学武器的发展并没有停止。随着兵器技术与工业的发展,化学武器的种类不断增多,出现了装填化学战剂的各种炮弹、地雷、航弹等,此外还有飞机携带的航空布撒器。1935—1936年,意大利入侵阿比西尼亚(今埃塞俄比亚),使用了装填芥子气的喷洒型航空炸弹,开创了空军使用化学武器的先例。1936—1944年,德国研制出几种神经毒剂,其毒性比原有的毒剂大几十倍。第二次世界大战期间,日军在侵华战争中大量使用化学武器,给中国人民造成深重灾难。

第三阶段,第二次世界大战后至20世纪50年代末。随着有机磷杀虫剂的迅速发展,出现了有机磷神经性化学毒剂,如沙林、梭曼、维埃克斯等,其毒性大大增强,并具备速杀和多途径中毒的特点,化学武器的威力进一步增大。20世纪50年代后期,化学武器与火箭炮、航弹、导弹等常规投射兵器的结合,使化学攻击的火力密度、攻击纵深、机动范围和毒剂覆盖面积都达到了更高的水平。

第四阶段,20世纪60年代至今。针对毒剂在生产、装填、运输和储存等方面存在的安全性问题,一些国家开始发展二元化学武器。美国主要研制二元沙林、二元维埃克斯等二元毒剂。二元化技术解决了毒剂的工业化生产、储存、运输和使用过程中的安全问题,并且使一些因稳定性较差而被淘汰的毒剂又重新起用。

#### 2. 生物武器

系统研制生物武器是在微生物学和武器制造技术有了一定发展之后才开始的。在现代技术条件下,利用微生物学方法可以大量制取生物战剂,使用方式也由简单的人工撒布逐步发展为利用远距离投射工具进行大规模撒布。生物武器的发展大致可分为三个阶段。

第一阶段,从20世纪初到第二次世界大战结束。研制和使用的生物战剂主要是细菌,当时称为"细菌武器"。开始时的战剂仅限于少数几种细菌,如炭疽杆菌、马鼻疽杆菌和鼠疫杆菌等,生产规模很小,施放方法主要是由特工人员潜入敌方,用装在小瓶中的细菌培养物秘密污染水源、食物或饲料。从30年代开始,研制生物武器的国家增多,主要有日本、德国、美国、英国等。生物战剂种类增多,生产规模扩大,施放方式改为用飞机施放带菌媒介物,包括带菌的跳蚤、虱子、老鼠、羽毛,甚至食品,攻击范围扩大。臭名昭著的731部队就是第二次世界大战时期日本在中国建立的生物武器研制机构之一,使用细菌武器杀害了大量中国军民。德国主要研究鼠疫杆菌、霍乱弧菌、斑疹伤寒立克次体和黄热病毒等战剂和细菌悬液的飞机喷洒装置。美国于1941年成立生物战委员会,进行空气生物学实验研究。英国于1940年建立生物武器研究室,曾在格瑞纳德岛上用小型航弹和炮弹施放炭疽胞菌。加拿大也研究过肉毒毒素的大规模生产方法,并用飞机进行过喷洒试验。

第二阶段,自第二次世界大战结束到20世纪70年代末。生物武器进一步发展,出现了病毒武器、毒素武器等。生物战剂种类增多,包括细菌、病毒、衣原体、立克次体、真菌和毒素。剂型除液体外,还有冻干的粉剂。施放方式以产生气溶胶为主。除用飞机抛洒、投弹以外,还可用火箭、导弹发射生物弹头,杀伤范围扩大到数百至数千平方千米。美国的生物武器研制水平远远领先于其他国家,朝鲜战争期间,美军曾多次在朝鲜北部和我国东北地区使用生物武器。

第三阶段,20世纪80年代以后。随着基因工程和其他生物技术的迅猛发展,利用遗传工程脱氧核糖核酸(DNA)重组或其他分子生物学技术调控、构建和改造微生物及毒素,研究和发展新的生物武器,其中备受瞩目的是基因武器。基因武器的特点,一是成本低,杀伤力强,持续时间长。据报道,有的国家曾经研制成出血热菌基因武器,如果投入敌方水系,可使整个流域的居民丧生。二是不易发现、难防难治,使用隐蔽,一般不可能提前发现和采取预防措施,当受害者察觉到时已经感染了病毒。经过遗传工程改造过的病毒,只有研制者知道遗传密码,别人很难破译,即使破译,一时也拿不到有效的防治药物。三是使用方法简单、施放手段多,可以用人工、飞机、导弹或火箭,将经过改造的细菌、带菌的昆虫或其他微生物投入敌国主要河流、城市或交通要道。

### 3.核武器

自从美国于1945年研制成功原子弹并在对日作战中使用以来,苏联、英国、法国和中国在20世纪50年代和60年代相继试验成功原子弹和氢弹。美、苏(俄)、英、法、中是世界上公认的5个核武器国家。印度在1974年5月18日进行了首次原子爆炸试验,以后又在1989年5月11—13日连续进行5次地下核试验。巴基斯坦紧随其后,在同年5月28—30日进行了6次地下核试验。此外,有能力制造核武器的国家还有多个,其中有的可能已经拥有核武器。可投射核武器的运载工具有弹道导弹、巡航导弹、战略轰炸机、战斗轰炸机、大口径火炮和鱼雷,还有可作为核武器载体的航弹、深水炸弹、地雷等。

核武器迄今已发展两代。第一代是利用重元素原子核(如铀235、钚239)链式裂变反应原理制成的核武器,称为原子弹,也叫裂变弹。在原子弹中添加少量聚变核材料(氘、氚气体或固体的氘、氚锂化物)制成的原子弹,叫"加强型原子弹"。美国和苏联在原子弹试验成功之后,首先发展的是由飞机运载的核航弹,后来又研制了核深水炸弹、核炮弹等。第二代是利用轻元素原子核(氘、氚)在高温、高压下发生聚变反应原理制成的核武器,称为氢弹,也叫热核武器或聚变弹。氢弹由两部分构成,一部分是引爆弹,用于引发热核反应,通常使用加强型原子弹,称为氢弹的初级系统。另一部分用热核装料(通常是固体氘化锂)铀238及其他材料制成,用于聚变反应放出能量并引发重核裂变放出更多能量,称为氢弹的次级系统。大威力氢弹爆炸时释放的能量主要来源于次级。氢弹的威力比同等质量的原子弹要大得多,或者说相同的爆炸威力,氢弹的质量要比原子弹小得多,所以氢弹是目前弹道导弹、巡航导弹和飞机投掷的主要核武器,一般用于攻击战略目标。为使核武器适合战术使用,还研制了爆炸威力较小、增强某种效应而削弱其他效应的小型氢弹,如中子弹(即增强辐射弹)、减少剩余放射性弹等。中子弹以中子辐射为主要杀伤因素,爆炸当量较小,主要用作战术武器。减少剩余放射性弹又称冲击波弹,是加强冲击波效应而减少剩余放射性的核武器。20世纪70年代以来,美国还研究过核激励X射线激光器,它用核爆炸产生的X射线激励安置在核装置周围的多根激光棒产生X射线激光,通过聚焦后的X射线激光束来摧毁目标。此外,美国还研究过用于摧毁敌方通信系统及其他电子设备的核电磁脉冲弹。

**(二)发展现状**

**1.核武器**

冷战结束后,持续40余年的两个超级大国激烈的核军备竞赛不复存在,但核武器仍然是核大国重要的战略威慑力量。美国和俄罗斯继续保持由洲际弹道导弹、潜射弹道导弹和战略轰炸"三位一体"战略核力量。英国和法国重点发展海基略核武器。当前核武器发展的要点是:①核弹数量和品种大幅度减少。②核弹头小型化技术日臻成熟,继续提高比威力的潜力不大。例如,美国的W8M5核弹头的比威力达2375吨TNT/千克,比第一代核武器原子弹提高了530多倍,已接近理论极限。③大力开展核爆炸模拟技术的研究与实验。1996年《全面禁止核试验条约》在联合国大会表决通过,5个核国家的核爆炸试验已经停止。核大国为保持其库存核武器的安全性、可靠性,正在大力发展非核爆炸技术手段,包括理论计算、计算机模拟、激光模拟、次临界实验等。

**2.生物武器**

随着生命科学和生物技术的发展,近10年来的生物武器研究出现一些新的特点:①毒素类战剂成为研究的热点。毒素是由细菌、微生物、动物、植物和真菌等生物体产生的有毒化学物质,这类战剂又称生物化学战剂,其毒性比现有化学战剂高出100~1000倍,并难于检测和核查。近年来生物技术的研究成果,已解决毒素战剂的批量生产、性能稳定(不易失去活性或改变性状)和如何才容易被人体吸收(中毒)等技术难题,毒素作为战剂的可能性越来越受到重视。②运用分子遗传学方法研究和改造各种生物战剂。通过基因重组,在一些致病的细菌和病毒中接入能抗普通疫苗或药物的基因,使感染者难以治愈;或者在一些非致病微生物体内"植入"致病基因,制造出新的生物战剂。例如,在大肠杆菌中接入炭疽病基因,将眼镜蛇毒液的基因"植入"流感病毒等。③研究提高生物战剂杀伤效应的技术。施放方法对生物战剂的杀伤效果影响很大。研究表明,以气溶胶形式施放生物战剂是使用生物武器的主要手段,一些国家很重视提高气溶胶的发生率、稳定性、感染力及控制气溶胶粒度的研究。

**3.化学武器**

当前化学武器发展的特点是:①化学弹药品种多,包括各种口径的炮弹、火箭弹、航弹、导弹、地雷等,适合在各种条件下进行化学战。其中现代导弹(包括弹道导弹和巡航导弹)与化学

生物战剂

179

毒剂相结合构成的远程化学武器系统更具有威慑力。②二元化学武器成为当前发展的重点,既有新二元化学战剂的研制,又有由现有化学战剂改造成的二元化学战剂。③毒剂分散技术有了新的发展,化学毒剂分散技术尤其是气溶胶和微包胶技术的发展和应用,使过去以皮肤渗透杀伤为主转变为通过呼吸道吸入中毒为主。气溶胶技术对于高效固态毒剂的使用更具有重要意义。④多种毒剂配合使用产生多效复合中毒效果。例如,将几种毒剂混合使用以增强中毒效果,或者加入皮肤助渗剂以增强化学毒剂渗透皮肤的能力等。随着生命科学与生物技术的发展、计算机辅助分子设计和组合化学等新技术的应用,可以加快新型毒剂的研制速度。

### (三)发展趋势

#### 1. 核武器作为核大国战略威慑力量将继续存在,品种和数量进一步减少

按照美国、俄罗斯《第二阶段削减战略武器条约》的规定,到2007年,美国和俄罗斯战略武器的核弹数均不超过3500个。美国和俄罗斯《第三阶段削减和限制进攻性战略武器条约》,于2010年4月8日签署。根据条约,美俄两国须全面削减冷战时期部署的核弹头与导弹,双方将各自的核弹头削减到1550枚。两国将继续保持"三位一体"战略核力量的格局,洲际弹道导弹和潜射弹道导弹型号分别减到1~2种。在不进行核爆炸试验的条件下,计算机模拟、激光模拟次临界实验等非核爆技术手段将继续发展和完善,以检验现有核武器的安全性和可靠性,确保其作战效能。

#### 2. 利用现代生物技术特别是基因工程发展新型生物战剂,是生物武器的发展方向

生物战剂已经从由自然界筛选致病微生物与毒素发展到利用DNA重组与蛋白质工程技术改造、构建新的致病微生物和毒素的阶段。生物武器的发展趋势是:①利用遗传工程对微生物和其他单细胞按设计要求进行DNA重组,然后转入受体细胞中克隆、表达,以获得新的定向生物战剂。②利用基因调控方法改造病原微生物的致病基因,提高其毒性。③利用蛋白质工程对天然蛋白质及多肽毒素进行修饰改造使之成为具有更高毒性的毒素。④通过DNA重组转入受体细胞表达生产毒素,解决生物毒素的高密度、大容量培养和病毒的大量生产问题。⑤在发酵工程中应用固相培养、连续培养、高密度培养和中空纤维技术,大幅度提高细菌与病毒的培养效率,以缩小生产设施的规模。⑥利用多肽合成与纯化技术,使小分子的多肽毒素(如芋螺毒素)能通过多肽合成进行生产。

#### 3. 探索"超毒性毒剂"及其使用技术是当前化学武器发展的重点

针对传统的毒剂防护装备探索新的化学毒剂,是当前化学武器发展的主要趋势。一是发展"超毒性毒剂"。近年来发现,有许多毒素的毒性远远超过有机磷毒剂,而中毒机理的研究,将进一步增强超毒性神经毒剂的杀伤效果。二是发展新的毒剂使用技术,提高杀伤力,如均相分散技术,有可能增大毒剂的有效杀伤面积。如果使用一种特殊发生器将神经性毒剂均匀分散成1~5微米(微粒直径)的气溶胶,其有效覆盖面积要比现代高爆武器爆炸分散相同装料的有效覆盖面积大数百倍,而做到这一点要比寻找毒性更强的新毒剂简单得多。三是发展武器化技术,尤其是巡航导弹、弹道导弹等远程化学武器的武器化技术。化学战斗部的屏蔽技术、智能化技术可有效提高远程化学武器的覆盖面积与打击能力。

● 我思我行 ●

1. 信息化战争的内涵是什么?
2. 信息化战争的主要作战样式有哪些?
3. 利用战例简述信息化战争的特征。
4. 为什么说信息化战争是21世纪战争的主要战争形态?

# 第六章 共同条令教育与训练

## 军事讲坛

卒未亲附而罚之，则不服，不服则难用也。卒已亲附而罚不行，则不可用也。故令之以文，齐之以武，是谓必取。令素行以教其民，则民服；令不素行以教其民，则民不服。令素行者，与众相得也。

——《孙子兵法》

## 教学目标

了解中国人民解放军三大条令的主要内容，掌握队列动作的基本要领，养成良好的军事素养，增强组织纪律观念，培养学生令行禁止、团结奋进、顽强拼搏的过硬作风。

## 导语

条令是中央军委以简明条文的形式发布给军队的命令，是军队正规化建设的依据，是军队行动的准则。《中国人民解放军内务条令》（以下简称《内务条令》）《中国人民解放军纪律条令》（以下简称《纪律条令》）《中国人民解放军队列条令》（以下简称《队列条令》）是全军的共同条令，是军人必须遵守的法典。通过条令教育与训练，使大学生了解中国人民解放军三大条令的主要内容，掌握队列动作的基本要领，养成良好的军人作风。

# 第一节　共同条令教育

条令是用简明条文规定并以命令形式颁布的关于军队战斗、工作或生活的法规性文件。

解放军三大条令也称共同条令,是中国人民解放军《内务条令》《纪律条令》《队列条令》的统称,是中央军委以简明条文的形式发布给全军的命令,是全军所有单位和成员必须共同遵照执行的准则。共同条令的颁布施行,对于在新的历史条件下,保证党对军队的绝对领导,坚持依法治军、从严治军,加强军队革命化、现代化、正规化建设,维护军队高度集中统一,巩固和提高部队战斗力,具有十分重要的意义。

解放军共同条令同样也是高校学生军训过程中必须遵循的原则和标准。

## 一、《内务条令》

《内务条令》是以法规的形式规定军人职责、军队内部关系、日常制度、管理和勤务规则的条令,是军队行政管理和军事生活的基本准则。它为军队建设正规的生活、工作、训练和战备秩序提供了重要依据,是我军正规化建设的一项重要法规,在我军建设中具有极为重要的地位和作用。

现行的《内务条令(试行)》是中央军委主席于 2018 年 4 月 4 日签署颁布,2018 年 5 月 1 日起施行的,它体现了我军新时期建军方针、原则,进一步强调了坚持党对军队的绝对领导,坚持依法治军、从严治军的方针,继承和发扬我军优良传统,是我军多年来部队管理实践的理论概括和内务建设经验的科学总结,在新的历史条件下,认真贯彻《内务条令(试行)》,必将有力地推动我军革命化、现代化和正规化建设。

### (一)《内务条令(试行)》的基本内容

《内务条令(试行)》共分 15 章 325 条,并有 10 项附录。

#### 1. 总则

总则是条令基本精神和原则的高度概括,是条令的总纲。总则主要规定了四个方面的内容。

(1)规定了我军的性质和任务

条令指出中国人民解放军是中国共产党缔造和领导的,用马克思列宁主义、毛泽东思想、邓小平理论、"三个代表"重要思想、科学发展观、习近平新时代中国特色社会主义思想武装的人民军队,是中华人民共和国的武装力量,是人民民主专政的坚强柱石,担负着巩固国防、抵抗侵略、保卫祖国、保卫人民的和平劳动、参加国家建设事业的任务。

中国人民解放军在新时代的使命任务是,坚决维护中国共产党的领导和中国特色社会主义制度,坚决维护国家主权、安全、发展利益,坚决维护国家发展的重要战略机遇期,坚决维护地区与世界和平,为实现"两个一百年"奋斗目标、实现中华民族伟大复兴的中国梦提供战略支撑。

(2)规定了内务建设的指导思想

中国人民解放军的内务建设,必须以毛泽东军事思想、邓小平新时期军队建设思想、江泽民国防和军队建设思想、胡锦涛国防和军队建设思想、习近平强军思想为指导,贯彻新形势下军事战略方针,不忘初心、牢记使命,为实现党在新时代的强军目标、全面建成世界一流军队而奋斗。

（3）规定了内务建设的基本任务

中国人民解放军的内务建设,是军队进行各项建设的基础,是巩固和提高战斗力的重要保证。其基本任务是:使每个军人明确和认真履行职责,维护军队良好的内外关系,建立正规的战备、训练、工作、生活秩序,培养优良的作风和遵行严格的纪律,保证军队圆满完成任务。

（4）规定了内务建设的五条基本原则

①必须坚持人民军队的性质。实践全心全意为人民服务的宗旨,实行官兵一致、军民一致、军政一致的原则,实行政治民主、经济民主、军事民主,保证军队忠于党、忠于人民、忠于国家、忠于社会主义。

②必须坚持以提高战斗力为根本标准。牢固树立军队永远是一支战斗队的思想,把提高战斗力作为军队内务建设的出发点和落脚点,切实增强军队在现代技术特别是高技术条件下的作战能力。

③必须坚持政治工作生命线地位。坚持党对军队绝对领导,发挥党委的核心领导作用和党支部的战斗堡垒作用。加强思想政治教育,使部队在思想上、政治上、行动上与党中央保持高度一致。

④必须坚持依法治军、从严治军。严格遵守国家法律、法规,按照军队条令、条例统一内务建设的各项工作和规范军人的行为,实施正规的严格管理,增强军队的组织性和纪律性,保持军队的高度稳定和集中统一。

⑤必须坚持继承和发扬我军优良传统。在管理教育中做到:服从命令,听从指挥;官兵一致,尊干爱兵;发扬民主,依靠群众;严格要求,赏罚严明;说服教育,启发自觉;公道正派,不分亲疏;艰苦朴素,廉洁奉公;干部带头,以身作则;团结紧张,严肃活泼;拥政爱民,军民团结。

**2. 军人宣誓**

军人宣誓是军人对自己肩负的神圣职责和光荣使命的承诺和保证。公民入伍后,必须进行军人宣誓。军人誓词是:

我是中国人民解放军军人,我宣誓:

服从中国共产党的领导,全心全意为人民服务,服从命令,严守纪律,英勇顽强,不怕牺牲,苦练杀敌本领,时刻准备战斗,绝不叛离军队,誓死保卫祖国。

军人誓词表达了革命军人绝对服从党的领导的坚定立场,坚决履行我军宗旨的政治态度;表达了革命军人严格的组织纪律观念,忠于职守的职业道德和不怕牺牲的献身精神。

**3. 军人职责**

军人职责是军人在各自岗位上行使的职权和应当承担的责任与义务。条令把军人职责分为三类:一是士兵职责;二是军官职责;三是主管人员职责。军人职责具有法定性、阶级性和强制性。它是军队与军人之间的一种法律关系,是军队对军人在公务活动中的行为规范。

**4. 军队内部关系**

主要规定了军人相互关系、官兵关系、机关相互关系、部队(分队)相互关系。强调部属、下级必须服从首长、上级,首长有权对部属下达命令,部属、下级必须坚决执行命令。军队的内部关系,大量反映在官兵关系上,官兵关系是军队内部关系的基础。

**5. 军人的行为举止和日常管理制度**

《内务条令》对军人在日常生活中的言行举止,如礼节、着装、军容风纪、对外交往,做了明确的规定。同时对日常战备、训练及日常活动各个方面、各个环节的秩序,都做了严格、明确、具体的规定,主要包括四个方面的制度:一是关于日常生活秩序方面的制度,如规定了军营一日时间分配,连队及机关的一日生活、请示报告和请假销假、查铺查哨、交接、接待、点验、保密等制度;二是关于日常管理和安全方面的制度,如对军人健康保护,财务和伙食管理,移动电话和国际互联网的使用管理,营区管理,野营管理和安全管理等做了规定;三是关于战备秩序方面的制度,如对值班、警卫、日常战备和紧急集合等做了规定;四是关于零散人员的管理制度。

《内务条令》还对国旗、军旗、军徽的使用和国歌、军歌的奏唱做了明确规定。

### (二)《内务条令》的作用

《内务条令》除与军队其他法规一样具有重要的保障作用、规范作用、教育作用和强制作用以外,还具有以下两个更为突出的重要作用。

#### 1. 是加强军队正规化建设的基本依据

正规化是我军革命化、现代化、正规化建设总目标的重要组成部分。正规化的核心就是用以条令条例为主体的法规制度规范军队建设和管理的各个方面,建立起适应武器装备现代化水平、符合现代战争规律的组织结构和运行机制,以巩固和提高军队的战斗力。

正规化建设的内容涵盖了军队建设的方方面面,但就管理工作而言,最主要的是培养正规的军人和建立正规的秩序。这既是管理工作的基本问题,也是内务建设乃至整个军队工作的基本问题。《内务条令》作为军委发布的共同条令,不但为全体军人的日常行为提供统一的准则,而且为军队日常管理活动的组织提供依据和标准,为建立正规的秩序提供必要的保证,其所规范的内容包括了我军内部活动和军人日常行为的基本方面。依靠这种规范,才能根据军队的本质属性和履行使命的需要,培养正规的军人和建立正规的秩序,从而保证军队高度的集中统一,保证军队形成一个能高效运转、具有很强战斗力的有机整体。可以说,离开了《内务条令》的规范,军队内务建设就无章可循,军队的正规化建设也就失去了基础。也正是在这个意义上说,《内务条令》是加强军队正规化建设不可替代的基本依据。

#### 2. 是坚持人民军队根本性质的有力保证

内务建设是军队的基础性建设,关系着军队的性质和建设的发展方向。《内务条令》作为军队阶级属性的反映,作为我军的基础性法规,其作用不仅在于要为军人的行为提供规范,要为部队日常管理的各项活动提供具体的依据,更重要还在于,为坚持我军人民军队的性质,坚持军队管理乃至军队建设的正确方向提供有力的保证。《内务条令》明确了我军的性质、宗旨、任务,阐明了我军内务建设的指导思想和原则,规范了我军建立在政治平等基础之上的内部关系以及具有我军特色的管理制度。与军队其他专项法规相比,《内务条令》更为集中地反映了我军这支人民军队所特有的性质,更为全面地反映了我军建设和管理所遵循的基本方针、原则和制度。可以说,贯彻执行《内务条令》,不但决定着我军内务建设和管理教育工作的正确方向,而且对坚持我军性质、宗旨、军队整体建设的正确方向,起着有力的保证作用。

内务条令如何保护军人健康

## 二、《纪律条令》

《纪律条令》是以法规形式规定军队纪律的条令,是军人的行为准则和军队维护纪律、实施奖惩的基本依据。它是维护部队高度稳定和集中统一、巩固和提高战斗力的强有力的武器,是保障我军其他条令、条例、规章制度贯彻落实的一个保障性法规,对于依法治军和军队正规化建设具有十分重要的作用。

军队是个特殊的组织,担负着特殊的任务,这就决定了军队纪律的极其严格性。我军的纪律,是军队战斗力的重要因素,是团结自己、战胜敌人和完成一切任务的保证。现行的《纪律条令》,是中央军委主席于 2018 年 4 月 4 日签署命令发布,自 2018 年 5 月 1 日起施行。

### (一)《纪律条令》的基本内容

《纪律条令》共分 10 章 262 条,并有 8 项附录。

#### 1.总则

总则主要规定了五个方面的内容。

(1)制定纪律条令的目的和依据。

(2)纪律条令在我军建设中的法律地位和适用范围。

(3)我军纪律的性质、作用和维护纪律必须遵循的原则。

(4)奖惩与维护纪律的关系。

(5)全体军人遵守和维护纪律的责任和义务。

#### 2.纪律的主要内容

此次修订,首次对军队纪律内容做出集中概括和系统规范。将政治纪律、组织纪律、作战纪律、训练纪律、工作纪律、保密纪律、廉洁纪律、财经纪律、群众纪律、生活纪律 10 个方面内容写入新条令,这样规范有利于强化官兵纪律意识,增强纪律观念,进而在行动中自觉遵照执行,确保军队令行禁止、步调一致。

#### 3.奖励和处分

奖励和处分主要有以下内容。

(1)奖励和处分的目的和原则。

(2)奖惩项目。

(3)奖惩条件。

(4)奖惩的权限和实施。

(5)奖励的待遇及处分对个人待遇的影响。

#### 4.表彰

《纪律条令》新增表彰管理规范,对表彰项目,审批权限、时机等做出规范。

#### 5.其他纪律的有关措施

根据新形势下军队维护纪律的需要,条令规定了其他几种措施。

(1)行政看管、士官留用察看和其他措施。

(2)控告和申诉。

(3)首长责任和纪律监察。

### (二)《纪律条令》的重要作用

《纪律条令》的内容和其在军事法律体系中的重要地位,决定了它在我军建设和完成各项任务中都具有重要作用。

#### 1.《纪律条令》是我军维护纪律、实施奖惩的基本依据

《纪律条令》明确规定了我军纪律的内容、性质,维护纪律的基本原则、基本手段和特殊措施,以及各级首长和全体军人在维护纪律中的责任与义务,规范了奖惩的目的、原则、项目、条件、权限及实施程序等。这些规定充分体现了该条令是我军统一的纪律,是对全军官兵实施处

分和对单位、个人实施奖励的统一法规这一特点。《纪律条令》明确规定,除中央军委对我军纪律和奖惩另行做出的规定外,军队其他任何单位和个人都不能规定与《纪律条令》相悖的内容。这清楚地说明,《纪律条令》在维护纪律和实施奖惩方面具有极大的权威性、约束力,是我军维护纪律、实施奖惩必须遵循的基本依据。

### 2.《纪律条令》是维护军队高度集中统一的武器

我军是执行政治任务的武装集团,是人民民主专政的坚强柱石,担负着巩固国防,抵抗侵略,捍卫人民共和国和社会主义制度,保卫人民和平劳动的根本职能。高度的稳定和集中统一,是履行我军根本职能的基本条件。长期的和平环境容易淡化军人的纪律观念,使军队松散,特别是在新的历史条件下,无论是国际国内的斗争风云,还是我军自身建设的需要,都要求大力加强纪律建设,保证我军在政治上永远合格。而《纪律条令》规定的内容,具有很大的强制性,它是统一全军意志和行动的准则。《纪律条令》规定的各种维护纪律的手段,具有很强的约束力,它是保持稳定、防止松散,严明军纪的强有力武器。《纪律条令》规定的奖惩条件,具有鲜明的导向作用,它是引导官兵积极进取、扶正祛邪的路标。实践表明,只有按照《纪律条令》的规定,对严守纪律、认真履行职责的给予奖励,对违抗命令、破坏纪律的现象坚决查处,对有倾向性问题和纪律严重涣散的单位认真进行整顿,严肃军纪,严明赏罚,才能维护军队高度的稳定和集中统一。《纪律条令》在维护、巩固纪律,保证我军高度稳定和集中统一上,有着不可替代的作用。

### 3.《纪律条令》是加强我军"三化"建设的重要保障

"三化"建设是我军建设的总任务、总目标。加强我军的革命化建设,即保证党对军队的绝对领导,保持我军的无产阶级性质,保持我军高度的集中统一和稳定,保证我军一切行动听从党中央、中央军委指挥,是我军纪律的核心内容,是《纪律条令》中规定的一条基本纪律。加强我军的现代化建设,提高我军现代化条件,特别是高技术条件下的作战能力,要求我军必须具有更加严格的组织纪律,以确保现代化装备的科学管理,确保训练任务的完成,确保各军兵种、各部队之间作战时密切协同。加强我军的正规化建设,更离不开严密的组织和严格的纪律。毛泽东同志提出的"五统四性"的著名论断,就包括"统一纪律"和"加强纪律建设"的内容。严格执行《纪律条令》,加强纪律建设,既是我军正规化建设的一项重要内容,也是加强正规化建设的重要保障。

## 三、《队列条令》

《队列条令》是规范部队和单个军人队列动作的法规,是全军队列训练与队列生活的准则和依据。

队列是军人进行集体活动必不可少的组织形式,在军队的训练、工作和生活中,凡是集体活动都离不开队列。认真执行《队列条令》,对于进一步规范全军的队列生活,培养优良的作风和严格的组织纪律,保持军队的高度集中统一,加强我军正规化建设,提高部队的战斗力,具有十分重要的意义。

现行的《队列条令》,是2018年4月4日由中央军委主席习近平签署命令发布,2018年5月1日起施行。

### (一)《队列条令》的基本内容

《队列条令》共分10章89条,并有4项附录。

### 1.总则

制定《队列条令》是为了规范中国人民解放军的队列动作、队列队形和队列指挥,保持整齐统一和严格正规的队列生活。其主要内容:一是阐明了《队列条令》的作用和意义,二是规定了本条令的适用范围,三是明确了首长和机关的责任,四是规定了队列纪律。

### 2.队列指挥

规定了队列指挥位置、队列指挥方法和队列指挥要求。

### 3.队列队形

规定了队列的基本队形,列队的间距,分队的队形,如班、排、连、营的队形,以及旅的队形。

### 4.单个军人及分队、部队的列队动作

单个军人的列队动作包括立正、跨立、稍息、停止间转法、行进、立定敬礼、整理着装、携枪等。

分队、部队的列队动作包括集合、离散、整齐、报数、出列、入列、队形变换、敬礼、指挥员队列位置的变换等。

### 5.国旗的掌持、升降和军旗的掌持、授予与迎送

规定了国旗的掌持、升降的人员要求与升降旗的要领,规定了军旗的掌持、授予与迎送的人员要求、掌旗姿势与要领、授旗权限、授旗与迎送军旗的要领、程序等。

### 6.阅兵

规定了阅兵的权限、形式、程序和师以上部队阅兵、军兵种部队和院校阅兵的要求。阅兵是展现威武文明之师的风貌、检验部队训练和正规化建设成果的重要形式,必须按照规定的程序严密组织实施。

### 7.仪式

此次《队列条令》修订最大的亮点是充实完善仪式规范。按照聚焦实战、立足实际、注重实效的原则,条令将现有3种仪式(晋衔、授枪、纪念)整合增加至17种,包括:升国旗、誓师大会、码头送行和迎接任务舰艇、凯旋、组建、转隶交接、授装、晋衔、首次单飞、停飞、授奖授称授勋、军人退役、纪念、迎接烈士、军人葬礼、迎外仪仗。条令规范了组织各类仪式的时机、场合、程序和要求,将进一步激励官兵士气、展示我军良好形象、激发爱国爱军热情。在纪念仪式、军人葬礼仪式等活动中设置鸣枪礼环节。

### (二)《队列条令》的作用

《队列条令》总则第三条强调:"本条令是中国人民解放军队列生活的准则和队列训练的基本依据,全体军人必须严格执行本条令,加强队列训练,培养良好的军姿、严整的军容、过硬的作风、严格的纪律性和协调一致的动作,落实全面从严治军要求,促进军队正规化建设,巩固和提高战斗力。"这一规定,明确了《队列条令》在军队建设中的地位和作用。通过贯彻《队列条令》,进行严格的队列训练,一方面规范全军的队列动作、队列队形、队列指挥;另一方面培养军人良好的军姿,严整的军容,过硬的作风和严格的纪律,以及协调一致的动作。同时,对维护我军文明之师、威武之师的形象,对加强部队正规化建设,巩固和提高部队战斗力具有十分重要的作用。

《队列条令》的作用主要体现在以下几方面:第一,《队列条令》是规范我军队列动作、队列队形、队列指挥,建立严格正规队列生活的依据和准则;第二,依据《队列条令》加强队列训练,对培养军人优良的作风和严格的组织纪律性,增强部队的战斗力具有重要的意义;第三,贯彻执

行《队列条令》，保持高度整齐划一和严格正规的队列生活，是加强部队正规化建设的重要内容。

# 第二节　分队的队列动作

## 一、集合、离散

### （一）集合

集合是使单个军人、分队、部队按照规范队形聚集起来的一种队列动作。

集合时，指挥员应当先发出预告或者信号，如"全连（或者×排）注意"，然后，站在预定队形的中央前，面向预定队形成立正姿势，下达"成队—集合"的口令。所属人员听到预告或者信号，原地面向指挥员成立正姿势；听到口令，跑步到指定位置面向指挥员集合（在指挥员后侧的人员，应当从指挥员右侧绕过），自行对正、看齐，成立正姿势。

#### 1. 班集合

口令：成班横队（二列横队）——集合。

要领：基准兵迅速到班长左前方适当位置，成立正姿势；其他士兵以基准兵为准，依次向左排列，自行看齐。

成班二列横队时，单数士兵在前，双数士兵在后。

口令：成班纵队（二路纵队）——集合。

要领：基准兵迅速到班长前方适当位置，成立正姿势；其他士兵以基准兵为准，依次向后排列，自行对正。

成班二路纵队时，单数士兵在左，双数士兵在右。

#### 2. 排集合

口令：成排横队——集合。

要领：基准班在指挥员前方适当位置，成班横队迅速站好；其他班成班横队，以基准班为准，依次向后排列，自行对正、看齐。

口令：成排纵队——集合。

要领：基准班在指挥员右前方适当位置，成班纵队迅速站好，其他班成班纵队，以基准班为准，依次向右排列，自行对正、看齐。

#### 3. 连集合

口令：成连横队——集合。

要领：队列内的连指挥员或者基准排，在指挥员左前方适当位置，成横队迅速站好；各排和连部成横队，以连指挥员或者基准排为准，依次向左排列，自行对正、看齐。

口令：成连纵队——集合。

要领：队列内的连指挥员或者基准排，在指挥员前方适当位置，成纵队迅速站好；各排和连部成纵队，以连指挥员或者基准排为准，依次向后排列，自行对正、看齐。

口令：成连并列纵队——集合。

要领:队列内的连指挥员或者基准排,在指挥员左前方适当位置,成纵队迅速站好;各排和连部成纵队,以连指挥员或者基准排为准,依次向左排列,自行对正、看齐。

### (二)离散

离散是使列队的单个军人、分队、部队各自离开原队列位置的一种队列动作。

#### 1. 离开

口令:各营(连、排、班)带开(带回)。

要领:队列中的各营(连、排、班)指挥员带领本队迅速离开原列队位置。

#### 2. 解散

口令:解散。

要领:队列人员迅速离开列队位置。

## 二、整齐、报数

### (一)整齐

整齐是使列队人员按照规定的间隔、距离,保持行、列齐整的一种队列动作。整齐分为向右(左)看齐和向中看齐。

#### 1. 向右(左)看齐

口令:自右(左)看——齐。向前——看。

要领:基准兵不动,其他士兵向右(左)转头,眼睛看右(左)邻士兵腮部,前四名能通视基准兵,自第五名起,以能通视到本人以右(左)第三人为度。后列人员,先向前对正,后向右(左)看齐。听到“向前——看”的口令,迅速将头转正,恢复立正姿势。

#### 2. 向中看齐

口令:以×为准,向中看——齐。向前——看。

要领:当指挥员指定以×为准(或者以第×名为准)时,基准兵答“到”,同时左手握拳高举,大臂前伸与肩略平,小臂垂直举起,拳心向右。

听到“向中看——齐”的口令后,其他士兵按照向左(右)看齐的要领实施。听到“向前——看”的口令后,基准兵迅速将手放下,其他士兵迅速将头转正,复立正姿势。

一路纵队看齐时,可以下达“向前——对正”的口令。

### (二)报数

口令:报数。

要领:横队从右至左(纵队由前向后)依次以短促洪亮的声音转头(纵队向左转头)报数,最后一名不转头。数列横队时,后列最后一名报“满伍”或者“缺×名”。连集合时,由指挥员下达“各排报数”的口令,各排长在队列内向指挥员报告人数,必要时,连也可以统一报数。

## 三、出列、入列

单个军人和分队出、入列通常用跑步(5步以内用齐步,1步用正步)或者按照指挥员指定的步法执行;然后,进到指挥员右前侧适当位置或者指定位置,面向指挥员成立正姿势。

### (一)班、排出列

口令:第×班(排),出列。

要领:听到“第×班(排)”的口令后,由出列班(排)的指挥员答“到”,听到“出列”的口令后,由出列班(排)的指挥员答"是",并用口令指挥本班(排),按照本条的有关规定,以纵队形式从队尾(位于第一列的班取捷径)出列。

(二)班、排入列

口令:入列。

要领:听到"入列"的口令后,由入列班(排)指挥员答"是",并用口令指挥本班(排),以纵队形式从队尾(位于第一列的班取捷径)入列。

● 知识窗 ●

1. 坐下、蹲下与起立

(1)徒手坐下与起立。听到"坐下"口令,左小腿在右小腿后交叉,迅速坐下,手指自然并拢放在两膝上,上体保持正直;听到"起立"口令,上体微向前倾,以全身的协力迅速立起,左脚靠拢右脚成立正姿势。

(2)背背囊(背包)坐下与起立。听到"放背囊(放背包)"口令,两手协力解开上、下扣环,握背带;取下背囊(背包),上体右转,右手将背囊(背包)横放在脚后,背囊口向右(背包口向左);按照口令坐在背囊(背包)上。起立时,上身保持正直,迅速立起成立正姿势。

(3)蹲下与起立。听到"蹲下"口令,右脚后退半步,前脚掌着地,臀部坐在右脚跟上(膝盖不着地),两腿分开约60°(女军人两腿自然并拢),手指自然并拢放在两膝上,上体保持正直。蹲下过久,可以自行换脚;听到"起立"口令,全身协力迅速立起,后脚靠前脚,成立正姿势。

2. 脱帽和戴帽

(1)脱帽。听到"脱帽"口令,双手迅速抬起捏帽檐或帽前端两侧,将帽取下,取捷径置于左小臂上,帽徽朝前,掌心向上,四指扶帽檐或帽檐前端中央处,小臂略成水平,右手放下。

需夹帽时,双手捏帽檐或者帽前端两侧,取捷径将帽取下,左手握帽墙(女军人戴卷檐帽时,将四指并拢,置于下方帽檐与帽墙之间),小臂夹帽自然伸直,帽顶向左,帽徽朝前。

(2)戴帽。听到"戴帽"口令,双手捏帽檐或帽前端两侧,取捷径将帽迅速戴正(贝雷帽顶向右倾斜)。

脱帽、戴帽时,头要保持正直,不得晃动;双手的上抬和下放应从正前方上下运动。

## 四、行进、停止

横队和并列纵队行进以右翼为基准,纵队行进以左翼为基准(一路纵队行进以先头为基准)。

(一)行进

指挥员应当下达"×步——走"的口令。听到口令,基准兵向正前方前进,其他士兵向基准兵标齐,保持规定的间隔、距离行进。纵队行进时,排、连通常成三路纵队,也可以成一、二路纵队。行进中,需要时,用"一二一"(调整步伐的口令)"一二三四"(呼号)或者唱队列歌曲,以保持步伐的整齐和振奋士气。

**（二）停止**

指挥员应当下达"立——定"的口令。听到口令,按照立定的要领实施,分队的动作要整齐一致。停止后,听到"稍息"的口令,先自行对正、看齐,再稍息。

## 五、队形变换

队形变换是由一种队形变为另一种队形的队列动作。

### （一）横队和纵队的互换

横队变纵队。停止间口令:向右——转;行进间口令:向右转——走;纵队变横队:停止间口令:向左——转;行进间口令:向左转——走。

要领:停止间,按照单个军人向右(左)转的要领实施。行进间,按照单个军人向右(左)转走的要领实施。分队动作要整齐一致。队形变换后,排以上指挥员应当进到规定的列队位置。

### （二）停止间班横队和班二列横队,班纵队和班二路纵队互换

#### 1. 班横队变班二列横队

口令:成班二列横队——走

要领:变换前,先报数。听到口令,双数士兵左脚后退1步,右脚(不靠拢左脚)向右跨1步,左脚向右脚靠拢,站到单数士兵之后,自行对正、看齐。

#### 2. 班二列横队变班横队

口令:间隔1步,向左离开。

成班横队——走。

要领:听到"间隔1步,向左离开"的口令,取好间隔;听到"成班横队——走"的口令,双数士兵左脚左跨1步,右脚(不靠拢左脚)向前1步,左脚向右脚靠拢,站到单数士兵左侧,自行看齐。

#### 3. 班纵队变班二路纵队

口令:成班二路纵队——走。

要领:变换前,先报数。听到口令,双数士兵右脚右跨1步,左脚(不靠拢右脚)向前1步,右脚向左脚靠拢,站到单数士兵右侧,自行对正看齐。

#### 4. 班二路纵队变班纵队

口令:距离2步,向后离开。成班纵队——走。

要领:听到"距离2步,向后离开"的口令,取好距离;听到"成班纵队——走"的口令,双数士兵右脚后退1步,左脚(不靠拢右脚)站到单数士兵之后,自行对正。

## 六、方向变换

方向变换是改变队列面对的方向的一种队列动作。

### （一）横队和并列纵队方向变换

停止间,通常是左(右)转弯或者左(右)后转弯,必要时可以向后转。

口令:左(右)转弯,齐(跑)步——走,或者左(右)后转弯,齐(跑)步——走。向后——转,齐步——走(当需要向后转走时,应当先下"向后——转"的口令,待方向变换后,再下"齐步——走"的口令)。

行进间口令:左(右)转弯——走,或者左(右)后转弯——走。

要领:一列横队方向变换时,轴翼士兵踏步,并逐渐向左(右)转动;外翼第一名士兵用大步行进并同相邻士兵动作协调,逐步变换方向(愈接近轴翼者,其步幅愈小),其他士兵用眼睛的余光向外翼取齐,并保持规定的间隔和排面整齐,转到90°或者180°时踏步并取齐,听口令前进或者停止。

数列横队和并列纵队方向变换时,第一列轴翼士兵停止间用踏步、行进间用小步,外翼士兵用大步行进,保持排面整齐,边行进边变换方向,转到90°或者180°后,听口令前进或者停止;后续各列按照上述要领,保持间隔、距离,取捷径进到前一列转弯处,转向新方向跟进。

### (二)纵队方向变换

停止间,通常是左(右)转弯,或者左(右)后转弯,必要时可以向后转。

口令:左(右)转弯,齐(跑)步——走,或者左(右)后转弯,齐(跑)步——走。向后——转,齐(跑)步——走(按照横队和并列纵队向后转走的方法实施)。

行进间口令:左(右)转弯——走,或者左(右)后转弯——走。

要领:一路纵队方向变换,基准兵在左(右)转弯时,按照单个军人行进间转法(停止间,左转弯走时,左脚先向前一步)的要领实施,在左(右)后转弯时,用小步边行进边变换方向,转到90°或者180°后,照直前进;其他士兵逐次进到基准兵的转弯处,转向新方向跟进。

数路纵队方向变换时,按照数列横队和并列纵队方向变换的要领实施。

## ● 我思我行 ●

1. 共同条令的基本内容是什么?
2. 中国人民解放军的《军人誓词》是什么?
3. 《内务条令》和《纪律条令》各有什么作用?
4. 奖励和处分是《纪律条令》的主体部分,其主要内容有哪几个方面?
5. 单个军人的队列动作包括哪几项?
6. 为什么要贯彻执行共同条令? 它具有什么重要意义?

# 第七章　射击与战术训练

 军事讲坛

　　港湾平静,练不出水手的强悍;环境安逸,养不出作风过硬。今天的训练绝非重复"昨天的故事",而是准备着迎接明天的战争。

　　《军政》曰:言不相闻,故为之金鼓;视不相见,故为之旌旗。夫金鼓旌旗者,所以一人之耳目也。人既专一,则勇者不得独进,怯者不得独退,此用众之法也。

## 教学目标

　　了解轻武器的战斗性能,掌握射击动作要领,进行体会射击;学会单兵战术基础动作,了解战斗班组攻防的基本动作和战术原则,培养学生良好的战斗素养。

## 导语

　　轻武器是指枪械及其他各种由单兵或班组携行战斗的武器,又称"轻兵器"。轻武器主要包括枪械、手榴弹、枪榴弹、榴弹发射器、火箭发射器和无坐力发射器,以及轻型燃烧武器和单兵导弹等。轻武器的主体是枪械。轻武器重量轻、体积小,便于携带、使用方便,特别适用于近战,是军队中装备数量最多的武器。

　　轻武器的主要装备对象是步兵,也广泛装备于其他军种和兵种。其主要作战用途是杀伤有生力量,毁伤轻型装甲车辆,破坏其他武器装备和军事设施。

　　自动步枪、冲锋枪、班用机枪是步兵分队在近战中歼敌的主要武器;手枪是近距离歼敌的自卫武器。它们构成了轻武器的主要系列。

# 第一节　轻武器射击

## 一、轻武器性能、构造

重点介绍 95 式自动步枪、81 式自动步枪、56 式半自动步枪和 56 式冲锋枪的基本常识，射击原理、操作方法，子弹基本常识及武器保养。

### （一）性能、构造与自动原理

#### 1.95 式自动步枪（见图 7-1）

95 式自动步枪由我国自主研发，首批装备驻港部队，具有口径小、初速高、火力猛、杀伤力大等特点，是我军主要装备的轻武器之一。该枪采用无把结构，自动方式为导气式，机头回转闭锁，可单、连发射击，供弹具有 30 发塑料弹匣和 75 发快装弹鼓两种，机械瞄准装置照门为觇孔式。配有降噪音、降火焰的膛口装置。该枪能发射 40 毫米枪榴弹系列，并可加挂能快速拆卸的 35 毫米榴弹发射器，还配有 3 倍的白光瞄准镜和微光瞄准镜。微光瞄准镜可在夜间弱光条件下对 200 米以内活动目标精确瞄准。

图 7-1　95 式自动步枪

95 式突击步枪由枪管、导气装置、护盖、枪机、复进簧、击发机构、枪托、机匣和弹匣、瞄准装置、刺刀 11 部分组成，还有一套附件。

#### 2.03 式自动步枪（见图 7-2）

03 式自动步枪由我国自主研发，具有初速高、口径小、瞄准基线长、精度高等特点。03 式5.8 毫米自动步枪是我国新一代单兵战斗武器，既可作为特种兵、空降兵、装甲兵和普通部队的基本战斗武器，又可以作为基层指挥人员和勤务人员的战斗自卫武器，能用实弹直接从枪管发射 40 毫米枪榴弹，使射手具有点面杀伤和反装甲能力。03 式自动步枪对单个目标在 400 米内射击效果最好，集中火力可射击 500 米内的飞机、伞兵和集团目标。配有 QNL95 式刺刀，必要时也可用刺刀杀伤敌人；可配白光瞄准镜或微光瞄准镜。

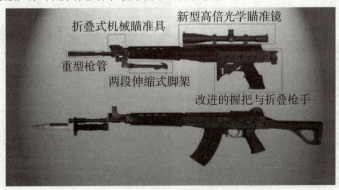

图 7-2　03 式自动步枪

### 3.92 式手枪(见图 7-3)

我军装备的 92 式手枪有两种:QSZ92 式 5.8 毫米手枪和 QSZ92 式 9 毫米手枪。两款手枪外形、结构大致相同,在我军皆有装备。QSZ92 式自动手枪主要装备我军指挥员、装甲兵、飞行员、特种作战人员等,主要用于火力杀伤 50 米以内的单个活动目标。92 式手枪结构合理、精度好、可靠性高、威力大、重量轻、外形美观。全枪采取单元化组合式结构,分解、结合方便,维修保养简易。整体式塑料底把手感好,握持舒适。该枪采用了便于左、右手操作的弹匣扣和保险,人机工程合理。

图 7-3　92 式手枪

### 4.81 式自动步枪(见图 7-4)

81 式自动步枪是一种近距离消灭敌人的自动武器,既可对 400 米距离内的单个人员目标实施有效射击,也可集中火力射击 500 米距离内的集团目标,弹头飞行至 1500 米处仍有杀伤力。该枪使用 7.62 毫米的子弹,既可进行半自动射击(打单发),又可进行自动射击(打连发),还可发射枪榴弹。弹匣可装 30 发子弹,当弹匣的最后一发子弹发射出去时,滑机退回到后面挂机。该武器在 100 米距离上,使用 56 式

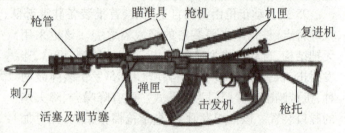

81式自动步枪十大部件

图 7-4　81 式自动步枪

普通子弹,可穿透 6 毫米的钢板、15 厘米厚的砖墙、30 厘米厚的土层或 40 厘米厚的木板。

81 式自动步枪主要由十大部件组成,即刺刀、枪管、瞄准具、活塞及调节塞、机匣、枪机、复进机、击发机、弹匣和枪托,另有一套附品:擦拭杆、铳子、鬃刷、附品盒、通条、油壶、背带和弹匣袋等。

### 5.56 式半自动步枪(见图 7-5)

56 式半自动步枪是我军步兵分队装备较早的一种半自动轻武器,主要用于对 400 米距离以内的单个目标实施射击,精度较好。该枪使用 7.62 毫米子弹,弹仓(内装 10 发)送弹,每扣动扳机一次,发射一发子弹,不能打连发,当弹仓的最后一发子弹发射出去时,滑机退回至后面挂机。其侵彻力同 81 式自动步枪。该枪由十大部件组成,其各部件的名称同 81 式自动步枪。

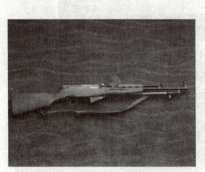

图 7-5　56 式半自动步枪

图 7-6　56 式冲锋枪

### 6.56 式冲锋枪(见图7-6)

56 式冲锋枪是我军装备较早的一种近战消灭敌人的自动武器。对单个目标在 300 米距离内实施点射,在 400 米距离内实施单发射效果最好,必要时也可实施连发射,射弹飞行到 1500 米处仍有杀伤力,该枪使用7.62 毫米子弹,弹厘(内装 30 发)送弹,子弹射完后不挂机。其侵彻力同 81 式自动步枪。该枪由十大部件组成,其各部件的名称同 81 式自动步枪。

### 7.击发原理

扣动扳机后,击锤打击击针,撞击子弹底火,点燃发射药,产生火药气体,推动弹头沿膛线向前运动,弹头一经过导气孔,部分火药气体通过导气孔,涌入导气箍,冲击活塞,推动推杆,使枪机向后压缩复进簧,完成开锁、抛壳,并使击锤成待发状态;枪机退到后方时,由于复进簧的伸张,使枪机向前运动,推送下一发子弹入膛、闭锁。半自动步枪,此时击锤已被击发阻铁卡住,不能前打击击针。若再次发射,必须松开扳机,再扣扳机。冲锋枪(自动步枪)如保险机定在连发位置,扳机未松开,击发阻铁不能卡住击锤,击锤再次打击击针,形成连发;如保险机定在单发位置,击锤被击发阻铁卡住不能向前,若再次发射,必须松开扳机,再扣扳机。

## 二、轻武器的保养

爱护武器是军官、士兵的重要职责,是一项经常性的战备措施,也是预防故障的有效方法。为此,必须做到勤检查、勤擦拭、不碰摔、不生锈、不损坏、不丢失。

手枪工作原理展示

### (一)保管使用规则

(1)武器和子弹应放在安全、干燥和通风的地方。在营房内,应放在枪架上,送回击锤,关上保险,表尺转轮定在表尺"3"上。刺刀(匕首)应装在刀鞘内。在居民地宿营时,不得将武器和子弹放在门窗附近。

(2)行军作战和训练时,应尽量避免武器碰撞和沾上污物。长时间射击时,应及时向枪机上涂油,乘车(船)时,应将武器妥善保管,防止碰撞和丢失。

(3)在潮湿和沿海地区应特别注意防止机件和子弹生锈。在风沙较多的情况下,防止灰沙进入枪内。在炎热季节,应尽量避免长时间曝晒。

(4)教练弹和实弹严禁混放在一起,严禁用实弹当教练弹操练使用。分队不准存有待修及废品枪弹。

### (二)擦拭上油

(1)训练、演习、实弹射击后,应适时地用干布和油布进行擦拭上油。

(2)擦拭前,应有组织地进行验枪、验弹,并分解武器,准备擦拭用具。

(3)擦拭时,应先擦拭枪膛和其他细小部件,后擦拭枪表面,擦拭干净后,用布条或鬃刷涂油。

(4)擦拭后,应拉送枪机数次,检查是否结合正确,并松回击锤,关上保险。

### (三)检查

(1)检查外部。主要检查金属部分是否有污垢、锈痕和碰伤,木质部分有无裂缝和碰伤,各部机件号码是否一致,准星是否弯曲和松动等。

(2)检查枪膛。检查枪膛是否有污垢、生锈和损伤。

(3)检查机能。装上数发教练弹,拉送枪机数次,检查送弹、闭锁、击发、退壳及保险时各部件机能是否正常。

（4）检查附品和子弹。检查附品是否齐全完好，子弹有无锈蚀、凹陷、裂缝，弹头是否松动。

### （四）故障与排除方法

#### 1. 预防故障的措施

（1）严格按规则爱护、保管和使用武器、子弹。有毛病的机件应及时送修或更换，有毛病的子弹不准使用。

（2）战斗中应抓紧战斗间隙擦拭武器。来不及擦拭时，应向活动机件注油，或调整调节塞增大火药气体的压力。

（3）在寒冷的条件下使用武器时，不能过多上油，以防冻结，影响机件活动。在寒区，入冬后应换用冬季枪油，并彻底清除夏季枪油。在装子弹前，应将枪机拉送数次或向活动部分注入少量汽油（煤油或酒精）。

#### 2. 排除故障的方法

射击中，若发生故障，通常拉枪机向后，重新装弹继续射击。如果仍然有故障，应迅速查明原因并予以排除。如果排除不了，应迅速向指挥员报告。半自动步枪可能发生的故障、原因及排除方法，见表 7-1。

表 7-1　半自动步枪故障、原因及排除方法

| 故障现象 | 发生原因 | 排除方法 |
|---|---|---|
| 不送弹 | （1）弹仓过脏或损坏<br>（2）机件过脏，枪机后退不到定位 | 擦拭过脏机件或枪仓 |
| 不发火 | （1）子弹底火失效<br>（2）击锤簧弹力不足或击针损坏 | （1）更换子弹<br>（2）更换击针或击键簧 |
| 不退壳 | （1）子弹、枪机、机匣、弹膛及火药气体通路过脏，枪机后退不到定位<br>（2）抓弹钩过脏或损坏 | （1）捅出膛内弹壳<br>（2）擦拭过脏机件<br>（3）更换抓弹钩<br>（4）调整调节塞的位置 |
| 断冗 | （1）子弹有毛病<br>（2）弹膛过脏 | （1）送机枪到定位，然后猛拉枪机取出断壳<br>（2）擦拭弹膛并涂油 |
| 不连发 | （1）调节塞装定不正确<br>（2）导气箍、枪机和机匣脏 | （1）正确装定调节塞<br>（2）擦拭过脏机件 |
| 枪进机到未定前位 | （1）弹膛、机匣、枪机和复进机过脏或枪油凝结<br>（2）子弹变形 | （1）推枪机到定位<br>（2）擦拭过脏机件<br>（3）更换子弹 |
| 不抛壳 | （1）火药气体通路过脏<br>（2）机件过脏，枪机后退不到定位 | 擦拭过脏机件 |

## 三、简易射击学理

### (一)发射与后坐

#### 1. 发射及其过程

发射就是火药气体压力将弹头从膛内推送出去的现象。其过程是击针撞击子弹底火,使起爆药发火;火焰通过导火孔引燃发射药,产生大量火药气体,在膛内形成很大的压力,迫使弹头脱离弹壳,沿膛线旋转加速前进,直至推出枪口。

#### 2. 后坐及其对命中的影响

后坐就是发射时武器向后运动的现象。

(1)后坐的形成

发射药燃烧所产生的气体同时作用于各个方向,作用于膛壁周围的压力被膛壁所抵消;向前作用于弹头后部的压力推送弹头前进;向后作用于弹壳底部的压力经过枪机传给整个武器,使武器向后运动,形成后坐。武器的后坐和弹头的运动是同时开始的。在弹头脱离枪口的瞬间,大量的火药气体随弹头后部从膛内向外喷出,形成了反作用力,使武器后坐更加明显。

(2)后坐对命中的影响

后坐对单发(连发首发)射击的命中影响极小。因为弹头在膛内运动的时间极短(约1‰秒),并且枪比弹头重得多,所以弹头在脱离枪口以前,枪的后坐距离只有1毫米多。而且是正直向后运动,加之衣服和肌肉的缓冲,射手是感觉不出来的。射手感觉到的后坐,主要是弹头在脱离枪口的瞬间,火药气体猛烈向枪口外喷出形成的反作用力造成的。此时,弹头已脱离枪口。因此,后坐对单发(连发首发)射击的命中影响极小。

后坐对连发射击的命中有一定的影响。因为连发射击时,第一发子弹发射后,由于枪的明显后坐变动了原来的瞄准线,所以对第二发以后的射弹命中有一定的影响,但只要射手据枪要领正确,适应连发武器射击时后坐的规律,就能减小后坐对连发命中的影响,提高射击精度。

### (二)弹道形状及其实用意义

#### 1. 弹道

(1)弹道及其形成

弹道就是弹头在运动过程中,其重心所经过的路线。弹头脱离枪口后,如果没有地心引力和空气阻力的作用,它将保持所获得的速度,沿着发射线无止境地匀速直线飞行。

实际上,弹头在空气中飞行,一面受到地心引力的作用,逐渐下降;一面受到空气阻力的作用,越飞越慢,因此,形成了一条不均等的弧线。升弧较长较直,降弧较短较弯曲。

(2)弹道基本要素(图7-7)

①火身口水平面:通过起点的水平面。

②射线:发射前火身轴线的延长线。

③射角:射线与火身口水平面的夹角。

④发射线:发射瞬间火身轴线的延长线。

⑤发射角:发射线与火身口水平面的夹角。

⑥升弧:由起点到弹道最高点的弹道。

⑦降弧:由弹道最高点到落点的弹道。

⑧弹道高:弹道上任何一点到火身口水平面的垂直距离。

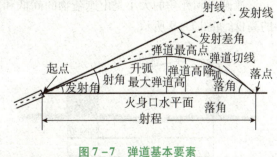

图7-7 弹道基本要素

⑨最大弹道高:弹道最高点到火身口水平面的垂直距离。

⑩射程:起点到落点的水平距离。

### 2.直射

(1)直射和直射距离

瞄准线上的弹道高在整个表尺距离上不超过目标高的射击,叫直射,这段表尺距离叫直射距离。

(2)直射距离的求法

直射距离的大小,取决于目标的高低和弹道的低伸程度,目标越高,弹道越低伸,直射距离就越大;目标越低,弹道越弯曲,直射距离就越小。

(3)直射的实用意义

①对在直射距离内的目标射击时,瞄准目标下沿,不变更表尺分划即可进行连续射击,以增大射速,提高射击效果。

②可以弥补测量距离的误差对命中的影响。

③指挥员运用直射的原理,组织侧射、斜射、短兵射击和夜间标定射击,均能获得良好的射击效果。

④反坦克火器在直射距离内对敌装甲目标射击,效果更好。

### 3.危险界、遮蔽界和死角

(1)危险界

危险界分为表尺危险界和实地危险界。表尺危险界是指瞄准线上的弹道降弧段弹道高不大于目标高,能毁伤目标的一段射击距离。实地危险界是在实地弹道高不大于目标高的一段射击距离。决定实地危险界大小的条件有以下几个。

①弹道低伸程度。对同一地形上的同一目标射击时,弹道越低伸,实地危险界就越大;反之越小。

②目标高低。用同一武器对同一地形上的不同目标射击,目标越高,实地危险界越大;反之越小。

③目标所在位置的地貌。用同一武器对同一种目标射击,目标所在位置的地貌与弹道形状越一致,实地危险界越大;反之越小。

(2)遮蔽界和死角(图7-8)

从弹头不能射穿的遮蔽物顶端到弹着点的一段距离,叫遮蔽界。目标在遮蔽界内不会被杀伤的一段距离,叫死角。遮蔽界内包括死角和危险界。

遮蔽界和死角的大小是由遮蔽物的高低和落角的大小决定的。死角的大小还取决于目标的高低,如图7-9所示。

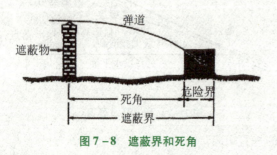

图7-8　遮蔽界和死角

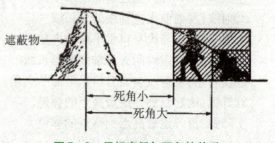

图7-9　目标高低与死角的关系

①同一弹道,同一目标,遮蔽物越高,遮蔽界和死角就越大;反之越小。

②同一遮蔽物,同一目标,落角越小,遮蔽界和死角就越大;反之越小。

③同一遮蔽物,同一弹道,目标越高,死角越小;反之越大。

了解危险界、遮蔽界和死角的实用意义,是为了在战斗中更好地隐蔽身体,发挥火力,灵活地利用地形地物,隐蔽地运动、集结和转移,以避开或尽量减少敌火力的杀伤。在组织火力配系时,就能正确选择射击位置和组织火力,千方百计地增大危险界和减少射击地带内的遮蔽界和死角,并善于运用弯曲弹道和各种武器的侧射、斜射火力消灭隐蔽在遮蔽界和死角内的敌人。

### (三)选定表尺分划和瞄准点

#### 1.瞄准具的作用

由于地心引力和空气阻力的作用,如果用枪管瞄向目标射击,射弹就会打低打近。为了命中目标,必须将枪口抬高,使火身轴线与瞄准线之间形成一定的角度。瞄准具的作用,就是对一定距离上的目标射击时,赋予武器相应的瞄准角,射向射击时,只要按照目标的距离装(选)定相应的表尺分划瞄准射击,就能命中目标。因此,正确地选定表尺分划,对准确命中目标有着决定性意义。

#### 2.瞄准基本要素

(1)瞄准基线:缺口的上沿中央到准星尖的直线线段。

(2)准线:视线通过缺口上沿中央和准星尖的延长线。

(3)准点:瞄准线所指向的一点。

(4)瞄准角:射线与瞄准线的夹角。

(5)瞄准线上弹道高:弹道上任何一点到瞄准线的垂直距离。

(6)弹着点:弹道与目标表面或地面的交点。

#### 3.选择表尺分划和瞄准点

为了使射弹准确地命中目标,射击时,射手应根据目标的距离、大小和武器高,正确地选定表尺分划和瞄准点,见表7-2。

表7-2　弹道高表

| 枪种 | 表尺 | 距离 弹道高 | 50 | 100 | 150 | 200 | 250 | 300 | 350 | 400 | 450 | 500 |
|---|---|---|---|---|---|---|---|---|---|---|---|---|
| 半自动步枪 | 1 | | 1 | 0 | -7 | | | | | – | – |
| | 2 | | 6 | 11 | 9 | 0 | -16 | – | – | – | – | – |
| | 3 | | 13 | 25 | 29 | 28 | 18 | 0 | -29 | – | – | – |
| | 4 | | 21 | 42 | 55 | 62 | 61 | 51 | 31 | 0 | -48 | – |

(1)目标距离为百米(轻机枪50米)整数时,可根据目标的距离装定相应的表尺分划,瞄准点选在目标中央。如半自动步枪对100米距离胸环靶射击时,定表尺"1";用轻机枪对150米距离半身靶射击时,定表尺"1.5"。瞄准目标中央射击,即可命中目标中央。

(2)目标距离不是百米(轻机枪50米)整数时,通常选定大于实际距离的表尺分划。根据武器在该距离上的弹道高,相应降低瞄准点射击。如半自动步枪对250米距离胸环靶射击时,定表尺"3",在250米处的弹道高为18厘米,这时,瞄准目标下沿中央射击,即可命中目标中央。

(3)战斗中,对300米距离以内的目标射击时,通常定常用表尺(表尺"3")分化,小目标瞄下沿,大目标瞄中央射击,即可命中。

#### 4.观察弹着和修正偏差

射击时,由于测距、瞄准的误差和外界条件对射击的影响,以及射手操作不正确等原因,会使射弹产生偏差。因此,射手应注意观察弹着,及时修正偏差,以提高射击效果。

(1)观察弹着

观察弹着时,应根据射弹击起的尘土、水花的位置,曳光迹和目标状况的变化等情况,判断射弹是否命中目标或偏差量的大小。各种枪对草地、湿地、硬土地上的目标射击时,弹着不易观察,可用曳光弹射击,确定其偏差量。

(2)修正方法

发现偏差时,应认真分析,找出原因,正确地进行修正。如是武器、风造成的偏差,偏差多少就修正多少。修正时,应以预期命中点为准,向偏差相反的方向修正。

①修正方向偏差。用改变瞄准点的方法进行修正。射弹偏右,瞄准点向左修;射弹偏左,瞄准点向右修。

②修正高低偏差。用提高、降低瞄准点或增减表尺分划的方法进行修正。射弹偏高时,降低瞄准点或减少表尺分划。射弹偏低时,提高瞄准点或增加表尺分划。

#### (四)风、气温、阳光对射弹的影响及修正

##### 1.风对射弹的影响及修正

风是一种具有速度和方向的气流,它能改变射弹的飞行方向和距离。在各种外界条件中,风对射弹的飞行影响最大。因此,必须准确地判定风向和风力,根据风对射弹的影响进行修正,以保证射弹准确命中目标。

(1)风向和风力的判定

①风向的判定。按风吹的方向和射击方向所形成的角度可分为横风、斜风和纵风。

②风力的判定。风力按其大小分为强风、和风和弱风。风力的大小,可用测风仪等器材测出,也可根据人的感觉和常见物体被风吹动的情况来判定,如表7-3所示。

表7-3 风力的判定

| 风力 | | | 人的感觉 | 常见的物体现象 | | | |
|---|---|---|---|---|---|---|---|
| 区别 | 级别 | 速度 | | 树 | 旗帜 | 烟 | 海面、渔船 |
| 弱风 | 2级 | 2~3米/秒 | 面部和手稍感到有风 | 灌木丛、细树枝、树叶微动并沙沙作响 | 微动并稍离开旗杆 | 微被吹动 | 有小波,船身摇动帆基本正直 |
| 和风 | 3-4级 | 4~7米/秒 | 明显地感到有风,吹过耳边时呜呜响,面对风可睁开眼 | 灌木摆动,树上的细枝被吹弯,树叶剧烈地摆动 | 展开飘动 | 被吹斜约成45° | 有轻浪,船身摇动明显,船帆倾向一侧 |
| 强风 | 5-6级 | 8~12米/秒 | 迎面站立或行走,明显地感到有阻力,尘土飞扬,面对风感到睁眼困难 | 树干摆动,粗枝被吹弯 | 飘成水平状态,并哗哗作响 | 被吹成水平状态,并被吹散 | 有大浪,浪顶的白色泡沫很多,船身常被风吹离浪顶 |

（2）风对射弹的影响及修正

①横（斜）风对射弹的影响及修正。横（斜）风能对弹头的侧面施以压力，使射弹偏向一侧，产生方向偏差（斜风还能使射弹产生距离偏差，因偏差很小，故不考虑）。风力越大，距离越远，偏差就越大。风从左吹来，射弹偏右；风从右吹来，射弹偏左。

②纵风对射弹的影响及修正。纵风能影响射弹的飞行距离。顺风时，空气阻力减小，使射弹打远（高）；逆风时，空气阻力增大，使射弹打近（低）。在近距离内，风速为 10 米/秒以下时，纵风对射弹影响很小，一般可不修正。

### 2.阳光对瞄准的影响及克服方法

（1）阳光对瞄准的影响

在阳光下瞄准时，由于阳光照射作用，缺口部分产生虚光，形成三层缺口：上层为虚光部分，中层为真实缺口，下层为黑实部分，如图 7 - 10 所示。如不注意辨清真实缺口位置，就容易产生误差，使射弹产生偏差。

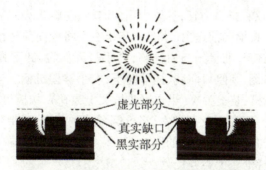

图 7 - 10　缺口部分产生虚光形成三层缺口

若用虚光上沿瞄准，射弹偏向阳光照来的方向。阳光从右上方照来时，缺口左边和上沿产生虚光，用虚光部分瞄准，准星实际上偏右高，因此，射弹偏右上。阳光从左上方照来时，射弹则偏左上。

若用黑实部分进行瞄准，射弹偏向阳光照来的相反方向。阳光从右上方照来时，用黑实部分瞄准，准星实际上偏左低。因此，射弹偏左下。阳光从左上方照来时，射弹则偏右下。

在阳光照射下，缺口和准星尖同时产生虚光时，若用虚光上沿瞄准，射弹偏低，若用黑实部分瞄准，射弹偏高。

（2）克服方法

①辨清真实缺口的位置和正确瞄准景况。可在不同方向的阳光照射下练习瞄准，采取遮光瞄准、不遮光检查或不遮光瞄准、遮光检查的方法，反复练习，确实辨清真实缺口的位置和正确瞄准景况。辨别真实缺口的简易法：不用黑，不用白，真实缺口是灰白。

②缩短阳光下瞄准的时间。在阳光下瞄准的时间不宜过长，以免眼花而产生误差。

③注意保护瞄准具。平时要保护好瞄准具，不使其磨亮而反光。

### 3.气温对射弹的影响及修正

（1）气温对射弹的影响

气温升高时，空气密度减小，射弹飞行中受到的空气阻力就小，射弹就打得远（高）。气温降低时，空气密度增大，射弹在飞行中受到的空气阻力就大，射弹就打得近（低）。

（2）修正方法

由于各地区和各季节的气温不同，很难与标准气温（+15℃）条件相符。因此，应在当地的气温条件下校正武器的射效，并以校正射效时的气温条件为准。射击时，若气温差别不大，在400米内对射弹命中的影响较小，不必修正。若气温差别很大或对远距离目标射击时，应适当提高或降低瞄准点射击。气温降低时，提高瞄准点或增加表尺分划；气温升高时，降低瞄准点或减小表尺分划。

## 四、武器操作

### （一）验枪及射击准备

#### 1. 验枪

验枪就是检查枪的弹膛、弹匣、弹盒和教练弹中有无实弹。在使用武器前后及必要时均应验枪，验枪时，严禁枪口对人。

听到"验枪"口令后，以右脚掌为轴，身体半面向右转，左脚顺势向前迈出一步（两脚约与肩同宽），同时右手移握护木将枪向前送出（半自动步枪右手将枪向前送出），左手接握下护木，左大臂紧靠左胁，枪托贴于右胯，准星约与肩同高，右手打开保险，卸下弹匣（半自动步枪打开弹仓），交给左手握于护木右侧，弹匣口向后、挂耳向下，右手移握机柄。当指挥员检查时，拉枪机向后，验过后，自行送回枪机，装上弹匣（半自动步枪关上弹仓），扣扳机，关保险，移握枪颈。

听到"验枪完毕"口令后，左手反握护木，将枪倒置于胸前，上背带环约与肩同高，右手挑起背带，身体半面向左转，在右脚靠拢左脚的同时，两手协力将枪送上右肩，恢复背枪姿势（半自动步枪右手握上护木，成持枪立正姿势）。

#### 2. 射击准备

射击准备主要包括向弹匣（夹）内装填子弹和采取各种射击姿势装退子弹。

（1）向弹匣（夹）内装子弹

射击前，应正确地向弹匣（夹）内装子弹，装弹时，左手握弹匣，使弹匣口向上，挂耳向前，右手将子弹放于弹匣口，两手协力将子弹压入弹匣内（半自动步枪向弹夹上装弹）。

（2）卧姿装退子弹

听到"卧姿装子弹"的口令后，右手移握上护木，使枪口向前（背带从肩上脱下），左脚向右脚前迈出一大步（也可右脚顺脚尖方向迈出一大步），左臂伸出，稍向内弯，掌心向下（手指稍向右）撑地顺势卧倒，以身体左侧、左肘支持全身。右手将枪向目标方向送出，左手接握下护木，枪面稍向左，枪托着地，右手卸下空弹匣（弹匣口朝后、挂耳向下），交给左手握于护木右侧（半自动步枪右手拉枪机到位），解开弹袋扣，换上实弹匣，将空弹匣装入弹袋内并扣好（半自动步枪将子弹夹插入弹夹槽，用食指或拇指将子弹压入弹仓，抽出弹夹），拇指打开保险，拉枪机送子弹上膛，关上保险（见图7-11）。右手装定表尺（见图7-12），然后移握握把（半自动步枪移握枪颈），全身伏地，两脚分开约与肩同宽，目视前方，准备射击。

图7-11　卧姿装子弹　　　图7-12　装定表尺

射击完毕,听到"退子弹起立"的口令后,身体稍向左侧,右手卸下实弹匣交给左手(半自动步枪打开弹仓,接住落下的子弹,装入弹袋),打开保险,拇指慢拉枪机向后,余指接住从膛内退出的子弹,送回枪机,将子弹压入弹匣内,解开弹袋扣,换上空弹匣,把实弹匣装入弹袋内并扣好,扣扳机,关保险,表尺分划归"3",右手移握护木,将枪收回,同时左小臂向里合,屈左腿于右腿下,以左手和两脚撑起身体,右脚向前一大步,左脚再向前一步,左手反握护木,将枪倒置于胸前,右手挑起背带,在右脚靠拢左脚的同时,两手协力将枪送上右肩,恢复肩枪姿势。

(3)跪姿装退子弹

听到"跪姿装子弹"的口令后,右手移握上护木,使枪口向前(背带从肩上脱下),左脚向前方迈出一步,右手将枪向目标方向送出,左手接握下护木,同时右膝向右跪下,臀部坐在右脚跟上(或右小腿上),左小腿略垂直,两腿约成90°,左小臂放在左大腿上,枪面稍向左,准星约与肩同高。然后,按要领(56式冲锋枪先打开枪刺)换上实弹匣,打开保险,送子弹上膛,关保险,定表尺,右手握把,目视前方,准备射击。

跪姿退子弹起立的要领除身体姿势不同,其他动作与卧姿退子弹大体相同。

(4)立姿装退子弹

听到"立姿装子弹"的口令后,右手移握上护木,左脚向前方迈出一步,两脚分开约与肩同宽,右手将枪向目标方向送出(背带从肩上脱下)。左手接握下护木,左大臂紧靠左胁,枪托贴于右胯,准星约与肩同高,然后按要领(56式冲锋枪先打开枪刺)换上实弹匣,打开保险,送子弹上膛,关保险,定表尺,右手握把,目视前方,准备射击。

立姿退子弹的要领除身体姿势不同,其他动作与卧姿退子弹大体相同。

**(二)据枪、瞄准、击发**

在完成射击准备之后,一旦发现目标,就应正确地据枪,快速构成瞄准线,指向瞄准点,实施果断的击发。

**1.据枪**

(1)有依托据枪

自然、稳固、持久地据枪是准确射击的基础,要想做到稳固和持久,就应尽量充分利用地形,进行有依托射击。

卧姿有依托据枪时,下护木放在依托物上,枪身要正,身体右侧与枪身略成一线。右手将保险机扳到所需的位置,虎口向前紧握握把(半自动步枪握枪颈),食指第一节靠在扳机上,右大臂略成垂直,右肘着地外撑,左手握护木(也可握弹匣),左肘着地外撑,两肘保持稳固,胸部挺起,身体稍前跟(右肘不离地),上体自然下塌,两手用力保持不变,使枪托切实抵于肩窝。头稍前倾,枪托自然贴腮(见图7-13)。

**图7-13 卧姿有依托据枪**

跪姿有依托据枪时,通常跪左膝,右膝紧靠依托物前崖或右脚向后蹬,也可跪双膝,上体紧靠依托物前崖,两肘抵在臂座上。

立姿有依托据枪时,上体左前侧紧依托物前崖,左腿微屈,右脚向右后蹬,两肘抵在臂座上。

（2）无依托据枪

在战场上不可能时时处处都有依托物可利用，因此我们还应掌握无依托据枪的动作。

卧姿无依托据枪时，左手托握下护木或握弹匣，小臂尽量里合于枪身下方，小臂与大臂约成90°角，将枪自然托住。右手握握把（半自动步枪握枪颈），右臂约成垂直，两肘保持稳固，两手正直向后用力，使枪托切实抵于肩窝，自然贴腮（见图7－14）。

跪姿无依托据枪时，左手移握下护木或弹匣，左肘放于左膝盖上，使枪、左小臂和左小腿略在同一垂直面上，右手握握把，大臂自然下垂，上体稍向前倾，两手正直向后用力，使枪托切实抵于肩窝（见图7－15）。

立姿无依托据枪时，左手移握弹匣，大臂紧靠左胁。小臂尽量里合于枪身下方，也可左手托下护木，大臂不靠左胁。右手握握把，大臂自然抬起，两手正直向后用力，使枪托确实抵于肩窝（见图7－16）。

图7－14　卧姿无依托据枪　　图7－15　跪姿无依托据枪　　图7－16　立姿无依托据枪

### 2. 瞄准

正确的瞄准是整个射击过程的重要环节。其方法是：右眼通视缺口和准星，使准星位于缺口中央，准星尖与缺口上沿平齐，指向瞄准点。此时，正确瞄准景况是准星与缺口的平正关系看得清楚，而目标看得较模糊。

如果准星与缺口关系不正确，对射弹命中目标影响很大，准星偏哪儿，弹着偏哪儿。如准星尖在缺口内偏差1毫米，自动步枪弹着点在100米距离上的偏差为32厘米，距离增加几倍，偏差量就增大几倍；若准星与缺口的关系正确，而瞄准点产生偏差，射弹也会产生偏差；枪面倾斜对命中精度也有一定影响，枪面偏左，射弹偏左下；枪面偏右，射弹偏右下（见图7－17）。

 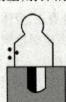 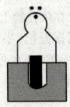 

准星偏右　　　　准星偏左　　　　准星偏高　　　　准星偏低
弹着偏右　　　　弹着偏左　　　　弹着偏高　　　　弹着偏低

图7－17　准星与缺口关系不正确对命中的影响

### 3. 击发

击发是完成射击的最后一个环节。均匀正直的击发是准确射击的关键，击发动作的正确与否直接关系到射击的效果。因此，必须准确掌握击发的动作要领。

击发时，射手用右手食指第一指节均匀正直地向后扣压扳机（食指内侧与枪机应有一点空隙），余指力量不变。当瞄准线接近瞄准点时，开始预扣扳机，并减缓呼吸。当瞄准线指向瞄准点时,应停止呼吸,继续增加对扳机的压力,直至击发。击发瞬间应保持正确一致的瞄准。若瞄准线偏离瞄准点或不能继续停止呼吸时,应既不增加也不放松对扳机的压力,待修正或换气后,再继续扣压扳机,完成击发。操纵点射时,应稳扣快松,扣到底松开2～3发,在扣扳机的过程中,应始终保持姿势稳固,操枪力量不变,以提高连发射击的命中率。

### (三)射击时常见错误及纠正方法

#### 1.抵肩、贴腮位置不正确

射击时,射手若不能正确地抵肩、贴腮,会使射弹产生偏差。在通常情况下,抵肩过低易打低,抵肩过高易打高,贴腮用力过大易打左高。

纠正方法:要反复体会正确的抵肩位置,并通过他人摸、推的方法检查抵肩位置是否正确,强调贴腮要自然。

#### 2.两手用力不当

射击时,射手为了命中目标,往往以强力控制枪的晃动,造成肌肉紧张、用力方向不正、姿势不稳,使枪产生角度摆动,增大射弹散布。

纠正方法:应强调据枪时正直向后适当用力,使用力与后坐方向一致。

#### 3.击发时机掌握不好

无依托射击时,有的射手常为捕捉瞄准点,造成勉强击发或猛扣扳机。

纠正方法:应强调首先选择好瞄准点,并指出瞄准线的指向在瞄准点附近轻微晃动时,应达到适时击发;练习时可让射手反复体会在保持准星与缺口平正关系的基础上,自然指向瞄准点的景况;不断摸索枪的晃动规律,掌握击发时机。

#### 4.停止呼吸过早

射击时,停止呼吸过早,易造成憋气,使肌肉颤动、据枪不稳或猛扣扳机。

纠正方法:应使射手反复体会瞄准线指向在瞄准点附近轻微晃动时自然停止呼吸的要领;在剧烈运动后无法按正常情况停止呼吸时,应进行深呼吸后再停止呼吸。

#### 5.耸肩、眨眼和猛扣扳机

射击时,由于射手过多地考虑枪响时机、点射弹数、射击成绩等,造成心情紧张,产生耸肩、眨眼和猛扣扳机等错误动作,影响射弹命中。

纠正方法:应强调按要领操作,把主要精力、视力集中在准星与缺口的正确关系上,达到自然击发。

#### 6.枪面倾斜

瞄准时,如枪面偏左(右),射角减小,枪身轴线指向瞄准点左(右)边,射击时,弹着偏左(右)下。

纠正方法:强调射手据枪应保持枪面平正。

## 五、实弹射击

### (一)实弹射击开始前的工作

到达射击场后,指挥员应下达课目,宣布射击条件,明确射击的有关规定和注意事项及规定各种信(记)号,提出要求,宣布射击编组名单。尔后,派出警戒(警戒搜索警戒区后到位并发出安全信号),视情况发出准备射击信号,其他勤务人员迅速就位并认真履行职责。

### (二)实弹射击的具体实施

(1)靶壕竖起红旗或发出可以射击的信号后,指挥员应令信号员发出"开始射击"的信号,竖起红旗。指挥第一组射手进入出发地线。

(2)组织发弹员按规定弹数发给每个射手子弹。射手领到子弹,检查后装入弹匣,放入弹袋并扣好。

(3)在出发地线给每个射手规定射击位置和射击目标。

(4)进入射击地线开始射击。射手听到"向射击地线前进"的口令后,迅速进入射击地线,对正自己的射击位置,自行立定。尔后,指挥员下达装子弹的口令,射手按要领装子弹、定表尺,做好射击准备即可射击。

(5)规定的射击时间一到,指挥员即下达"停止射击"的口令,射手应立即停止射击,并按指挥员的口令退子弹,起立。

(6)指挥员下达"验枪"的口令后,地段指挥员应严格检查,逐个验枪并收缴剩余子弹。

(7)验枪后,整队离开射击地线,按规定路线返回指定地点,擦拭武器,座谈射击体会。

(8)指挥员发出报靶信号,信号员竖起白旗,并通知靶壕检靶。靶壕指挥员下令竖起白旗后,再组织示靶员检靶、补靶和报靶。

### (三)组织实弹射击的原则

(1)组织实弹射击必须从实战需要出发,从难、从严要求,注意锻炼射手独立自主地完成射击任务的能力。

(2)组织实弹射击必须依照中央军委联合参谋部颁发的最新的条令、教令、《军事训练成绩评定标准》,严格按其规定的条件和标准具体组织实施。

(3)组织基本射击必须在对射手进行武器常识、射击学理论、射击动作和方法、观察和测定距离训练之后实施;组织战斗射击,必须在对射手进行基本射击和相应的战术课目训练之后实施,并力求紧密结合战术背景进行。

(4)组织实弹射击时,必须事先进行周密、细致的准备工作,制定具体明确的安全措施,防止各种事故的发生。

(5)实弹射击前,应向上级主管部门请示,射击完毕后报告,不得随意延长和更改实弹射击的日期,更换实弹射击的场地。

(6)射击终止后,应严密组织清理场地,对于不炸弹和引信要及时收缴并指派专人当场销毁,严禁私存和拆卸,杜绝伤亡事故。

### (四)射击场的组织

组织实弹射击时,主要工作人员包括射击场指挥员、地段指挥员、靶壕指挥员、警戒员、信号(观察)员、示靶员、发弹员、记录员、修械员、医务人员等。这些人员的职责如下。

#### 1.射击场指挥员

负责设置场地,派遣勤务,组织指挥射击,监督全体人员遵守射击场的各项规定和安全规则,处理有关问题。

#### 2.地段指挥员和靶壕指挥员

地段指挥员:在射击场指挥员的领导下,负责组织本地段的射击指挥。

靶壕指挥员:在射击场指挥员的领导下,负责组织设靶、示靶、报靶、补靶及处理有关问题。

### 3.警戒人员

警戒人员负责全场的警戒,严禁任何人员和牲畜进入警戒区;发现险情,应立即发出信号并向射击场指挥员报告。

### 4.信号(观察)员

信号员根据射击场指挥员的命令发出各种信号,负责警戒区内的观察,发现险情立即报告。

### 5.示靶员

示靶员负责设靶、示靶和报靶等工作。

### 6.发弹员

根据指挥员的命令,按规定弹种、弹数发给射手子弹,收回剩余子弹。射击终止后,负责清查弹药和收缴弹壳。

#### (五)射击场的安全规则

##### 1.射击场的确定及其使用时的规定

确定实弹射击场地时,必须要有可靠的靶挡,确保安全的靶壕和掩蔽部,并应避开高压线。在使用时,事先必须仔细搜索靶场警戒区,派出警戒,设置警戒旗。必要时,应预先将射击开始和结束的时间、危险区域及其射击场有关信号通知当地有关单位。

##### 2.对参加实弹射击的各类人员的要求

实弹射击前,射击场指挥员必须向全体人员明确规定各种信号记号以及与警戒、观察人员的联络方法,并要求全体人员严格执行信号规定。参加实弹射击的射手在使用武器前后必须验枪,无论枪内有无实弹,都不得将枪口对人。严禁将装有实弹的武器随意放置或交给他人。

没有指挥员的口令,射手不准装填子弹。在报靶时,严禁在射击地线摆弄武器或向靶区瞄准。射击时,射向不得超出安全射界。在射击过程中,射手若看到靶壕的白旗或听到停止射击的口令,应立即停止射击。示靶人员听(看)到准备射击的信号后应迅速隐蔽,未经射击场指挥员许可,不得随便走出靶壕。若靶壕内发生特殊情况,需要立即停止射击时,应出示白旗或用其他规定的方法向指挥员报告。

#### (六)实施实弹射击的一般规定

实施实弹射击的一般规定是指实弹射击前,根据实弹射击的客观需要制定的各种行动标准和规则。其内容包括以下几个方面。

(1)实弹射击时必须使用手中武器,如因武器机件损坏或射效不合格而无法矫正,射手不能使用手中武器时,必须经团级领导批准。

(2)各种武器实弹射击的第一练习,可在良好气候条件下实施,实弹射击的其他练习不受气候条件的限制,可在各种气候、各种地形上结合本部队担负的作战任务实施,特别要探讨恶劣气候条件下的射击与射击指挥。

(3)组织基本射击时,射手进到出发地线后,指挥员令发弹员发给射手子弹。首先下达口令"发弹员发给每个射手5发子弹",然后下达口令"装填弹匣"(装填子弹时均采取跪姿)。接着发出准备射击信号,待靶壕竖起红旗或用其他规定的方法发出可以射击的信号后,下达向射击地线前进的口令。

射手进入射击地线后,按指挥员口令做好射击准备。指挥员按规定时间发出开始射击的口令或显示目标的信号,射手即行射击。射击完毕后退子弹起立,在原地验枪。验枪完毕后,发出报(检)靶信号,同时指挥射手向右翼排头靠拢,再由右翼排头下口令带到指定位置坐好。

全场射击完毕,如有不及格者可补射一次,补射成绩算个人成绩,不算单位成绩。补射完毕,发出射击完毕的信号,召回警戒。指挥员实施小结讲评,依据射击成绩评价训练效果。

(4)组织战斗射击时,要从实战需要出发,场地要选择在复杂的地形上,目标设置要尽量符合战术要求。通过战斗射击的训练,锻炼射手在近似实战条件下独立地观察目标,测定距离,装定表尺,选择姿势,准确迅速地消灭各种目标的技能。

### (七)基本射击和成绩评定

基本射击是为了掌握射击的基本要领和技能所进行的实弹射击,如81式自动步枪、95式自动步枪、班用轻机枪等的基本射击均有四个练习,分别训练射手对不动目标、隐显目标、闪光目标和运动目标准确射击的技能。

对不动目标射击成绩评定按《军事训练与考核大纲》的规定:个人实弹射击成绩评定为"合格""不合格"两级制;单位成绩评定按合格率进行评定。其射击应用为:射手对距离100米的胸环靶,使用标尺"1",运用5发子弹命中目标30环(含)以上为"合格",30环(不含)以下为"不合格"。

# 第二节 战 术

## 一、单兵战术基础动作

士兵要想在战场上有效地躲避敌人火力并杀伤和消灭敌人,就必须熟练掌握和灵活地应用战术基础动作。

### (一)持枪

持枪是指士兵在战斗中携带枪支的动作和方法(这里讲的"持枪"与前面武器操作中所讲的"持枪"有所不同,这里特指战斗行动中的持枪)。持枪时要做到:便于运动、便于卧倒、便于观察、便于射击。在不同的地形和距离条件下,士兵根据敌情和任务可灵活采用不同的持枪动作。

#### 1.单手持枪

右臂微屈,右手虎口正对上护木握枪(背带上挑压手拇指下),用五指的握力将枪身固定,枪身轴线与地面略成45°,枪身距身体约10厘米。左臂自然下垂,运动时自然摆动。

#### 2.单手擎枪

右手正握握把,食指微接扳机,将枪置于身体的右侧,枪口向上,机匣盖末端贴于肩窝,枪身微向前倾,枪面向右大臂里合,枪托贴于右胁(枪托折叠时除外),背带自然下垂,目视前方,左手自然下垂或攀扶,运动时自然摆动。

#### 3.双手持枪

左手托握下护木或握弹匣弯曲部,右手握握把,食指微接扳机,将枪身置于胸前,枪口向前,枪身略成水平,背带自然下垂或挂在后颈上。

#### 4.双手擎枪

在单手擎枪的基础上,左手托握下护木或弹匣弯曲部,枪身略低,枪口对向前上方,背带自然下垂或压于左手下,身体与射向略成30°。

### (二)卧倒、起立

#### 1.卧倒

在战场上,士兵如突遭敌火力袭(射)击,应迅速卧倒,防止被火力杀伤。卧倒分三种基本动作:双手持枪卧倒、单手持枪卧倒和徒手卧倒。

双手持枪卧倒时,左脚向前一步,上体前倾,重心前移,按左膝、左肘、左小臂的顺序着地,然后转体,在全身伏地的同时,两手协力将枪向目标方向送出。地面松软时也可按双膝、双肘、腹部的顺序扑地卧倒。

单手持枪卧倒时,左脚(也可右脚)向前迈出一大步,同时身体前倾,按手、膝、肘的顺序侧卧,右手将枪向目标方向送出,左手接握下护木或弹匣弯曲部,全身伏地持枪射击。

徒手卧倒时的动作与单手持枪卧倒动作基本相同,只是卧倒后,两手掌心向下放置于头部的两侧或交叉于胸前,两腿自然伸直和分开。

#### 2.起立

双手持枪起立时,应首先观察前方情况,然后迅速收腹、提臀,用肘、膝支起身体,左脚先上步,右脚顺势跟进,双手持枪继续前进。

单手持枪时,右手移握上护木收枪,同时左小臂屈回并侧身,然后用臂、腿的协力撑起身体,右脚向前一大步,左脚顺势跟进,继续携枪前进。

徒手起立时,按单手持枪的动作进行,也可双手撑起身体,同时左(右)脚向前迈步起立,然后继续前进。

### (三)前进

#### 1.屈身前进

屈身前进是战场上接敌最常用的一种运动动作,可分为慢进和快进两种姿势。

屈身慢进通常是在距敌较远,有超过人身高或超过大部分人身高的遮蔽物,以及敌情不明或敌火威胁不大的情况下采用;运动时,通常是双手持枪(也可单手持枪),上体前倾,两腿弯曲,屈身程度视遮蔽物的遮蔽程度而定,头部一般不可高出遮蔽物。前进时,注意观察敌情,保持正常速度前进。

屈身快进(也可称为跃进)通常是在距敌较近,通过开阔地或敌火力控制区时采用。快进前,应先观察敌情和地形,选择好路线和暂停位置,然后起立快速前进。运动中,通常是单手持枪(也可双手持枪),枪口朝向前上方,并注意继续观察敌情。前进的距离掌握在15～30米为宜。当进至暂停位置或运动中遇敌火力威胁时,应迅速就地隐蔽或卧倒,做好射击或继续前进的准备。

#### 2.匍匐前进

士兵在敌火力威胁较大且自身处于卧倒状态时,如发现近处(10米以内)有地形或遮蔽物可利用,可采用匍匐前进的运动姿势向其靠近。根据地形和遮蔽物的高低,匍匐前进又分为低姿匍匐、侧身匍匐和高姿匍匐三种姿势。

(1)低姿匍匐

低姿匍匐是身体平趴地面并降低至最低程度的运动方式,一般是在前方遮蔽物高约40厘米时采用。

低姿匍匐携自动步枪的方法有两种:一种是右手掌心向虎口卡住机柄,五指握枪身和背带,将枪置于右小臂;另一种是右手食指卡握枪背带上环处,并握枪管,余指握背带,机柄向上,将枪置于右小臂外侧。行进时，身体腹部贴于地面，头稍微抬起，屈回右腿，伸出左手，用右脚内侧的蹬力和左手的扒力使身体前移，然后再屈回左腿，伸出右手，用左脚的蹬力和右手的扒力使身体继续前移，依次交替前进。

徒手的低姿匍匐动作与持枪的低姿匍匐动作基本相同。

（2）侧身匍匐

侧身匍匐是在前方的遮蔽物高约60厘米时所采用的运动方式，其特点是运动的速度稍快，但姿势偏高。

携自动步枪侧身匍匐前进的动作：右手前伸握护木将枪收回，同时侧身，使身体左大腿外侧着地，左小臂前伸着地，左大臂前倾支撑上体，左腿弯曲，右脚收回靠近臀部着地，以左大臂的支撑力和右脚蹬力带动身体前移。

如果前方遮蔽物高80～100厘米时，也可采取高姿侧身匍匐。高姿侧身匍匐的动作：左手和左小腿外侧着地，以左手的支撑力和右脚的蹬力使身体前移。

徒手侧身匍匐动作与持枪侧身匍匐动作大体相同。

（3）高姿匍匐

高姿匍匐一般在前方的遮蔽物高约80厘米时采用。

持枪高姿匍匐前进的动作：左手握护木，右手握枪颈，将枪横托于胸前，枪口离地，用两肘和两膝支撑身体，然后依次前移左肘和右膝、右肘和左膝，如此交替前移。有时也可采取低姿匍匐的携枪方法。

徒手的高姿匍匐动作与持枪的高动作基本相同。

无论采取哪种匍匐姿势，运动到预定位置或适当的距离，都应迅速卧倒隐蔽，视情况出枪射击。

### 3. 滚进

滚进通常在为避开敌侦察、射击而左右移动或通过棱线时采用。在卧倒基础上滚进时，将枪保险关上，左手握表尺上方，右手握枪颈附近或两手握上护木，枪面向右，顺置于胸、腹前抱紧，两臂尽量向里合，两脚腕交叉或紧紧并拢，全身用力向移动方向滚进。到达预定位置迅速出枪，呈卧姿射击姿势或卧姿隐蔽姿势。

直（曲）身前进中需要滚进时，应左（右）脚向前一大步，左手在左（右）脚外（内）侧着地，身体尽量下塌，右手将枪挽于小臂内，枪面向右，身体向右（左）转，在右（左）臂、肩着地的同时，向右（左）滚进。滚进时，右（左）腿伸直，左（右）腿微曲，滚进距离较长时可两腿夹紧。当滚进到适当位置后，如需射击，应迅速出枪，成卧姿射击姿势，需要跃起前进时，以左手的支撑力和身体右（左）转动的力量将身体支起，同时上右（左）脚前进。

### （四）利用地形、地物

地形、地物是地面上防敌火力袭击最好的遮蔽物体。士兵在利用地形地物时，要根据遮蔽物的高低、大小、形状、敌火力的威胁程度等情况，采取适当的姿势利用死角防护。应做到：快速接近、细致观察、隐蔽防护，敌火力减弱时，视情况灵活地变换位置。

### 1. 对堤坝、田埂的利用

利用堤坝、田埂时，由于其是横向地物，应利用背敌斜面，根据地物的高低采取不同姿势隐蔽防护。田埂低，应横向卧倒，身体紧贴田埂。堤坝高，也可采取跪、蹲、坐、立等姿势进行防护。需要射击时，可利用堤坝的右侧或顶部。

### 2. 对较大土堆的利用

利用较大土堆时,应横向卧倒,身体一侧紧贴在土堆的背敌斜面上。如土堆较小时,也可纵向卧倒,头紧靠土堆。需要射击时,可利用土堆的右侧和顶部。

### 3. 对土(弹)坑的利用

利用土(弹)坑、沟渠时,通常利用其前沿和底部,纵向沟渠利用弯曲部,根据敌情和坑的大小、深度,可采取跳、滚、匍匐等方法进入,在坑里可采取卧、跪、仰等各种姿势实施防护,待敌火力减弱时才能实施观察和射击。

### 4. 对树干的利用

利用树木,可以有效防敌直瞄和间瞄火力的杀伤。利用树木防护时,通常利用其背敌面,树干粗(直径50厘米以上),可取卧、跪、立各种姿势。树干细,通常采用卧姿利用根部。

### 5. 对工事的利用

利用各种工事可以起到很好的防护作用。所谓工事,是为作战而构筑的防护性建筑物,如各种射击掩体、堑壕、交通壕、掩蔽部、崖孔(猫耳洞)、地堡、坑(地道)等。士兵在工事内或在阵地附近行动而遭敌机、炮火力袭击时,要听信号和命令迅速进入隐蔽部或坑(地)道防护。如来不及进入隐蔽部,应迅速在壕内卧倒或采取适当姿势防护(有掩盖的堑壕、交通壕防护效果更好)。利用单人掩体防护时,应将随身武器迅速收回,靠至胸前,采取坐、跪、蹲等适当姿势防护。如时间允许,士兵应沿堑壕或交通壕快速进入掩蔽部、崖孔(猫耳洞)内。

### 6. 对建筑物的利用

利用建筑物防护效果也很好。当收到敌机、炮火力袭击警报和号令时,应利用墙根、房角、床、桌等物体,采取下蹲或卧倒姿势进行防护。但要尽可能避开易倒塌、易燃烧的建筑物,不要在独立明显或敌方可能会重点攻击的建筑物内隐蔽防护,以免造成间接伤害。如发现敌精确制导武器向防护的建筑物袭来,士兵应迅速离开建筑物进行躲藏,并利用其他地形实施防护。在建筑物内防护需要射击时,应尽可能靠近门窗口,采取适当姿势射击。

步兵分队战斗原则

## 二、分队战术

分队战术训练是指班、排、连、营四级所进行的战术原则和战斗方法的训练,目的是提高分队指挥员的组织指挥和分队协同作战的能力。依据战斗条令和训练大纲施训,一般由师、团制定计划,师、团、营逐级对下组织实施,重点是班战术和连战术。

训练内容主要有:战斗原则、组织指挥、战斗队形、战斗方法、运动方法、加强兵器的使用和火力的运用、分队之间的协同动作等。通常围绕进攻、防御和勤务三大体系展开,穿插少量的技术课目,进行分段作业、连贯作业和综合演练。分队战术训练坚持由下而上、逐级合成的原则,以协同基础训练为重点,以提高分队整体作战能力为目的。战术课题可分为必训和选训两类。必训课题必须于本年度内在规定的训练时间内完成。选训课题一般每年由师以上训练部门根据各部队的具体情况和训练水平而定。此外,各部队还可根据担负的作战任务、气候条件、地形特点,选训其他内容。

● 我思我行 ●

1. 什么是轻武器?
2. 哪些枪械属于轻武器? 它有什么特点?
3. 如何维护武器?
4. 射击中如何排除故障?
5. 瞄准的基本要素是什么?
6. 验枪的目的及要求有哪些?

# 第八章　防卫技能与战时防护训练

 **军事讲坛**

　　欲文明其精神,必先野蛮其体魄。苟野蛮其体魄矣,则文明之精神随之。

——毛泽东

 **教学目标**

　　了解格斗、防护的基本知识,熟悉卫生、救护基本要领,掌握战场自救互救的技能,提高学生安全防护能力。

**导语**

　　若想有效地进行防身与自卫,首先自身应具备一个能够足以克敌的身体条件。具体地讲,就是需要具备身体的力量、速度、灵活性、柔韧性等素质及防卫的基本技能。而技能的提高与技能的掌握则必须通过一定的身体训练手段才能达到。

　　所以,本书增加了防卫技能与战时防护训练等具有实战特点的训练内容,使高校的训练内容紧密衔接、循序渐进,为全面提高大学生兵员质量打牢根基。

# 第一节　格斗基础

## 一、格斗常识

格斗(搏击)的意思即"打斗、战斗"。而格斗又分为：徒手格斗(没用武器)和器械格斗(使用武器)。

### (一)基本拳法

#### 1.前手直拳(见图8-1)

戒备式(左势)起，后脚拇指侧蹬地，前手(左臂)借助地面的反作用力迅速伸直，拳眼向上成一条线击出，同时左肩前送，肘关节随着出拳向上抬平，上体略向右转，以加大出拳的速度和力量，眼视左拳，前脚掌的内侧(下面详解)着地，后手保持防守位置。出拳的同时还要利用腿、腰、髋发力以增加击打力量，使力量通过肩、臂、腕关节和拳峰沿一条直线作用在被击目标上。在出拳过程中，应放松臂和肩部肌肉，在即将击中目标时，左拳迅速放松由原路收回，恢复戒备姿势。因为身体借助了全身的力量来出拳，所以会产生一个向前的冲力(即惯性)，如果以前脚外侧着地的话，则很难控制好身体重心，如果这一拳被对方闪开，身体极容易因为惯性而前倾，给对方以可乘之机。用前脚内侧着地，目的是为了保持身体平衡，以利于接下来的组合攻击和防守。在整个出拳过程中，右手要始终保持戒备姿势，以防对方有可能的反击。击中目标的瞬间，可将拳心由内向下向外旋转以增强渗透力。

图8-1　前手直拳

#### 2.后手直拳(见图8-2)

戒备式起，左脚掌蹬地，左侧髋关节借助蹬地的力量前送，带动腰部迅速向左转动，同时右肩前送，右拳拳眼向上以直线向前击出，上体保持正直，勿前倾。左手随身体左转自然后移，保持防护姿势。

后手直拳属于重拳，适合于远距离的攻击，一般使用时机比较少，只有在有充分把握时才能使用。由于右拳较左拳离对方远，发拳时身体变化幅度较大，所以为了便于击中对方，就要用前手的假动作来转移或破坏对手的防护，或用前手刺拳引开对手的注意力，或使对手失去平衡，以此来创造有利于后手直拳进攻的条件和时机。

图 8-2　后手直拳

### 3. 左直拳

由实战预备姿势开始,左臂迅速用弹力伸直,同时左肩前送,上体略向右转,以加大出拳的速度和力量。在左臂向前伸直的同时,左拳向内转至拳心向下成一条线击出,肘关节随着拳心内转向上抬平。在出击的同时,后脚用力蹬地,前脚(左脚)顺势向前滑出,用前脚掌的内侧着地,后脚蹬地后,脚跟提起,后腿略伸直,身体重心移到前脚上。在出拳的同时还要利用腿、腰、髋发力以
增加击打力量,使力量通过肩、臂、腕关节和拳峰沿一条直线作用在被击目标上。在出拳过程中,应放松臂和肩部肌肉,在即将击中目标时,拳突然握紧,使最后阶段更为有力。右手随左拳出击而自然前移,保护下颌和面部。待击中目标后,拳迅速放松由原路收回,恢复原姿势。

### 4. 右直拳

由基本姿势以右脚掌蹬地开始发力,右腿发出的力量使右侧髋关节前送,带动腰部迅速向前转动,同时右肩前送,能够增加右直拳的力量和攻击距离。

### 5. 左摆拳

上体微向右转,同时左拳向外(约45°)、向前、向内成平面弧形横击;同时转腰发力,臂微屈,拳心朝下,力达拳面,击打目标后,左拳收回原位;右拳护于右腮。

### 6. 右摆拳

右脚微蹬地并向内转,合胯并向左转腰,右拳向外(约45°)、向前、向内成平面弧形横击;同时上体左转,腰胯发力,力达拳面,击打目标后,右拳收回原位。

### 7. 左勾拳

上体微左转,重心略下沉,腰迅速向右转,发力于腰,左拳由下向前上方勾击,大小臂夹角在90°~120°,拳心朝里,力达拳面,击打目标后,左拳收回原位。

### 8. 右勾拳

右脚蹬地,扣膝合胯,腰微右转。同时,右拳向下、向前、向上勾击,大小臂夹角在90°~120°,拳心朝里,力达拳面,击打目标后,右拳收回原位。

### 9. 转身鞭拳

以右鞭拳为例:右脚经左脚后插步,身体向右后转180°。同时,左拳与右拳一起回收至胸前;动作不停,上体继续向右转体90°,同时右拳反臂由屈到伸,向外、向右横向鞭打,发力于腰,拳眼朝上,力达拳背,击打目标后,右拳收回原位。

### 10. 立拳

立拳分长劲和短劲,长劲和直拳一样,只是不转腕。短劲,全身放松蓄气,整体发力,扭力,瞬间将拳冲出,力达全面。要求:意到气到,气到力到,意、气、力,三者合一。

### （二）基本的腿法

在格斗术中下肢攻防主要是腿与膝的动作。中国拳谚有"手是两扇门,全凭腿打人"之说,因为腿比手长,肌肉发达,力量强,攻击范围广,破坏力亦比手大。膝部攻击通常在贴身近战时采用。

#### 1. 前蹬腿

动作说明:左脚上前一步,右腿屈膝抬起,腿由屈到伸,用脚跟向前猛力蹬出,可重创敌心脏、小腹、裆部。格斗中有时也用后蹬腿,是比较隐蔽的技法。

#### 2. 弹踢腿

动作说明:左脚上前一步,右腿屈膝提起,脚面绷直,大腿带动小腿,用脚面猛力前弹踢出,可伤及敌心窝、腹部、裆部及下颌。

#### 3. 横踢腿

动作说明:左脚向前上一步,身体在向左拧腰转胯同时,右腿迅速在体侧提膝,右小腿屈伸横扫,用脚面或脚尖,可伤及敌肋胸部、裆部或头部。

#### 4. 侧踹腿

动作说明:左脚上半步,脚尖外撇,同时左转身,右腿屈膝上抬,小腿由屈到伸,用脚掌外缘向前踹出;可伤及敌胸腹部或膝部。

#### 5. 转身后旋腿

动作说明:进攻时上右脚,同时身体左转。保持左转势能,再以右脚掌为轴,身体迅速向左后转180°,带动左腿用脚跟扫击向对方中盘或头部;可伤及敌头部、胸腹部或肋部。

### （三）基本的肘法

肘部是人体中最硬的部位,在近身搏斗中分摆、挑、擢、砸、砍等技法,具有短、频、快等特点。肘的杀伤力非常大,有"宁挨十拳,惧中一肘"之说。

### （四）基本步法

#### 1. 步法的技术

步法的技术要求是:活、疾、稳、准。

（1）活

活是指步法移动、变换要灵活敏捷,即在运动时轻松自如,虚实变换,让对手抓不住自己的身体重心所在,给对方造成判断困难。

（2）疾

疾是指步法移动的速度。双方交手前都处在相持和窥视状态之中,互相保持着一定的距离,任何一方发动进攻,必须以快速的步法接近对方,在有效距离施以技法,进攻才能生效。同样,防守一方也必须具备快速的后退和躲闪能力,防守方能成功。

（3）稳

稳是指步法移动的稳定性。掌握了对方的身体重心及移动的规律,破其稳定,才可以巧取胜。例如,冲拳时只注重力度而使身体重心过分前移,超出了支撑面,对手如顺势一带就会失去平衡。使用腿法进攻时,一味追求腿的击打高度,造成支撑腿站立不稳,若对手使用掀、托等方法,便会倒地,这些都是步法不稳的结果。

（4）准

准是指步法移动的准确性。准确地移动步法,能为进攻、防守或防守反击赢得时间。进攻时的步幅太小,不能产生最佳效果,也会影响到二次进攻和回位防守。防守时步法移动的距离不够,有可能被击中,而移动过多,又不利反击,错失良机。

2.常用步法

(1)进步

后脚蹬地,前脚(左脚)先向前进半步,后脚再跟进半步。

(2)退步

前脚蹬地,后脚(右脚)先后退半步,前脚再退回半步。

(3)收步

前脚向后收步至右脚内侧,脚掌点地,重心偏于右腿。

(4)撤步

前脚向后撤一步,成右脚在前,左脚在后脚跟离地,右脚脚尖外展,重心偏于右腿,成反架。

(5)上步

后脚向前上一步,同时左、右拳前后交换,成反架姿势。

(6)前进步

快速、连续做进步,技法同进步,唯速度不同。

(7)后退步

快速、连续做退步,技法同退步,唯速度不同。

(8)插步

后脚向左横移一步,脚跟离地,两脚略呈交叉。

(9)垫步

后脚蹬地后向前脚内侧并拢,同时前腿屈膝提起。

(10)纵步

一腿屈膝上提,另一腿连续蹬地向前擦地滑动。

(11)闪步

左(右)脚向左(右)侧移半步,右(左)脚随之向左(右)滑步;同时身体向右(左)转动约90°。

(12)跳闪步

同闪步,要求脚蹬地,唯速度不同。

(13)侧跨步

左(右)脚向左(右)侧跨半步,右脚略向左脚靠近,两膝弯曲;同时右拳向斜下方伸出,左拳回收至左腮旁。

(14)换步

左脚与右脚同时蹬地并前后交换,同时两拳也前后交换成反架姿势。

(五)格斗特点

太极拳、合气道:讲究四两拨千斤,借力打力(也可以主动攻击)。

泰拳、空手道:招式刚猛,威力大,抗击打能力强。

散打:步法灵活,快摔凌厉。

综合格斗:各种武术的动作都包含了,招式灵活多变,让敌人不知道你要出什么招,摸不清你的套路。

拳击：步法是各种武术中最灵活的,灵活的步法弥补了偶尔用脚。

摔跤、相扑：摔法凶狠。

巴西柔术：擅长将对手拖入地面,然后在地面上获得控制的姿势。一旦形成控制姿势,柔术练习者可以使用关节技、绞技或击打技术等多种攻击手段,将对手制服。

## 二、格斗基本功

### (一)格斗的训练要求

#### 1. 个人体能

力量、弹跳、耐力、爆发力和各个部位的抗击打能力。

#### 2. 力量

俗语说得好："一力降十会。"必须通过器械和徒手运动,加强自己的身体力量,包括手、臂、腿、脚、腰、头、膝、肘。这些都是攻击对方时常用部位,也是杀伤力最大的部位(腰是做很多动作的发力点,所以一定要加强腰腹的力量)。

#### 3. 弹跳

实战中结合很多前冲的跳跃动作,不仅可以提升高度和攻击性,更能加快速度和灵活性,在必要的躲闪中也是很重要的。可以通过蛙跳、连跳台阶、负重半蹲、跳绳等运动来锻炼。

#### 4. 耐力

实战是相当耗费体力的,尤其是紧张的时候更会加快疲劳,所以当和对手势均力敌的时候,耐力是胜利的关键之一。锻炼方法：跳绳、长跑、游泳等。

#### 5. 爆发力

即速度和力量的瞬间结合,可以通过短跑、快速拉长条皮筋或是拉力器,或是用小哑铃做拳击动作和负重快速踢腿以及快速推轻杠铃的方式。

#### 6. 抗击打能力

抗击训练主要练习胸、腹、头、背、手臂、腿的抗击打能力。其中头和腹的训练更为重要,可以通过撞击其他物体,例如木桩、重沙袋等进行对抗练习,或是二人进行对抗练习。

### (二)训练方法

#### 1. 力量训练

主要是上肢、下肢、腰力的训练。

上肢的力量训练,用俯卧撑就可以了,有条件的可以用哑铃、杠铃训练,效果会更好。虽然上肢不是主要的格斗武器,但具备一定的格斗力量还是必须的。

下肢的力量训练,用深蹲或蛙跳,可以空手或负重来训练,主要是训练股四头肌的力量,股四的力量决定你在格斗中能不能踢出致命的一腿。

腰力的训练,可以用双手抓住一个固定的东西,然后一只手向前推,一只手向后拉,这样就可以训练到腰力了。

#### 2. 柔韧性训练

主要是下肢和腰部的柔韧性。训练的方法很简单,常规的压腿和下腰就可以达到目的了。

另外,柔韧性的训练贵在坚持。中国武术有俗语："打拳不练腿,如同冒失鬼。""练功不练腰,终究艺不高。"

### 3.稳定性训练

训练单腿站立及双腿站立的稳定性。单腿站立不负重应该可以坚持15分钟,双腿站立可以通过和朋友角力或摔跤的方式一起练习,单腿下蹲和扎马步也可以。

## 三、捕俘拳

特种兵的一种拳法,一共有16步,每一招约由两个动作组成。出拳动作干脆,没有装饰性。有多种步伐,以拳、步、挡、削进攻敌人要害,猛烈攻击以致敌人无法反击。

图8-3 预备姿势

预备姿势——在听到"捕俘拳——预备"的口令后,在立正的基础上,两脚迅速并拢,同时两手握拳,两臂微弯,拳眼向里,距胯约10厘米,头向左甩,目视左方(见图8-3)。

### (一)挡击冲拳(见图8-4)

起右脚原地猛力下踏,左脚向左侧跨出一步,在左转身的同时,左臂上挡,拳心向前,右拳从腰际旋转冲出,拳心向下,成左弓步。

**要求:**踏脚时要全脚掌着地,有爆发力。

图8-4 挡击冲拳

### (二)拧臂绊腿(见图8-5)

(1)左拳变掌向前击右拳背,右拳收回腰际,右脚前扫。
(2)左手挡抓、拧、拉于腰际,同时右脚后绊,右拳猛力旋转冲出。

**要求:**前扫、后绊要协调有力,重心要稳。

图8-5 拧臂绊腿

### (三)叉掌踢裆(上架弹踢)(见图8-6)

(1)上右脚步成右弓步,同时两拳变掌,沿小腹向上叉掌护头。

(2)两拳变钩猛力向后击,同时起左脚,大腿抬平、脚尖绷直、猛力向前弹踢,迅速收回。

**要求:**两大臂挟紧,猛力后钩击,猛踢快收,重心要稳。

图8－6　叉掌踢裆

**（四）下砸上挑（见图8－7）**

(1)两手变拳,左拳由上猛力下砸,与膝同高,同时左脚向前跨步,成左弓步。

(2)右拳由前上挑护头,拳心向前,起右脚大腿抬平,脚绷直,头向左甩。

**要求:**起身要快,重心要稳。

图8－7　下砸上挑

**（五）下蹲侧踹（交叉侧踹）（见图8－8）**

(1)上体正直下蹲,右脚猛力下踏,两小臂上下置于胸前,左臂在上拳心向下,右臂在下拳心向上。

(2)迅速起身,两拳交错外格,起左脚大腿抬平,脚尖里勾,向左猛踹,迅速收回。

**要求:**踏脚要有爆发力,下蹲起身要快。

图8－8　下蹲侧踹

**（六）顺手牵羊（见图8－9）**

(1)左脚向前落地屈膝,两拳变掌起在左前方,成抓拉姿势。

(2)两手向右后猛拉,同时右脚前扫。

**要求:**后拉前扫要协调有力,重心要稳。

图 8 – 9　顺手牵羊

**（七）上步抱膝**（见图 8 – 10）

（1）右脚向前落地同时，左手变拳，小臂上挡。

（2）左转身屈膝下蹲，两手合力后抱，两掌相对，掌心向内，略低于膝，右肩前顶成右弓步。

**要求：** 转体合抱要协调一致。

图 8 – 10　上步抱膝

**（八）插裆扛摔**（见图 8 – 11）

（1）左手向上挡抓，右手插前裆，掌心向上。

（2）左手向右下拧拉，大臂贴肋，小臂略平，拳心向上同时右臂上挑，右肩上扛，身体大部分落于右脚，成右弓步。

**要求：** 下拉、上挑、转体要协调一致。

图 8 – 11　插裆扛摔

**（九）下拨勾拳**（见图 8 – 12）

左拳下拨后摆，左转身同时，右拳由后向前猛力上击，拳心向内，与下颌同高，同时右脚向右自然移动，成左弓步。

**要求：** 转身要快，勾拳要猛。

图 8 - 12　下拨勾拳

**（十）卡脖掼耳（见图 8 - 13）**

（1）向左踮步，在左脚落地同时，右脚上步，左拳变掌，置于胸前，右拳后摆。

（2）向左转体，左手下按，右拳向下猛力横击，成左弓步。

**要求：**踮步有力，转体、卡脖、拳击要协调一致。

图 8 - 13　卡脖掼耳

**（十一）内外挂腿（见图 8 - 14）**

（1）在起身的同时，左脚向右踮步，右脚前扫，两手合掌于右肩前。

（2）两手猛力向左肩前拧拉，上体稍向左转，同时右脚后绊，成左弓步。

**要求：**踮步、合掌、前扫要协调一致，重心要稳。

**（十二）踹腿锁喉（见图 8 - 15）**

（1）右脚向右前方踮步，左脚向右跃步，然后起右脚，大腿抬平，脚尖里勾，两臂弯曲，置于胸前，掌心向下。

图 8 - 14　内外挂腿

（2）右脚侧踹，在落地同时，右手前插，左手抓握右手腕，右手变拳，猛力后拉下压，成右弓步。

**要求：**踹、锁要协调一致，重心要稳。

图 8 - 15　踹腿锁喉

## (十三) 内拨冲拳 (见图 8－16)

(1) 上左脚右转身成右弓步,左臂顺势内拨,护于胸前,右拳收于腰际,拳心向上。

(2) 左拳向左后,右拳向前以蹬腿、扭腰送胯之合力同时冲出,成左弓步。

**要求:**双拳冲出要有爆发力。

图 8－16 内拨冲拳

## (十四) 抓手缠腕 (见图 8－17)

(1) 两手变掌,左手抓握右手腕。

(2) 右掌上挑外拨,身体稍向右转,两臂用力后拉,猛扣压于腰际,成右弓步。

**要求:**抓握要快而有力。

图 8－17 抓手缠腕

## (十五) 卡脖提裆 (见图 8－18)

左手抬起,臂弯曲,掌心向前,右手下插,后拉上提,置于肋前,屈指、掌心向上,同时左手猛力向前下推压与膝同高,掌心向下,成左弓步。

**要求:**上提、推压要协调一致。

图 8－18 卡脖提裆

## (十六) 别臂下压 (见图 8－19)

(1) 右转身成右弓步,同时两手变拳,右小臂上挡。

(2) 上左脚成弓步,左手立掌插向前上方,臂稍屈,右手抓握左手腕。

(3) 左手变拳,向右转体,两手下拉别压,成右弓步。

**要求:**拉、压、转体要协调一致。

结束姿势——左脚靠拢右脚,恢复立正姿势(见图8-20)。

图8-19　别臂下压

图8-20　结束姿势

● 知识窗 ●

### 捕俘刀

捕俘刀是侦察兵的专用短刀刀法,一共有8招,每一招由两个动作组成。捕俘刀招式简洁,出刀动作干脆利落,没有装饰性,每一招都攻击敌人要害,攻击简单直接,使敌人瞬间丧失战斗力。

预备姿势——在听到"捕俘刀——预备"的口令后,在立正的基础上,两脚并拢,两臂微屈,右手握刀,刀尖向右略成水平。左手握拳,拳眼向里,距胯约十厘米、头向左甩(见图8-21)。

一、弓步上刺(见图8-22)

起右脚原地猛力下踏,左脚向右侧跨出一步,左转身同时,左臂上挡后摆,右手挥刀猛力上刺,成左弓步。要求:踏脚要有爆发力,刺后刀尖约与眼同高。

图8-21　　　　图8-22

二、马步侧刺(见图8-23)

(1)上右脚成右弓步,右手收刀后摆,臂微屈,拳心向下,刀尖向后,左拳变掌伸向胸前,掌心向外。

(2)在左转身的同时,左手向后抓拉,收于腰际,拳心向上,右手翻腕猛力侧刺,成马步。

要求:以转体扭腰之合力侧刺。

图8-23

三、闪身反刺（见图 8 – 24）

(1)左闪身成左弓步,两手交叉置于腹前,右手在外,刀尖稍向右前。

(2)右脚跨出半步,同时右手迅速向右反刺,左拳顺势后摆,成右弓步。

要求:闪身要快,刺后刀尖约与腰同高。

图 8 – 24

四、上步斜刺（见图 8 – 25）

(1)上左脚右转身成左弓步,左臂上挡,右臂自然后摆。

(2)右脚上步,右手挥刀斜刺,成右弓步。

要求:刺后刀尖约与肩同高。

图 8 – 25

五、转身后刺（见图 8 – 26）

(1)收右脚,大腿抬平,脚尖绷直,左腿微屈,左手变掌,两手交叉,右手在外摆于胸前。

(2)向右转身,右脚跨步,同时右手猛力反刺,左掌变拳后摆成右弓步。

要求:转身要快,重心要稳,刺后刀尖约与腰同高。

图 8 – 26

六、上防侧刺（见图 8 – 27）

左脚上步向右转身,左臂上挡后摆,同时右手翻刀,猛力侧刺成左弓步。

要求:刺后刀与眼同高。

图 8 - 27

七、换刀下刺（见图 8 - 28）

（1）右转身、右大腿抬平，脚尖绷直，右手收刀，臂垂直，刀尖向后。

（2）在屈膝下蹲、右脚猛力下踏的同时，左臂下砸，置于左膝外侧，右手换刀，刀尖向前与膝同高，头向左甩，然后左脚向左跨步，左臂上挡后摆，右脚上步同时右手挥刀猛力下刺，成右弓步。

要求：转身、下蹲要快，踏脚要有力，刺后刀尖约与腰同高。

图 8 - 28

八、绊脚下刺（见图 8 - 29）

（1）左脚蹉步、腿微屈，右脚收于左脚前成虚步，左手下勾拳，右手收刀后摆。

（2）右拳变掌抓、拧、后拉，右脚用力后绊，同时右手挥刀向斜下猛刺，成左弓步。

要求：蹉步、收腿、收刀、勾拳要协调一致，下刺要有力。

结束姿势——右脚靠拢左脚，恢复立正姿势，后手正握刀，紧贴小臂内侧。

图 8 - 29

## 四、军体拳

在未来战争中，我们面对的是穷凶极恶之敌，不是束手就毙的羔羊。在执行侦察、反潜、摸哨、伪装等特种任务，以及在保护人民合法利益免受侵犯的见义勇为的行动中，我们往往须徒手对敌。

军体拳是由拳打、脚踢、摔打、夺刀、夺枪等格斗动作组合而成的一种拳术。经常开展军体拳训练，对培养军人坚忍不拔、勇敢顽强的战斗作风，具有重要意义。

**（一）特点**

（1）套路长短适中，动作精练，有技击含义，节奏分明，易学易懂，既能单人打又能集体表演。

（2）不需要任何器材，对场地要求不高，一块平地即可练习。

（3）第一套军体拳主要特点是由格斗的基本功和基本动作组合而成的套路练习，它动作精练，有防身自卫作用。

（4）第二套军体拳主要是由摔打、夺刀、夺枪、袭击等格斗基本动作所组成的套路练习。动作精练实用，每一动作都是"一招制敌"，能保护自己，同时能锻炼身体，增强体质。

（5）第三套军体拳除具有第一、第二套的特点外，还有长拳舒展大方、动作灵活迅速有力、节奏明显的特点，又有南拳步稳、势烈、动作刚劲有力的特点。动作数量等于第一、二套的总和，运动量也较大，动作难度较复杂，都有技击含义。它不但能锻炼身体，还是克敌制胜的有效手段。

**（二）作用**

（1）打军体拳有一定活动量，对发展力量、耐力、速度都有积极作用，因此有锻炼身体，增强体质的作用。

（2）因为军体拳是由踢、打、摔、拿、拧等格斗的基本要素所组成的，因此学好军体拳一招一式，能防身自卫，克敌制胜，有保护自己的作用。

**（三）手型**

军体拳手型主要有三种。

拳：主要用于击打和砸。

掌：主要用于推、砍、劈、抽打等。

勾手：主要是打、勾。

**（四）常用步型**

军体拳步型有马步、弓步、虚步、仆步、歇步、骑龙步等。

**（三）军体拳（第一套）动作**

预备姿势

当听到"军体拳第一套——预备"的口令后，在立正基础上身体稍向左转，同时右脚向右前撤一步，两脚略成"八字形"，体重大部分落于右脚，两手握拳，前后拉开，屈肘，左拳与肩同，拳眼向内上，右拳置于小腹前约10厘米处，拳眼向上，自然挺目视前方（见图8-30）。

**1.弓步冲拳（见图8-31）**

动作要领：右拳从腰间猛力向前旋转冲出，拳心向下，同时左拳收于腰际，成左弓步。

用途：击腰、胸部。

图8-30　基本姿势

图8-31　弓步冲拳

### 2. 穿喉弹踢(见图 8－32)

动作要领:左拳变掌并向前上猛插,掌心向上,右拳收于腰间,右脚蹬直,同时抬右腿,大腿略平,脚尖向下绷直,猛力向前弹踢,并迅速收回。

用途:插喉、弹踢裆或小腿。

图 8－32  穿喉弹踢

### 3. 马步横打(见图 8－33)

动作要领:右脚向前落地成右弓步,同时左手前促变八字掌,右拳自然后摆;左转身成马步的同时,右手抓拉收于腰间,右拳由后向前猛力横击,臂微屈,拳与肩同高,拳心向下。

用途:击头、肋、腰部。

图 8－33  马步横打

### 4. 内拨下勾(见图 8－34)

动作要领:右转身成弓步,同时右臂内拨后摆并由后向前上方猛击,拳与下颌同高,拳心向离,左脚自然向左移动。

用途:击喉、下颌、腹、裆部。

图 8－34  内拨下勾

### 5. 交错侧踹(见图 8－35)

动作要领:右转身,右脚尖外摆,抬左腿,大腿略平,脚尖里勾两臂在胸前交错;左脚向左侧猛踹,并迅速收回,同时两臂上下外格,右臂屈肘,拳与头同高。拳眼向后,左臂自然后摆,拳心向后。

用途:踹膝关节。

图 8-35　交错侧踹

### 6. 外格横勾 (见图 8-36)

动作要领:左脚向前落地,左转身成弓步,同时左臂上挡、外格、后摆,右拳以扭腰送胯之合力由后向前猛击,拳与眼同高,拳心向下。

用途:击头、面部。

图 8-36　外格横勾

### 7. 反击勾踢 (见图 8-37)

动作要领:左脚尖外摆,起右脚,脚尖里勾,两手在胸前交错;右脚由后向左猛力勾踢,同时两臂猛力外格,左臂屈肘,拳与头同高,拳眼向后,左臂自然后摆,拳心向下。

用途:勾踢脚跟、脚腕部,将对方摔倒。

图 8-37　反击勾踢

### 8. 转身别臂 (见图 8-38)

动作要领:右转身,右脚尖外摆并猛力下踏;上左脚成弓步,同时右手向前上挑,左手抓握右小臂;右后转体成右弓步的同时,右拳变掌驱肘下压,两小臂略平置于腹前。

用途:别臂压肘。

图 8-38　转身别臂

### 9. 虚步砍肋（见图 8 - 39）

动作要领：收右脚成右虚步，同时两手变掌，由外稍向里猛砍，大臂夹紧，小臂略平，掌心向上，两掌约距 20 厘米。

用途：砍肋、腰部。

图 8 - 39　虚步砍肋

### 10. 踢裆顶肘（见图 8 - 40）

动作要领：两掌变拳收于腰间。掌心向上，左脚蹬直同时抬右脚，脚尖向下绷直，猛力向前弹踢，迅速收回；右脚落地成弓步，同时右臂置于左胸前，两手合力将右肘向前推顶，右大小臂夹紧略平，掌心向下。

用途：脚踢裆、腹部，肘顶心窝、头部。

图 8 - 40　踢裆顶肘

### 11. 反弹侧击（见图 8 - 41）

动作要领：右掌向前反弹，掌心向内上；左掌沿右臂下向前猛挑成立掌，同时收右拳于腰间成右虚步，右脚向前滑动，左转身成马步，同时左手抓拉变掌收抱于腰间，右拳向右侧冲击，拳眼向上，拳与肩同高，目视右拳。

用途：反弹面部。左手挑掌解脱，右拳击肋或腹部。

图 8 - 41　反弹侧击

### 12. 弓步靠掌（见图 8 - 42）

动作要领：上体左移，体重大部分落于左脚，两拳变掌交叉于裆前，右脚微收成右虚步；右转身，起右脚猛力下踏的同时，起左脚自然屈膝，两掌上下反拨，收于右肋前，掌心向前，左脚向前落地成左弓步，同时两掌合力向前推出，左手在上，右手在下，掌心向前，两手腕自然靠拢。目视前方。

用途:推肋,将对方摔倒。

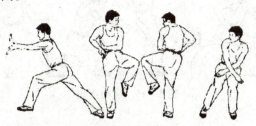

图 8-42　弓步靠掌

### 13. 上步砸肘(见图 8-43)

动作要领:右脚向前上步成右弓步的同时,右拳后摆,左手成抓拉姿势,虎口向右;左转身成左弓步的同时,右手抓拉收于腰间,挥动右臂屈肘向左下猛砸,大臂夹紧,小臂略平,拳心向上。

用途:砸、压肘关节。

图 8-43　上步砸肘

### 14. 仆步撩裆(见图 8-44)

动作要领:左膝深屈,右腿伸直,右拳变立掌置于左胸前,左拳抱于腰间,上体倾成左仆步;右手变勾,经右脚面向后搂手外拨后摆转身成右弓步,同时左手变掌由后向前猛撩,掌心向上,目视前方。

用途:勾手搂踢,撩掌打裆。

图 8-44　仆步撩裆

### 15. 挡击绊腿(见图 8-45)

动作要领:左脚向前上步,左手变拳上挡护头,拳高于头,拳眼向下,身体稍下蹲的同时,右拳向前下猛力冲出,拳心向下,右腿自然跟上屈膝;左拳变掌砍切右手腕的同时,右脚前扫,右拳收于腰间,拳心向上;右腿后绊成左弓步,同时右拳变掌下按,掌心向下,虎口向里,同时左掌变拳收于腰间。

用途:击挡腹部,推胸弹腿。

图 8 - 45　挡击绊腿

**16. 击腰锁喉**(见图 8 - 46)

动作要领:右拳变拳屈臂上挡外格,右脚向前上步,同时左拳向前猛力冲出,拳心向下;右拳变掌前插,左手抓握右手腕的同时,右掌变拳,两手合力回拉下压,右肩前顶,成右弓步,目视前下方。

用途:由后击腰锁喉。

图 8 - 46　击腰锁喉

结束姿势:左转身,右脚靠拢,成立正姿势。

# 第二节　战场医疗救护

## 一、救护基本知识

战争不可避免地要造成人员受伤,因此通过初步的紧急救护可以尽量减少伤员的痛苦,尽可能地救护有生力量。战伤救护分为自救和互救。当伤员身边没有其他人员,自己还有一定的行动能力时,可以自己展开自救;当伤员受伤情况严重,没有自救能力时,需要伤员身边的其他人员包括医护人员和其他战士来对其进行救护。

掌握战伤救护的基本知识,可以帮助自己或他人减轻伤病造成的痛苦,有效预防并发症。因为战争中外伤比较多,所以在救护的过程中一定要注意伤口的治疗,保证伤口不被感染,造成破伤风等。战伤救护只是初步的治疗,最终还要靠全面的治疗,有效的初步治疗是全面治疗的基础。因为对伤员来说时间十分宝贵,在越短的时间内得到救护,最后痊愈或恢复就越快,效果也就越好

战伤救护的基本技术主要包括 CPR、止血、包扎、固定、搬运、护送等。

### (一)CPR

采用心肺复苏的步骤,一般以胸外心脏按压(Circulation,人工循环)、打开气道(Airway)、口

对口人工呼吸（Breathing）的序列进行。胸外心脏按压、人工呼吸两者协调进行，是对心跳、呼吸骤停伤员的有效复苏。

### 1.胸外心脏按压（见图8－47、图8－48）

判断伤员无意识、无大动脉搏动，瞳孔散大或瞳孔对光反射消失，没有正常呼吸、咳嗽和运动后，立即开始胸外心脏按压。具体方法：使伤员仰卧于硬板或平地上，解开伤员衣领、领带、腰带等，按压部位为胸部正中乳头连线水平（胸骨下 1/2）处外，定位之手放在另一只手的手背上，双手掌根重叠，十指相扣，掌心翘起，手指离开胸壁。救护员上半身前倾，腕、肘、肩关节伸直，以髋关节为轴，垂直向下用力，借助上半身的体重和肩臂部肌肉力量进行按压，按压深度至少为5厘米，按压频率至少为100次/分钟。

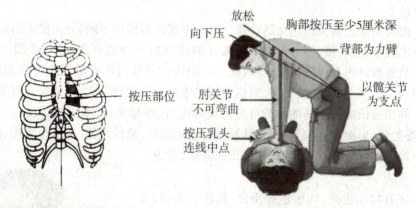

图8－47　按压部位　　　　　　　图8－48　胸外心脏按压

### 2.人工呼吸

开放气道是人工吹气前至关重要的一步，清除伤员口鼻内的污泥、痰、呕吐物等，使呼吸道畅通。采用仰头举颏法开放气道（见图8－49）。用一手小鱼际部位（小拇指侧）置于伤员前额，另一手食指中指置于下颏将下颌骨上提，使下颌角与耳垂的连线和地面垂直90°。怀疑颈椎损伤用托颏法开放气道（见图8－50），将手放置于伤员头部两侧，握紧伤员下颌角，用力向上托下颌，如伤员紧闭双唇，可用拇指将口唇分开。

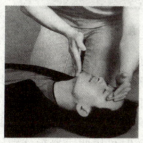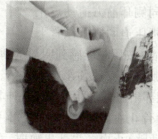

图8－49　仰头举颏法　　　图8－50　托颏法　　　图8－51　口对口人工呼吸

成人每做30次胸外心脏按压，需做人工吹气2次。口对口人工呼吸（见图8－51），捏紧伤员鼻翼，深吸一口气，双唇包严伤员口唇四周，缓慢持续将气体吹入，吹气时间持续1秒，同时贯彻伤员胸部隆起。吹气完毕松开捏鼻翼的手，抬头换气。成人吹气频率为10~12次/分钟。连续做五个周期（约2分钟）后，重新评估伤员的呼吸、循环体征，如有呼吸脉搏，将伤员置于复原体位；如没有呼吸脉搏，继续以30:2的比例实施心肺复苏。

### 3.双人心肺复苏

双人实施 CPR 的基本步骤与单人 CPR 方法相同,救护员分别跪在伤员两侧,一人在胸腰部施行胸外心脏按压,另一人在伤员的头颈部,负责口对口吹气并兼顾在胸外心脏按压时,检查伤员颈动脉的搏动,以观察按压是否有效。

由于双人心肺复苏的操作需要两人协调配合方可达到有效的救护目的,因此在操作上有一定难度。目前,两人在现场的情况下,一人实施单人心肺复苏,另一人呼叫、启动 EMS 系统,然后替换已疲惫的救护员;先评估伤员的反应、呼吸和循环体征后,继续实施单人心肺复苏,尽可能使 CPR 中断的时间缩短。

### (二)止血

#### 1.出血种类

判定出血类型是正确实施止血的首要工作。根据出血部位不同,分为皮下出血、内出血、外出血。皮下出血多因跌、撞、挤、挫伤造成,皮下软组织内出血而形成血肿、瘀斑,可短期自愈。内出血是伤员深部组织和内脏损伤,血液流入组织内或体腔内形成脏器血肿或积血,外部表现为面色苍白、呕血、腹部疼痛、便血等,对伤员的健康和生命威胁很大,必须密切观察,及时救治,速送医院。外出血依血管损伤的种类可分为动脉出血、静脉出血、毛细血管出血。动脉出血血液鲜红,呈喷射状,出血速度快且量多;静脉出血血液暗红,徐徐外流,速度稍缓慢,量中等;毛细血管出血血液由鲜红变暗红色,水珠样流出或渗出,量少。

#### 2.止血方法

止血方法有包扎止血、加压包扎止血、指压止血、加垫屈肢止血、填塞止血、止血带止血。一般的出血可以使用加压包扎止血法、指压止血法止血。

(1)加压包扎止血法:静脉、毛细血管或小动脉出血时,应先将敷料盖在伤口上,然后用三角巾或绷带包扎。

(2)指压止血法(见图 8-52):较大的动脉出血时,要立即用手指或手掌压迫伤口近心端的动脉,并将动脉压向深部的骨头上,阻断血液流通,以达到临时止血的目的。侧头顶部出血时,可用食指或拇指压迫同侧耳前方搏动点止血。一侧颜面出血时,可用食指或拇指压迫同侧下颌骨下

图 8-52　止血方法

缘与下颌前方约 3 厘米处的凹陷处止血,按压时能感到明显的搏动。侧头面部大出血时,可用拇指或其他四指压迫同侧气管外侧与胸锁乳突肌前缘中点之间,并将血管压向颈椎止血,此处可摸到强烈的搏动(颈总动脉)。肩腋部出血时,可用拇指压迫同侧锁骨上窝中部的搏动点(锁骨下动脉)止血,将动脉压向深处的肋骨止血。前臂出血时,可用拇指或其他四指压迫上臂内侧肱二头肌与肱骨之间的搏动点(肱动脉)止血。手部出血时,互救时可用两手拇指分别压迫手腕横纹稍上处内外侧搏动点(尺动脉、桡动脉)止血,自救时用健手拇指、食指分别压迫上述两点。大腿及其以下动脉出血时,自救时可用双手拇指重叠用力压迫大腿上端腹股沟中点稍下方的强大的搏动点(股动脉)止血,互救时可用手掌(双掌重叠)压迫止血。

四肢有大血管损伤,或伤口大出血量多时,方可采用止血带止血法。止血带的部位为上肢在上臂的上 1/3 处,下肢在大腿的中上部。止血带和皮肤之间要有衬垫,松紧适度。扎止血带必须记录时间,每隔 40~50 分钟要放松 3~5 分钟,并用指压法、直接压迫法止血。

### （三）包扎

包扎伤口可以起到快速止血、保护伤口、防止进一步污染、减轻疼痛的作用，有利于转运和进一步治疗。

常用的包扎材料有伤口贴、尼龙网套、三角巾、弹力绷带、纱布绷带、胶条等，干净的衣物、毛巾、床单、领带、围巾等也可作为临时性的包扎材料。

包扎伤口动作要快、准、轻、牢。包扎部位要准确、严密，不遗漏伤口，包扎前伤口上一定要加盖敷料；包扎动作要轻，不触碰伤口，以免增加伤员的疼痛和出血；包扎要牢靠，不宜过紧，以免妨碍血液流通和压迫神经。

三角巾使用方便，在应用时可按需要折叠成不同的形状，适用于不同部位的包扎，容易掌握。使用三角巾，需要注意的是，边要固定，角要拉紧，中心伸展，敷料贴实。三角巾常用的方法有以下几种。

#### 1. 头顶帽式包扎法（见图 8 - 53）

将三角巾底边折叠成约两横指宽，边缘置于伤员前额齐眉处，顶角向后。三角巾的两底角经两耳上方拉向头后部交叉并压住顶角，再绕回前额齐眉打结，顶角拉紧，折叠后掖入头后部交叉处内。

 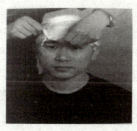 

**图 8 - 53　头顶帽式包扎法**

#### 2. 胸（背）部包扎法（见图 8 - 54）

三角巾底边横放在胸部，顶角从伤侧越过肩上折向背部，三角巾的中部盖在胸部的伤处，两底角向背部打结。顶角结带也和这两底角结打在一起。

单肩包扎　　　　　　　　　　　胸部包扎

**图 8 - 54　胸（背）部包扎法**

#### 3. 腹部包扎法（见图 8 - 55）

将三角巾顶角朝下，底边横放于上腹部，两底角拉紧于腰部打结，再将顶角从腿间拉向后，同两底角的余头打结。

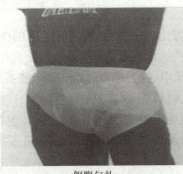
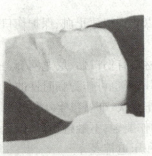

侧腹包扎 　　　　　　　　　　全腹部包扎

**图 8 - 55　腹部包扎法**

### 4.四肢包扎法

将三角巾底边向上横置于腕部或踝部,手掌(足跖)向下,放于三角巾的中央,再将顶角折回盖在手背(足背)上,然后将两底角交叉压住顶角,再在腕部(踝部)缠绕一周打结,将顶角再折回打在结内。

### (四)固定

固定是处理骨折患者的前期方法。正确良好的固定能迅速减轻伤员疼痛,减少出血,防止损伤脊髓、血管、神经等重要组织,也是搬运的基础,有利于转运的进一步治疗。对骨折患者临时固定一般采用木制夹板,杂志、硬纸板、木板、折叠的毯子、树枝、雨伞等也可作为临时夹板,或者将受伤上肢缚于躯干,受伤下肢固定于健肢。

固定在安全区就地施救,首先检查意识、呼吸、脉搏及处理严重出血,预防休克情况发生。骨断端暴露,不要拉动,不要送回伤口内;开放性骨折现场不要冲洗,不要涂药,用绷带、三角巾、夹板固定受伤部位,夹板的长度应能将骨折处的上下关节一同加以固定,固定伤肢后应尽可能将伤肢抬高,暴露肢体末端以便观察血液。

### 1.上臂骨折固定(见图 8 - 56)

把两块夹板分别放在上臂内侧和外侧,加衬垫后用三角巾捆绑固定,再用三角巾将前臂悬吊于胸前。

木板固定 　　　　　　　　　小悬带悬吊

**图 8 - 56　上臂骨折固定法**

### 2.前臂骨折固定(见图 8 - 57)

可在前臂的外侧、内侧各放一块夹板,加衬垫后用三角巾将骨折上下端捆绑固定,屈肘位打悬臂带吊于胸前。

图 8-57　前臂骨折固定法

### 3. 小腿骨折固定

将夹板(长度等于自大腿中部到脚跟)放于小腿外侧,加衬垫后用宽带分段固定,先固定骨折上下两端,再固定髋部、大腿、踝部。

### 4. 骨盆骨折固定(见图 8-58)

伤员仰卧,两膝下放置软垫,膝部屈曲,用宽布带从臀后向前绕骨盆,捆扎紧,在下腹部打结固定,两膝之间加衬垫;用宽带捆扎固定。

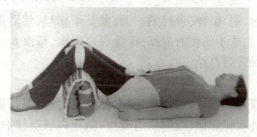

图 8-58　骨盆骨折固定法

### (五)搬运护送

正确的搬运方法能减少伤员的痛苦,防止损伤加重。要根据伤员的病情轻重和特点采取搬运措施,疑有脊柱、骨盆、双下肢骨折时,不能让伤员试行站立,疑有肋骨骨折的,不能采取背运的方法;伤势较重,有昏迷、内脏损伤,脊柱、骨盆骨折、双下肢骨折的伤员应采用担架搬运。

### 1. 徒手搬运(见图 8-59)

对于转运路程较近、病情较轻、无骨折的伤员,可以采用拖行法、扶行法、抱持法、爬行法、杠桥式。

拖行法

爬行法

杠桥式搬运

图 8-59　徒手搬运法

### 2.担架搬运

担架是搬运中最方便的用具。担架上要先垫被褥、毛毯等,防止皮肤压伤,尤其是在颈部、腰部、膝部、踝下空虚处。伤员固定于担架上要使其头部向后,足部向前,以便后面抬担架人员观察伤员的病情变化。向高处抬时,前面人要放低担架,后面人抬高担架,以保持伤员的水平状态,向低处抬则相反。

## 二、意外伤的救护

### (一)颅脑损伤

颅脑损伤的急救,首先要注意呼吸道是否通畅,对伤部包扎要严密,如有脑脱出者,须用纱布棉圈作为支持物,围住脱出的脑组织;或者在脱出的脑组织两侧各放一敷料卷,再盖上敷料包扎,以保护脑组织不受压迫和损伤。伤部包扎后将伤员安置在侧卧位或俯卧位,以利于呼吸道畅通,后送就医时应采用同样体位,并将伤员头部用衣物垫好,防止震荡。

### (二)开放性气胸

胸部受伤,空气由伤口出入,压迫肺脏,引起呼吸困难,此为开放性气胸。遇到此类伤员,应迅速严密包扎,封闭伤口,不使空气继续从伤口进出。

封闭方法:撕开急救包,用其外皮带胶的一面,紧贴于伤口,然后盖上敷料进行包扎。包扎时,将三角巾放于胸部,顶角放于伤侧的肩部,折叠底边两次,每次6~8厘米宽,固定盖伤部的敷料,拉近两底角和顶角到背后打结。

### (三)腹部内脏

腹部严重受到损伤,腹腔脏器可以自伤口脱出,此类伤员需要正确地包扎伤口和保护脱出的内脏。保护方法:使伤员双腿屈曲、腹部肌肉放松,防止内脏继续脱出,但脱出的内脏不要送回腹腔,以免加重污染;对于脱出的内脏,先盖上敷料,再取伤员的腰带做成略大于脱出的内脏的环,围住脱出的内脏器官。无腰带时,可用大小相当的碗扣上保护内脏,不要压迫脏器,而后用三角巾固定;包扎后取仰卧位,屈曲下肢,腹部保温,防止肠管过度胀气,迅速后送。

### (四)脊柱、骨盆损伤

脊柱、骨盆损伤后应及时包扎。防止继发脊髓和盆腔脏器损伤。骨盆损伤,应将骨盆用三角巾或大块材料做成环形包扎。后送医时,让伤员仰卧于门板或硬担架上,膝微曲,下部加垫。

### (五)烧伤

一般烧伤的急救,应迅速卧倒,缓慢地滚动,压灭火焰,或者脱去着火的衣服,切勿奔跑以防助长燃烧。急救者可用棉被、毯子、雨衣、大衣等,迅速压灭伤员身上的火焰;或跳入附近水中或用水扑灭。包扎前,不要撕掉水泡表皮或揭掉粘在伤部皮肤的布片。如遇大面积烧伤,可用清洁的被单包裹,然后迅速送医。

## 三、战场自救互救

战时伤员的及时救护和快速转运是提高救治成功率、降低伤死率、伤残率,维护和再生部队战斗力的重要环节。自救互救是指伤员或者战友在战场上利用简单的材料进行通气、止血、包扎、固定、搬运等初步急救处理的过程。自救互救技术并不复杂,所用器材也较为简单,如制式三角巾、绷带、止血带等,甚至可现场取材代替。

高楼发生火灾如何自救

自救互救一般按以下基本步骤进行。

1. 快速接近伤员,立即脱离危险环境,避开火力直接打击。

2. 快速验伤,主要检查伤员意识、呼吸及有无出血、骨折等情况。

3. 快速对损伤部位进行自救互救。

4. 准备好搬运工具,及时后送。

# 第三节　核生化防护

核生化武器具有巨大的杀伤破坏威力,但也有可防护的一面。只要我们了解其特性,掌握必要的防护知识,学会一些基本的防护技能,就能减轻或避免其伤害。

## 一、核武器的防护基本知识和技能

核武器与常规武器相比较,不但在效应和杀伤威力上大不相同,而且在防护措施方面也有许多不同的特点。

核武器虽具有巨大的杀伤破坏作用,但只要了解其基本的防护知识,采取必要的防护措施,掌握防护技能,还是能减轻或避免其伤害。

核试验证明,各种野战工事都能减轻或避免核武器对人员的杀伤。在核条件下作战,只要情况允许,就应根据任务和条件积极构筑各种工事进行防护。

人口高度集中的城市在平时的建设中,应加强人防工程修建,完善各种防护措施,这是防核袭击的有效手段。如修建地下铁路,既可解决平时交通拥挤问题,也为战时疏散、隐蔽人员作准备;又如高层建筑必须修建地下室,既作建筑基础,平时又可住人或当仓库使用,战时则为掩蔽人员提供条件;也可修建一些地下车库、地下商场和地下工厂等,为战时疏散、隐蔽人员和储存物资作准备。

### (一) 人员就地(就近)防护

在核武器袭击的条件下,充分利用就近的防护设施,因地制宜地采取适当防护措施,就可能避免和最大限度地减少人员的伤害。

#### 1. 在开阔地上就地防护

发现核爆炸闪光时,应迅速卧倒,尽可能背向爆心。卧倒时,两手交叉压于胸下,两肘前伸,头自然向下压夹于两臂之间,闭眼闭嘴(有条件时塞耳),憋气(当感到有热空气时),两腿伸直并拢。核试验证明:在同一条件下,立姿狗发生极重度烧伤和中度冲击伤后死亡,而卧姿狗只遭受中度烧伤和轻度冲击伤后存活。

#### 2. 在建筑物内就地防护

当人员来不及到室外防护时,应在室内屋角或床、桌下卧倒或蹲下。注意,不要利用不坚固或易倒塌的建筑物,要尽量避开门窗和易燃易爆物,以免间接受伤。为了减轻照射损伤,可提前使用预防药物,如口服碘化钾等。

#### 3. 利用掩蔽部、防空地下室的防护

当接收到核袭击警报信号时,应立即进入掩蔽部、防空地下室,关好防护门,尽量不用明火

照明。核试验证明:爆后 1 秒钟进入工事内的狗未受烧伤,而没有进入工事的狗却遭受极重度烧伤和冲击伤,5 天后死亡。

#### 4. 在建筑物外的就地防护

坚固的建筑物对瞬时杀伤因素具有一定的防护作用。当发现核爆炸闪光时,应尽量利用墙的拐角或紧靠墙根卧倒,但要避开易倒塌的建筑物或土堆,避开易燃、易爆物体,以免受到间接伤害。

#### 5. 利用土丘、土坎等防护

当建筑物外有土丘、土坎等高于地平面的地形时,应利用就近地形,背向爆心紧靠遮挡一侧的下方迅速卧倒;如土丘、土坎较小时,则可对向爆心卧倒,重点防护头部。利用土坑、沟渠等低于地平面的地形时,应迅速跃(滚)入坑内,身体蜷缩,跪或坐于坑内,两肘置于两腿上,两手掩耳,闭眼闭嘴,暂停呼吸。若坑大底宽,也可侧向或对向爆心卧倒。利用沟渠时,宜用横向爆心的沟渠卧倒防护,若沟渠走向对爆心时,只能利用拐弯处进行防护。

此外,山洞、桥洞、涵洞、下水道等都可用来防护;有时利用树木、丛林、青纱帐或潜入水中防护,也有一定效果。

### (二)对放射性烟云沉降的防护

放射性烟云沉降时,人员应迅速进入有掩盖的工事,暴露人员应迅速戴上口罩、手套,披上雨衣或斗篷进行全身防护;将物资、器材、粮食、食品和饮水等遮盖起来。

需要通过放射性沾染地域时,人员应口服抗辐射药物,喝足开水,排除大小便,戴好口罩或面具,穿深腰鞋,视情况穿雨衣或披斗篷,扎好"三口":领口、袖口和裤脚口。尽量垂直于放射性沾染带快速横穿。

### (三)消除放射性沾染的方法

#### 1. 对人员、服装装具沾染的消除

人员被沾染后,应进行局部消除。可用清水和肥皂擦洗暴露的皮肤,清洗鼻腔、漱口和擦洗耳窝。无水时,可用毛巾、纱布、棉花等干擦,冬季可用干净的雪擦拭。擦拭时,应从上到下,顺一个方向进行。擦拭一次,将毛巾、纱布翻叠一次,防止已消除部位重新沾染。条件许可时,要进行全身洗消(沐浴最好)。对服装装具可采用拍打、扫除、抖拂、洗涤等方法消除,消除时人员之间应有一定距离,注意站在上风方向,采取从上到下、由外到里的方法进行。

#### 2. 对粮食、饮水和食品沾染的消除

对粮食消除沾染,可采用过筛、加工脱壳、水洗风吹等方法,消除率可达 90% 以上;对包装完好的粮食可采用扫除、拍打或去除包装袋消除;对未包装的粮食,可铲除沾染层 2~3 厘米;对蔬菜、水果等,主要用水冲洗和剥皮的方法;对面包、馒头等熟食可剥掉表皮消除。对饮水沾染的消除一般可采用土壤净化法和过滤法。土壤净化法即在每升水中加干净细土粒 20 克,再加入明矾和石灰,经搅拌后澄清,上层澄清液的消除率可达 60%~70%。过滤法即在盛水容器底部放水口处,先铺上二三层纱布,然后再取 3~4 厘米的细砂,上面铺 2 层纱布,再铺 3 厘米的粗砂或碎石,每次消除率可达 80% 以上。用上述方法处理的水,应进行检查。

## 二、化学武器的基本知识和技能

### (一)对毒剂中毒的预防

预防原则上是将器材防护与药物预防相结合,群众性防护与专业技术防护相结合,主要措施如下。

#### 1. 及时使用防护器材

有条件的应迅速进入集体防护工事设施内,如无此条件的应进行个人器材防护。如佩戴各种防毒面具、防毒面罩或简易防护器材,用游泳镜、劳动保护镜或风镜防护眼睛;用多层口罩、毛巾防护口腔及呼吸道;戴手套、穿雨鞋防护四肢;穿雨衣、风衣、塑料雨披等保护全身。

#### 2. 服用预防药物

在可能受到化学武器袭击时,为增强对神经性毒剂的防护能力,可组织人员提前服用防磷片或吸入解磷鼻化剂等预防药物。

#### 3. 及时进行清洗消毒

离开染毒区后,尽快组织人员对器材进行洗消,在洗消时也应该注意个人防护,以防止造成间接中毒。

#### 4. 遵守染毒区行动规则

在毒区内个人不得随意行动,更不得自行解除个人防护,人员应按指定路线有计划撤离,不准在毒区饮水、进食、吸烟,不准随意坐卧,不准在毒气容易滞留的房屋背风处、绿化地带、低洼处停留。

### (二)对毒剂的消毒

为防止或减轻中毒,保障人员安全,恢复染毒物品的使用价值,必须及时组织实施消除毒剂措施。

#### 1. 消毒的方法

机械消毒法:用分离或切除染毒层,也可用未染毒物品覆盖或掘坑深埋等隔绝毒剂。

化学清毒法:通过化学消毒剂与毒剂发生水解、氧化、氯化等化学反应破坏毒剂,生成无毒或低毒物质。

物理消毒法:包括用吸附、溶解、冲洗、通风、高温等方法,使毒剂从受染毒物体表面离去或部分被破坏。

#### 2. 常用的消毒剂

化学消毒剂常用的有:三合二、次氯酸钙、漂白粉、一氯胺、二氯胺、氢氧化钠、碳酸钠、碳酸氢钠、乙醇胺、高锰酸钾、浓硝酸、重铬酸盐等。物理洗消剂常用的有:水、酒精、汽油、煤油和二氯化烷等。

#### 3. 人员的洗消

局部紧急消毒:迅速用纱布、棉花、纸片等吸去可见毒剂液滴,再用肥皂、洗衣粉等碱性溶液洗涤局部,然后用净水冲洗。全身洗消:当皮肤染毒面积较大时,经局部消毒后应再进行全身洗消,一般要在离开毒区后进行。

#### 4. 地面、工事的消毒

通常可用喷洒消毒剂的方法进行消毒。无此条件时,用铲除、掩盖、火烧等方法,也能达到消毒的目的。

### (三) 对中毒人员的急救

对中毒人员的急救必须正确、迅速,应根据毒剂的不同,采用相应的急救药物和方法。情况允许时,最好将中毒者撤出毒区后送医院治疗。急救时应先重后轻,主要依靠自救和互救,救治中应贯彻特效抗毒与综合治疗相结合的局部染毒处理与全身治疗相结合的方法,首先处理危及生命的伤情。

#### 1. 对神经性毒剂中毒的急救

对中毒人员,如无法立即撤离毒区时,应首先戴上面具,立即注射解磷针;对呼吸困难者进行人工呼吸,对染毒皮肤及时消毒。

#### 2. 对全身中毒性毒剂中毒的急救

迅速捏破亚硝酸异戊酯安瓿,放在中毒人员鼻前(戴面具后,则将捏破的亚硝酸异戊酯安瓿,塞入面罩内),使其吸入药剂,如症状不见消失还可再用。对呼吸困难者应进行人工呼吸。

#### 3. 对窒息性毒剂中毒的急救

中毒人员应保持安静,尽量减少体力的消耗,注意保温,严禁人工呼吸。

对失能性毒剂中毒人员,一般不需要急救,只要离开毒区,症状会自动消失。

## 三、生物武器的防护

### (一) 加强全民教育,建立和健全卫生防疫组织和制度

对全民进行反生物战教育,使他们了解反生物战的基本知识,学会正确地进行个人防护。对卫生专业人员应进行反生物战训练,掌握防护的基本原理,学会正确的组织防护措施。

针对可能发生敌使用生物武器的征兆,应立即建立反生物战的组织,加强领导,密切协同,统一行动;根据反生物战的特殊情况,建立健全卫生防疫制度,包括个人和环境卫生、敌情监视和报告、标本采集和传送、现场处理、病人隔离及疫区处理等。

### (二) 个人防护动作和药物预防、免疫接种

当敌施放生物战剂气溶胶时,我方人员应戴好防毒面具或防疫、防尘口罩,还应戴上防毒眼镜和穿着防毒衣、防疫服、胶靴鞋和手套等。如有条件时,可进入具有滤毒通风设施的掩蔽部、坑道或人防工事内进行防护。

当敌投放带菌昆虫时,我方人员为保护暴露皮肤,防止昆虫叮咬,应利用工事、房屋、帐篷和个人防护器材进行防护,还应在暴露的皮肤上涂抹驱蚊灵等驱避剂。为增强人体抗病免疫能力,提高治疗效果,我方人员应在战斗前进行免疫接种。当确知敌人使用生物战剂时,还应使用药物进行预防。

此外,还需要搞好个人卫生和战场环境卫生。

### (三) 消毒、杀虫、灭鼠

对受污染人员的皮肤可用个人防护盒内的皮肤消毒液或1%的三合二水溶液,以擦拭法进行消毒。对污染的服装装具可用煮沸法、日晒法或药物浸泡法进行消毒。对污染的粮秣、食物,通常应销毁。如密封包装的,可用消毒剂,擦拭表面 2~3 次,放置 3 分钟后方可食用。对污染的水,须煮沸 15 分钟后方可饮用。对污染的地面、工事可用火烧法、铲除法和喷洒消毒剂等进行消毒。还应组织人员迅速对敌投入的带菌昆虫、小动物用扫帚、铁锹等工具聚成一堆烧毁或深埋,对能飞善跳的昆虫、小动物则可用各种喷雾器(包括动用飞机)喷洒杀虫药物,进行捕杀。

● 我思我行 ●

1. 简述格斗的训练方式和要求。
2. 简述战伤救护的基本技术。

# 第九章　战备基础与应用训练

 军事讲坛

　　凡军好高而恶下，贵阳而贱阴，养生而处实，军无百疾，是谓必胜。丘陵堤防，必处其阳，而右背之。此兵之利，地之助也。

——孙子

## ✈ 教学目标

　　了解战备规定、紧急集合、徒步行军、野外生存的基本要求、方法和注意事项，学会识图用图、电磁频谱监测的基本技能，培养学生分析判断和应急处置能力，全面提升学生的综合军事素质。

## 📢 导语

　　行军、宿营、野外生存等科目都属于军事训练的综合训练范畴。综合训练是对部(分)队人员进行的战术、技术、战斗勤务等内容的全面训练，使部队在走、打、吃、住、藏等方面得到适应战争环境的锻炼。对大学生来说，综合训练通常在各项基础知识教育和技能训练完成后进行，主要检查他们对前一阶段军事知识和技能的掌握程度，提高其综合运用所学知识和技能的能力。

# 第一节　战备规定

## 一、战备概述

战备是部队为了应付可能发生的战争或突发事件而在平时进行的准备和戒备。士兵作为部队的主体,担负着执勤、处突、反恐怖和防卫作战的任务,必须牢固树立战备观念、了解战备常识、搞好各项训练,确保一有情况,能够立即出动,圆满完成任务。

## 二、战备规定的主要内容和要求

战备等级是部队战备程度的区分,全军战备等级分为四级战备、三级战备、二级战备和一级战备。

### (一)四级战备

即国外发生重大突发事件或者我国周边地区出现重大异常,有可能对我国安全和稳定带来较大影响时部队所处的战备状态。

四级战备部队的主要工作有如下几个方面。

(1)进行战备教育和战备检查。

(2)调整值班、执勤力量。

(3)加强战备值班和情况研究,严密掌握情况。

(4)保持通信顺畅。

(5)严格边境管理。

(6)加强巡逻警戒。

### (二)三级战备

即局势紧张,周边地区出现重大异常,有可能对我国构成直接军事威胁时,或敏感时期、重大活动(会议)期间或者出现重大灾情时,部队所处的战备状态,其主要依托营区现有人员、装备、物资等完成行动准备的戒备状态。

三级战备部队的主要工作有如下几个方面。

(1)进行战备动员。

(2)加强战备值班和通信保障,值班部队(分队)能随时执行作战任务。

(3)密切注视敌人动向,及时掌握情况。

(4)停止休假、疗养、探亲、转业和退伍。

(5)控制人员外出,做好收拢部队的准备,召回外出人员。

(6)启封、检修、补充武器装备器材和战备物资。

(7)必要时启封一线阵地工事。

(8)修订战备方案。

(9)进行临战训练,开展后勤、装备等各级保障工作。

(10)在规定时间内完成战备等级转换。部队完成三级战备等级转换后,营区以及附近人员收拢完毕,装备保持良好状态,战备物资补充到位,能够随时按照命令规定的时限出动执行任务。

### (三)二级战备

当国家安全和社会稳定受到一般现实威胁时,通常指定有关部队进入二级战备。二级战备是部队按照现有实力达到齐装、满员,完成行动准备的戒备状态。

二级战备部队的主要工作有如下几个方面。

(1)深入进行战备动员。

(2)战备值班人员严守岗位,指挥通信顺畅,视情况派出侦查力量,实施路线勘察和现场侦查,严密掌握敌人动向,查明敌人企图。

(3)收拢部队。

(4)发放战备物资,抓紧落实后勤、装备等各种保障。

(5)抢修武器装备。

(6)开设基本指挥所,开通指挥信息系统,建立语音、视频、数据通信手段,指挥要素进入指挥位置,做好派出前进指挥所(组)准备。

(7)完成应急扩编各项准备,重要方向的边防部队,按战时编制齐装满员。

(8)作好疏散部队人员、兵器、装备的准备。

(9)抢修工事,设置障碍。

(10)抓紧临战训练。

(11)调整修订作战方案。

(12)留守机构展开工作。

(13)在规定时间内完成战备等级转换。部队完成二级战备等级转换后,现有人员收拢完毕,装备、战备物资发放到位,能够随时按照命令规定的时限出动执行任务。

### (四)一级战备

一级战备,即当国家安全和社会稳定受到严重现实威胁时,针对我国的战争征候十分明显时,部队所处的战备状态。一级战备是部队完成一切临战准备的最高戒备状态。

一级战备部队的主要工作有如下几个方面。

(1)进入临战战备动员。

(2)战备值班人员昼夜坐班,无线电指挥网全时收听,保障不间断指挥。

(3)运用各种侦察手段,严密监视敌人动向,进行应急扩编,战备预备队和军区战备值班部队,按战时编制满员。

(4)所需装备补充能力优先保障。

(5)完成阵地配系。

(6)落实各项保障;部队人员、兵器、装备疏散隐蔽伪装。

(7)留守机构组织人员向预定地区疏散。

(8)完善行动方案,完成一切临战准备,部队处于待命状态。

● 知识窗 ●--------------------

### 苏联放松战备，被德国闪击——"巴巴罗萨"计划

"巴巴罗萨"计划是纳粹德国在第二次世界大战中发起侵苏行动的代号。1940 年夏，希特勒在取得对法国的战争胜利后，进攻苏联的议案又提上日程。

在第二次世界大战中，苏联对德国的战争阴谋缺乏警惕，结果导致了战争初期的失利。当时，尽管有许多迹象表明战争即将爆发，但苏联领导人对战争的警惕性不高，使部队战备观念松懈，战争准备不充分，工事没有建设，装备没有补充，人员还在休假，5 个边境军区的 170 个师没有一个满员的。1941 年 6 月 22 日，德国突然不宣而战，以 190 个师，1830 架飞机大举进攻苏联。苏联方面毫无防备。德军航空兵对苏联西部的重要城市、交通枢纽、陆海空基地及部队营房给予毁灭性轰炸，致使苏联几乎全面瘫痪，西部地区许多军事设备被毁，通信中断，交通瘫痪，使苏联在战争一开始就处于被动地位。

### 三、战备等级转换

部队进入等级战备，通常逐级进入三级战备、二级战备、一级战备；必要时，可以越级直接进入二级战备、一级战备，或者由三级战备越级进入一级战备。

部队一旦进入战备等级状态，要求每一名士兵必须做到：①严格遵守保密规定，不泄露部队行动的秘密。②外出探亲人员，接到上级的通知后要迅速归队。③服从命令，听从指挥，按上级的命令完成各项工作。④提高警惕，坚持在岗在位，保持良好的战备状态。⑤进一步落实战备计划，随时做好出动准备。

### 四、三分四定

#### (一)"三分"
就是将个人的物资分为携行、运行、后留三部分，分别放置。

##### 1. 携行
紧急情况时个人自己随身带的物资。例如，武器装备、当季被装、生活保障用品。

##### 2. 运行
就是有些个人很需要，但自己携带不了，需要上级单位帮助运走的物资。例如，非当季被装、床铺被褥、后勤物资等。

##### 3. 后留
就是不需要带走的个人物资，留在营房里，由上级统一保管。例如，非军队配发的个人物品。

#### (二)"四定"
即定人、定物、定车、定位。

##### 1. 定人
根据战备行动方案，确定每个士兵在可能出现的紧急情况中所担负的任务、归谁指挥、可能的行动等内容。

### 2.定物

确定士兵紧急出动时携带物资的数量、种类,主要规定是武器装备的携带方法。

### 3.定车

确定士兵紧急出动时乘坐的车辆。

### 4.定位

确定士兵乘坐车辆的具体位置及在行进中可能担负的任务。

"三分四定"是战备工作的重要内容,每一个士兵平时要严格按规定做好各项工作,保证一有紧急情况就可立即出动。

# 第二节　紧急集合

紧急集合就是在紧急情况下迅速进行的集合,是应付突然情况的一种紧急行动。指军队、警察或其他准军事化组织在非常规状态下或演习情形下突然实行集合。通常以警报、哨声等为信号,在极短的时间内对所属部队或一定范围内的人员按备勤要求进行集中(往往在五分钟以内),一般要求集合人员按规定着装,配带相关武器或装备。

紧急集合分为全副武装紧急集合和轻装紧急集合两种。全副武装集合是根据当时部队所处的战备等级状态而确定。此时,人员的负荷量、携行的装备和器材均按战备方案和上级的规定执行。轻装紧急集合是在执行临时性的紧急任务时采取的一种方式。

## 一、紧急集合要领

### (一)着装

通常着训练服。白天进行紧急集合时,一般就按当时的训练着装进行。如果上级重新规定了着装,士兵应立即换装。夜间实施紧急集合时,士兵应迅速起床,按照帽子(冬季戴皮、棉帽时,披装后再戴)、上衣、裤子、袜子、鞋子(双层床上层的士兵打完背包再穿鞋子)的顺序进行穿戴。

### (二)打背包

背包宽30～35厘米,竖捆两道,横压三道,雨衣放在挎包内,大衣通常捆于背包上端,大衣袖子捆于背包两侧,鞋子横插在背包背面中央或竖插两侧。

### (三)装具携带(见表9-1)

着装通常按照"战斗装具左肩右胁,生活装具右肩左胁"的原则进行。

表9-1　着装与携行表

| 着装类型 | 着装及携行要求 |
| --- | --- |
| 徒手着装 | 着制式服装,扎腰带,佩带值勤臂章。任务需要时,部分人员可以着便衣 |
| 轻装 | 着制式服装,扎腰带,佩带值勤臂章,戴头盔(钢盔),带挎包、水壶、雨衣、洗漱用具和急救包,携带手中武器,0.25个基数的弹药和催泪弹及部分防护器材。支队(团)派出指挥机构时,按出动人数和携行武器数运行0.25个基数的弹药和催泪弹 |

| 混合着装 | 着制式服装,扎腰带,佩戴值勤臂章,戴头盔(钢盔),带挎包、水壶、雨衣、洗漱用具和急救包。部分人员带手中武器和0.25个基数的弹药。另一部分人员携带警械和0.25个基数的催泪弹。支队(团)派出指挥机构时,按出动人数和携行武器数运行0.25个基数的弹药和催泪弹 |
|---|---|
| 全副武装 | 着制式服装,扎腰带,佩戴值勤臂章,戴头盔(钢盔),带挎包、水壶、雨衣、洗漱用具,急救包和个人被服;携带手中武器,警械,0.25个基数的弹药和防爆护器材。支队(团)派出指挥机构时,按出动人数和携行武器的数量运行0.25个基数的弹药和催泪弹 |
| 说明 | 1.部队(分队)执行任务时的着装类型,可以根据任务需要临时确定。<br>2.混合着装时,携带武器,警械的人员比例,可能根据任务的需要临时确定。<br>3.粮秣的携行(运行)量,可以根据实际情况临时确定。远离城镇执行任务时,可带两日份熟食和三日份生食;在城区执行任务且条件允许时,可不带粮秣;跨区执行任务时,可只带途中粮秣;到达任务地区后,由所在地区的武警部队协助保障。<br>4.各类武器1个弹药基数为:手枪20发,狙击步枪100发,自动步枪、冲锋枪200发,轻机枪1000发,防暴枪20发,40火箭筒8枚,82无坐力炮20发,82迫击炮120发,轻型喷火器3个,催泪弹1个,基数为4枚 |

### (四)集合

通常应逐级集合,逐级报告。如士兵披装完毕后,迅速跑步到班集合地点,向班长报告。全班到齐后,班长带领全班迅速赶到排集合场,并向排长报告,依次进行。紧急情况下,也可以排、中队(连)为建制,统一集合。士兵在紧急集合时要做到:迅速肃静、确实、完整、安全、便于行动。这就要求每名士兵在平时应按规定放置武器、弹药、装具和衣物,这样在紧急集合时就便于拿取和穿着,行动才不会慌乱。

## 二、紧急集合训练

紧急集合的演练在我国部队、军事院校及公安院校往往作为新成员的必修课之一,这对保持队伍的战斗力以及纪律性有着重大的意义。通过紧急集合演练,使每位队员掌握对付各种突发事件的方法,能在短时间内到达紧急集合地点;在发生紧急、突发事件时,以最有效的方法在最短时间内控制事态发展,或保证出色完成上级交办的临时任务。

紧急集合的考核标准:紧急集合按处突或战斗着装,携带背包或背囊,昼间10分钟、夜间12分钟内到达班集合点为合格。根据各类着装携行标准,集合时间也不相同,按照迅速、肃静、确实、完整、安全、便于行动的原则,力求速度最快。

# 第三节　行军拉练

行军拉练

## 一、行军概述

行军是军队徒步或乘坐建制内和配属的车辆,沿指定路线进行的有组织的移动。其目的是为了转移兵力,争取主动,形成有利态势。行军按方式的不同,分为摩托化行军、徒步行军;按时间的不同,分为昼间行军和夜间行军;按强度的不同,分为常行军和强行军;按行进方向分为向敌行军和侧敌行军。行军时,必须保持充分的战斗准备,迅速、隐蔽地按时到达指定地域。

行军的速度应根据任务、敌情、时间、行军能力、道路状况和气候季节而定。常行军通常徒步每小时 4～5 千米,日行程 25～35 千米。急行军是以最快的速度实施的行军,执行紧急任务时采用。强行军是加快时速和加大每日行程的行军方法,通常徒步每小时 7 千米左右,日行程 50 千米以上。

行军时,通常按照先头分队、本队和收容分队的顺序进行编组。

### (一)徒步行军

徒步行军时,成一路或数路沿道路右侧或两侧行进,两队之间距离约 100 米。行军时,应适时组织大、小休息。小休息通常在开始行军 30 分钟后进行,其时间约 15 分钟,然后每行进 50 分钟休息一次,每次约 10 分钟。休息时,人员及车辆应靠道路右边,保持原队形;面向路外侧,保持原来队形。督促战士整理鞋袜和装具。在完成当日行程半数后进行大休息,时间 1～2 小时。大休息时,应抓紧时间用餐,并派出警戒,防止丢失物品。夜间休息时,人员不准随意离队,装备物品随身携带;出发前清点人数,检查装备物品。走完一日行程后,按上级指示进行宿营。

#### 1. 徒步行军应注意的事项

士兵在行军过程中应按照正确的行军要领,坚决服从班、组长的指挥,灵活处置各种情况,确保按时迅速到达目的地。

(1)士兵徒步行军应按照规定或上级命令携行有关装具。

(2)行军前,士兵应检查所带装备是否齐全,佩带是否牢固,尤其是要仔细检查鞋袜是否合适,以避免行军中脚打泡。

(3)行军过程中,应均匀呼吸,全脚掌着地,调整好步幅,保持正常的行军速度。

(4)行军掉队时,应大步跟上,尽量不要跑动,以节省体力。体力好的士兵要主动帮助体力差的战友,搞好体力互助。

(5)小休息时,士兵应就地休息,及时调整体力,不要乱走动,并按要求处理打起的血泡。

(6)行军中,士兵要以灯光、旗语、音响、手势等简易信号,通信、运动通信等手段传递口令,保持通信联络。

(7)遇敌空中火力袭击时,士兵应就近利用地形进行防护;接到敌核、化学武器袭击警报时,人员迅速穿戴防护衣罩,就地隐蔽防护;警报解除后,应迅速抢救伤员,检查武器装备,恢复行军序列。

(8)行军中,遇有闹事人群拦阻时,按照命令及时组织疏导,疏导无效的,实施强行驱散。

(9)当道路、桥梁遭敌破坏或遇到难以通行的地段时,应按命令绕行;无法绕行时,应及时报告上级。

如果在夜间、山地、稻田、沙漠、雪地等一些特殊环境和地形条件下徒步行军时,士兵要根据特殊环境和地形的特点及当时的具体情况,按命令进行必要的物资器材准备,特别是一些辅助器材(木板、救生圈、绳索、抓钩)一定要准备好。在高寒地区行军,要加强防寒保暖措施,做好在低温条件下工作的准备和防治冻伤工作。行军中要注意紧跟队形,不要掉队;无论遇到什么样的情况,都要及时报告;要发扬不怕苦、不怕累的精神,坚决走到目的地。

#### 2. 徒步行军的典型案例

2008 年 5 月 12 日汶川大地震后,为实现国务院、中央军委关于尽快进入汶川重灾区的决心,武警 38 师坚决贯彻武警部队党委的指示,师参谋长王毅主动请缨,率 670 名官兵开赴汶川。

这是一场与时间赛跑的生命接力。此时,路上到处都是塌方,70%以上的路面损坏,桥梁全部被毁,加之连续的大雨,救援人员迎着狂风每前进一步都十分困难。官兵们相互搀扶,边开路边前进。遇到山谷,大家上山时就手脚并用,爬着一步步往上挪;下山时,大家就像坐滑梯一样往下滑。晚上,大家每6个人分成一组,一组1个手电筒,有时刚走过一个路段,背后就发生了塌方险情。战士刘强的脚被山下滑落的山石砸伤了,他硬是咬紧牙关,始终坚持不掉队。

13日23时15分,王毅参谋长带领200名官兵(含有10名女兵),历经21个小时艰难跋涉,徒步强行军90多公里(每小时4.5公里),率先到达这次地震的重灾区——四川省汶川县城。几乎每个人的脚上都打起了血泡,每个人的腿都有跌伤、碰伤。200名官兵成为第一支到达汶川县城的救援部队,并立即用海事卫星电话向上级报告了汶川情况。自此,震后隔绝了33个小时的汶川与外界有了联系。

### (二)乘车行军

乘车行军时,应周密组织好登车、坐车和下车,防止摔伤、刮伤和撞车、翻车等意外事故的发生。上车前,要先将重武器、装备、器材装上车,轻武器、装具、背包等由个人携带。上(下)车时,人员通常从车厢尾部成一路或两路依次上(下)车。上车后要按指定的位置坐(站)好。采用坐姿时,可将背包取下坐在上面,装具一般不取下,轻武器靠于右肩把牢。下车时,要适当降低重心,选择比较平坦的地面跳下,防止磕伤或扭伤。行军时,通过山口、隘路、桥梁、渡口、岔路口、居民地或与友邻队伍相遇时,应按规定的顺序和交通调整哨的指挥迅速通过,不得争先拥挤。夜间通过岔路口时,注意看清路标,防止走错路。应保持正常的行进速度,主动给车辆让路;未经领导批准,不得随意超越前面的队伍。夜间行军,应适当缩小队伍长径,注意掌握行进方向,加强通信联络,严格灯火、音响管制,采取有效措施,防止人员掉队和摔伤。

## 二、宿营

### (一)宿营地区的选择

宿营地区的选择应根据敌情、地形、任务和行军编成而定。平时组织野营训练以能够达到训练目的为标准,通常应符合下列条件。

(1)避开城镇、集市、车站、渡口、大的桥梁。

(2)避开疫区、传染病流行村落。

(3)有适当的地幅,通常师、团、营的宿营面积分别为600平方千米、60平方千米、6平方千米。

(4)有较好的进出道路,便于车辆、人员通行。

(5)露营地域,夏季要尽量选在高处,避开谷地、低地、洪水道和易于坍塌的地方。冬季应选在避风向阳处,土质较黏、便于搭设简易遮棚或挖掘的地方。

选择露营地区时,通常还要考虑以下因素。

(1)要符合战术要求,从具体位置到配置方式,都应以预想的战术背景为基本前提。

(2)要着眼于训练科目需要,有利于达到训练目的。

(3)要方便生活,尽量靠近水源并有进出道路。

(4)要选择在群众基础较好或影响群众利益较小的地区。

露营配置地域通常以班为点,排为块,连为片,团(营)为区,根据地形特点可成"一"字形、梯形、三角形、扇形配置,形成野训营地。首长机关通常设在便于观察、指挥的位置,分队与分队之间要按战术要求保持一定间隔。

### （二）宿营方式

宿营方式分为舍营、露营和舍营与露营相结合三种。舍营是军队在房舍内宿营。露营是军队在房舍外宿营，通常在不具备舍营条件时采用，是平时部队训练的重点。野外露营的方式分为利用制式器材露营和利用就便器材露营。利用制式器材露营，通常是指利用帐篷、装配工事等制式器材进行的露营。利用就便器材露营，通常是指利用车辆、坦克、篷布、雨衣、草木等进行的露营。

### （三）宿营准备

组织部队宿营前要与当地政府、武装部门取得联系，了解社情，并能得到他们的支持和帮助；应向当地群众了解自然情况、社会情况等，为部队进驻提供资料；应向部队简要介绍宿营地区的敌情、社情和疫情及风俗习惯。组织部（分）队宿营训练时，准备工作通常有宿营常识教育、现地勘察和物资器材准备等。

#### 1. 宿营常识教育

宿营实施前，应进行群众纪律、民情风俗教育；在少数民族地区或少数民族集居地进行宿营训练时，还应进行国家的少数民族政策和尊重少数民族生活习惯教育；组织部（分）队学习宿营常识，学会搭设制式、简易帐篷，了解防蚊虫叮咬、防洪、防中暑、防冻伤、防塌方、防煤气中毒、防火灾、预防流行性疾病等基本常识。可以指定连队先试点，组织观摩示范。也可以先在驻地附近进行昼间的露营尝试训练，掌握露营方法。

#### 2. 现地勘察

野外宿营前，通常以团（营）为单位组织现地勘察，视情况也可以连为单位进行，重点明确宿营地点；各分队的宿营区域；各级指挥所的位置；进出道路；通信联络的方法；各种信（记）号；完成宿营准备的时限；组织检查的时间、内容等。

#### 3. 物资器材准备

宿营前，应认真检查个人的着装（衣服、被褥）。冬季宿营时要重点检查棉（皮）帽、棉（皮）手套、棉（皮）大衣、棉（皮）鞋的携带情况；夏季宿营时应重点检查雨衣（布）、蚊帐的携带情况。每人都应准备 1~2 套干净的内衣，以备更换。除携带装备的锹、镐外，还应准备必要的大镐、人锹、钢针、麻袋等工具和物资。为弥补制式露营器材的不足，部（分）队应视情况购买或租借部分露营所需要的材料，如搭设简易帐篷的塑料薄膜、稻草、支撑木、斧、锯、线绳等。

### （四）宿营地工作

部队到达宿营地后，应立即组织所属指挥员勘察地形，选定紧急集合场地，组织部队构筑必要的工事，组织各种保障，以保证部队安全宿营。

#### 1. 组织侦察

为了继续行军同时防止敌人突然袭击，部队到达宿营地域后，应立即向有敌情顾虑和尔后行动的方向上派出侦察，查明敌情和尔后行军路线情况。同时，迅速搜集部（分）队的行军情况和到达宿营地域后的住宿情况，了解有关敌情和社情。

#### 2. 组织警戒

为保障部队安全休息，要周密地组织宿营警戒。宿营警戒的组织应根据敌情、地形和宿营部署确定。通常团（营）向受敌威胁较大的方向上派出连（排）哨，向次要方向派出排（班）哨，连派出班哨、步哨、潜伏哨、游动哨。警戒派出的距离以保障主力不受突然袭击和有时间组织部队投入战斗为宜。

连哨是为保障主力部队宿营安全所派出的警戒分队,是根据敌情派出连规模的兵力担负警戒任务。派出的距离一般连哨为 4 ~ 6 千米,警戒地带的宽度连哨为 2 ~ 3 千米,排哨为 1 ~ 1.5千米,必要时,应组织有重点的环形警戒;除派出战斗警戒外,各部(分)队还应指定值班分队或火器,并派出直接警戒。

### 3. 组织对空防御和对核、化学武器的防护

为防止敌人航空兵和核、化学武器的袭击,应周密地组织观察警报配系,确定对值班分队,组织防空火力体系,划分防空疏散地域,规定隐蔽伪装,灯火管制措施,明确遭敌空袭及核、化学武器袭击时各部(分)队的行动与遭敌袭击后的处置方法;如敌方可能在附近地区空降,还应制订反空降作战方案,组织部(分)队构筑必要的防空工事等。

### 4. 建立通信联络

宿营地域的通信联络,通常以有线电通信和运动通信为主,同时应充分利用地方既设线路。驻地较远的部(分)队可在短时间使用无线电联络。

### 5. 严密封锁消息

战时部队到达宿营地域后,要对部队和当地群众进行防奸保密教育,控制人员流动,严密封锁消息。

### 6. 密切军民关系

平时组织部队训练,部队应与当地党政机关取得联系,得到他们对野营训练的支持。部队可在训练间隙做好群众工作或组织军民共建活动。部队宿营结束,要认真清理文件和武器装备,避免丢失,消除宿营时所留痕迹,进行群众纪律检查和做好善后工作。

### (五)生存工事的构筑

生存工事是指用于部队隐蔽、宿营的地下或半地下工事。平时组织部队训练也可构筑营地式生存工事。野训营地构筑包括露营区、训练区、生活保障区、文体娱乐区等。

野外生存需带的必备品

# 第四节　野外生存

野外生存即人在食宿无着的山野丛林中求生,主要包括:判定方位、迷途的处置;猎捕动物和采食野生植物充饥;就地取材,构筑简易的露营遮棚;识别利用草药救治伤病等。概括来说,野外生存就是走、吃、住、自救四项。

## 一、野外求救

在作战和野外训练中,因迷失方向可能会出现与部队失去联系的现象,为摆脱困境,必须掌握求救和联络的方法。夜间可在高处点火堆;白天可燃烟,在火上放青草,就会发出白烟,每隔6 分钟放一次青草,这是世界通用的救难信号;在易被空中、地面发现的地方用石块摆放成"SOS"的救援标记;在草原可用刀割或手拔出相应的求救标记;适时脱去与周围地物颜色相近的军装,露出白色或其他色彩鲜艳的衬衣;当发现我方救援飞机,可用小镜子或指北针的反光镜照射救援飞机;在森林中,也可通过击打树木发出宏大的声音与救援人员联络。

大学生国防教育与军事课教程

## 二、野外生存的基本需要及其获取

### (一)水

水是野战生存的重要条件,从某种程度上来说比食物更重要。

#### 1.寻找水源的方法

寻找水源通常可采取观察草木的生长位置和动物的活动范围的方法来判定。

(1)在许多干旱的沙漠、戈壁地区生长着柽柳、铃铛刺等灌木丛的地表下6~7米深就有地下水;有胡杨生长的地方地下水位距地表面不过5~10米;芨芨草指示地下水位只有2米左右;生长茂盛的芦苇,地下水只有1米左右;如果发现金戴戴、马兰花等植物,便可判定下挖1米左右就能找到地下水。

(2)在南方,叶茂的竹丛不仅生长在河流岸边,也常生长在与地下河有关的岩溶大裂隙、落水洞口的地方。在广西许多岩溶谷地、洼地,成串的或独立的竹丛地,常常就是有大落水洞的标志。这些落水洞有的在洞口能直接看到水,在洞口看不到水的,只要深入下去往往就能找到地下水。

(3)从特殊植物的生长地点来判定地下水的水质情况,如见到马兰花、拂子茅等植物群,就可断定那里不太深的地方有淡水。

(4)在地下水埋藏浅的地方,泥土潮湿,蚂蚁、蜗牛、蟹等喜欢在此做窝聚居;冬天青蛙、蛇类动物喜欢在此冬眠;夏天傍晚,因潮湿凉爽,蚊虫通常在此成柱状盘旋飞绕。

#### 2.鉴定水

由于水在自然界的广泛分布和流动,特别是地面水流经地域很广,一般情况下难以保证水源不受污染。在野外没有检验设备时,可以根据水的色、味、湿度、水迹概略地鉴别水质的好坏。

(1)通过水的颜色鉴定

纯净的水在水层浅时无色透明,深时呈浅蓝色,可以用玻璃杯或白瓷碗盛水观察,通常水越清水质越好,水越浑则所含杂质越多。水色随含污情况不同而变化,如含有腐殖质呈黄色,含低价铁化合物呈淡绿蓝色,含高价铁或锰呈黄棕色,含硫化氢呈浅蓝色。

(2)通过水的味道鉴定

一般清洁的水是无味的,而被污染的水带有一些异味。如含硫化氢的水有臭鸡蛋味,含盐的水则带咸味,含铁较高的水带金属锈味,含硫酸镁的水有苦味,含有机物质的水有腐败、臭、霉、腥、药味。为了准确地辨别水的气味,可以用一只干净的瓶装半瓶水,摇荡数下打开瓶塞后,立即用鼻子闻;也可以把盛水的瓶子放在约60℃的热水中,若闻到水里有怪味就不能饮用。

(3)通过水温鉴定

地面水(江河、湖泊)的水温,因气温变化而变化,浅层地下水受气温影响较小,深层地下水,水温低而恒定。如果水温突然升高多是有机物污染所致。工业废水污染水源后也会使水温升高。

(4)通过水点斑痕鉴定

用一张白纸,将水滴在上面,晾干后观察水迹。清洁的水是无斑迹的,若有斑迹则说明水中杂质多、水质差。

#### 3.净化饮用水

野外生存最重要的是要保持良好的身体状态,而净化饮用水对安全卫生是个保证。

256

（1）饮用水的消毒

水的消毒主要是杀灭有害人体的致病微生物,主要方法有两种:物理法(主要是将水煮沸消毒,这是一种既容易又简单而且比较可靠的消毒方法);化学法(利用化学药品氯、碘、高锰酸钾、漂白粉、明矾、"69-1"型饮水消毒片等)。

（2）饮用水的洁净

常用方法有沉淀、过滤、混凝三种。在野外,因条件限制也可以用含有黏液质的野生植物净化浑浊的饮用水。饮用水最好再加少许漂白粉或煮沸消毒。

**（二）食物**

食物是为人体提供热能和营养,以维持生命的基本物质。野外生存时寻觅的食物种类主要有野生植物、动物、昆虫、鱼类、藻类等。大部分野生植物、动物、昆虫、鱼类都可食用,只有少量有毒,不可食用。

*1.植物类食物*

当找到某种具有潜在食用价值的植物时,如果是自己所不认识、未曾尝试过的植物,在食用之前必须先尝试其性味,鉴别是否有毒、可否食用。尝试时,一人一次只能尝试一种。在尝试过程中,如果出现疑惑,就不要试下去,应尽快设法把它吐出来。木炭灰是可用的催吐剂,少量木炭灰吞下肚就会诱使呕吐。此外,它还能吸附毒素。植物被挤破弄烂后会很快变质,不再适于食用,因此采集时应注意排放有序,避免挤压和混合,以保持所采植物的鲜度。

（1）叶与茎:主要采摘柔嫩的幼枝。

（2）球根与块茎:可食用植物的球根和块茎,富含淀粉,最好煮熟再食用。

（3）野果:野果除了生吃之外,还可以做成热浆汁或是甜味饮料。采摘时,最好挑选已经熟透或接近成熟的,因为成熟的野果比较没有苦涩味。

（4）坚果:坚果蛋白质含量高,甚至还可熬出食用油。落在树下的坚果表明已经熟透(成熟的坚果会自动掉下来),也可用长棍把它们敲打下来。

（5）种子和谷类:采摘植物种子时,要特别注意尝试,严格鉴别其是否含有致命的毒素,取食那些经过检验可以食用的种子和谷类。

（6）菌类:菌类指的是各种蘑菇类植物,少数种类的毒蘑菇,一旦误食,即可能致人丧命。采摘前,必须先学会鉴别的方法。不要采食长有白色菌褶、茎干基部有菌托以及带菌环茎干的菌类,不要采食腐败的菌类。

（7）树皮:很多树的树皮是可以食用的,尤其是北方地区的桦树、柳树、白杨和三角叶杨树的树皮。树皮的纤维比较粗,应煮烂再食用。

（8）花朵:可食植物的花朵也是可以吃的,但由于花朵容易受到昆虫的污染,所以最好采摘尚未开放,并且必须煮熟后食用。

*2.动物类食物*

捕捉一切能够食用的小动物,是野外求生时解决食物来源的有效方法。比较容易捕捉的小动物主要有蛇、蛙、龟、蜥蜴、鱼、虾等。

（1）蛇类

捕蛇首先必须保证自身安全。捕蛇的工具最好选取带有叉子的长木棍。打蛇要打七寸(即蛇的心脏所在位置),下手要快、要准。可先用叉子叉住蛇的颈部,用另一木棍或重物猛击其头部。对付树上栖息的蛇可先用棍棒将其击落到地上。总之,捕蛇既要胆大,又要心细,要谨防被毒蛇咬伤。蛇的宰杀,可以剥皮,也可以不剥皮。其烹饪方法,可以红烧、清炖,也可以烧烤。

(2)鱼类

在江、河、湖、海、池塘等各类水系,垂钓或捕捉鱼、虾,也是获取食物的重要手段。对捕捉到的鱼,食用前必须辨别是否有毒。通常在热带浅海中,没有鱼鳞而有刺、尖棘或硬毛,形状比较怪异的,可能是毒鱼,不可食用。在我国,含有毒素的鱼类约有 20 种,如河豚、刺鱼、鳞豚、六斑刺豚等,其中最常见的是河豚。如果不慎误食毒鱼,应马上用高锰酸钾液洗胃,或服用催吐药、泻药,将已食进的鱼毒排出。

(3)两栖动物

所有青蛙类的肉都可食用,但有些种类(如蟾酥)皮下有毒腺,烹煮之前必须剥皮。青蛙肉可煮成清汤或红烧,无论采用哪种烹饪方法,都必须煮熟煮透,以杀死寄生虫。

(4)鳖鱼类

龟、鳖类爬行动物肉味鲜美、营养丰富,是求生者难得的美食。捕捉方法:在水中的,可用渔网或钓钩捕捉;对爬上岸的、个头不大的按住背部即可捕获,个头大的也只需把它掀翻,使之背部朝下,但要随时阻止它们翻身,也要防止被它们的利齿咬伤。宰杀时,可先重击其头部,将其杀死,然后沿腹部剖开,去除内脏,切除头部,即可根据需要切块下锅烹煮。鳖肉必须煮熟,方可食用。

(5)昆虫类

昆虫也是野外求生者能获取的动物性食物资源。最有利用价值的是白蚁、蚱蜢、蝗虫、蟋蟀、蜜蜂等。特别是蜜蜂,不但蛹、幼虫和成年蜂可以吃,而且在蜂房里还可以找到蜂蜜。蜂蜜富有营养且易为人体吸收,是求生者理想的食物。昆虫最好经过烹、烧之后食用,这样既美味又安全。食用前,对诸如蝗虫、蚱蜢、蟋蟀之类的大型昆虫,要先去掉小腿及翅膀,因为腿毛会刺激消化道,某些种类幼虫的纤毛会引起皮疹。

(6)蜥蜴

蜥蜴各地均有,所有的蜥蜴肉都可以食用。大多数蜥蜴生性胆怯,但有些大蜥蜴和巨蜥受到攻击时会咬人。捕捉时要谨防被咬伤或被其利爪抓伤。捕捉到这类动物后,先砍头剁脚,然后剥皮、剖腹去除内脏,即可下锅烹饪或烧烤食用。

(三)火

野外求生者,不但要懂得如何生火和用火,而且要懂得控制火焰燃烧和安全用火。

1.选择生火点

根据所处环境的地形特点,确定生火的地点。最好选择在靠近宿营处,既能保证用火安全又便于火焰燃烧和散烟的地点。

(1)身处林区时

生火、用火必须优先考虑的首要问题是严防引发森林火灾,所以生火点最好选在林中空地、林缘边、通过林区河流的岸上、小溪旁最高水位线上背风的地方。尽量避开易燃的针叶树林。

(2)身处草原时

生火点最好选在靠近水源的地方,如河流、水塘的旁边,也可选在背风的坡地上,四周一定要开出 2 米以上的防火隔离带。用火过程必须全程有人值守,做到人走火灭。

(3)身处山地、丘陵地时

可寻找山洞、背风石崖旁、向阳背风的山坡上,或河床边、溪流旁的最高水位线以上的地方,雨季要谨防山洪暴发。在山地生火时要依据植被情况,做好安全防火工作。

### 2. 构筑火炉

为了保证用火安全,提高热效能,求生者应当在选定的生火点上,根据用途、地形特点和可能获取的材料,采用垒、挖、架等办法,构造合适的火炉。有条件时,也可以利用就便取材改造成火炉。

### 3. 搜集燃料

(1)主燃料

最好选择燃烧持续时间长、热效能好、不发烟或发烟少的燃烧物。野外生存,可选择的燃烧物主要有枯木、干燥的动物粪便等。

(2)引火物

引火物最好是易燃物质。枯草、枯死的细小树枝、针叶松的落叶等是最好的引火材料。

### 4. 点火方法

(1)火柴点火

(2)凸镜生火

在阳光直射的情况下,可利用随身携带的放大镜、望远镜和照相机的凸镜将太阳光聚焦于引火物之上,将其点燃。

(3)火刀击打火石

操作方法:左手食指和拇指捏住火石,食指和中指之间夹住引火物(通常是带有余灰的引火纸卷),并使火石靠近引火物,右手握住打火刀(没有火刀用其他刀具的背部也行),按照划火柴的动作,用力击打火石,使之迸出火花,点燃引火物。

(4)钻木取火

操作方法:用一根干燥坚硬的纺锤状木棒在一块干燥的软木底座摩擦钻孔,靠钻孔摩擦发热点燃引火物。

(5)电池生火

电池放电产生的电火花可用来点火。一小块沾了点汽油的布就是最好的引火物,只要在这块布的上方爆出火花,就能燃起火苗。

### 5. 用火

(1)合理安排工作,注意节省燃料

火焰燃烧起来后,求生者应当根据自己的需要,分清轻重缓急,统筹安排工作顺序,合理利用燃料燃烧产生的热能。

(2)掌握燃烧技巧,保证持续用火

野外生火非常不容易,所以,必须注意保存火种。为了使火焰持续燃烧,必须备有较多的燃料,并学会控制燃烧的技巧。

(3)注意用火安全,防止引发火灾

在选择生火地点时,要尽量避开易燃的植被;生火前,生火点四周要有足够的防火隔离带,如果没有自然形成的隔离带,应人工开辟2米以上的防火隔离带;要有灭火应急措施,在生火点的旁边,必须备有沙土堆或水,或备有灭火工具,一旦火势失控,马上扑灭;从点火到撤离的整个用火过程,火堆、火炉边都必须有人值守,发现燃烧有可能失控时,立即进行处理;撤离生火地点时,必须把火彻底扑灭,并用沙土覆盖,以防死灰复燃,引发火灾。

# 第五节 识图用图

## 一、地形图基本知识

### (一)地图概述

#### 1.地图的定义

地图是地球表面自然和社会现象的缩写图。它是按照一定的数学法则,用特定的图示符号、颜色和文字注记,将地球表面的自然和社会现象,经过一定的制图,综合测绘于平面上的图。

#### 2.地图的分类

按表示内容的不同,可分为普通地图和专题地图;按比例尺的不同,可分为大、中、小比例尺地图;按用途的不同,可分为政区图、军用图、航海图、交通图等。

普通地图又分为地形图和地理图,大于或等于1:100万比例尺的普通地图叫地形图,是国家经济建设、国防建设和军队作战训练不可缺少的主要地形资料。专题地图又称作专门地图或主题地图。它是以普通地图为底图,着重表示某一专题内容的地图,如地貌图、交通图、气象图等。

### (二)地图比例尺

地图比例尺是指地图上某两点间直线长度与相应实地水平距离之比。为便于了解地图缩小的倍数,分子通常化为1,即

$$地图比例尺 = 图上直线长度/相应实地水平距离 = 1/M$$

$M$称为比例尺分母,其值越大,比例尺越小;其值越小,比例尺越大。一幅地图,当幅面大小一定时,比例尺越大,它所包括的实地范围越小,图上显示内容越详细;比例尺越小,包括的实地范围越大,图上显示的内容越简略。

量读距离的方法,通常用直尺量算,在直线比例尺上比量,用里程表量读。这里只介绍用直尺量算的情况。用直尺量算距离时,先用直尺在图上量取所求两点间的长度(厘米),然后乘以该图比例尺分母,即得实地水平距离。其公式为

$$实地水平距离 = 图上长 × 比例尺分母$$

如在1:50000地形图上量得某两点间长为3.2厘米,则实地水平距离为

$$3.2 厘米 × 50\,000 = 160\,000 厘米 = 1\,600 米$$

这种方法量得的距离为水平距离,当路线起伏较大时,应按其平均坡度另加坡度及弯曲改取正数。

**坡度及弯曲改正数表**

| 坡度(%) | + 改正数(%) | 坡度(%) | + 改正数(%) |
|---|---|---|---|
| 0°~4° | 3 | 20°~24° | 40 |
| 5°~9° | 10 | 25°~29° | 50 |
| 10°~14° | 20 | 30°~34° | 65 |
| 15°~19° | 30 | 35°~40° | 80 |

如:图上量读距离为2 000米,平均坡度为13°,则实地距离 = 2 000 + 2 000 × 20% = 2 400米

### (三)地物符号

地物在地图上是按照《地形图图式》规定的符号和注记表示的,这些符号称为地物符号。根据地物符号和注记,可以识别现地地物的种类、性质和分布情况,分析它们在军事上的价值。

#### 1.地物符号的图形

地物符号的图形,多数是参照地物的平面形状设计的,如居民地、河流等;有些是参照地物的侧面形状设计的,如烟囱、水塔等;有些是按有关意义设计的,如变电所、气象站等。了解地物符号设计的一般规律,再与现地地物的形状进行联想,就易于识别和记忆。

#### 2.地物符号的分类

(1)点状符号

点状符号是指地物在自身结构和形体上自成一体且相对独立、不能依比例尺表示的地物符号,如水塔、烟囱、纪念碑等。

(2)线状符号

线状地物符号是指地物以线性结构为特征,其宽度不能依比例尺表示的符号,如铁路、公路、土堤等。

(3)面状符号

面状符号是指实际地物占地面积能依比例尺显示于地形图上的符号,如密集的居民地、江河湖泊、水库池塘、森林植被等。

#### 3.符号的有关规定

(1)符号的注记

注记是用文字和数字来说明符号不能表示的质量、数量和名称,如居民地、江河、山和山脉的名称注记,公路路面质量等的说明注记,以及说明物体数量特征的数字注记。

(2)符号的颜色

为使地图内容层次分明,清晰易读,有较强的表现力,地形符号采用不同的颜色。

黑色——表示人工地物和部分自然地物,如居民地、道路、独立石、溶洞。

蓝色——表示与水、冰雪有关的物体,如湖泊、水渠、冰川、雪山。

绿色——表示与植被有关的物体。

棕色——表示地貌与土质。

### (四)地貌判读

地图上表示地貌的方法很多,主要有等高线法、晕渲法、分层设色法、写景法等。这里主要介绍等高线法。

### 1.等高线显示地貌(见图9-1)

(1)等高线显示地貌的原理

设想用一组高差间隔相等的水平面去截割地貌,则其截口必为大小不同的闭合曲线,并随山背、山谷的形态不同而呈现不同的弯曲形状。将这些曲线垂直投影到平面上,便形成了一圈套一圈的等高线图形。这些曲线的多少、形态与实地地貌的高程和起伏情况相一致。

(2)等高线显示地貌的特点

同一条等高线上各点的高程相等;相邻等高线的间隔与地面坡度成反比;等高线弯曲形状与实地地貌保持相似关系;等高线是闭合曲线,一般情况下互不相交。

(3)高程起算与注记

我国过去以1956年黄海平均海水面为全国高程起算的基准面。20世纪80年代,通过复查和计算,对原起算基准做了准确修正,定为"1985国家高程基准"。从平均海水面起算的高度叫高程,也叫真高,或称海拔。两点间高程之差叫高差。

地形图的高程注记有两种:一种是点的高程注记,用黑色,字头朝向北图廓;另一种是等高线的高程注记,用棕色,字头朝向上坡方向。

比高(由地物所在地面起算的高度)注记,与其所属要素的颜色一致。

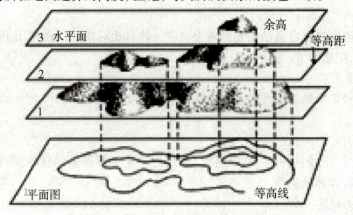

图9-1　等高线显示地貌的原理

### 2.地貌的识别

地貌形态虽有多样,但它们都是由山顶、凹地、山背、山谷、鞍部、山脊等地貌元素组成的。掌握了识别这些地貌元素的要领,即能识别各种地貌形态。

山顶,山的最高部位叫山顶。以等高线中最小环圈表示,有的环圈外绘有示坡线,表示斜坡方向。

凹地,四周高、中间低、无积水的地域叫凹地;大范围的则称盆地。凹地在地形图上也是用闭合的等高线表示的,但内圈高程低于外图高程。

山背,从山顶到山脚向外突出的部分叫山背。图上表示山背的等高线从山顶起逐渐向外凸出,凸起部分顶点的连线叫分水线。

山谷,相邻两山背或山脊之间的低凹部分叫山谷。图上表示山谷的等高线,逐渐向山顶或鞍部方向凹入,最凹部分的连线叫合水线。

鞍部,相邻两山顶间形如马鞍状的部分。图上用一对表示山背和一对表示山谷的等高线显示。

山脊,由数个相邻山顶、山背、鞍部所连接的凸棱部分。山脊的最高棱线叫山脊线。

### 3. 高程、起伏和坡度的判定

(1)高程和高差的判定

首先了解本图等高距,在判定(目标)点附近找一等高线或点的高程注记;然后根据判定点与高程注记的关系位置,向上或向下数等高线,相应加减等高距,即可判定目标点的高程。两点的高程相减,即为两点的高差。

(2)地面起伏的判定

判明行动地区和行进方向的起伏,可依等高线的疏密情况、高程注记、河流位置和流向,判定山脊、山背、山谷的分布和地形总的起伏状况。

判明行进路线的起伏,先应判定等高线的起伏方向,再按行进路线穿越等高线的多少、疏密和方向等进行判定。也可在判定山背、山谷及河流位置后,依行进路线的方向来判明路线的上下坡情况。

(3)坡度的判定

判定地图上某段坡度时,用两脚规量取该段相邻两条或间隔相等的相邻 2~6 条等高线之间隔,然后保持张度不变,到坡度尺上相同的间隔上比量,读出下方相应的坡度。

### (五) 坐标

确定平面上或空间中某点位置的一组数,如长度值或角度值,叫该点的坐标。坐标又可分为地理坐标、平面直角坐标、概略坐标和精确坐标等。

#### 1. 地理坐标

用纬度和经度表示地面点位置的球面坐标,叫地理坐标,通常用度、分、秒表示,一般用来指示飞机、舰船位置等。

(1)地理坐标网在地形图上的表示

地理坐标网由一组纬线和一组经线构成。地形图是按纬度和经度分幅的,南、北内图廓线是纬线;东、西内图廓线是经线。地图比例尺不同,表示地理坐标网的形式也有区别。

1:25000、1:50000、1:100000 的地形图,只绘平面直角坐标网,其四边图廓间绘有经、纬度分度带,分度带的每个分划表示 1 分,将它们对应的度、分连接起来,即构成地理坐标网。

1:250000、1:500000、1:1000000 的地形图,只绘地理坐标网。横线是纬线,纵线是经线,经、纬度数值注记在内外图廓间,在四边内图廓线上还绘有表示分、秒的短线。

(2)地理坐标的量读

在大比例尺地形图上量读某点的地理坐标时,可通过该点分别向经、纬分度带作垂线,直接在分度带上读取坐标,也可连接对应的分度带,即可绘成地理坐标网。量读地理坐标时,一般按先纬度后经度的顺序进行。

#### 2. 平面直角坐标

用平面上的长度值,表示地面点位置的直角坐标,叫该点的平面直角坐标。由于经纬线在图上多是弧线,不便于图上作业,更不便于距离和角度的换算,因此在大比例尺图上都绘有平面直角坐标网。

平面直角坐标是由两条垂直相交的直线建立起来的坐标系统。纵线为纵轴,以 $X$ 表示;横线为横轴,以 $Y$ 表示;两直线的交点为坐标原点,以 $O$ 表示。确定某点的位置时,以该点到横轴的垂直距离为纵坐标($X$),到纵轴的垂直距离为横坐标($Y$)。并规定,$X$ 值在横轴以上的为正,以下的为负;Y值在纵轴以右的为正,以左的为负。如甲点的坐标:$X = 250$,$Y = 300$。用这种方法确定点位的,就叫平面直角坐标法。我国地形图上的平面直角坐标,就是以中央经线为纵轴($X$),以赤道为横轴($Y$),其交点为坐标原点($O$),这样,每个投影带便构成一个独立的坐标系。同时,再分别以坐标系的纵轴(各投影带的中央经线)和横轴(赤道)为基准,按每隔1公里作平行线,形成平面直角坐标网。在比例尺大于1:100000的地形图上,以绘制平面直角坐标网为主。我国领土位于赤道以北,所以纵坐标($X$)值均为正值;横坐标($Y$)值,位于中央经线以东的为正,位于中央经线以西的为负。为了计算方便,消除负数,又将横坐标($Y$)值均加上500公里常数(即等于将纵轴西移500公里),横坐标以此纵轴起算,$Y$值也就全是正数了。

### (六)方位角与偏角

#### 1. 方位角

从某点的指北方向线起,按顺时针方向量至目标点方向的水平角,叫做某点至目标点的方位角。通常用密位或360°角制量度。军事上标定地图方位、指示目标、确定射向保持行进方向等,都用到方位角。由于有三种指北方向线,故有三种方位角。

(1)真方位角

地面上某点指向北极的方向叫真北,其方向线叫真北方向线(或真子午线)。以真子午线北方向为基准方向的方位角,叫真方位角。真方位角主要用于精密测量。

(2)磁方位角

地面上某点磁针所指的北方叫磁北,其方向线叫磁北方向线(或磁子午线);以磁子午线北方向为基准方向的方位角,叫磁方位角。地形图南、北图廓上的磁南、磁北两点的连线,为该图磁子午线。磁方位角,是在军队行进、炮兵射击及航空、航海时广泛应用的。

(3)坐标方位角

地形图上平面直角坐标纵线所指的北方叫坐标纵线北。以坐标纵线北方向为基准方向的方位角,叫坐标方位角,主要用于炮兵射击指挥。

#### 2. 偏角

地面点的真北、磁北和坐标北方向线,叫三北方向线。它们之间的夹角,叫偏角,也叫三北方向角,偏角共有三种。

(1)磁偏角

任意点的磁北方向对于真北方向的夹角,叫作该点的磁偏角。磁子午线在真子午线以东的为东偏,在真子午线以西的为西偏。

(2)磁坐偏角

任意点的磁北方向对于坐标北方向的夹角,叫作该点的磁坐偏角。磁子午线在坐标纵线以东的为东偏,在坐标纵线以西的为西偏。

(3)坐标纵线偏角

任意点的坐标北方向对于真北方向的夹角,叫作该点的坐标纵线偏角。坐标纵线在真子午线以东的为东偏,在真子午线以西的为西偏。在比例尺大于和等于1:100000地形图上,以图幅中心点的偏角为准,在南图廓下方绘有偏角图,用它可进行不同方位角的换算。三种偏角,东偏为正,西偏为负。

### 3. 方位角量测与换算

（1）用量角器量读坐标方位角

量读某点至目标点的坐标方位角时，先将两点连成直线，使其与坐标纵线相交；然后用量角器按方位角的定义量读。

（2）磁方位角与坐标方位角的换算

求磁方位角。当坐标方位角已知时，计算公式为

$$磁方位角 = 坐标方位角 - 磁坐偏角$$

求坐标方位角。当磁方位角已知时，计算公式为

$$坐标方位角 = 磁方位角 + 磁坐偏角$$

## 二、现地使用地形图

现地使用地形图，主要是通过地图与现地对照，明确自己所处位置，了解周围地形情况，确定执行任务的方向和目标。

### （一）现地判定方位

现地判定方位就是在现地判明东、西、南、北方向，它是现地用图和执行作战任务的前提。

#### 1. 利用指北针判定

平置指北针，待磁针静止后，磁针北端所指的方向就是北方。常用的指北针为 62 式和 65 式。使用指北针前应检查磁针是否灵敏，使用时应避开高压线和钢铁物体。指北针在磁铁矿和磁力异常地区不能使用。

#### 2. 利用太阳和时表判定（见图 9 - 2）

北半球当地时间 6 时左右太阳在东方，12 时在南方，18 时左右在西方。根据这一规律，可概略判定方位。要领是："时数折半对太阳，'12'指的是北方。"当地时间是下午 2 时 40 分，即 14 时 40 分，则以 7 时 20 分对太阳，此时表盘"12"所指的方向就是北方。

图 9 - 2   利用太阳和时表判定方位

#### 3. 利用北极星判定（见图 9 - 3）

小熊星座尾巴上最亮的一颗星，叫北极星。北极星位于正北天空，离地平面高度相当于当地的纬度。通常根据北斗七星（大熊星座）或"3"字星（仙后星座）寻找，它们位于北极星两边，围绕北极星旋转。北斗七星是 7 个比较亮的星，形状似一把勺子，将勺头甲乙两星连线向勺口方向延长，约为甲乙两星间隔的 5 倍距离处，有一颗略暗的星，就是北极星。当北斗七星转到地平线下，则可利用"3"字星寻找，"3"字星由 5 颗较亮的星组成，形似"3"字，在"3"字缺口方向约为缺口宽度的两倍距离处，就

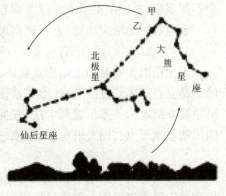

图 9 - 3   利用北极星判定方位

是北极星。夜间找到了北极星,就找到了北方向。

### 4.利用地物特征判定

有些地物、地貌受阳光、气候等自然条件的影响,形成了某些特征,利用这些特征可概略判定方位。

(1)独立大树,通常是南面向阳的枝叶茂密,树皮光滑;而北面背阳的枝叶稀疏,树皮较粗糙。砍伐后,树桩上的年轮,北面间隔小,南面间隔大。

(2)突出地面的物体,南面干燥,青草茂密,冬季积雪融化较快;北面潮湿,易生青苔,积雪融化较慢;凹陷物体和林中空地等南北方向的上述现象则相反。

(3)我国农村的住房和较大的庙宇、古塔的正门多向南开。

(4)我国北方草原、沙漠等地区,因受西北风的影响,在灌木、草棵附近形成的沙垄,其头部大尾部小,头部指西北方向,尾部指东南方向;在有新月形沙丘的地区,其迎风面坡缓,朝向西北;背风面坡陡,朝向东南。

### (二)现地对照地图与定位

现地对照地图,确定站立点、目标点在图上的位置,是现地用图的主要内容。

### 1.标定地图方位

现地标定地图方位,就是使地图的上北、下南、左西、右东方位与现地方位一致,以便于现地使用地图。其主要方法有:用指北针标定,利用直长地物标定,利用明显地形点标定等。这里介绍用指北针标定的方法,即将指北针的准星朝向地图上方,直尺边切于地图磁子午线,然后转动地图使磁针北端指零,则地图方位即已标定。

### 2.现地对照地形

现地对照与判定站立点的图上位置是交替进行互相联系的一项工作。现地对照地形,就是在现地把图上的地形符号与现地的地物、地貌一一对应判别出来。同时,要求把现地有而图上没有或图上有而现地已不存在的各类地形元素在图上或现地的位置找到。它通常是在标定地图方位之后进行的,先通过观察实地地形概貌,判出站立点的概略位置;再依此进行全面、详细的现地对照;然后准确判定站立点的图上位置。

现地对照地形的一般顺序是:先现地后图上,再由图上到现地,反复进行。对照的要领是:先对照大而明显的地形,后对照一般地形;先由近至远,再由远及近,按一定方向顺序进行,逐片进行对照。对照方法:先观察实地的地形分布特征,特别是山川大势、脊谷走向、形状大小、重要地物的分布及相互关系位置,然后在图上一一"对号入座",进而判出站立点的位置。当地形复杂不便观察时,应变换站立点位置或登高观察。

现地对照地形应注意,要有比例尺概念,并注意发展变化。

### 3.确定站立点在图上的位置

现地用图须随时确定站立点在图上的位置,以便利用地图了解周围地形和执行作战任务。确定站立点的主要方法有:地形关系位置判定法、侧方交会法、后方交会法、磁方位角法等。这里主要介绍地形关系位置判定法:先标定地图方位,按照现地对照的方法步骤,逐一判出站立点四周明显地形点在图上的位置;再依它们对于站立点的关系位置,在图上确定出站立点的位置。

### 4.确定目标点在图上的位置

作战中常须将新增和新发现的地形目标与战术目标标绘在地图上,以便量取坐标、指示目标和确定射击诸元。确定目标点在图上的位置,是在确定站立点在图上位置之后进行的,主要方法有地形关系位置判定法、前方交会法、截线法等。这里主要介绍地形关系位置判定法,即首先观察实地目标点与周围明显地形点的关系位置,然后在图上找出相应符号,并依关系位置确定目标点的图上位置。如目标为敌坦克发射点,位于三角点所在高地和×××北无名高地之间的鞍部,且在分水线以南、小路以北的斜坡上。故按此关系在图上找到鞍部,而后按目标对于分水线和小路的距离比,在图上定出敌坦克发射点的位置。

# 第六节　电磁频谱监测

电磁频谱是指按电磁波波长(或频率)连续排列的电磁波族。在军事上,电磁频谱既是传递信息的一种载体,又是侦察敌情的重要手段,因此成为交战双方争夺的制高点之一。军事强国普遍认为,电磁频谱是能支持机动作战、分散作战和高强度作战的重要媒体。频谱是一种无形的战斗力,并且是可与火力机械动力相提并论的新型战斗力。21世纪将是频谱战的时代,战时频率资源与弹药、油料一样重要,是作战的必需物资基础。加强信息化建设,加强频谱管理,事关战斗力的全面提升,事关打赢未来信息化战争,必须予以高度重视。

电磁频谱在经济、军事等领域的广泛应用,使其逐渐从后台走向前台。世界范围内的频谱和卫星轨道资源争夺日益激烈,电磁空间成为各方博杀的主要战场。各国竞相完善相关法规,最大限度地维护本国的电磁频谱空间利益,极力推进电磁频谱资源市场化和国际化。频谱甚至可以成为一个国家的主权。

## 一、电磁频谱监测的基本知识

电子技术装备利用的电磁频谱已覆盖从极低频短波、微波、毫米波、亚毫米波、红外到可见等全部频谱,电磁空间将全方位地向其他所有空间扩展,并相互渗透。在未来复杂的信息化战场环境中,合理地管理与利用无线电频谱,达到制频谱权的目的,已成克敌制胜的关键因素之一。

### (一)信息化战场电磁频谱特点

(1)信息化战场中,决定频谱承载力的因素增多,包括带宽、可利用性/可及性、空间参数、瞬时参数、电磁波特性、电磁环境功率、频谱管理措施、技术限制等。

(2)在信息化战场中,数字射频系统对频谱有更高要求,数字无线电系统具有新的特征。

(3)使用无线电频谱的设备数量与设备种类特别多。

在数字化战场条件下,频谱管理工作自然发生了很大变化,除了考虑一般性因素外,还应该考虑诸如如何制频谱权、频谱如何支持战场信息传输系统等一系列问题。

### (二)系统基本功能

电磁频谱监测系统应具有以下基本功能。

(1)截获以雷达为主的非通信辐射源信号。

(2)测量信号特征参数。

(3)辐射源测向和定位。

(4)数据分析及处理。

（5）电子情报现场处理。

（6）数据管理与交换。

（7）支持组网监测。

### （三）系统基本组成

电磁频谱监测系统主要由信号截收、测向定位、分析处理、运行管理、数据传输和辅助等分系统组成。

无线电侧向

## 二、电磁频谱监测的方法训练

### （一）紧贴训练任务，加强基本理论学习

一是加强基础知识学习。官兵在掌握频谱管理基础知识的同时，进一步学习光学、电磁学、信号测向、通信干扰等知识，使官兵了解电磁波的基本概念、频谱区分、波形特征和传播特点。二是加强基本技能学习。加强频管装备基本常识以及信息化战争基本理论等信息化知识的学习，组织对本单位用频装备以及作战对手电子战装备的战、技术性能及其电子进攻的基本原则、方法和手段进行研究和学习，突出频谱监测装备操作运用技能的训练，打牢电磁频谱监测和管理训练的基础。三是加强基本战法学习。了解战场地理环境和电磁环境，熟悉复杂电磁环境下频管系统组织运用的原则及作战频管战法、管法等，学习电磁辐射在军事上的运用及对作战行动的影响。

### （二）区分对象层次，合理确定训练内容

应根据任务需要及对象不同，合理设置训练任务，突出训练重点，狠抓训练落实。首长机关着重指挥决策、文书拟定，分队指挥军官重在指挥流程、部队管理，技术军官重在监测、检测和频谱专业知识、系统设备应用，士兵分层次编组、进行设备操作训练。训练中的重点是"装备操作运用"，难点是目标信号侦析等课题，需要进行集中研究和反复调练。综合运用"基地化、模拟化、网络化"等手段，借助分布交互仿真技术，计算机技术和网络技术，把分散的软、硬件设备和参训者有机地联系在一起。

### （三）突出技能训练

主要围绕提高复杂电磁环境下频谱监测和管理的适应能力，加强复杂电磁环境下现有频管装备的技术基础训练，实现人与装备的有机结合。在熟悉各类频管装备优缺点和使用条件的基础上，重点熟练掌握装备应对复杂电磁环境的操作程序、防护及维修的方法和手段运用，同时要突出环境监测、信号源测向定位、干扰源查找等训练。技能着眼于基本技能、指挥技能、对抗技能，熟悉无线电监测设备的操作，提升队员的实际操作能力、测向能力、分析判断能力和应变能力。

● 我思我行 ● - - - - - - - - - - - - - - - - - - - - - - - - -

1. 行军过程中应注意的问题有哪些？

2. 如何选择宿营地？

3. 在野外有哪些可以安全食用的植物？

4. 在野外如何获取饮用水？

5. 如何鉴定水质的好坏？

6. 在没点火工具的情况下该如何生火？

# 附　录

## 附录1　人民防空

人民防空与核生化武器防护教育是国防教育的重要组成部分,是增强全民国防观念的重要手段。搞好新形势下的人民防空与核生化武器防护知识教育,是高等学校国防教育的一项重要教学任务。

人民防空简称人防。人民防空是指国家根据国防需要,动员和组织人民群众采取防护措施,以防范和减轻空袭危害的活动。

### 一、疏散防护

疏散防护,通常是指战争爆发前后,把城市或重要目标内的人员、物资等有计划地转移到安全地区,以达到减少人员伤亡和经济损失,保存战争潜力的目的。其主要对象首先是人力资源,其次是交通、通信、能源等经济设施。疏散防护的时机可分为早期、临战和紧急疏散三种。

早期疏散是指国家预测并侦察到战争将要爆发至国家宣布进入战争状态这段时间内,按照国家或战区发布的动员令,组织城市居民、物资、工厂、设施等按计划分批进行的疏散。

临战疏散是指国家在宣布战争状态后至战争爆发这段时间内,按计划组织以城市居民为主的疏散。

紧急疏散通常指首次空袭前24小时内,或在空袭的间隙中实施的撤退隐蔽行动。在组织紧急疏散时,应根据城市的地形条件、人口数量和密度、工事布局等情况,按照统筹兼顾、保障重点的原则进行全面安排,有重点地分配使用人防工事,组织各种保障;科学确定疏散工作的程序,协调好各方面的关系,运用好专业力量,迅速将计划疏散的人员疏散到预定地区和工事内。

### 二、隐蔽防护

隐蔽防护是指在遭到敌人空袭时,有计划、有组织地将城市的人员、物资、工厂、设施等转入地下隐蔽,对地面的重要目标实施伪装的防护行动。其主要目的是降低敌空袭的效率。隐蔽防护的方式通常有转入地下、利用地形地物、对重要目标进行伪装等。

转入地下隐蔽是指利用人防工程和各种防护工事将人员、物资、工厂、商店等转入地下进行隐蔽防护。如伊拉克的巴格达市在20世纪80年代初建成的地下防空城,距地面平均25米,方圆50平方千米,地下层的顶层全部用钢筋混凝土建成,厚度达5~15米,里面设有兵工厂、实验室、购物中心和餐厅,具备完善的生活、工作、娱乐设施,在多国部队的空袭下,仍然保存完好。

目前,许多国家正逐步把一些水、电、煤气等生命线设施转入地下,以提高抗毁生存能力,如日本已将发电厂、变电所及供电系统建于地下;瑞典建有几十座大型的地下油料库,储油量可供战时使用 5 年。

利用地形地物隐蔽是指利用起伏复杂的地形和坚固的地物进行隐蔽,通常是在战时情况紧急、地下隐蔽工事较少或者距离隐蔽工事较远时采用。山地、丘陵、茂密的树林、天然的溶洞、矿井等都是可以利用的地形和地物;简易的防护工事、坚固的建筑物经过一定的改造后,也可以隐蔽人员、物资和设备。如南联盟在对付北约的空袭中就充分利用了山地和不规则的自然地带等复杂地形,有效地保存了战争潜力,使北约的空中打击效率只有 15% ~20% 。

伪装防护是指通过对重要目标的伪装降低敌侦查、空袭效果的手段。有效的伪装是高技术条件下防止敌人空中侦察和破坏,对抗敌人精确制导武器打击的主要措施之一。通过隐真示假、以假乱真,可以使敌侦查器材获得错误的信息,降低成为敌发现和袭击目标的概率。伪装通常有电子伪装、人工遮障、迷彩伪装、设置假目标、利用地理环境或气候特征伪装等方法。例如,发射假信号、模拟我指挥机关,可以把空袭目标引向他处;空飘金属箔条,施放烟幕、水幕和气溶胶等可形成迷茫和遮蔽性屏障,干扰敌人的电视、激光、红外等精确制导炸弹和导弹的攻击。在抗击北约的空袭中,南联盟在重要目标附近设置了大量的假飞机、假坦克、假阵地,有效地欺骗了北约的空中侦察,有的飞机因找不到空袭目标而不得不载弹而归。

### 三、消除空袭后果

消除空袭后果是指对敌人空袭所造成的直接危害和产生的次生灾害等,进行消除和控制,以保障城市功能的恢复。消除空袭后果的主要手段有消防灭火、抢险抢修、救生医疗、防化洗消、治安保卫等。

消防灭火即预防和扑灭火灾。敌空袭造成的火灾,主要由广大民兵和人防消防专业队伍在广大人民群众的积极配合下完成。

抢险抢修是迅速恢复生产、工作、生活秩序的主要手段。其主要包括抢修被敌空袭破坏的道路、桥梁、渡口、交通和通信枢纽、堤(水)坝、水电气设施、人防工事和其他公用设施,疏通被阻塞的交通干道,排除爆炸物等,主要由对口专业技术分队在人民群众的配合下完成。

救生医疗是指对在空袭中受伤的人员的救生和医护行动,是减少人员死亡的有效办法。其工作包括运用医疗救护分队救护伤员和组织群众自救互救。

防化洗消是指对敌战术核武器、化学武器、生物武器袭击后消除受染人员和物体表面毒剂、生物战剂、放射性物质的行动。洗消工作由防化分队和医疗救护分队配合完成。

治安保卫是指为安定社会秩序而进行的管理、管制和保卫工作。治安保卫工作由治安分队和社会治安力量负责,主要是对破坏区边界实施控制,对被空袭地区及其附近的道路、桥梁实施交通管制,维护被空袭地区的社会治安,加强被空袭地区内的重要目标的警卫和安全区内的治安巡逻等。

# 附录2　大学生应征入伍优惠政策及相关知识

大学生是国家宝贵的人才资源，征集大学生参军入伍，既是建设巩固国防和强大军队的迫切需要，也是服务经济社会发展和维护国家长治久安的客观要求，是利国利民的大事好事。大学生走入军营，能够改善部队士兵队伍的素质结构，为军队信息化、现代化建设注入生机和活力。

当前，国防和军队建设处在新的历史起点上，随着军队现代化发展，大批新型武器装备部队，不仅需要高素质军官，同时需要文化素质高的士兵操纵和维护，所以征集一定数量的大学生入伍，对优化部队兵员的文化结构，对适应军队知识密集、技术先进的需要，对加快改革强军、科技兴军、走精兵之路、实现强军梦都有着十分重要的意义。

我国《宪法》规定："保卫祖国、抵抗侵略是中华人民共和国每一个公民的神圣职责。依照法律服兵役和参加民兵组织是中华人民共和国公民的光荣义务。"大学生入伍不再是少数国防生的选择，也不再是理想和青春激荡下的冲动之举，它悄然列入大学生职业选择。毕业生如果入伍，必须了解军队招收、选拔国防生的有关政策、军队直接接收高校毕业生的有关政策等。下面将对这些内容进行详细讲解。

## 一、该如何界定大学生应征入伍服义务兵役，这里的"大学生"该如何界定

指根据国家有关规定批准设立、实施高等学历教育的全日制公办普通高等学校、民办普通高等学校和独立学院，按照国家招生规定录取的全日制普通本科、专科（含高职）、研究生、第二学士学位的应（往）届毕业生、在校生和已被普通高校录取但未报到入学的学生。

注：征集的大学生以男性为主，女性大学生征集根据军队需要确定。

## 二、公民应征入伍需要满足的政治条件和基本身体条件

征集服现役的公民必须热爱中国共产党，热爱社会主义祖国，热爱人民军队，遵纪守法，品德优良，决心为抵抗侵略、保卫祖国、保卫人民的和平劳动而英勇奋斗。征兵政治审查的内容包括：应征公民的年龄、户籍、职业、政治面貌、宗教信仰、文化程度、现实表现以及家庭主要成员和主要社会关系成员的政治情况等。

公民应征入伍要符合国防部颁布的《应征公民体格检查标准》和有关规定。其中，有几项基本条件必须具备。

身高：男性160cm以上，女性158cm以上。

体重：男性不超过标准体重的30%，不低于标准体重的15%。女性不超过标准体重的20%，不低于标准体重的15%。（注：标准体重 =（身高 – 110）kg。）

视力：大学生右眼裸眼视力不低于4.6，左眼裸眼视力不低于4.5。屈光不正，准分子激光手术后半年以上，无并发症，视力达到相应标准的，也属合格。

内科：乙型肝炎表面抗原呈阴性等。

### 三、应征入伍服义务兵役大学生的年龄规定

男性:普通高等学校在校生为年满18~22周岁,高职(专科)毕业生可放宽到23周岁,本科及以上学历毕业生可放宽到24周岁。

女性:普通高等学校在校生为年满18~20周岁,应届毕业生放宽到22周岁。

### 四、高校毕业生应征入伍服义务兵役要经过的程序

#### (一)网上报名预征

有应征意向的高校毕业生可在夏秋季征兵开始之前登录"大学生应征入伍网上报名平台"(https://www.gfbzb.gov.cn/,下同)进行报名,填写、打印《应届毕业生预征对象登记表》和《高校毕业生应征入伍学费补偿国家助学贷款代偿申请表》(以下分别简称《登记表》《申请表》),交所在高校征兵工作管理部门。

#### (二)初审、初检

毕业生离校前,在高校参加身体初检、政治初审,符合条件者确定为预征对象,高校协助兵役机关将《登记表》和《申请表》审核盖章发给毕业生本人,并完成网上信息确认。初审、初检工作最晚在当年7月15日前完成。

#### (三)实地应征

高校应届毕业生可在学校所在地应征入伍,也可在入学前户籍所在地应征入伍。

#### (四)在学校所在地征集的

组织高校应届毕业生在学校所在地征集的,结合初审、初检工作同步进行体格检查和政治审查,在毕业生离校前完成预定兵工作,9月初学校所在地县(市、区)人民政府征兵办公室为其办理批准入伍手续。政治审查以本人现实表现为主,由其就读学校所在地的县(市、区)公安部门负责,学校分管部门具体承办,原则上不再对其入学前和就读返乡期间的现实表现情况进行调查。

#### (五)在入学前户籍所在地应征入伍的

在入学前户籍所在地应征入伍的,高校应届毕业生在当年7月30日前将户籍迁回入学前户籍地,持《登记表》和《申请表》到当地县级兵役机关参加实地应征,经体格检查、政治审查合格的,9月初由当地县(市、区)人民政府征兵办公室办理批准入伍手续。

### 五、大学生征集工作牵头负责的部门

高校所在地兵役机关会同有关部门进入高校开展征集工作,高校由学生管理部门或学校武装部门牵头负责,有意向参军入伍的大学生可向所在学校学工部(处)、就业中心、资助中心或武装部咨询有关政策。

### 六、高校毕业生应征入伍服义务兵役享受的优惠政策

高校毕业生应征入伍服义务兵役,除享有优先报名应征、优先体检政审、优先审批定兵、优先安排使用"四个优先"政策,家庭按规定享受军属待遇外,还享受优先选拔使用、学费补偿和国家助学贷款代偿、退役后考学升学优惠、就业服务等政策。

#### (一)报名前

### 1. 优先报名应征、体检政审

（1）优先报名应征

报名由县级兵役机关直接办理。夏秋季征兵开始前,县级兵役机关通知其报名时间、地点、注意事项等。确定为预征对象的高校毕业生,持《应届毕业生预征对象登记表》,可以直接到学校所在地或户籍所在地县级兵役机关报名应征。

每年的4月10日至8月5日,大学生可登录全国征兵网(网址为 https://www.gfbzb.gov.cn/)填写报名信息,符合基本条件的在线登记并自行填写打印《应届毕业生预征对象登记表》(以下简称《预征登记表》)及存根,《应征入伍高校毕业生补偿学费代偿国家助学贷款申请表》(以下简称《补偿代偿申请表》)。

网上报名结束后,高校对学生在校期间的表现和文化程度、病史调查、是否具备毕业资格、学费补偿代偿情况等进行预审。其他内容还要高校所在地县级兵役机关会同教育、公安、卫生等部门,在高校集中组织身体初检和政治初审,通知预征报名人员参加初审初检的时间、地点和注意事项等。参加初审初检时,学生将《预征登记表》及存根、《补偿代偿申请表》交给初审初检工作人员。

（2）优先体检政考

体检由县级兵役机关直接办理。夏秋季征兵体检前,县级兵役机关通知其体检时间、地点、注意事项等。确定为预征对象的高校毕业生,未能在规定时间内在学校参加体检的,本人持《应届毕业生预征对象登记表》可在征兵体检时间内报名直接参加体检。

### 2. 优先审批定兵、优先安排使用

大学生合格一个批准入伍一个,对在本辖区难以解决的,由省(区、市)统一协调解决。合格的大学生未被批准入伍前,不得批准高中以下文化程度青年入伍。安排批准入伍的大学生去向时,优先安排到军兵种或专业技术要求高的部队服役。

### (二) 服役中

### 1. 优先安排、选拔使用

县级征兵办公室分配新兵去向时,优先考虑应届毕业生预征对象的学历、专业、个人特长和本人意愿,优先安排到军兵种或专业技术要求高的部队服役;部队对征集入伍的应届毕业生,优先考虑按其学历和专业水平安排到适合岗位,发挥其专长。同等条件下,高校毕业生士兵在选取士官、考军校、安排到技术岗位等方面优先;具有普通本科学历、取得相应学位的高校毕业生士兵,表现优秀、符合总部有关规定的可按计划直接选拔为基层干部。

### 2. 学费补偿和助学贷款代偿的内容

（1）资助对象:公办普通高等学校、民办普通高等学校和独立学院的全日制普通本专科生(含高职)、研究生、第二学士学位的应(往)届毕业生、在校生和入学新生,以及成人高校招收的普通本专科(高职)应(往)届毕业生、在校生和入学新生。在校期间已免除全部学费的学生,定向生、委培生、国防生,其他不属于服义务兵役到部队参军的学生,不享受国家资助。

（2）资助标准:本专科生每人每年最高不超过8 000元,硕士研究生每人每年最高不超过12 000元。

（3）资助程序:第一步,登录"全国征兵网"报名应征,填写、打印《高校学生应征入伍学费补偿国家助学贷款代偿申请表》并提交学校学生资助管理部门。第二步,学校相关部门对《申请表》中学生的资助资格、标准、金额等相关信息进行审核,加盖公章,然后一份留存、另一份返还

学生。第三步,学生在征兵报名时将《申请表》交至征集地县级人民政府征兵办公室。学生通过征兵体检被批准入伍后,县级征兵办对《申请表》加盖公章并返还学生。第四步,学生将《申请表》原件和入伍通知书复印件寄送至原就读高校学生资助管理部门,由学校向学生补偿学费、偿还助学贷款或资助学费。

### (三)退役后

#### 1.考试升学

(1)高职(专科)学生入伍经历可作为毕业实习经历。

(2)退役大学生士兵入学或复学后免修军事技能训练,直接获得学分。

(3)设立"退役大学生士兵"专项硕士研究生招生计划。根据实际需求,每年安排一定数量专项计划,专门面向退役大学生士兵招生。在全国研究生招生总规模内单列下达,不得挪用。

(4)将高校在校生(含高校新生)服兵役情况纳入推免生遴选指标体系。鼓励开展推荐优秀应届本科毕业生免试攻读研究生工作的高校在制定本校推免生遴选办法时,结合本校具体情况,将在校期间服兵役情况纳入推免生遴选指标体系。在部队荣立二等功及以上的退役人员,符合研究生报名条件的可免试(指初试)攻读硕士研究生。

(5)将考研加分范围扩大至高校在校生(含高校新生)。退役人员在继续实行普通高校应届毕业生退役后按规定享受加分政策的基础上,允许普通高校在校生(含高校新生)应征入伍服义务兵役退役,在完成本科学业后3年内参加全国硕士研究生招生考试,初试总分加10分,同等条件下优先录取。

(6)退役大学生士兵专升本实行招生计划单列。高职(专科)学生应征入伍服义务兵役退役,在完成高职学业后参加普通本科专升本考试,实行计划单列,录取比例在现行30%的基础上适度扩大,具体比例由各省份根据本地实际和报名情况确定。

(7)高校新生录取通知书中附寄应征入伍优惠政策。高校向新生寄送《录取通知书》时,附寄应征入伍宣传单,宣传单主要内容包括优惠政策概要、报名流程指南、学籍注册要求等。

(8)放宽退役大学生士兵复学转专业限制。大学生士兵退役后复学,经学校同意并履行相关程序后,可转入本校其他专业学习。

(9)具有高职(高专)学历的,退役后免试入读成人本科,或经过一定考核入读普通本科;荣立三等功以上奖励的,在完成高职(专科)学业后,免试入读普通本科。

(10)应征入伍的高校毕业生退役后报考政法干警招录培养体制改革试点招生时,教育考试笔试成绩总分加10分。

#### 2.就业服务

(1)退役大学生士兵按照国家规定发给退役金,由安置地的县级以上地方人民政府接收,根据当地实际情况,可以发给经济补助,安置地的县级以上地方人民政府应当组织其免费参加职业教育、技能培训,经考试考核合格的,发给相应的学历证书、职业资格证书并推荐就业。

(2)退役大学生士兵报考公务员、应聘事业单位职位的,在军队服现役经历视为基层工作经历,同等条件下优先录用或聘用;国有企业在新招录职工时,应拿出一定数量的工作岗位优先招录大学生退役士兵;基层专职武装干部重点招录退役大学生士兵。

(3)退役大学生士兵参加户籍所在地省级毕业生就业指导机构、原毕业高校就业招聘会,享受重点推荐、就业指导等就业服务。

(4)高校应届毕业生入伍服义务兵役退出现役后一年内,可视同当年的高校应届毕业生,凭用人单位录(聘)用手续,向原就读高校再次申请办理就业报到手续,户档随迁(直辖市按照有关规定执行)。

### 七、高校学生应征入伍服义务兵役,哪些人不可以享受国家资助政策?

在校期间已免除全部学费的学生,定向生、委培生和国防生,其他不属于服义务兵役到部队参军的学生,均不享受学费补偿和国家助学贷款代偿政策。

### 八、高校学生应征入伍服义务兵役享受学费补偿、国家助学贷款代偿和学费减免的年限计算

学费补偿、国家助学贷款代偿和学费减免的年限,按照国家对本科、专科(高职)、研究生和第二学士学位规定的相应修业年限据实计算。以入伍时间为准,入伍前已达到的修业规定年限,即为学费补偿或国家助学贷款代偿的年限;退役复学后应完成的国家规定的修业年限的剩余期限,即为学费减免的年限;复学后攻读更高层次学历不在减免学费范围之内。

专升本、本硕连读、中高职连读、第二学士学位毕业生补偿学费或代偿国家助学贷款的年限,分别按照完成本科、硕士、高职和第二学士学位阶段学习任务规定的学习时间计算。

专升本、本硕连读学制在校生,在专科或本科学习阶段应征入伍的,以实际学习时间实行学费补偿或国家助学贷款代偿;在本科或硕士学习阶段应征入伍的,以本科已学习时间或硕士已学习时间计算,实行学费补偿或国家助学贷款代偿,其以前专科学习时间或本科学习时间不计入学费补偿或国家助学贷款代偿。中高职连读学生学费补偿或国家助学贷款代偿的年限,按照高职阶段实际学习时间计算。

### 九、高校学生申请应征入伍服义务兵役国家资助的程序

(1)应征报名的高校学生登录大学生征兵报名系统,按要求在线填写、打印《高校学生应征入伍学费补偿国家助学贷款代偿申请表》(一式两份,以下简称《申请表》)并提交学校学生资助管理部门。在校期间获得国家助学贷款的学生,需同时提供《国家助学贷款借款合同》复印件和本人签字的一次性偿还贷款计划书。

(2)学校相关部门对《申请表》中学生的资助资格、标准、金额(如有生源地信用助学贷款,学校应联系贷款经办银行或贷款经办地县级学生资助管理机构确认贷款金额)等相关信息审核无误后,对《申请表》加盖公章,一份留存,一份返还学生。

(3)学生在征兵报名时将《申请表》交至入伍所在地县级人民政府征兵办公室(以下简称"县级征兵办")。学生通过征兵体检被批准入伍后,县级征兵办对《申请表》加盖公章并返还学生。

(4)学生将《申请表》原件和入伍通知书复印件,寄送至原就读高校学生资助管理部门。

### 十、由个人原因被部队退回,已获国家资助的经费要被收回吗

由本人思想原因、故意隐瞒病史或弄虚作假、违法犯罪等行为造成退兵的学生,学校取消其受助资格,并不得申请学费减免。各省(区、市)人民政府征兵办公室应在接收退兵后及时将被退回学生的姓名、就读高校、退兵原因等情况逐级上报至国防部征兵办公室,并按照学生原就读高校的隶属关系,通报同级教育行政部门。

被部队退回并被取消资助资格的学生,如学生返回其原户籍所在地,已补偿的学费或代偿的国家助学贷款资金由学生户籍所在地县级教育行政部门会同同级人民政府征兵办公室收回,如学生返回其原就读高校,已补偿的学费或代偿的国家助学贷款由学生原就读高校会同退役安

置地县级人民政府征兵办公室收回。各县级教育行政部门和各高校应在收回的资金后 10 日内,逐级汇总上缴全国学生资助管理中心。收回的资金按规定作为下一年度学费补偿或国家助学贷款代偿经费。

### 十一、高校毕业生入伍服义务兵役的年限

我国现行的义务兵役制度服役年限是两年。

### 十二、政法干警招录培养体制改革试点考试

国家为培养政治业务素质高,实战能力强的应用型、复合型政法人才,加强政法机关公务员队伍建设,从 2008 年开始重点从部队退役士兵和普通高校毕业生中选拔优秀人才,为基层政法机关特别是中西部和其他经济欠发达地区的县(市)级以下基层政法机关提供人才保障和智力支持。

### 十三、应征入伍的高校应届毕业生离校后户口档案存放在哪里,如何迁转?

被确定为预征对象的高校应届毕业生,回入学前户籍所在地应征的,将户口迁回入学前户籍所在地,档案转到入学前户籍所在地人才交流中心存放。在学校所在地应征的,可将户籍和档案暂时保留在学校。高校应届毕业生批准入伍后,其户口档案予以注销,档案放入新兵档案。

### 十四、高校应届毕业生退役后户档迁移的优惠政策

高校应届毕业生入伍服义务兵役退出现役后一年内,可视同当年的高校应届毕业生,凭用人单位录(聘)用手续,向原就读高校再次申请办理就业报到手续,户档随迁(直辖市按照有关规定执行)。

### 十五、没有参加网上报名预征的大学生是否可以应征入伍并享受有关优惠政策?

未参加网上报名预征的大学生,在征兵期间需要补办网上预征手续,没有经过网上报名预征的大学生不享受有关优惠政策。

### 十六、士官与义务兵的区别

我军现役士兵按兵役性质分为义务兵役制士兵和志愿兵役制士兵。义务兵役制士兵称为义务兵,志愿兵役制士兵称为士官。士官属于士兵军衔序列,但不同于义务兵役制士兵,是士兵中的骨干。义务兵实行供给制,发给津贴;士官实行工资制和定期增资制度。

### 十七、国家资助直接招收为士官的高等学校学生如何界定?

是指直接从非军事部门招收为部队士官的全日制普通本专科(含高职)、研究生、第二学士学位的应(往)届毕业生,以及成人高校的普通本专科(高职)应(往)届毕业生;纳入全国高等学校招生统一考试、直接招录或选拔补充为部队士官的定向生。

# 附录3　国防教育示范基地

## 一、西柏坡纪念馆

西柏坡纪念馆位于河北省平山县西柏坡村。西柏坡纪念馆前身是解放战争后期中国共产党党中央和中国人民解放军总部所在地,是解放全中国的最后一个农村指挥所。

西柏坡纪念馆全馆面积13 400平方米。建筑面积3344平方米。纪念馆顺山势建造,分上中下三层,阶梯式四合院,四周走廊环绕。截至2016年,该馆馆藏革命文物有2000多件,其中一级品8类15件。自建馆以来,西柏坡共接待社会各界观众5200多万人次。党和国家领导人江泽民、胡锦涛、习近平等先后到西柏坡参观视察。2008年5月,被国家文物局命名为首批"国家一级博物馆"。2011年9月,被国家旅游局评为"国家AAAAA级旅游景区"。

## 二、南昌八一起义纪念馆

南昌八一起义纪念馆成立于1956年,1959年10月1日正式对外开放,1961年被国务院公布为首批全国重点文物保护单位(所辖五处革命旧址:南昌起义总指挥部旧址、贺龙指挥部旧址、叶挺指挥部旧址、朱德军官教育团旧址和朱德旧居),"国家AAAA级旅游景区"。

南昌八一起义纪念馆位于江西省南昌市西湖区中山路,占地面积5903平方米,是江西省文化厅、南昌市文化新闻出版局共同管理的副处级文博事业单位。

2016年12月,八一南昌起义纪念馆入选《全国红色旅游景点景区名录》。

## 三、彭德怀纪念馆

彭德怀纪念馆坐落于彭德怀同志的故乡——湖南省湘潭县乌石镇,是系统地介绍彭德怀同志生平业绩的传记性专馆。彭德怀纪念馆控制面积30公顷,占地面积160亩,于1996年9月16日奠基,1998年10月20日建成开馆,现为副处级全民事业单位,归口中共湘潭县委管理。担负着彭德怀故居、纪念馆、彭德怀铜像、德怀墓、德怀亭等纪念设施的管理和宣传,彭德怀革命文物资料收藏和保护的职责和任务,同时兼有彭德怀生平业绩和思想研究的重任。

## 四、江苏省全民国防教育示范基地(部分)

### (一) 侵华日军南京大屠杀遇难同胞纪念馆

侵华日军南京大屠杀遇难同胞纪念馆坐落在南京市江东门街418号,占地面积3万平方米,建筑面积5000平方米。纪念馆陈列分广场陈列、遗骨陈列、史料陈列三大部分。广场陈列由悼念广场、祭奠广场、墓地广场3个外景陈列场所组成。其中悼念广场内有外形如"十字架"

的标志碑,上部刻有南京大屠杀事件发生的时间、"倒下的 300000 人"抽象雕塑、"古城的灾难"大型组合雕塑及和平鸽等。祭奠广场有刻有馆名和用中英日三国文字镌刻的"遇难者300000"的石壁。墓地广场有 3 组大型灰色石刻浮雕和 17 块小型碑雕,记载着南京大屠杀的主要遗址、史实。

遗骨陈列馆陈列着 1985 年建馆时从江东门"万人坑"中挖出的部分遇难者遗骨。1998 年 4 月以后又从该处新发掘出 208 具遇难者遗骨(表层土层中),这批"万人坑"遗骨经过法医学、医学、考古学、历史学者的严格鉴定,被确认为南京大屠杀遇难者遗骨,是侵华日军南京大屠杀暴行的铁证。

该馆现在已成为国际间祈祷和平与历史文化交流的重要场所,同时也是"全国青少年教育基地""爱国主义教育示范基地"和"首批国家级全民国防教育示范基地"。

### (二)雨花台烈士陵园

在南京市中华门外,有一座高 60 米、宽约2000 米的山冈。冈上风景秀丽,松柏葱郁。著名的雨花台烈土陵园就坐落在这里。

1927 年,蒋介石发动"四一二"反革命政变后,雨花台成为国民党反动派杀害共产党人和革命志士的刑场。1927—1949 年的 22 年中,以蒋介石为首的国民党反动派,在这里残杀了共产党员、工人、农民、知识分子和各界爱国人士达 10万人以上。陵园北大门内的巨型烈士雕塑群像由 179 块花岗石拼装而成,共塑造了 9 位烈士的光辉形象。烈士雕塑群像的背后是烈士纪念碑,碑身正面为"雨花台烈士纪念碑"8 个大字。纪念碑前方为纪念广场,建有倒影池、纪念桥等。

纪念碑南面的烈士纪念馆是一组"U"形两层的白色古典建筑,建筑面积达 5 900 平方米。"雨花台烈士纪念馆"馆名由邓小平亲笔题写。横额的上方用花岗岩雕凿出日月同辉的图案,象征烈士精神与天地共存、与日月同辉。馆内陈列有 620 件烈士遗物、450 幅珍贵图片和恽代英、邓中夏等 128 位烈士的事迹和文献资料。

### (三)淮海战役烈士纪念塔园林

淮海战役烈士纪念塔园林位于徐州南郊凤凰山东麓,占地76.67万平方米,由纪念塔、纪念馆、总前委群雕、国防园、碑林、陵园等部分组成。

纪念塔高 38.15 米,是园林的主要建筑。塔身正面镶嵌着毛泽东亲笔题写的"淮海战役烈士纪念塔"镏金大字。上端雕刻着象征"中原野战军"和"华东野战军"的塔徽。塔座正面镌刻着 767 字的碑文,高度概括了淮海战役的经过及取得胜利的原因和意义。两侧刻有大型浮雕,右侧是人民解放军一往无前的英雄形象,左侧是人民奋勇支前的壮丽情景。

"淮海战役纪念馆"馆名由陈毅题写。馆内陈列面积2800平方米,收藏文物1.5万件,展出珍贵文物、历史照片、油画、雕塑等艺术品2000余件。其中有毛泽东起草的《关于淮海战役作战方针》的电报手稿、总前委5人合影及作战指挥用的电台等。淮海战役总前委群雕用70块花岗岩雕刻而成,高7米、宽9.5米,雕像造型浑朴、气势宏大。群雕背靠凤凰山主峰,前有鼎式花坛陪衬,后有折形碑墙烘托,雕像背面镌刻着毛泽东为中央军委起草的关于成立淮海战役总前委的电报手稿。

多年来,淮海战役烈士纪念塔园林先后被评为"全国重点烈士纪念建筑物保护单位""全国中小学爱国主义教育基地""全国爱国主义教育示范基地"和"首批国家级全民国防教育示范基地"等。

### (四)沙家浜革命历史纪念馆

沙家浜革命历史纪念馆位于秀丽明媚的阳澄湖畔,最初建于1971年,时称"沙家浜革命传统陈列室"。2001年异地重建,更名为"沙家浜革命历史纪念馆"。2006年扩建了新馆,占地6400多平方米,建筑面积4492平方米,馆名由叶飞题写。

纪念馆分为序厅、展示区、接待区等多个功能区,紧扣爱国主义教育和革命传统教育两大主题,运用声、光、电科技展示手段,达到历史图片和仿真环境、实物展示与动态互动体验的有机结合,真实反映了沙家浜的革命斗争史实,生动呈现了血战沙家浜、激战阳沟娄、伏击八字桥、夜袭浒墅关、奇袭虹桥飞机场等历史事件。

作为现代京剧《沙家浜》的诞生地,以革命历史纪念馆为依托打造景区建设,目前已形成占地6000亩的红色经典景区,包括革命传统教育区、红石民俗文化村、国防教育园、芦苇迷宫、横泾老街影视基地、芦苇荡湿地公园、美食购物区。开发了红色经典游、绿色生态游、金色美食游、文体互动游、民俗风情游、影视文化游等旅游特色产品。

多年来,纪念馆先后被评为"全国百家红色旅游经典景区""全国爱国主义教育示范基地""国家级全民国防教育示范基地""全国巾帼文明岗"等。

### (五)抗日山烈士陵园

抗日山原名马鞍山,位于赣榆县西部夹谷山南端,地处江苏、山东两省交界处,主峰海拔173米,气势恢弘,景色秀丽,巍巍壮观,素有"苏鲁第一山"之美誉。抗日山烈士陵园位于抗日山南坡,是我国第一座、也是唯一一座以抗日命名的抗日烈士陵园。由八路军五师教导二旅、山东军区、滨海军区军民于1941年春兴建,至1944年,先后4次为抗战牺牲的先烈建塔树碑;1949年以后,党和政府又多次拨款整修护建,形成了由纪念

塔、纪念亭、纪念堂、纪念碑、烈士冢和东西墓群为主的大型烈土陵园。

2000 年以后,新建了景区大门、水上乐园、曲桥亭榭、集会广场、碑廊、管理大楼和两处停车场,改建了革命烈士墓、烈士纪念馆、纪念堂,完成了水、电、通信、音响等配套设施。陵园现占地40 万平方米,依山而建,分为墓区和陵园两部分。墓区建有 751 座坟墓,安葬着 800 余位烈士的忠骨,墓碑上铭刻着 3576 位烈士英名。陵园共有 8 个坡段 363 级台阶。

多年来,陵园先后被评为"全国重点烈士纪念建筑物保护单位""全国青少年教育基地""全国爱国主义教育示范基地""首批国家级全民国防教育示范基地"等,还被列入全国十二大红色旅游区之一的"苏鲁皖红色旅游景区",成为苏北、鲁南地区重要的红色旅游胜地。

### (六)周恩来纪念馆

周恩来纪念馆坐落在淮安市淮安区的桃花垠,1992 年元月落成开放。

整个馆区由纪念岛、宽阔的水面和环湖四周的绿地组成,总面积 35 万平方米,其中 70% 是水面。在南北 80 米长的中轴线上依次建有瞻台、纪念馆主馆、附馆、周恩来铜像广场和仿北京中南海西花厅。总建筑面积 1 万平方米。总体设计独具匠心地将西方现代建筑手法和我国民族传统与地方特色融合到一起,用无声的建筑语言描述了一代伟人周恩来的人格风范。该设计曾获全国设计大奖,该项工程也被中国建筑协会评为特别鲁班奖。

主馆由屋顶、屋身、基台三部分组成,高 26 米,外形像过去江淮平原上提水灌田的古老的牛车棚,寓含周恩来是一生为人民的孺子牛。主馆结构呈外四方内八角形,寓意周恩来精神普照四面八方。主馆四坡形屋顶由 4 根 22 米高的花岗岩石柱支撑。4 根石柱象征周恩来曾多次提出实现四个现代化的宏伟设想。

附馆共两层,一层为展厅和游客休息室,二层为办公用房。附馆呈"人"字形,向主馆成拱卫之势,寓意人民的总理永远活在人民心中。主馆与附馆之间有一方形牌楼,牌楼起着连接作用。从上空俯视,附馆和方形牌楼组成了"八一"图案,此是为了纪念周恩来曾领导了著名的八一南昌起义。周恩来铜像广场占地 200 平方米,北侧面南竖有周恩来铜像。周恩来铜像总高度 7.8 米,其中底座高 3.6 米,像身高 42 米,总高度寓意伟人周恩来度过的 78 个光辉的人生春秋。仿西花厅是向周恩来百年诞辰的献礼工程,于 1998 年 3 月 5 日周恩来百年诞辰时建成开放。

多年来,周恩来纪念馆先后被评为"全国文化先进集体""全国爱国主义教育示范基地""首批国家级全民国防教育示范基地"等。

### (七)新四军纪念馆

1941 年 1 月,挺进华中敌后抗日的新四军,历经皖南事变的磨难,浴火重生,东进盐城,重建军部,独立自主地开辟了广阔的华中敌后抗日根据地,书写了"华中人民长城"的辉煌。1986年经中宣部和中共江苏省委批准兴建的"新四军纪念馆",就坐落在盐城市建军东路上。

"新四军纪念馆"由主馆区、重建军部纪念塔和重建军部旧址(泰山庙)三个部分组成,占地8 万平方米。其中主馆区环境典雅,建有主题雕塑、纪念碑、展览馆等设施,在苍松、灌木和草坪的装点下,格外庄严肃穆。

走进新四军纪念馆馆区广场,首先映入眼帘的是江泽民题写的馆名"新四军纪念馆"卧碑。

昂首崛起的设计理念寓意新四军不畏强暴,浴火重生,迅速崛起,成为华中抗战的中流砥柱。卧碑后面是一尊名为"东进"的铜质雕塑,"新四军战士背枪持号"的形象设计展现出新四军顶天立地的神采雄风。新四军纪念馆主体建筑是一座现代化的地标性建筑,外形呈"四"字形的设计与新四军"四"字相呼应。醒目的"N4A"臂章图案,镶嵌在主建筑正门中央,十分鲜明地凸现出新四军个性形象的文化特征。"N4A"图案两侧

分别建有两面旗形的花岗石阴雕画,艺术地再现了新四军与八路军"两军会师"和皖南事变后新四军在盐城"重建军部"的历史场面。

新四军纪念馆先后被评为"全国爱国主义教育示范基地""全国百家红色旅游经典景区""全国中小学爱国主义教育基地""全国青少年教育基地""国家级全民国防教育示范基地""全国红色旅游工作先进集体""国家 AAAA 级旅游景区""国家重点文物保护单位"和"全国文化工作先进集体"。

### (八)茅山新四军纪念馆

茅山新四军纪念馆坐落在句容城东南 25 公里处的茅山镇。茅山是江苏省省级风景名胜区。现在的新馆占地面积为 1.6 万平方米,展厅建筑面积 3500 多平方米。展馆展出各种珍贵文物和历史资料 2000 多件,用声、光、电、多媒体等高科技手段,再现了陈毅、粟裕等老一辈无产阶级革命家的光辉业绩和形象,再现了当年新四军与苏南人民浴血奋战的悲壮场面。

展馆造型别致,雄伟壮观,既表现了茅山三座山峰的雄姿,又展现了革命前辈业绩光照千秋的气势。陈列内容分为"苏南人民奋起抗击日本侵略军""茅山抗日根据地的开辟""茅山新四军东进北上""苏南抗日根据地的艰苦坚持""苏南人民夺取抗日斗争的胜利"五大部分。

开馆 10 多年来,每年接待国内外观众 20 万人次左右。1992 年以来先后被省、市有关方面评为"青少年革命传统教育基地""中、小学德育教育基地""全民国防教育示范基地"等。2001年 4 月被评为"江苏省优秀博物馆",6 月被中宣部命名为"全国爱国主义教育示范基地"。

### (九)中国人民解放军海军诞生地纪念馆

"中国人民解放军海军诞生地纪念馆"坐落在江苏省泰州市白马镇。纪念馆分中国人民解放军第三野战军渡江战役指挥部旧址和海军诞生地新馆两部分,占地面积约为 2.3 万平方米。1999 年 4 月 29 日新馆落成开馆。纪念馆旧址原为王姓地主庄园,始建于明末清初。1949 年 4月初,中国人民解放军华东野战军(三野)渡江

战役指挥部设在此地。同年 4 月 23 日,根据中央军委命令,中国人民解放军第一支海军部队——华东军区海军在此宣告成立,张爱萍任司令员兼政治委员。1989 年 2 月 17 日,中央军委颁发命令确定 1949 年 4 月 23 日为中国人民解放军海军诞生日,江苏泰州白马庙为中国人民解放军海军诞生地。

海军诞生地旧址占地 1500 平方米,建筑面积 800 平方米,现存清式二层小楼一座及平房数间,楼上为三野渡江战役指挥中心会议室,楼下为粟裕、张震、张爱萍三位将军的卧室兼办公室。旧址陈列当年粟裕睡过的雕花木床,抗战时期支前用的独轮车及木箱茶几、太师椅、马灯、灯柜、铜盆等 50 余件文物用品,设有 4 个展区 6 个展室。再现了当年三野渡江作战指挥机关运筹帷幄,决战长江天堑的历史场景。新馆建筑新颖别致,既具浓厚现代气息,又含纪念馆的主题特征。主体建筑外形像艘军舰,室外广场左侧竖有象征海军舰艇的高桅杆。纪念馆从"近代沧桑、白马建军、威震海疆、发展壮大、鱼水情深"五个方面展示了人民海军发展壮大的光辉历程。

多年来,纪念馆先后被评为"江苏省全民国防教育基地"和"爱国主义教育基地"。2006 年被评为"全国重点文物保护单位"。2012 年被评为"国家级全民国防教育示范基地"。

### (十)刘老庄八十二烈士陵园

"八十二烈士陵园"坐落在淮安市淮阴区刘老庄乡,占地 12.6 万平方米,园内建有八十二烈士墓、八十二烈士纪念馆、红星广场、碑廊、慰烈工程、张芳久烈士纪念碑、刘皮街阻击战纪念亭等纪念设施,年接待参观祭扫者达 25 万人次。

1943 年 3 月 18 日,新四军三师七旅十九团二营四连 82 名指战员在连长白思才、指导员李云鹏的率领下,在淮阴县刘老庄奋勇抗击 1000 余名扫荡的日军,从拂晓至黄昏连续击退敌人数次进攻,终因弹尽粮绝,敌众我寡,全部壮烈殉国,用生命和鲜血谱写了抗日救国的壮丽诗篇。

新四军代军长陈毅撰文表彰:"烈士们殉国牺牲之忠勇精神,固可以垂式范而励来兹。"八路军总指挥朱德在《八路军新四军的英雄主义》一文中,把它誉为"我军指战员英雄主义的最高表现"。

2005 年 6 月 7 日,《人民日报》将"刘老庄连"列入《永远的丰碑·抗日英雄谱》。胡锦涛在纪念抗日战争胜利 60 周年大会讲话中称:新四军"刘老庄连"等众多英雄群体,就是中国人民不畏强暴、英勇抗争的杰出代表。2009 年 9 月,新四军刘老庄连八十二烈士荣膺"100 位为新中国成立作出突出贡献的英雄模范人物"。

如今的刘老庄八十二烈士陵园已经成为江苏乃至全国重要的爱国主义和国防教育的主阵地。多年来,陵园被先后被评为"江苏省爱国主义教育基地""国家级全民国防教育示范基地""国家级红色旅游经典景区""江苏省文物保护单位"等。

### (十一)无锡市革命烈士陵园

"无锡市革命烈士陵园"始建于 1953 年,位于无锡市惠山北麓,是为安葬革命烈士遗骨而专门修建的纪念场所,是褒扬烈士伟迹、缅怀英烈精神、继承先人遗志、启迪激励后人的重要场所。

陵园依山建筑,主要建筑有纪念塔、纪念碑亭、墓区、烈士史料陈列馆等设施。纪念塔是陵园的主体建筑,巍然耸立在广场上。新纪念塔于1998年2月底建成。塔高18米,塔座长12米、宽10米,由856块金山石砌成。新纪念塔为两层式结构,上半部刻有"为国牺牲人民英雄纪念塔"字样,镶有红花岗岩雕凿而成的红五星,下半部镶挂汉白玉雕凿的花环,使这座新建的纪念塔分外雄伟、庄严。

墓区内安葬着无锡工人运动领袖、1927年无锡总工会委员长秦起和1942年中共锡澄工委书记陈凤威等烈士的灵柩,以及建国后被授予少将军衔、历任军长等职的朱启祥的骨灰。为缅怀革命先烈,还建造了1927年无锡农民秋收暴动时曾任农民革命委员会委员长严朴,1927年共青团无锡县委书记高文华,中共川东特委青委宣传部长和重庆市新市区区委委员、著名小说《红岩》中"齐晓轩"形象原型许晓轩等烈士的纪念性坟墓等。

陵园烈士史料陈列馆展出了48位无锡籍烈士200余件文物资料,同时在纪念碑亭里还镌刻了135位烈士的生平简历。陵园已成为爱国主义和革命传统教育的一个重要基地。

# 附录4　中国军衔

## 军官军衔

### (一)军官军衔设下列三等十级

1. 将官:上将、中将、少将。
2. 校官:大校、上校、中校、少校。
3. 尉官:上尉、中尉、少尉。

（二）军官军衔依照下列规定区分

1. 军事、政治、后勤军官

上将、中将、少将，大校、上校、中校、少校，上尉、中尉、少尉。海军、空军军官在军衔前分别冠以"海军""空军"。

2. 专业技术军官

中将、少将，大校、上校、中校、少校，上尉、中尉、少尉。在军衔前冠以"专业技术"。

（三）现役军官职务等级编制军衔

中华人民共和国中央军事委员会领导全国武装力量。中央军事委员会实行主席负责制。中央军事委员会主席不授予军衔。

中央军事委员会副主席的职务等级编制军衔为上将。

中央军事委员会委员的职务等级编制军衔为上将。

军事、政治、后勤军官实行下列职务等级编制军衔：

人民解放军总参谋长、总政治部主任：上将。

正大军区职：上将、中将。

副大军区职：中将、少将。

正军职：少将、中将。

副军职：少将、大校。

正师职：大校、少将。

副师职（正旅职）：上校、大校。

正团职（副旅职）：上校、中校。

副团职：中校、少校。

正营职：少校、中校。

副营职：上尉、少校。

正连职：上尉、中尉。

副连职：中尉、上尉。

排职：少尉、中尉。

（四）专业技术军官实行下列职务等级编制军衔

高级专业技术职务：中将至少校。

中级专业技术职务：大校至上尉。

初级专业技术职务：中校至少尉。

按照《中国人民解放军军官军衔条例》的规定，全军编制军衔为上将的职务有中央军事委员会副主席、中央军事委员会委员、中国人民解放军总参谋长、中国人民解放军总政治部主任，他们的编制军衔为上将唯一等级；正大军区级的编制军衔为上将、中将两个等级，既可以是上将，也可以是中将。

解放军全军正大军区职的职务有：副总参谋长，总政治部副主任，中央军委纪律检查委员会书记，总后勤部、总装备部、军事科学院、国防大学、海军、空军、第二炮兵（火箭军）、各大军区的军政一把手。武警部队编制为上将警衔的，为两名军政一把手（军政主官）。

# 参 考 文 献

［1］中华人民共和国国务院新闻办公室.中国的军事战略［M］.北京:人民出版社,2015.

［2］总体国家安全观干部读本［M］.北京:人民出版社,2016.

［3］刘庭华.毛泽东军事思想史纵论［M］.北京:军事科学出版社,2007.

［4］江泽民文选［M］.北京:人民出版社,2006.

［5］江泽民.论科学技术［M］.北京:中央文献出版社,2001.

［6］江泽民.论"三个代表"［M］.北京:中央文献出版社,2001.

［7］姜延玉.新中国国防和军队建设60年［M］.北京:党建读物出版社,2009.

［8］陈舟.面向未来的国家安全与国防［M］.北京:国防大学出版社,2009.

［9］全军军事术语管理委员会,军事科学院.中国人民解放军军语［M］.北京:军事科学出版社,2011.

［10］袁德金.毛泽东军事思想教程［M］.第2版.北京:军事科学出版社,2012.

［11］寿晓松.邓小平军事思想新论［M］.北京:军事科学出版社,2007.

［12］邓小平军事文集(第二册)［M］.北京:军事科学出版社,2004.

［13］李大光.影响未来战争演变的军事高技术［M］.北京:兵器工业出版社,2011.

［14］凌胜银.中国特色社会主义国防建设研究［M］.北京:军事谊文出版社,2012.

［15］中华人民共和国国务院新闻办公室.中国武装力量的多样化运用［M］.北京:人民出版社,2013.

［16］中共江苏省委组织部,江苏省军区政治部.江苏省加快国防现代化建设干部读本［M］.南京:南京大学出版社,2013.

［17］姚有志.战争战略论［M］.北京:解放军出版社,2005.

［18］刘分良.信息化战争研究［M］.北京:解放军出版社,2008.

［19］吴国辉.科技铸剑:国防科技和武器装备创新发展［M］.北京:长征出版社,2014.

［20］于巧华.战之能胜:提高信息化条件下威慑和实战能力［M］.北京:长征出版社,2015.

［21］国防大学战略教研部第一大学生军训教研室.大学军事理论与技能训练［M］.北京:国防大学出版社,2015.

［22］张政文,陆华.军事理论教程［M］.南京:南京大学出版社,2018.

［23］中共中央宣传部.习近平总书记系列重要讲话读本(2016年版)［M］.北京:学习出版社,2016.

［24］何毅亭.以习近平同志为核心的党中央治国理政新理念新思想新战略［M］.北京:人民出版社,2017.